Petra Lataster-Czisch

Eigentlich rede ich nicht
gern über mich

Petra Lataster-Czisch
Eigentlich rede ich nicht gern über mich

Lebenserinnerungen
von Frauen
aus dem Spanischen
Bürgerkrieg
1936–1939

1990
Gustav Kiepenheuer Verlag
Leipzig und Weimar

© 1990 Gustav Kiepenheuer Verlag Leipzig und Weimar

ISBN 3-378-00282-4

Vorbemerkung

Dieses Buch berichtet von Frauen, die 1936/37 ihre Heimat verließen, weil sie das spanische Volk in seinem Kampf gegen die Diktatur General Francos unterstützen wollten. In jenen Jahren bereisten nur sehr wenige Leute ferne Länder. Unsere jetzt durch die Medien sehr klein gewordene Welt schien damals noch sehr groß. Außerdem stand die Emanzipation in den Kinderschuhen. Die Interbrigadistinnen verfügten über tiefes menschliches und waches politisches Gespür. Sie überwanden die traditionelle Schranke, indem sie politisches Engagement wagten. Sie bewiesen Mut und Unternehmungsgeist, als sie das Sichere gegen das Unsichere eintauschten, um einem fremden Volk zu helfen, im wörtlichen wie im übertragenen Sinne seine Wunden zu heilen.

Eine dieser Frauen ist die Holländerin Trudel van Reemst-de Vries. Mein Mann und ich wollten einen Film über sie drehen. Trudel stellte uns auch andere Spanienkämpferinnen vor. Je mehr wir über sie erfuhren, desto mehr bedauerten wir, daß in der Literatur eigentlich ausschließlich über die Interbrigadisten berichtet worden war. Ein Film kam bisher leider nicht zustande. Ich aber wählte aus dem stetig gewachsenen Material sieben Frauen unterschiedlicher Nationalität für ein Buch aus.

Mich interessierte, was die Interbrigadistinnen dazu bewog, dem spanischen Volk zu helfen, welche Rolle der Aufenthalt in Spanien überhaupt in ihrem Leben spielte. Ich bemerkte, daß man die Fragen nicht beantworten kann, ohne das ›Davor‹ und das ›Danach‹ des Spanienkrieges zu erzählen. So sind diese fragmentarischen Lebensberichte entstanden. Sie beruhen auf Gesprächen, die mit dem Kassetten-Recorder aufgenommen wurden. Ich stellte allen Frauen weitestgehend dieselben Fragen. Die Aussagen ließen sich nicht immer in ihrer Wörtlichkeit übernehmen. Deshalb habe ich sie bearbeitet und gestrafft. Ich suchte auch nach einer gedanklichen Folgerichtigkeit für einen Lesetext. Wofür ich mich verbürge, ist die inhaltliche Identität der Berichte.

Lenchen, Trudel, Liza und Jeanne redeten mit mir deutsch, Patience und Ruth englisch und Petronille wallonisch. Ich bemühte mich darum, die verschiedenen Diktionen nicht zu beschädigen (bzw. beim Übersetzen neu herzustellen), weil sich darin die Denk- und Gefühlswelten sehr deutlich offenbaren. So suchte ich beim Überarbeiten der Texte und bei der Übersetzung dialektale Eigenheiten zu erhalten. Auch die Aussagen der Französin Jeanne und der Polin Liza, die durch den Zwang gefärbt sind, sich in einer fremden Sprache ausdrücken zu müssen, bildete ich so authentisch wie möglich nach. Und schließlich wollte ich nicht verschweigen, daß die Frauen Bezug auf mich, eine weitaus jüngere, unwissendere Partnerin nahmen.

Ich danke Jeanne, Lenchen, Liza, Patience, Petronille, Ruth und Trudel von ganzem Herzen dafür, daß sie so geduldig und liebevoll auf meine vielen Fragen Antwort gaben. Ich empfinde es als großes Glück und als ein Privileg, mit ihnen im Zwiegespräch zu sein.

Petra Lataster-Czisch

Verzeichnis der Abkürzungen

FAI span.,
Federación Anarquista Ibérica; Iberische Anarchistische Vereinigung.

FBI engl.,
Federal Bureau of Investigation; USA-Geheimdienst.

KP
Kommunistische Partei.

POUM span.,
Partido Obrero de Unificación Marxista; Arbeiterpartei der marxistischen Einigung.

SD
Sicherheitsdienst des Reichsführers; von 1936 bis 1945 war der SD der offizielle Geheimdienst in Deutschland.

UNRRA engl.,
United Nations Relief and Rehabilitation Administration; Hilfs- und Wiederaufbauverwaltung der Vereinten Nationen, die 1943 gegründet wurde und 1946 ihre Tätigkeit einstellte.

VVN
Vereinigung der Verfolgten des Naziregimes.

Patience Darton,
*Engländerin, lebt in London,
Großbritannien*

Einen alten Baum soll man nicht verpflanzen. Nach all den Jahren, die ich hier in London verbracht habe, will ich es nun nicht mehr verlassen. Aber ich bin 1911 geboren in Orpington, in der Grafschaft Kent. Und Orpington war damals eine Kleinstadt, beinahe ein Dorf. Also die ersten Jahre meines Lebens wohnte ich auf dem Land – und seither nie wieder. Dabei scheint mir das Leben auf dem Land das natürlichste, angenehmste für einen Menschen.

Mein Vater war ein Verleger und leitete eine alte Familienfirma. Das Geschäft meines Vaters ging Ende der zwanziger Jahre einerseits wegen der Weltwirtschaftskrise bankrott. Andererseits war mein Vater zwar ein recht guter Geschäftsmann, aber kein guter Herausgeber. Er war nicht sehr literarisch veranlagt. Meine Mutter und mein Onkel, der Bruder meines Vaters, hatten eine viel größere literarische Bildung. Aber mein Onkel wollte nicht für den Verlag arbeiten. Er war ziemlich bekannt als Schriftsteller, und er weigerte sich, für den Verlag zu arbeiten, weil er die Arbeit in einem Verlag ›unter seiner Würde‹ fand. – Weißt du, Literaten ... Jedenfalls, der Verlag meines Vaters ging bankrott. Und Bourgeois haben absolut keine Ahnung, wie sie sich ihr Leben einrichten müssen, wenn sie wenig Geld haben. Sie haben wirklich keinerlei praktische Erfahrung darin. Meine Mutter war ganz ratlos, als sie keine Diener mehr hatte, als sie selbst einkaufen und kochen mußte. Und einen Haushalt zu führen, das gelang ihr einfach nicht, sie lernte es nie. Dabei hatte sie mal ihren Brüdern den Haushalt geführt! Im Alter von siebzehn Jahren hatte sie auf einem Raddampfer, der Vieh nach Kanada transportierte, den Ozean überquert. Sie war ein echter Pionier! Und, o Gott, während der ganzen Überfahrt war sie krank, es war eine ganz furchtbare Reise. Aber Mutter wagte die Überfahrt, um ihren Brüdern, die alle auf eigene Faust nach Kanada gegangen waren, zu helfen, sich dort anzusiedeln. Oh, was sie für Flausen im Kopf hatten! Sie waren zwar groß geworden auf dem Land, aber sie wußten überhaupt nichts über Ackerbau! Ihr Vater, der ein Geistlicher gewesen war, besaß zwar Felder, aber er beauftragte immer jemanden, die Felder zu bearbeiten, er tat das nicht selbst. Meine Mutter hatte noch ein bißchen Ahnung von der Landwirtschaft, weil ihr Kindermädchen aus einer Bauernfamilie stammte. Und meine Mutter wußte zumindest, daß man Getreide aussäen muß, daß es wächst und daß man es ernten muß. Aber ihre Brüder wußten wirklich überhaupt nichts von der Landwirtschaft – und sie wollten sich in Kanada damit ihr Leben aufbauen! Und meine Mutter, die niemals gut wirtschaften konnte, wollte ihnen den Haushalt führen! Meiner Mutter und ihren Brüdern muß es in Kanada ganz miserabel gegangen sein!

Jedenfalls, als das Geschäft meines Vaters in Konkurs

ging und meine Mutter infolgedessen selbst wirtschaften mußte, empfand sie das immer als eine Zumutung. Sie haßte es, selbst den Haushalt führen zu müssen. Und mein Vater mußte auch eine Menge dazulernen. Er stand sehr unter der Fuchtel meiner Mutter. Er taugte zu nichts, der Ärmste! Er war sehr vernarrt in mich, er war sehr nachsichtig mit mir, tatsächlich. Aber er war nicht in der Lage, seinen Gefühlen Ausdruck zu geben, er konnte kaum mit anderen Menschen kommunizieren. Als ich mich entschied, nach Spanien zu fahren, fragte ich ihn auch nicht, was er über meinen Entschluß dachte. Und er äußerte sich nicht dazu, weil er wußte, daß ich seiner Meinung keine Beachtung schenkte. Er war niemals ein *Vater* für mich, ich respektierte ihn nicht. Meine Schwester und ich, wir mußten ihn beschützen. Ich hatte ihn gern, natürlich hatte ich ihn gern, aber er war nie eine Respektsperson für mich. Niemals. Ich kann bis heute Leute nicht verstehen, die sich noch als Erwachsene furchtbar aufregen über ihre Eltern. Man kann auch ohne sie eine starke Persönlichkeit werden – siehst du?

Vater erbte ein bißchen, als meine Großmutter starb, zumindest mußten wir nicht hungern. Als wir Kinder größer geworden waren, zog meine Familie um nach Saint Albans, weil es dort bessere Schulen gab als in Orpington. Außerdem hatte einer meiner Brüder ein Brustleiden, und wir wollten in einem gesünderen Klima leben. Meine zwei Brüder, meine Schwester und ich, wir lernten eine Zeitlang in sehr guten Schulen, und wir lernten alle ziemlich mühelos. Zum Teil wohl deshalb, weil wir eine Bücher-Bildung hatten. Wir konnten alle schon mit dreieinhalb lesen, und wir lesen bis auf den heutigen Tag sehr, sehr schnell und sehr gern. Wir *verschlingen* Bücher. Also, wir lernten gern. Aber

Mutter konnte es sich aus finanziellen Gründen nicht länger erlauben, mich weiter in die Schule gehen zu lassen. Ich mußte die Schule verlassen, als ich vierzehn war. Meine Brüder natürlich – Jungs! – mußten in der Schule bleiben. Im Unterschied zu uns Mädchen. Jetzt sind die Schulen viel besser, aber in meiner Jugend absolvierte man das College nicht dadurch, daß man ein Examen ablegte, sondern dadurch, daß man Geld bezahlte. Also konnten auch meine zwei Brüder schließlich nicht weiterlernen, sie konnten nicht mehr zur Schule gehen. Und da war meine Mutter sehr entsetzt. Denn sie betrachtete die College-Ausbildung für ihre Söhne als eine Selbstverständlichkeit. Für meine Mutter war das einfach die allerselbstverständlichste Sache der Welt. Meine Schwester konnte zum College gehen, weil eine ihrer Lehrerinnen ein Stipendium für meine Schwester organisierte. – Siehst du, sich mit Stipendien abgeben zu müssen, fand meine Mutter ›unter ihrer Würde‹. Sie hatte nicht mal davon Ahnung. Und vielleicht deshalb haben meine Geschwister und ich sehr darauf geachtet, daß unsere Kinder eine gute Ausbildung bekommen. Wir wissen, wie man das organisiert. Wir haben ein viel praktischeres Verhältnis zur Welt als meine Mutter.

Aber, jedenfalls, ich wollte weg von der Schule, ich haßte sie, weil ich mich zu sehr gegängelt fühlte. Ich verließ die Schule mit vierzehn Jahren. Ich war sehr jung. Gleich danach begann ich zu unterrichten. Sehr nette Leute gaben mir Arbeit als Kindermädchen. Ihre jüngste Tochter war damals sieben Jahre alt, und sie hatte Probleme mit dem Lesenlernen, sie hatte eine Art Lesesperre. Und ich konnte gut lehren, ich habe ihr das Lesen beigebracht. Ich verdiente damals zuwenig Geld, um meine Mutter unterstützen zu können. Aber ich wohnte bei der Familie und bekam dort zu essen – und viel besseres Essen, als meine arme Mutter es jemals zustande brachte. Viel besser. Ich lernte bei dieser Familie überhaupt eine Menge. Auch über Hauswirtschaft, weil ich das Haus in Ordnung hielt.

Ich wollte eigentlich Ärztin werden, doch das war aus finanziellen Gründen ganz ausgeschlossen. Weil ich nicht Ärztin werden konnte, entschied ich mich, Krankenschwester zu werden. – Warum ich einen medizinischen Beruf wählte? – Wenn du selbst sehr gegängelt worden bist, dann suchst du nach einem Beruf, in dem du Macht in die Hände bekommst. Ich glaube, sehr viele Krankenschwestern, Lehrer und dergleichen entscheiden sich für ihren Beruf, weil sie durch ihn eine gewisse Macht ausüben. Aber ich wollte natürlich auch Hilfe leisten können.

Um die Krankenschwesternlehre beginnen zu können, mußtest du der Leitung des Hospitals acht Pfund zahlen. Und du mußtest dir auch einen Kittel kaufen. Und du brauchtest natürlich noch etwas Taschengeld. Und du erhieltest zwar sechzehn Pfund im Jahr – aber erst in der neunten Woche der Lehre. Ich mußte drei Jahre lang sparen, um die Lehre aufnehmen zu können. Ich arbeitete dafür in einem Teerestaurant, in dem wir den Kunden natürlich Tee und Kaffee und Kuchen anboten. Aber wir bereiteten auch ein Mittagessen zu. Es gab am Tag zwei verschiedene Gerichte, eins wurde gekocht und eins, das vom Tag zuvor übriggeblieben war, wurde aufgewärmt. Und wir hatten immer drei Nachtische, drei Sorten Pudding ... Durch die Arbeit in dem Teerestaurant bin ich eine sehr gute Köchin geworden. Noch heute rate ich gern, wenn ich auswärts esse, wie ein Gericht zubereitet worden ist, welche Zutaten drin sind. Und ich weiß auch, wie man für wenig Geld schmackhafte, vitaminreiche Gerichte kochen kann. Ich bin immer noch eine sehr gute Einkäuferin. Ich *mußte* eben lernen, aus wenig viel zu machen, siehst du. Und die Tatsache, daß ich damals kochen lernte, war mir mein ganzes Leben lang nützlich.

Ich begann meine Lehre in der Zeit der Weltwirtschaftskrise. Du kannst dir kaum vorstellen, wie furchtbar die Krise, die Arbeitslosigkeit hier war. Bevor ich zum Hospital ging, nahm ich immer am Sieben-Uhr-Gottesdienst in der Saint-Albans-Kathedrale teil. Und wenn ich dorthin lief, kam ich vorbei am Obdachlosenasyl. Kurz vor sieben Uhr wurden alle Männer aus dem Obdachlosenasyl herausgeschmissen. Meine Güte ...! Egal, ob es draußen in Strömen regnete oder schneite, punkt sieben Uhr setzte man die Männer auf die Straße. Und sie waren in einem furchtbaren Zustand, sie trugen schlechte Schuhe, hatten gebrochene Füße ... Das war etwas Alltägliches! Jeden Morgen sah ich, wie ungefähr sechzig Männer auf die Straße strömten und die Mülleimer durchsuchten in der Hoffnung auf Zigarettenkippen.

Und die Patienten, die wir im Hospital hatten ... Das Elend, das wir da sahen ... Unser Hospital war ein großes Lehrhospital für Medizinstudenten. Also lagen da sehr viele Leute mit interessanten Krankheiten drin. Nach und nach wurde mir klar, daß zumindest fünfzig Prozent der Patientinnen sterben würden. Wahrscheinlich konnte man sie nicht mehr retten, weil sie uns zu spät gebracht wurden. Denn um vom Arzt behandelt zu werden, mußte eine Frau einen Shilling und sechs Pence bezahlen. Und soviel Geld hatten die meisten Frauen nicht. Kinder wurden zumindest halbwegs medizinisch betreut durch die Schulen und durch Wohlfahrtsinstanzen. Die Männer, die arbeiteten, waren sozialversichert und erhielten medizinische Behandlung. Aber für die Frauen, die Mütter, wurde nichts getan. Sie hatten kein Geld für eine ärztliche Behandlung, sie gingen nur im äußersten Notfall zum Arzt. Und wenn sie sich schließlich doch entschlossen, zum Arzt zu gehen – war es meist zu spät. Und das entsetzte mich so furchtbar! Diese absolut liebenswürdigen, tapferen, großartigen, guten Frauen – alle zum Tod verurteilt! Und diejenigen, die im Sterben lagen, waren meist noch besorgt um ihre Familien ...

Dabei machte ich meine Lehre in einem sehr guten Krankenhaus! In einem exzellenten Krankenhaus! Das Hospital war ein Wohltätigkeitshospital. Die Leitung solcher Krankenhäuser hatte immer sehr snobistische Auffassungen, man mußte sehr vornehm sein, um dort arbeiten zu dürfen. Als ich mich in dem Krankenhaus bewarb, äußerte die Oberin auch Bedenken, weil mein Vater Verleger war, also eine Art Geschäftsmann. Und Töchter von Geschäftsleuten wollte die Krankenhausleitung nicht als Lehrlinge akzeptieren. Im Saint-Thomas-Hospital, dem berühmten Florence-Nightingale-Krankenhaus, entließ die Oberin auch eine Lehrlingskrankenschwester, weil deren Vater ein Geschäftsmann war, ein Multimillionär. – Sehr amüsant. Kurzum, die Belegschaft unseres Hospitals bestand vorwiegend aus sehr netten Frauen der Mittelschicht. Sie zeigten dieselbe Haltung wie meine Mutter. Sehr gute Umgangsformen waren eine Selbstverständlichkeit für sie. Und die Krankenhausleitung brüstete sich damit, daß ihr Personal so extrem gut ausgebildet war. Uns wurde gelehrt, immer nett zu den Patienten zu sein, weil sie sehr verängstigt waren, wenn sie zu uns kamen. Sie wußten nicht, was mit ihnen geschehen würde, sie waren oft schmutzig, kaum bekleidet. Die meisten Patienten mußte man waschen, bevor man sie ins Bett stecken konnte. Das ist sehr degradierend. Uns wurde gelehrt: ›Gehe sehr vorsichtig mit den Kranken um, du mußt sie gut empfangen.‹ – Ich wußte das zu würdigen! Es war gewiß richtig, gelehrt zu bekommen, niemals bei den Patienten den Eindruck zu erwecken, daß man auf sie niedersah. Andererseits war die Krankenhausleitung sehr streng mit uns Lehrlingen. Man warnte uns schrecklich davor, Mitglied der Gewerkschaft zu werden. Während meiner Lehrzeit kam es zu einer kleinen Rebellion im Hospital, denn eigentlich sollten wir Lehrlinge alle Spezialisierungsrichtungen durchlaufen: Kinderkrankheiten, klinische Fälle, Chirurgie ... Aber daraus wurde nichts, weil die Hospitalleitung uns einfach dort einsetzte, wo wir am meisten gebraucht wurden. Wir arbeiteten damals in Schichten. Die Nachtschicht war elf Stunden lang, ohne Pause. Wir mußten sehr viele Überstunden leisten. Ich arbeitete manchmal elf Wochen hintereinander, ohne einen einzigen freien Tag. Und ich glaube, auch danach hätte ich nicht frei bekommen, wenn ich nicht mein Examen hätte ablegen müssen. In den vier Ausbildungsjahren kriegten wir kaum genug zu essen. Und weil das Essen so schlecht war, brachen im Hospital immer wieder Epidemien aus. Einmal mußten zwei Stationen geschlossen werden, damit man da die kranken Schwestern hineinlegen konnte. Aber am meisten machten wir uns Sorgen darüber, daß wir so viele Überstunden leisten mußten. Also organisierten wir eine Versammlung, an der auch die meisten Lehrlinge teilnahmen. Wir schlossen nur die Lehrlinge des ersten Lehrjahrs von dem Treffen aus, weil sie meist noch sehr jung waren und eine Auseinandersetzung mit der Krankenhausleitung wahrscheinlich nicht durchgehalten hätten. Wir versuchten in einem Schreiben an die Oberin deutlich zu machen, daß viele Lehrlinge eine unvollständige Ausbildung erhielten. Und wir schrieben auch, das Essen sei die Ursache der Epidemien gewesen. Und wir ließen natürlich alle Lehrlinge des zweiten, dritten und vierten Lehrjahrs den Brief unterschreiben. Und in der folgenden Schicht verbreitete sich die Nachricht von dem Brief. Und die leitenden Schwestern drohten uns: ›Bist du eine von denen?! Paß auf! Laß dich nicht mit der Gewerkschaft ein! Wir wollen keine Gewerkschaftsmitglieder im Hospital haben!‹ Und dann, nachdem wir den Brief der Assistent-Oberin überreicht hatten, wollte sie jede Lehrlingsschwester höchstpersönlich sprechen, eine nach der anderen. Und die Assistent-Oberin sagte uns, wir würden der Oberin mit dem Brief eine tödliche Kränkung zufügen. Aber die Oberin war eine kräftige alte Dame, sie hat den Brief überlebt. Und sie war sehr clever. Sie dankte uns für den Brief und sagte, sie würde sich für die Verbesserung der Arbeitsbedingungen im Hospital einsetzen. – Tatata, siehst du, wir ließen uns nicht einschüchtern, ich meine, wir setzten uns zur Wehr. Nachdem ich die Lehre abgeschlossen hatte, war ich ein Jahr krank, weil ich während der vier Jahre so schlecht gegessen hatte und so furchtbar hart arbeiten mußte.

Die Leitung des Hospitals erwartete, daß unsere Eltern uns Lehrlinge beköstigten. Von den sechzehn Pfund im Jahr mußten wir unsere Kleidung kaufen, die Reisen nach Hause bezahlen – alles. Aus Geldmangel konnte ich nur dann und wann nach Hause fahren. Ich guckte mir auch immer die Schaufenster an: Schaufenster mit Bonbons, Kuchen, mit Tabakwaren – Sachen, die ich mir nicht leisten konnte. Gut, das Leben ist ziemlich rauh mit mir umgesprungen! Ich meinte, die Schule verlassen zu müssen, um die Mutter zu unterstützen ... Ich habe gern kochen gelernt, aber ich habe überhaupt nicht gern in dem Teerestaurant gearbeitet. Ich wollte tun, was andere Leute taten: Ich wollte zum College gehen. An Bällen teilnehmen und Tennis spielen. Mal in einem Café einen Tee trinken. Und ich hätte mir gern schöne Kleider gekauft. Ich hatte niemals schöne Kleider. Furchtbare Kleider hatte ich! Aber ein Kleid kaufen, das konnte ich mir nicht leisten. Ich konnte auch nicht ins Stadtzentrum fahren, ich hatte ja nicht mal die paar Pennys für den Bus. Es war eine Art chronische Krankheit, daß ich buchstäblich nie einen Penny in der Tasche hatte. – Und nach dem Abschluß meiner Lehre erfuhr ich, daß mein Vater Angehöriger des Patrimoniums war und damit das Recht geerbt hatte, seine Kinder kostenlos in Ausbildungseinrichtungen der Stadt lernen zu lassen. Ich hätte zum College gehen können, Arzt werden können ... Oh, meine Liebe ...! Oh, meine Liebe!

Gut, ein Jahr nachdem ich die Ausbildung abgeschlossen hatte, begann ich als Krankenschwester zu arbeiten. Und ich wurde in der niedrigsten Lohngruppe bezahlt – nachdem ich die Lehre abgeschlossen hatte! Obwohl ich eine ausgebildete, qualifizierte Krankenschwester war, mußte ich für die allerniedrigste Lohngruppe arbeiten – Gemeinheit! Und ich beabsichtigte, weiterzulernen, ich wollte Hebamme werden. Aber um das Hebammenexamen machen zu dürfen, mußtest du dreißig Pfund bezahlen. Oder du mußtest dich bereiterklären, nach Abschluß des Examens drei Jahre lang für die Gemeinde zu arbeiten. Und dazu hatte ich wenig Lust. Also mußte ich mir die dreißig Pfund verdienen. Wieder eine Menge Geld! Ich bat die Leiterin des Krankenhauses, in dem ich arbeitete, mir die Adressen von Privatpatienten zu geben, weil Privatpflege viel besser bezahlt wurde als die Arbeit im Krankenhaus. Und die Leiterin des Hospitals zierte sich furchtbar und sagte: »Es tut mir sehr leid, aber wir geben dir die Adressen nicht. Denn du warst die Hauptverantwortliche für die Petition der Lehrlinge an die Oberin. Und wir glauben, daß Privatpatienten eine Schwester wie dich nicht akzeptieren würden.« – Was nicht stimmt. Ich war eine extrem gute Schwester, ich arbeitete hart, ich war nett zu den Kranken. Die meisten meiner Kolleginnen sind ziemliche Zicken, und ich wäre mal was Neues für die Kranken gewesen. Ich hätte den Privatpatienten neuen Schwung gegeben – ja? Gut, jedenfalls gab mir die Institutsleiterin die Adressen nicht. Aber ich bewarb mich in einem Krebsforschungshospital. Es war so verseucht mit Radium, daß man dem Personal Zuschläge bezahlen mußte, damit es sich in das Krankenhaus hineinwagte. Ich verdiente dort fünf Pfund im Monat, was viel mehr war, als ich jemals verdient hatte. Aber, oh, meine Liebe ...! Meine Liebe ...! Dieses Krebshospital war ganz, ganz furchtbar, weil da nur Patienten lagen, die hoffnungslos krank waren. Die Ärzte arbeiteten hart, die Behandlung war gut, aber dieses Hospital war ein Ort der Verdammten. Und eines Tages fand ich auch noch heraus, daß man mit den Ärzten, den Stationsleitern und den Medizinstudenten einmal im Monat Bluttests durchführte wegen des Radiums. Und diese Bluttests fand man nicht nötig für uns Schwestern! Wir konnten so viel Radium im Körper haben, wie es uns paßte, weil für uns leicht Ersatz zu finden war. Wenn wir krank wurden, hieß es: ›Oh, wie traurig für dich. – Wir brauchen eine neue Krankenschwester.‹ Das machte mich sehr wütend, in so einem Hospital wollte ich nicht länger arbeiten. Ich wollte mich nicht zugrunde richten lassen vom Radium. Ich sagte mir: ›Ich werde nicht dulden, daß man mich mißbraucht!‹

Und als ich kündigte, wurde ich natürlich gebeten, weiter im Krankenhaus zu bleiben. Das machte mich sogar noch wütender! Gut, jedenfalls hatte ich die dreißig Pfund beisammen, und ich konnte mich für die Hebammenlehre bewerben. Und die Zeit, in der ich den Hebammenberuf erlernte, war wunderbar. Die Leiterinnen des Ausbildungsinstitutes waren sehr religiös, perfekte Damen und absolute Engel. Sie behandelten alle Patientinnen wundervoll. In diesem Institut arbeiteten fünfzig Krankenschwestern, die zu Hebammen ausgebildet wurden. Und jeder Hebammenlehrling war am Tag für eine Schwangere verantwortlich. Man konnte sich wirklich um die Patientinnen kümmern. Wir konnten ihnen die Zehen maniküren, sie massieren ... Siehst du, die Schwangeren wurden paradiesisch verwöhnt. Und unser Personal war so nett, daß die Frauen *gern* zu uns kamen. Patientinnen, die ihr Baby in unserem Hospital zur Welt bringen wollten, mußten sich auch schon in den ersten Wochen ihrer Schwangerschaft bei uns anmelden. Manche Frauen schrieben sich in unsere Wartelisten ein, wenn sie heirateten. Unser Hospital war sehr populär, sehr progressiv. Wir ließen die Frauen regelmäßig zu den pränatalen Untersuchungen kommen, wir führten regelmäßig Gymnastikkurse durch – damals, 1935, 1936! Wenn man den zukünftigen Müttern erklärte, was bei der Geburt passierte, dann konnten sie selbst ihre Atemtechnik steuern, dann hatten sie bei der Entbindung weniger Schmerzen et cetera. Alle die Techniken, mit denen man heute Kreißenden die Entbindung erleichtert, wurden damals gerade erfunden!

Die meisten unserer Patientinnen waren arbeitslos, waren Arbeiterfrauen. Und weil sie kaum Geld hatten, lieferten wir ihnen Material, damit sie sich Still-BHs nähen konnten und Kleidung für ihre Kinder. Frauen, die ihr erstes Baby kriegten und Frauen, bei denen wir Schwierigkeiten bei der Entbindung erwarteten, brachten ihr Kind im Krankenhaus zur Welt. Aber normalerweise entbanden die Frauen zu Hause. Und als Lehrlingshebamme mußte man fünfzig Geburten begleitet haben, um das Examen machen zu können. So kam ich viel in den Südlondoner Distrikten herum. Und die Patientinnen waren so reizend! Als Hebamme bist du Teil der Familie im schönsten Sinne, denn du bringst Hilfe, und du bist die Antwort auf alle Fragen. Ich liebte diesen Beruf, tatsächlich! Aber die Bedingungen, unter denen wir arbeiten mußten, waren absolut entsetzlich. Meine Güte ...

Wenn man das Haus betrat, in dem die Patientin lebte, entdeckte man, daß die Treppen in den Hausfluren keine Geländer mehr hatten; die waren von den Leuten zum Feuermachen verwendet worden. Es gab kein fließendes Wasser in den Wohnungen, du mußtest es aus dem Flur holen, manchmal vom Hof. Das Wasser mußte man auf einem Gasofen abkochen, der von allen Hausbewohnern genutzt wurde. Der Gasofen stand auf einem der Treppenabsätze. Man bediente ihn, indem man einen Penny in einen Schlitz warf ... Kaum warst du fortgegangen, um nach der Patientin zu sehen, benutzte jemand dein Feuer, um Geld zu sparen. Siehst du, die Leute waren furchtbar arm. Wenn sie von der Sozialhilfe abhängig waren, wurden ihnen alle Möbel weggenommen, abgesehen von einem Tisch und einem Stuhl, einem Kessel, einem Krug und einem Topf, einem Messer, einer Gabel, einem Löffel, einer Decke und einer Matratze pro Person. Und kein Teppich, keine Matte, kein Linoleum lag auf dem Fußboden. Den Fußbodenbelag mußten die Leute verkaufen, damit sie Sozialhilfe bekamen. Also die Wohnungen sahen schrecklich aus, schrecklich armselig. Ich meine: hoffnungslos arm. Und ich glaube, unter meinen fünfzig Patientinnen, die ich betreute, waren nur drei, deren Männer Arbeit hatten! Ja, fast alle Leute, die in unserem Distrikt wohnten, waren arbeitslos. Wenn wir zu einer Kreißenden gerufen wurden, nahmen wir auch immer eine Basisausstattung mit, weil die meisten Patientinnen überhaupt nichts besaßen. Du mußtest zum Beispiel Seife mitbringen. Und alte, zerrissene, aber saubere Laken, um die Frauen darauf niederkommen zu lassen. Wir nahmen auch Zeitungen mit, die verteilten wir auf dem Fußboden, weil der meistens sehr schmutzig war. Und ich setzte mich, wenn ich warten mußte, immer auf einen Stapel Zeitungen.

Eine meiner Patientinnen werde ich niemals vergessen, sie war eine sehr einfache, geistig behinderte Frau, deren Mann in einem Hospital für geistig Behinderte lebte und einmal im Jahr seine Frau besuchte. Er war eine Art Baby. Und sie war eine Anhängerin der Heilsarmee, die Heilsarmee kümmerte sich ein bißchen um sie. Diese arme Frau kriegte ein Baby nach dem anderen. Als ich zu ihr gerufen wurde, hatte sie schon vierundzwanzig Stunden in den Wehen gelegen. Sie lebte unter solch erbärmlichen Umständen! Ihre Wohnung war unglaublich schmutzig. Die vier oder fünf anderen Kinder, die die Ärmste zur Welt gebracht hatte, mußte ich bei einem Nachbarn unterbringen, weil sie mir natürlich nicht vor die Füße laufen durften. Die Kreißende war so erschöpft, daß sie nicht mehr pressen konnte. Sie hatte keine Matratze in ihrem Bett, sie lag auf den Sprungfedern. Also konnte ich mich nicht auf sie setzen und das Kind herauspressen helfen wegen dieser ›Matratze‹. Und draußen stand das Heilsarmeeorchester und spielte Kirchenlieder. Kirchenlieder ... Ich war so böse darüber! Ich konnte danach so schnell keine Kirchenlieder mehr hören. Schließlich hatten wir das Baby. Ein wunderhübsches, kleines Baby. Und am nächsten Tag, als ich zurückkam, um nach der Mutter und ihrem Kind zu sehen, da war das Baby über und über mit Läusen bedeckt. An den Wimpern, in den Haaren, am ganzen Körper saßen Läuse ... Oh! Dreimal nahm ich Wäsche mit für diese Frau, abgetragene Kleidung, die ich von den Freunden meiner Eltern bekommen hatte. Und natürlich konnte die Ärmste nichts davon behalten, sie mußte alles zur Pfandleihe bringen. Es war hoffnungslos. Und wie konnte eine Frau, die selbst hilfsbedürftig war, allein für sechs Kinder sorgen?!

Und ziemlich in der Nähe unseres Hospitals befand sich das Zeughaus, eins der Hauptarsenale von England. Wir hörten immer, wie da die Granaten getestet wurden. Ich wußte, daß ein Test dreihundert Pfund kostete. Ich wurde immer so wütend, wenn ich diese Einschläge hörte! Und auf der anderen Seite wußte ich, daß England aufrüsten mußte. Ich meine, damals war Hitler an der Macht, ein Weltkrieg bahnte sich an, und England bereitete sich schon spät genug auf einen möglichen Krieg vor. Aber immer diese Explosionen hören zu müssen und Menschen unter diesen entsetzlichen Bedingungen leben zu sehen! Und bei all dem Elend leisteten sich die Männer hin und wieder den Luxus, sich eine Schachtel Zigaretten zu kaufen – und die wollten sie dir schenken, der lieben Hebamme! Oh, die Leute waren so reizend! Aber die Bedingungen, unter denen sie leben mußten, waren absolut entsetzlich. Ja, in ärmlichsten Verhältnissen leben zu müssen, das war eine normale Sache für mehr als die Hälfte der Engländer. Es gab im großen und ganzen zwei Klassen: Eine kleine Schicht, die tun und lassen konnte, was ihr in den Sinn kam, und eine ungeheuer unterdrückte Menge, die dahinvegetieren mußte. Und natürlich gab es auch noch eine kleine Mittelschicht. Aber die Leute aus der Mittelschicht hatten noch nicht die Ansprüche, die sie heute an ihr Leben stellen. Und die Arbeiterklasse lebt inzwischen auch viel viel besser – selbst wenn es noch immer sehr viele Arbeitslose in England gibt; noch heute sind ungefähr vier Millionen Briten arbeitslos. Und diese vier Millionen Männer und Frauen haben Partner und haben Kinder, also sind noch sehr viel mehr Leute abhängig von der Sozialhilfe. Und so war es damals auch – nur eben noch viel, viel schlimmer.

Durch meine Arbeit wurde mir auch sehr bald klar, daß viele Leute erkrankten, weil sie in so absolut erbärmlichen Verhältnissen lebten. Siehst du, und es machte mich rasend, daß das Personal in den Hospitälern nur über die Symptome sprach, nicht über die eigentliche Krankheitsursache der allermeisten Patienten: ihre Armut. Und es machte mich so wütend, daß man scheinbar nichts gegen dieses Elend tun konnte, daß es überhaupt keine Möglichkeit gab, sich durch soviel Elend hindurchzukämpfen.

Ich ging damals regelmäßig in die Kirche, als junges Mädchen war ich sehr religiös, auch wenn mir immer Zweifel blieben an der Existenz eines Gottes, weil ich nicht einsehen konnte, warum gute Menschen Schmerzen leiden müssen, warum zum Beispiel Babys krank werden. Mir schien der Glauben ziemlich irrational. Und wenn Gott gut war, dann hatte er scheinbar nicht soviel Macht, dann konnte er scheinbar nichts tun gegen sinnloses Leiden et cetera. Trotzdem war ich lange Zeit sehr religiös, und ich habe es dem extrem guten Katechismusunterricht in der Saint-Albans-Kathedrale zu verdanken, daß ich begriff, warum so viele Menschen in Armut leben mußten. Der Katechismusunterricht bestand aus Kursen zum Thema: ›Kirche und soziale Ordnung‹. Die Vorlesungen, die wir hörten, behandelten Aspekte dieses Themas. Zum Beispiel lauteten sie ›Kirche und Gewerkschaft‹, ›Kirche und Arbeiterklasse‹, ›Kirche und Imperialismus‹, ›Kirche und Kolonialisierung‹, ›Kirche und Rassenfrage‹. Wir hörten Vorträge über unsere afrikanischen Kolonien und natürlich auch über Indien, weil Indien damals noch Teil des Königreiches war. Der Pfarrer Skelton leitete den Unterricht für die Junge Gemeinde. Er war ein großartiger Prediger und ein exzellenter Lehrer. Er konnte sehr humorvoll sein, er konnte uns mitreißen, weil er so warmherzig war. Er vertrat auch öffentlich sozialistische Auffassungen. Seine Predigten und sein Unterricht richteten sich gegen die gefestigte Macht. Und das fand die Bourgeoisie ziemlich unanständig. Pfarrer Skelton hatte sehr viele Opponenten. Aber bei uns jungen Leuten war er sehr beliebt! Oh ja, der Unterricht war sehr gut organisiert! Und jedes Mitglied der Jungen Gemeinde mußte seinen Teil dazu beitragen! Also hat jeder gelernt, wie man seine Gedanken darlegt und wie man debattiert. Siehst du, das ist sehr nützlich! Und die Kurse stimulierten uns nicht nur, kritisch gegenüber der ›weltlichen Macht‹ zu sein – sondern auch gegenüber der Kirche! Wir kriegten furchtbaren Krach mit den anderen Mitgliedern der Gemeinde, als wir Slum-Grundstücke, die Eigentum der Kirche waren, brandmarkten! Da bekamen wir schrecklichen Ärger mit den alten Leuten unserer Gemeinde!

Jedenfalls, alles Wissen, das ich während dieses Kurses

erwarb, erwies sich später als richtig. Ich brauchte es nie berichtigen. Und meine Schwester und ich wurden durch diesen Unterricht Sozialistinnen. Wir fanden es moralisch richtig, Sozialistinnen zu sein. Aber nicht alle, die an diesen Kursen teilnahmen, änderten ihre Ansichten. Meine zwei Brüder, die auch zum Unterricht kamen, blieben ganz und gar Tory-Anhänger. Wie ich mir das erkläre? – Wahrscheinlich ... Meine Schwester und ich, wir waren eben netter. – Nein, siehst du, das ist ... sehr kompliziert. Ich glaube, meine Brüder sind in gewisser Hinsicht faul. Ich glaube, Leute, die rechts sind, wollen sich nicht mit Veränderungen abmühen. Wirklich nicht! Unter kapitalistischen Bedingungen ist es eine viel größere Herausforderung, Sozialist zu sein. Das ist viel komplizierter, viel schwieriger.

Die Hebammenausbildung dauerte sechs Monate, und ich war sehr glücklich in diesem Hospital. Dort herrschte eine angenehme Atmosphäre, man war liebenswürdig zueinander, der Unterricht war exzellent, die Oberin war ein absoluter Schatz, eine süße Frau. Und ich hatte keine Probleme mit dem Examen. Ich wußte, was ich wissen mußte, die Prüfungen liefen für mich gut ab. Aber der Spanienkrieg war inzwischen ausgebrochen. Ich wurde vor die Krankenhausleitung zitiert, als ich Pamphlete über den Spanienkrieg an die Wände des Krankenhauses hing. Die Pamphlete wurden abgenommen – und ich hing sie wieder an. Ich hatte auch sofort die Eingebung, nach Spanien zu gehen. Ich weiß nicht, woher ich soviel Verstand hatte. Das weiß ich wirklich nicht. Vielleicht kam mir die Idee, weil die Sozialisten sich so für die Republik engagierten. Ich war zwar nicht in die Labour-Partei eingetreten, denn wenn die Oberin erfuhr, daß man Mitglied der Labour-Partei war, wurde man mit größter Wahrscheinlichkeit entlassen. Aber als ich einundzwanzig war und zum ersten Mal wählen durfte, stimmte ich für die Labour-Partei. Jedenfalls weiß ich nur ein Motiv für meine Idee, den Spaniern helfen zu wollen: daß ich genug davon hatte, rechtlos zu sein, den Umständen ausgeliefert zu sein. Ich sah, daß die Menschen in meiner Umgebung ebenso rechtlos waren wie ich – aber niemand tat etwas dagegen! Uch ich dachte: ›Die Spanier wehren sich zumindest gegen ihr Schicksal.‹ Die Republikaner, die Mehrzahl der Spanier, kämpfte gegen eine Minderheit, die ihr Elend verursacht hatte, und ich wollte den Republikanern dabei helfen. Und ich wußte, daß ich eine sehr gute Ausbildung bekommen hatte, und ich wußte, daß ich eine gute Organisatorin bin. Ich dachte: ›Die Republik braucht bestimmt Krankenschwestern.‹ Ich *brannte* darauf, den Spaniern zu helfen. Ich wußte nur noch nicht, wie ich nach Spanien kommen könnte. Also ging ich kurzerhand zur Redaktion der ›Daily Herald‹, einer Gewerkschaftszeitung, die sehr, sehr reaktionär, dumm und verstaubt ist. Und ich sagte den Redakteuren: »Ich bin eine Krankenschwester, ich will nach Spanien gehen.« Und sie waren sehr interessiert, sie drängten sich um mich herum. Sie organisierten sogar eine Versammlung, in der sie darüber diskutierten, was sie für mich tun könnten – und ihnen fiel nichts ein. Schließlich kam einer von den Journalisten auf die Idee, mich zur Redaktion der ›News Chronicle‹ zu schicken, einer liberalen Zeitung. Und ich wurde in ein Taxi gesteckt. Ich war darüber sehr entzückt, denn ich fuhr damals nicht sehr oft Taxi. Ich wurde mit dem Taxi zur Redaktion der ›News Chronicle‹ gebracht. Und die Journalisten der ›News Chronicle‹ wußten, wo das Komitee für Hilfe an Spanien seinen Sitz hatte. Also schickten sie mich mit einem anderen Taxi dahin.

Wir Engländer sind sehr beflissen im Gründen von Vereinigungen. Die Mitglieder des Komitees für Hilfe an die Spanische Republik sammelten tausende Pfunde zum Teil für Lebensmittel, zum Teil für medizinische Ausrüstungen. Außerdem sorgte das Komitee dafür, daß hundert baskische Kinder nach England gebracht wurden. Das Spanienkomitee befand sich in der Oxford Street, in der höchsten Etage eines jämmerlich kleinen Gebäudes. In solchen Gebäuden habe ich seither sehr oft gearbeitet. Und der Leiter des Komitees sagte sofort: »Ja, in drei Wochen schicken wir eine Gruppe mit einigen Lastautos und Ambulanzen nach Spanien. Du kannst mitfahren.« Also machte ich mich sehr zufrieden auf zu meiner Mutter, um ihr zu erzählen, daß ich in drei Wochen nach Spanien fahren würde. Und meine Mutter muß ganz schön geschluckt haben – was mir erst jetzt klar ist! Denn wenn mir jetzt mein Sohn erzählte, er wolle zum Beispiel nach Nikaragua fahren, dann wäre ich ganz furchtbar entsetzt. Aber damals kam mir einfach nicht in den Sinn, daß meine Mutter entsetzt sein könnte. Es fiel mir irgendwie nicht ein. Hartherzig, hartherzig. Andererseits hatte meine Mutter Glück: Ihre Söhne machten ihr viel weniger Kopfzerbrechen als ich. Jedenfalls, sie schluckte ein bißchen und sagte: »Dieser Pioniergeist meine Liebe, der liegt in unserer Familie.« Das war wahr. Und das war eine sehr schöne Geste, stimmt's? Denn meine Mutter fürchtete natürlich, daß ihre Tochter von den Roten entführt und vergewaltigt werden könnte. Das ist ja sehr beängstigend für eine Mutter. Mir kam dieser Gedanke überhaupt nicht. Ich war überzeugt, daß die Roten friedliebende Leute sind.

Der Oberin des Hebammenhospitals tat es ein bißchen leid, daß ich kündigte. Sie war der Meinung, mein Entschluß, nach Spanien zu gehen, sei eine emotionelle Abgeschmacktheit. Die Oberin bat mich, im Krankenhaus zu bleiben, denn ich war wirklich eine gute Hebamme. – Die einzige, die mich davor warnte, nach Spanien zu fahren, war die sehr nette Frau, deren Kind ich das Lesen beigebracht hatte. Sie war eine strenge Katholikin. Und natürlich sagte sie, daß die Republikaner Nonnen vergewaltigten und Pfarrer ermordeten. Ich wurde sehr böse, sehr böse auf diese Frau. Ich sagte: »Falls diese Berichte überhaupt stimmen, dann engagieren sich die Nonnen und die Pfarrer für die falsche Seite.« Denn in Spanien war die Mehrzahl der Geistlichen sehr reaktionär.

Jedenfalls, ich machte mir keine Sorgen um mich selbst, ich habe eine sehr, sehr kräftige Natur. Ich glaube, ich kriegte eine Menge von meiner Mutter ab, sie konnte sich auch sehr wohl behaupten. Sie verstand nicht, sich ihr Leben zu organisieren, aber sie konnte sich, wenn es darauf ankam, behaupten. Sie war eine sehr überzeugte Feministin – was immer eine gute Sache ist – ja, nicht wahr? Und ich bin auch Feministin. – Nicht eine von diesen Verrückten, ich hasse die Männer nicht. Aber ich weiß, daß Frauen genausoviel leisten können wie Männer – wenn nicht sogar noch mehr. Und ich weiß auch, daß es keinen Job gibt, dem Frauen nicht genügen können. Warum sollte ich also *nicht* nach Spanien gehen? Um mich selbst machte ich mir überhaupt keine Gedanken. Ich war bloß ein bißchen nervös, weil ich angerufen wurde von Frau Wintringham. Ihr Mann, einer der Leiter der Interbrigaden, hatte Typhus und lag in einem Krankenhaus in Valencia. Und Frau Wintringham wollte, daß ich sofort zu ihrem Mann fahre, um sein Leben zu retten. Und ich war ein bißchen verärgert. Ich sagte: »Ich habe mich nicht gemeldet beim Hilfskomitee für die Spanische Republik, weil ich Privatkrankenschwester werden wollte.« Aber was konnte ich tun? Ich konnte die Bitte doch unmöglich abschlagen. Also fuhr ich Hals über Kopf nach Spanien. Unser Hilfskomitee gab mir einen Brief, in dem bestätigt wurde, daß ich mich auf dem Weg nach Spanien befand. Das Komitee hatte mir auch das Visum für Spanien beschafft. Und ich hatte in meinem Paß ein Visum für Frankreich ›aller et retour‹, ein Retourvisum – was sehr wichtig war, weil ich dadurch für die Behörden den Status einer gewöhnlichen englischen Touristin hatte. Im Januar 37 gab nämlich unsere Regierung bekannt, daß sie jeden Engländer, der nach Spanien ging, um in den Interbrigaden zu kämpfen, gerichtlich verfolgen würde. Wenige Tage nach meiner Abreise schon konnte man sich nicht mehr legal darum bewerben, für die Spanische Republik zu arbeiten oder zu kämpfen. Ich fuhr gerade noch früh genug los.

Im Februar 37 machte ich mich nach Spanien auf. – Nein, natürlich hatte ich keine Angst vor dem Fliegen! Ich bin überhaupt nicht sehr ängstlich veranlagt. Aber damals war Fliegen nichts Alltägliches. Und ich war sehr interessiert, zu erfahren, wie das ist, wenn man sich in die Lüfte erhebt. Kurz vor der Abreise fuhr ich noch zur Saint Georgs-Kirche, um der Gemeinde ›Auf Wiedersehen‹ zu sagen. Die Gemeinde bestand vorwiegend aus Sozialisten, und sie war sehr begeistert, daß ich nach Spanien fuhr. Sie verabschiedete mich sehr enthusiastisch. Es wurde sogar ein spezieller Abschiedsgottesdienst für mich gehalten. Oh ja, oh ja, unsere Gemeinde sandte mir auch während meines gesamten Aufenthalts in Spanien Zigaretten. Ich war eine leidenschaftliche Raucherin. Ich begann schon sehr früh zu rauchen – natürlich nur zehn Zigaretten pro Woche, weil ich nur sehr wenig Geld hatte. Aber Zigaretten bedeuteten mir in Spanien besonders viel! Abgesehen davon, daß ich es sehr nett fand, von meiner Kirchengemeinde mit Aufmerksamkeiten bedacht zu werden. – Wo war ich stehengeblieben? – Ich war im Flugzeug nach Paris ... Als ich in Paris gelandet war, nahm ich den Zug nach Toulouse. Von da aus flog ich erneut, und das war viel schöner als beim ersten Mal, weil wir über die Pyrenäen flogen in der Morgendämmerung. Die Sonne glühte, und ihre Strahlen spiegelten sich an den schneebedeckten Gipfeln der Pyrenäen wider – sehr wundervoll. Im Februar war England grau und kalt und häßlich – und in Spanien strahlte die Sonne. Und als das Flugzeug landete, sah ich kleine Orangenbäume, deren Orangen uns entgegenleuchteten ... Ich fand das sehr aufregend, ich weiß noch, daß ich von der einen Seite des Flugzeugs zur anderen hopste, um mir nichts entgehen zu lassen. Und die anderen Passagiere riefen mir immer zu: »Da ist das Mittelmeer. – Hier ist noch ein Baum ...« Fast alle Passagiere waren Katalanen, sie redeten in einem Wirrwarr aus verschiedenen Sprachen mit mir, aber ich konnte sie trotzdem verstehen. Nur einen Passagier mochte ich überhaupt nicht leiden. Er riet mir, nicht in Spanien zu bleiben – zumindest nicht auf der Seite der Republik. Er kehrte in seine Heimat zurück, weil er dort Gold, Juwelen und Geld zurückgelassen hatte. Und er wollte seine Besitztümer abholen und dann sofort wieder nach Frankreich zurückfliegen. Ich dachte noch: ›Vielleicht sollte ich ihn anzeigen? – Aber gut, er bringt das Gold nicht zu Franco, sondern nach Frankreich.‹ Ich war ein bißchen durcheinander. Ich dachte darüber nach, ob ich diesen Mann anzeigen sollte. Jedenfalls zeigte ich ihn nicht an. Und in Barcelona mußte ich ungefähr eine halbe Stunde warten auf das Flugzeug nach Valencia. Und diese halbe Stunde war entzückend. Mitten im Winter, im Februar, war es heiß und sonnig in Barcelona, kleine Blumen blühten am Rande der Piste. Und ein kleiner Soldat, ein lieber kleiner Soldat mit einem Gewehr lächelte mich an. Und ich hatte die allerlächerlichste Kleidung der Welt an: einen blauen Schwesternkittel, weiße Socken und eine große weiße Schwesternhaube. Das war ziemlich unpassend, weil auch die Nonnen, die zumeist Franco unterstützten, diese weißen Hauben trugen. Zum Glück wußte ich das damals noch nicht. Jedenfalls, dieser junge fesche Soldat und ich, wir konnten nicht miteinander reden. Aber er ahnte, daß ich gekommen war, um seinem Volk zu helfen. Er war so süß! Er sah mir an, wie glücklich und erregt ich war, er pflückte Blumen und schenkte sie mir. Oh, gewiß, die Spanier waren absolut phantastisch!

Und ich flog weiter nach Valencia. Ich wußte nicht, in welchem Krankenhaus Tom Wintringham lag. Dessen Frau hatte mir gesagt, ich solle zum ›Hotel Inglés‹ gehen, wo die Journalisten untergebracht waren. Die würden schon wissen, wo Tom sich befand. Also ging ich zum ›Hotel Inglés‹. Ich hatte vom Komitee einen Riesenkoffer voll Wäsche bekommen, den schleppte ich mit. Denn natürlich hatte ich kein Geld, um mir Wäsche für den Aufenthalt in Spanien zu kaufen. Einige Journalisten im ›Hotel Inglés‹ wußten, in welchem Hospital Tom Wintringham lag. Sie brachten mich zur Straßenbahnhaltestelle. Ich hatte drei Pfund von Toms armer Frau bekommen, mehr Geld besaß ich nicht. Aber das war mehr als genug, um die Straßenbahnfahrt zu bezahlen. Die Journalisten sagten etwas zu den anderen Fahrgästen und verabschiedeten sich von mir. Und damals hatten die Straßenbahnen in Valencia keine

Sitze. Jeder stand und hielt sich an Griff oder Schlaufe fest, die an den Seitenwänden angebracht waren. Aber ich stand in der Mitte, also mußte ich mich an den anderen Fahrgästen festhalten. Und sie reichten meinen Riesenkoffer weiter, über ihre Köpfe hinweg. Und als wir in die Nähe des Hospitals kamen, stiegen etwa zwanzig Leute aus, um mich zum Krankenhaus zu bringen und mir den Koffer zu tragen. Und sie erklärten mir mit einem großen Wortschwall etwas, was ich nicht verstand.

Und das Hospital, in dem Tom lag ... ach! Der überwiegende Teil der spanischen Ärzte war absolut für Franco. Das verstand sich für die meisten Ärzte von selbst, denn sehr viele Ärzte waren pure Karrieristen. Autoritäre Karrieristen. Und für die meisten spanischen Mediziner galt, daß sie mit dem Gedanken spielten, für Franco zu arbeiten, und ihre Entscheidung nur hinauszögerten – wenn sie nicht ohnehin schon Kollaborateure waren. Die spanischen Ärzte hatten keinerlei Erfahrung in der Zusammenarbeit mit Krankenschwestern, denn in den meisten spanischen Hospitälern arbeiteten keine ausgebildeten Krankenschwestern. Die Verwandten oder die Freunde des Patienten oder Nonnen taten einen Teil der Schwesternarbeit. Aber niemand wusch die Patienten, maß ihnen das Fieber. Die Medikamente wurden den Kranken einfach ans Bett gelegt. Wer sie einnahm, der nahm sie eben ein. Wer nicht – der eben nicht.

Tom hatte Typhus, eine ansteckende Krankheit. Er lag als einziger Patient in einem Krankensaal und war voller Fliegen, was nicht gut ist für einen Typhuskranken. Also habe ich so viele Fliegen wie möglich aus dem Fenster gejagt. Und ich nahm mir vor, bei meiner nächsten Fahrt in die Stadt Vorhänge zu kaufen, um zu verhindern, daß wieder Fliegen hineinkommen in das Zimmer. K., eine amerikanische Interbrigadistin, war bei Tom und kümmerte sich um ihn. Es ging ihm tatsächlich ziemlich schlecht, er hatte hohes Fieber, er schwitzte erbärmlich. Er hatte lange nichts Ordentliches zu essen bekommen, er war völlig entkräftet. Außerdem war er sehr schmutzig, und man hatte ihn nicht rasiert. Zum Urinieren gab man den männlichen Patienten Flaschen, das war in Ordnung. Aber ich suchte für Tom einen Schieber. Auf der Suche nach einem Schieber ging ich raus zur Toilette ... Die Toilette war unglaublich ... Daß Männer in die Höhe urinieren können, war mir bekannt – aber auch die großen Geschäfte himmelwärts ... Oh, jetzt wußte ich, daß auch das möglich ist! Die Wände der Toilette sahen aus ... Man konnte sich in diese Toilette nicht hineinwagen, das war ausgeschlossen! K. hatte Tom ein wenig mit einem spiritusgetränkten Schwamm abgerieben, so machen das die Amerikaner. Aber Tom bat mich, ihn mit lauwarmem Wasser zu waschen. Und während ich das tat, kam ein spanischer Arzt herein und veranstaltete eine furchtbare Szene: »Es ist sehr gefährlich, einen Kranken zu waschen! Lebensgefährlich! Er kann davon sterben!« Der Arzt machte ein schreckliches Theater – und das in schlechtem Französisch! Natürlich sprach ich kein Spanisch, aber K. begann einen Disput mit diesem Mann. Und er kam zurück mit einem Kollegen, und beide stellten fest, daß Tom sterben werde und ich schuld sei an seinem Tod. Und ich wusch Tom ungerührt weiter. Aber ich sagte zu K.: »Ich gebe dir eine Liste von Dingen, die ich unbedingt brauche. Und du fährst zum ›Hotel Inglés‹ und bittest die Journalisten, dir bei der Beschaffung dieser Dinge zu helfen.« Ich wollte einen Schieber haben, Waschmittel, um Toms Wäsche waschen zu können, Käsetuch, um ein Fliegenfenster fertigen zu können, und vieles andere mehr. Und K. fuhr tatsächlich in die Stadt und kam zurück mit allem Nötigen. K. hatte im selben Saal wie Tom ihr Bett. Sie schlug vor, daß ich irgendwoanders schlafen sollte. Und ich sagte: »Nein, nein, du wirst irgendwoanders schlafen.« Denn K. war wirklich sehr nett, aber sie war keine ausgebildete Krankenschwester. Und nachts schmiß ich sie tatsächlich hinaus und schlief in ihrem Bett. Ich hatte ein Fliegenfenster gefertigt, also konnten wir das Fenster offenlassen. Tom bekam frische Luft, und er fühlte sich am nächsten Morgen viel besser. Aber Toms Temperatur schwankte ganz wild, und mir war das nicht geheuer. Er hatte außerdem keinen Durchfall – was auch ein Typhussymptom ist. Tom konnte, wenn auch mit Mühe, sprechen. Ich fragte ihn sehr gründlich aus. Ich fragte auch, wie lange er den Typhus schon hatte. Tom sagte, er sei krank seit sechs Wochen! Ich dachte: ›Er hat keinen Typhus! Typhuspatienten haben eine relativ konstante Temperatur. Und nach sechs Wochen geht es ihnen schon längst besser.‹ Daran erinnerte ich mich von meiner Ausbildung her noch ganz genau. Und eine andere Sache, die ich während meiner Ausbildung gelernt hatte, ist die: Man soll Wunden niemals abschließen, man säubert sie sorgfältig und läßt sie offen. Doch diese Behandlungsmethode war den meisten spanischen Ärzten noch nicht bekannt. Und folgendes war geschehen: Tom war zwei, drei Mal verletzt worden. Er hatte keine sehr üblen Wunden, die Kugeln hatten nur das Fleisch in den Gliedmaßen verletzt. Aber eine der Wunden in seinem Bein hatte man vernäht, obwohl sie nicht sorgfältig gesäubert worden war. Die Wunde war inzwischen natürlich vereitert ... Ich bat einen spanischen Arzt, sie zu öffnen, aber er wollte nichts davon wissen. Also öffnete ich sie selbst mit einer Schere. Und sofort kam der Eiter heraus. Ich war inzwischen sicher, daß es Tom wegen seiner Wunde und von dem langen Hungern so schlecht ging, nicht vom Typhus. Zum Glück wurde Tom von vielen Leuten besucht. Harry Pollitt kam, er war ein absoluter Engel. J. B. S. Holdane kam viele Male, er war ein sehr netter alter Mann. Und alle Besucher brachten auf meine Bitte hin Lebensmittel mit für meinen Patienten. Und es ging ihm tatsächlich sehr schnell sehr viel besser. Bald darauf fuhr er zurück nach England. Er genas.

Ich war in der ersten Woche vom Februar 37 in Spanien angelangt. Wenig später wurde die Caballero-Regierung von der Negrín-Regierung abgelöst. Ich kam in einer sehr schwierigen Periode des Krieges, weil die politischen Verhältnisse damals besonders instabil waren. Aber das erfuhr ich erst von den Journalisten im ›Hotel Inglés‹, die ich besuchte, nachdem es Tom wieder besser ging. Bei ihnen konnte ich baden, auf die Toilette gehen et cetera. Sie waren sehr hilfsbereit, ich genoß mein Leben. Die meisten guten Journalisten blieben in Madrid. Madrid war zu gefährlich für die schlechten Journalisten. Aber Hemingway kam immer mal im ›Hotel Inglés‹ vorbei. Er war sehr nett, er führte mich oft aus. Ich fand es sehr schön, von einem bedeutenden Mann ausgeführt zu werden, den wirklich interessierte, wie ich denke. Ich glaube, Hemingway hat mir gern zugehört. Ich war sehr begeistert von ihm. Aber er war viel älter als ich – und ein Amerikaner. Ich bin nicht so gut zu sprechen auf die Amerikaner. Die Amerikaner wissen so wenig, sie wissen so wenig über ihre eigene Geschichte. Und sie wissen noch weniger über Europa. Ich meine, sogar sehr viele von den Netten fühlen nicht, daß ihre Landsleute prinzipiell amoralisch gehandelt haben in Vietnam; oder daß der Krieg, den die USA-Regierung jetzt gegen Nikaragua führt, amoralisch ist. Und meiner Meinung nach haben sie oft sehr alberne Umgangsformen, sie sind ein bißchen vulgär. Während des Zweiten Weltkriegs, als viele amerikanische Soldaten hier stationiert waren, habe ich mich oft über sie geärgert. Oh, meine Liebe, sie waren eine Plage! Ich war mit einem Kanadier, einem Leutnant, im Café Royal. Ich nahm gern meine Freunde mit dorthin, weil sich da immer die Künstler und Interbrigadisten und Intellektuellen trafen. Und mein Freund und ich, wir aßen eine Mahlzeit, und am gegenüberliegenden Tisch saß ein anderer kanadischer Offizier, ein Major. Er war allein. Und er starrte mich unentwegt an. Und dann kam er zu uns herüber, und er sagte zu meinem Bekannten: »Ich habe einen höheren Rang als du. Ich werde jetzt mit der Dame essen.« Und diese Person drohte meinem Freund, ihn bestrafen zu lassen, falls er nicht verschwinde. Och, wirklich ... Diese Person erdreistete sich ... Jedenfalls, ich wußte, daß ich von diesem Kanadier getestet wurde. Ich rief den Cafébesitzer, und ich sagte ihm: »So ein Benehmen hätte ich nicht von den Gästen ihres Hauses erwartet!« Aber das war furchtbar! Was für eine Art, sich zu benehmen! Diese Person dachte, sie könne mich einfach ›übernehmen‹! Ahh! Und die Amerikaner waren genauso! Sie glaubten, daß sie jedes Mädchen kaufen könnten. Das dachten sie wirklich! Meine Güte! Aber Hemingway war natürlich nett, höflich und intelligent, ich hatte ihn sehr gern. Ich glaube, er war aufrichtig interessiert an englischen Mädchen. In vielen seiner Bücher ist die weibliche Hauptperson auch eine Engländerin – natürlich weil wir Engländerinnen anders sind als die Amerikanerinnen; wir unterscheiden uns sehr von ihnen. Die englische Bourgeoisie hat offensichtlich ganz andere Umgangsformen, andere Reflexe als die reichen Amerikaner.

Obwohl Valencia eine sehr große Stadt ist, sprach sich scheinbar recht schnell herum, daß ich eine englische Krankenschwester bin, die nach Spanien gekommen ist, um die Republik zu unterstützen. Siehst du, ich war sehr jung und hatte blondes Haar – was die Spanier sehr lieben. Jedenfalls spazierte ich viel durch Valencia. Das war selbstverständlich. Warum nicht? Und die Spanier hatten meistens eine Blume in ihrem Mund oder in der Hand. Und sehr oft reichten sie mir die Blume und sagten ›guapa‹, was eigentlich bedeutet ›Schöne, Hübsche‹. Ich fand die spanischen Männer so süß! Ich glaubte, ›guapa‹ sei ein alltäglicher Gruß, und mir war wegen der Endung a klar, daß ›guapa‹ weiblich ist. Also grüßte ich die Männer zurück mit: ›guapo‹. Und dann starben sie immer vor Lachen. Es ist vielleicht nicht sehr schmeichelhaft für mich, doch ich muß bekennen, daß es sehr lange dauerte, bis mir ein Licht aufging.

Nach einer Weile hatte ich es satt, so wenig zu tun zu haben. Ich ging zu unserem Hilfskomitee, das seinen Sitz in Valencia hatte. Und ich sagte dem Leiter des Büros, daß ich nicht nach Spanien gekommen sei, um Tom zu betreuen, sondern um den Spaniern nützlich zu sein. Und so wurde ich in ein anderes Krankenhaus von Valencia gesandt, das ursprünglich ein Kloster gewesen war. Es war ein großes, mittelalterliches Bauwerk mit Rundgängen und einem Innenplatz. In dem Krankenhaus lagen zwei typhuskranke Interbrigadisten, deren Pflege ich übernehmen sollte. Aus welchen Ländern sie kamen, weiß ich nicht mehr; sie waren beide sehr nett. Die Ärmsten befanden sich in einem furchtbaren Hospital. Es war noch schlimmer als das, in dem Tom lag! Es war wirklich ein Relikt aus dem Mittelalter!

Man hatte das Hospital speziell für Fieberkranke eingerichtet, und obwohl die Patienten an verschiedenen Fieberkrankheiten litten, legte man sie nebeneinander. So konnte einer den anderen anstecken. Die Ärzte gaben den Kranken auch mit Vorliebe viele Injektionen. Und dazu nahmen die Ärzte natürlich unsterile Nadeln. Und die Nadeln wurden nicht sehr häufig gewechselt! Ein Kranker nach dem anderen wurde mit derselben Nadel geimpft. Weißt du, was das erstaunlichste ist: Trotzdem infizierten sich unsere Patienten kaum gegenseitig – zumindest in viel geringerem Maße, als sich die Patienten jetzt in England gegenseitig anstecken.

Ein alter Mann, ein sehr netter alter Knabe, war überhaupt nicht krank, er betreute keinen der Patienten. Aber er lebte im Hospital, weil er keine Wohnung hatte. Und im Krankenhaus gab es auch eine sogenannte Nachtschwester. Aber sie schlief nachts immer und schloß den Raum ab, in dem ihr Bett stand. Du mußtest förmlich gegen ihre Tür hämmern, um sie aufzuwecken. Die Kranken wurden praktisch von ihren Verwandten gepflegt, die auch im Hospital wohnten. Und demnach wurden ›meine‹ zwei Interbrigadisten – bis ich kam – kaum versorgt, weil ja ihre Familien nicht zu ihnen kommen konnten. Die beiden waren sehr empört darüber, denn sie mußten auch hungern, weil niemand ihnen Essen brachte. Ich sorgte dafür, daß die Interbrigadisten in derselben Station untergebracht wurden, in der unteren Etage. Und als ich auf die Idee kam, das Fenster zu öffnen ... Alle schmutzigen Verbände wurden aus den Fenstern auf den Innenplatz geworfen: wum! Auf den Innenhof des Hospitals ... Und die Verbände sahen aus ... sie waren übersät mit Fliegen! Schauerlich! Und in dem Krankenhaus arbeiteten spanische Medizinstudenten, die nicht länger bereit waren, diese unhygienischen Zustände zu akzeptieren. Sie organisierten Feuerwehrschläuche, und wir spritzten den gesamten Abfall aus dem Innenhof weg. Wir hatten einen phantastischen ›Spritznachmittag‹. Aber Ärzte haben es nicht gern, wenn man ihnen auf die Finger guckt. Die Hospitalleitung meinte, ich mische mich in ihre Angelegenheiten ein. Natürlich tat ich das! Es gab einen furchtbaren Krach. Doch die Studenten und ich, wir waren sehr zufrieden mit uns selbst.

Für die spanischen Medizinstudenten, mit denen ich zusammenarbeitete, spielte es auch eine Rolle, daß ich eine Frau war. Damals war es ganz ausgeschlossen für eine Spanierin, Medizin zu studieren, weil man als Medizinerin Kontakt hat mit anderen Männern neben dem eigenen Mann. Und das war nach der damaligen Sitte für eine Spanierin völlig undenkbar. Das erste, was mich die spanischen Männer fragten, war: »Wie alt bist du?« Und mit der zweiten Frage wollten sie wissen, ob ich verheiratet bin. Das fragten mich alle spanischen Männer. Immer. Und ich wußte, was das bedeutete: »Bist du eine Jungfrau?« Die Spanier wollten wissen, ob ich ›ein gutes Mädchen‹ sei. Aber obwohl ich ihren Sitten so zuwider handelte, machte ich in den Augen der Medizinstudenten doch immer alles richtig, sie entschuldigten mich wirklich in allem. Sie sagten immer: »Die Engländer sind anders als wir Spanier.« Und eigentlich gefiel den Studenten, daß ich emanzipiert war. Wer weiß, ob sie das, was sie bei mir akzeptierten, bei ihrer Frau oder ihrer Schwester akzeptiert hätten. Aber ich konnte in ihren Augen keine Fehler machen.

Siehst du, ich kam in einer Zeit nach Spanien, als sich dort gerade das Verhältnis zwischen den Geschlechtern zu verändern begann – was für sich schon eine wirkliche Revolution war. Aber die politische Wende, die stattgefunden hatte, konntest du immerzu, in allem, fühlen. Es war entzückend! Man sah auf den Straßen zum Beispiel nur schlicht gekleidete Leute, niemand trug einen Hut. Die Menschen waren sehr freundlich zueinander. Sie halfen sich gegenseitig in die Busse hinein, sie diskutierten miteinander. Die Leute waren enorm stimuliert, weil sie einen erfolgreichen Kampf führten gegen das extreme soziale Unrecht, das in ihrem Lande geherrscht hatte. Vor dem Sieg der Volksfront befand sich Spanien beinahe noch im Mittelalter! Die Mehrzahl der Menschen wurde furchtbar unterdrückt! Im Alter von dreißig Jahren sahen die Leute schon aus, als wären sie sechzig oder achtzig, weil sie so arm waren, so mangelhafte Nahrung hatten und so hart arbeiten mußten. Viele Bauern waren regelrechte Leibeigene. Echte Sklaven. Und die meisten Spanier waren Analphabeten. Nicht umsonst hatte es vor dem Sieg der Volksfront in den ländlichen Gebieten kaum Schulen gegeben. Es ist für die Herrschenden gefährlich, wenn das Volk imstande ist zu lesen und zu schreiben, weil es sich so Wissen beschaffen kann aus Büchern, aus Publikationen. Und dann glauben die Menschen nicht mehr, was man ihnen weismachen will. Also das wenige, was das spanische Volk lernen konnte, lernte es von der katholischen Kirche. Ein schönes Minimum. Gerade so viel, daß die Kirche und die Bourgeoisie es am effektivsten ausbeuten konnte. Ich kann mich noch erinnern, wie unsere Truppen während eines Angriffs einen Vorposten der Faschisten einnahm und da Anweisungen darüber vorfand, was die Franco-Truppen tun sollten, wenn sie eine Stadt erobert hatten: Die faschistischen Soldaten sollten dann sofort auf Suche gehen nach Mitgliedern der Gewerkschaft, Mitgliedern von linken Parteien, Regierungsbeamten – und Leuten mit einer Brille! Denn Brillenträger waren – sofern sie nicht eine faschistische Gesinnung hatten – sehr, sehr verdächtig, weil sie wahrscheinlich lesen und schreiben konnten. Wozu trugen sie sonst eine Brille?

Kurzum, bis zum Sieg der Volksfront hatten die Spanier keine Chance, keine Hoffnung. Und obwohl die Volksfront sehr schwach war – im Vergleich zu allen vorherigen Regierungen repräsentierte sie doch den Willen der Mehrheit. So ist es überhaupt nicht verwunderlich, daß in Barcelona und in Valencia und ganz bestimmt in Madrid die Leute die Kasernen oft mit den nackten Händen einnahmen, als die Faschisten den Putsch begannen. Dem Volk gelang es, mit den nackten Händen die Kasernen der bewaffneten Aufständischen einzunehmen! Darauf waren die Menschen stolz. Und auch als Ausländerin konntest du diesen Stolz der Spanier fühlen, er schwebte sozusagen in der Luft. Es war herrlich! Es war absolut entzückend! Und wenn man dann mal bißchen Ärger mit Ärzten hatte – das war unbedeutend.

Als die zwei Interbrigadisten genesen waren, sah ich mich nach einer anderen Arbeit um. Ich ging wieder zum Büro unseres Spanienkomitees, und da erhielt ich einen ziemlich unangenehmen Auftrag. Einer der Söhne eines berühmten englischen Professors arbeitete in Valencia als freier Journalist. Dieser junge Mann war ein hoffnungsloser Fall, ein Nichtsnutz. Ein dilletantischer Intellektueller, der viel trank. Er hatte eine Liebesaffäre nach der anderen, und eine seiner Geliebten gab dem armen B. den Laufpaß – worauf er einen Selbstmordversuch inszenierte mit einer ganz kleinen Überdosis Tabletten. Er torkelte zu seiner Geliebten und sagte: »Ich habe mich umgebracht wegen dir«, et cetera. Und er brach zusammen. Und der Arzt diagnostizierte: »Der Patient hat so viele Tabletten genommen, daß er sich sein Magengeschwür perforiert hat.« Natürlich hörte die sehr wohlhabende Familie dieses jungen Mannes von dessen Selbstmordversuch. Und über das Außenministerium kamen Anweisungen, daß man B. zu einem britischen Hospitalschiff bringen solle, das an der spanischen Küste vor Anker lag und übrigens Franco-Anhänger an Bord nahm. Und ich sollte den armen B. pflegen, bis man ihn zum Schiff bringen konnte. Und da hatte ich also den armen B. auf dem Hals. Er hatte gebrochen. Und er war sehr verlaust und elend. Ich wusch ihn. Und während ich ihn wusch – ich mußte ihn ziemlich kräftig waschen, weil eine dicke Schmutzschicht auf ihm saß – während ich ihn also wusch, rieb ich ihm auch über seinen Magen, und B. wehrte sich nicht. Und plötzlich wurde mir klar, daß er im Falle eines perforierten Magengeschwürs überhaupt nicht dulden würde, daß ich ihn in der Magengegend anfasse. Sein Magen würde hart wie ein Brett sein. Was immer B. auch hatte – er hatte kein Magengeschwür! Das war ganz ausgeschlossen! Und ich dachte: ›Er muß eine Lungenentzündung bekommen haben.‹ Also setzte ich ihn erst mal hin und gab ihm sehr viel zu trinken. Denn er hatte hohes Fieber, und ein Kranker, der Fieber hat, muß viel trinken, damit er nicht austrocknet. Kurzum, B. ging es schnell viel besser – und er verliebte sich furchtbar in mich. Das ist etwas ganz Normales: Wenn ein hilfloser Mensch beschützt und umsorgt wird, dann verliebt er sich leicht in den ›Retter in der Not‹. Zum Glück war B. nicht lange in mich verliebt. Nachdem er halbwegs genesen war, kam ein Krankenauto und brachte ihn zum Schiff. Und ich ging wieder einmal zum Büro unseres Spanienkomitees. Aber diesmal sagte ich, daß ich unter keinen Umständen länger im Hinterland bleiben wolle. Ich war in Valencia einfach nicht so ausgelastet, wie es mir vorschwebte. Ich wollte gern wirklich nützlich sein. Und weil die Mitglieder des Komitees in mir inzwischen eine Art Plage sahen, sandten sie mich endlich nach Poleñino, einem kleinen Dorf, das ungefähr achtzehn Kilometer hinter der Aragón-Front lag.

Die republikanischen Truppen bereiteten sich auf die Kämpfe um Belchite/Quinto vor, eins der großen Gefechte des Bürgerkrieges. Damals gehörten einige Divisionen der republikanischen Armee noch bestimmten Parteien zu. An der rechten Flanke waren die Anarchisten, die FAI-Leute. Wir hatten immer den Verdacht, daß die anarchistischen und faschistischen Soldaten am Sonntag miteinander Fußball spielten. Aber wir konnten das nie beweisen, also konnten wir nicht offen darüber reden. Und an der linken Flanke standen Soldaten der POUM mit Orwell und Co. Die Karl-Marx-Division befand sich an der äußersten rechten Flanke.

Ich war zunächst sehr zufrieden, weil man mich in ein Frontkrankenhaus geschickt hatte. Aber als ich ankam, mußte ich feststellen, daß sich in Poleñino schon acht Krankenschwestern befanden – in einem kleinen Hospital an einer toten Front! Das Krankenhaus hatte nur acht belegte Betten, denn an der Aragón-Front gab es damals überhaupt keine Gefechte – und in unserem Hospital demnach kaum Patienten! Das Personal kam um vor Langeweile. Unsere einzige Zerstreuung bestand darin, daß der

Schriftsteller George Orwell uns immer am Sonntag besuchen kam, weil zwei der Krankenschwestern Engländerinnen waren und er sich nach Mädchen aus der Heimat sehnte. Jedenfalls, ich fand das furchtbar: acht Krankenschwestern in so einem kleinen Hospital! In kürzester Zeit würde es Mord und Totschlag geben. Ich ließ mich in eine mobile medizinische Einheit an die Front versetzen.

Unsere medizinische Einheit versorgte die Mitglieder der Karl-Marx-Division, die zu diesem Zeitpunkt kaum an den Gefechten beteiligt waren. Von unserem Standort aus konnten wir eine von den Faschisten besetzte Stadt sehen ... Wie hieß diese Stadt ... Zaragoza? Wir waren oben in der Sierra, in den Bergen; die Stadt lag im Tal, wir guckten auf sie hinab. Und eines Morgens sahen wir eine Prozession – als ob man sich einen Film anguckte, nur war das Bild ein bißchen kleiner. Wir konnten die Kreuze sehen und die Stickereien an den Talaren der Geistlichen. Die Prozession bewegte sich, an der Stadtmauer dieser wunderbaren alten Stadt entlang, auf uns zu. Und hinter dieser Prozession fuhren italienische Panzer. Und plötzlich flog eins unserer kleinen Flugzeuge über unsere Köpfe hinweg auf das Städtchen zu und ließ drei Bomben fallen. Und unsere Karl-Marx-Division begann einen Streik, weil unsere Armee eine offene Stadt bombardierte. Die Soldaten sagten: »Die Volksfront, die spanische Regierung darf so etwas nicht tun. Nur Faschisten bombardieren offene Städte.« Ja, siehst du, du magst das vielleicht ein bißchen verrückt finden, aber mir gefiel diese Haltung unserer Soldaten sehr; ich finde sie liebenswert, sehr ehrenwert. Der Streik war großartig – stimmt's!

Jedenfalls, ich war jetzt zwar an der Front, aber was in unserer medizinischen Einheit geschah, war leider ziemlich lächerlich. Ich meine, die Patienten wurden wunderbar operiert von zwei spanischen Chirurgen. Die spanischen Chirurgen waren meist exzellent. Aber hinterher geschah nichts mit den Patienten! Man schickte sie nicht in Hinterlandhospitäler! Und wir hatten überhaupt keine Ausrüstung, nicht mal ein Zelt, um die Verwundeten für längere Zeit zu versorgen. Und auch als man uns endlich ein Zelt geschickt hatte, schliefen wir Krankenschwestern weiter bei Wind und Wetter im Freien, weil das Zelt so klein war, daß es nicht einmal all unseren Patienten Platz bot. Wir hatten keine Bahren, auf meine Bitte hin sandte man uns Herde, damit wir das Wasser abkochen konnten. Aber uns stand so wenig Wasser zur Verfügung, daß wir die Instrumente und die Kittel nur notdürftig sterilisieren konnten. Also unser kleines Feldlazarett war nur eine schöne, romantische Sache, nicht mehr. Und die Ärzte und ihre Assistenten kamen sich furchtbar tapfer vor, weil wir hin und wieder auch bombardiert wurden. Aber ich fand mich nicht tapfer, ich war sehr ungehalten darüber, wie die medizinische Hilfe organisiert wurde. Zum Glück wurde unsere medizinische Einheit zurückgezogen, bevor der Kampf um Belchite richtig losging, weil wir andernorts dringender gebraucht wurden.

Unsere medizinische Einheit wurde im Mai/Juni 37 verlegt. Damals versuchte die republikanische Regierung, eine Volksarmee aufzubauen und eine vom Staat kontrollierte Kriegsindustrie, die die Volksarmee mit Waffen beliefern sollte. Zur gleichen Zeit hatten die Truppen der POUM die Front klammheimlich verlassen, ›um in Barcelona die Revolution zu machen‹.* Die POUM-Leute ließen unsere

---

* Die Anarchisten und POUM-Leute opponierten gegen den Beschluß der republikanischen Regierung, eine reguläre Volksarmee zu schaffen und

linke Flanke offen! Und wir hatten an unserer rechten Flanke die Anarchisten, die sich selbst ununterbrochen anschrien, weil ihnen ihre eigene Desorganisation so auf die Nerven ging – sehr tapfer. Sie wollten vorwärtskommen mit dem Gewehr in der Luft, nicht dadurch, daß sie sich organisierten, was immer harte Arbeit bedeutet. Jedenfalls, die Fläche, die die POUM-Leute ungedeckt hinterlassen hatten, mußte die Karl-Marx-Division schützen, indem sich ihre Soldaten über einen größeren Raum verteilten. Als ich diese Vorgänge beobachtete, wußte ich nicht, wie ich sie mir erklären sollte. Ich begriff nur, die Sache sah sehr düster aus für uns. Sehr düster. Wir konnten nur hoffen, daß die Faschisten keine neue Offensive beginnen würden.

Und kann kamen wir in ein kleines katalanisches Dorf, das nur acht Meilen von Grañen entfernt ist und von den Anarchisten übernommen worden war. Und folglich herrschten dort völlig anarchistische Zustände. Und weil die Einwohner des Dorfes Anarchisten waren und wir Mitglieder der Karl-Marx-Division, da gab es auf beiden Seiten eine Menge Vorurteile. Als wir ankamen, waren sämtliche Fensterläden von sämtlichen Häusern geschlossen. Keine Seele war weit und breit zu sehen. Ich weiß noch,

die Miliz- und Polizeieinheiten zu integrieren. Die Anarchisten gaben der Durchsetzung ihrer revolutionären Ziele die Priorität: Abschaffung des Staates, der Armee, des Geldes und des Privateigentums. Die internen Gegensätze spitzten sich in Katalonien so zu, daß vom 3. bis zum 5. Mai 1937 bewaffnete Auseinandersetzungen stattfanden. Den Anlaß bildete der Versuch der Behörden der autonomen katalanischen Republik, die sich in den Händen der POUM und der FAI befindliche Telefonzentrale von Barcelona zu besetzen. Die Kämpfe forderten Hunderte Tote und mehr als tausend Verwundete. Auf Druck der Zentralregierung kam es schließlich zu einem Waffenstillstand.

daß ich am ersten Abend Schüsse hörte. Ich fürchtete, da wurden diejenigen erschossen, die mitverantwortlich waren für den POUM-Aufstand. Aber das weiß ich nicht sicher, ich habe darüber nur später, als ich in Barcelona war, in den Zeitungen gelesen. Die Einwohner des Dorfs hatten alles Geld verbrannt. Sie waren relativ wohlhabend, sie besaßen Schafe und Getreide und Weizen – Güter, die unsere Armee sehr dringend brauchte. Aber die Bauern weigerten sich, uns zu beliefern, sie hatten ihre kleine Revolution für sich.

Unsere Division organisierte Filmvorstellungen und Tanzabende und Diskussionsabende und Musikprogramme ungefähr vierzehn Tage lang. In dieser Zeit bekam unser Hospital vom englischen Hilfskomitee ein Paket ... Darin befanden sich Besen und Bürsten und Staublappen – also wirklich ... Diese Bürokraten hatten nicht die geringste Ahnung davon, wie es in unseren Hospitälern zuging! Aber wir kriegten auch Nadeln und Baumwolle geschickt, was wundervoll war! Denn Nadeln und Stoffe waren für die Dorfbewohner so gut wie unerschwinglich. Und auch wir schmachteten danach! Also setzte ich mich vor das geöffnete Fenster und nähte. Und nach einer Woche hielten die Frauen es nicht mehr aus. Sie wollten wissen, was ich mit dem Stoff machte. Und auch die Männer konnten sich nicht länger bezähmen. Sie interessierten sich für unsere netten Soldaten und die Filmvorführungen und die Gesangsabende, die von uns organisiert worden waren. Trotzdem muß ich sagen, daß die Beziehungen zwischen uns und den Dorfbewohnern nicht allzu herzlich waren, wir grüßten uns nur, wir redeten ab und zu ein bißchen miteinander ... Zwei oder drei Frauen aus dem Dorf erklärten sich auch bereit, im Hospital zu helfen. Übrigens stritt ich mich deshalb mit den anderen Krankenschwestern. Sie wollten nur Frauen anstellen zum Saubermachen. Und ich sagte: »Nein, wir müssen die Spanierinnen integrieren, sie als Krankenschwestern ausbilden. Wir müssen sie absolut gleichberechtigt behandeln. Sie müssen dasselbe tun wie wir.« Und jetzt sind unsere Interbrigadistinnen mit mir einverstanden, aber damals stritten wir uns darüber. Und eigentlich kamen unsere Krankenschwestern mit ihrer Meinung der Ansicht der anarchistischen Männer entgegen. Denn die haben nicht so eine vorbildliche Haltung zu den Frauen. Die Männer in diesem Dorf waren sich überhaupt nicht so sicher, ob ihre Frauen zu unseren Alphabetisierungskursen kommen sollten. Die Männer waren sich da absolut nicht sicher. Und sie hatten auch Vorurteile gegen uns Ausländerinnen. Es ging ihnen gegen den Strich, daß wir lesen und schreiben konnten. Und daß wir in dem sehr schnell strömenden, schönen Fluß badeten, gefiel ihnen schon gar nicht. In Poleñino war es schrecklich heiß, im Sommer war es dort furchtbar heiß. Und wir badeten in Badeanzügen im Fluß. Das mochten die Männer des Dorfes nicht, sie fanden uns unanständig. Schließlich kamen sie zu uns und sagten: »Von jetzt an wird nicht mehr gebadet im Fluß. Ihr verschreckt die Maulesel damit.« Das habe ich den Anarchisten nie vergessen! Siehst du, die Anarchisten waren nicht in der Lage, Krankenhäuser einzurichten, weil das eine bestimmte Organisation erforderte. In dieser völlig anarchistischen Gegend gab es nur die von uns eingerichteten Armeehospitäler. Das bedeutete, daß wir auch sehr viele anarchistische Patienten bekamen. Einige dieser Kranken horteten ihre Granaten unter ihrem Bett. Ein anderer hatte ein Schaf, das er bei einer Lotterie gewonnen hatte, am Fußende seines Bettes angebunden. Wir taten unser Bestes, Tiere von der Station fernzuhalten. Aber der Kranke wußte ganz genau, daß wir sein Schaf aufessen würden, wenn er es nicht ständig im Auge behielt. Also entließ er sich selbst mitsamt seinem Schaf. Doch diese Beispiele waren, wenn man von den Granaten absieht, noch ganz harmlos. Viel schwieriger war, daß die Anarchisten eine Anordnung, die ihnen nicht gefiel, eben nicht befolgten. Sie wollten *Lust* haben, eine Anordnung zu befolgen. Wenn ein Anarchist gerade eine Bauchoperation hinter sich hatte und du sagtest: »Nein, du darfst heute und morgen nur ein ganz kleines Schlückchen trinken«, dann konntest du nur hoffen, daß er damit einverstanden war. Ansonsten beschaffte er sich eine Flasche Wein oder Wasser und trank eben. Gut, es hat dem Patienten nicht geschadet; nach einer Operation dürfen Kranke heutzutage viel mehr trinken, als wir damals je für möglich gehalten hätten. Wir folgten damals viel strengeren, härteren Regeln. Also die Anarchisten hatten recht. Aber ach, meine Liebe ... Wenn du fühlst, daß du für die richtige Sache kämpfst, mußt du sie auch mit den vernünftigsten Mitteln durchsetzen. Meiner Ansicht nach ist der Anarchismus eine sehr blödsinnige Erfindung. Die Anarchisten sagen: »Die Menschheit ist im Grunde gut. Wenn du den Menschen nur ihre Freiheit läßt, wird die Welt gut sein.« Das ist eine schöne Theorie, die auch manches Wahre an sich hat. Aber in Kriegszeiten ist sie sehr ermüdend. Ich stimme mit Lenin überein, der sagte: »Erst Sozialismus, dann Kommunismus. Nach dem Kommunismus – Anarchismus.«

Inzwischen war Len Crome, einer der Organisatoren des Sanitätswesens der Interbrigaden, zu uns ins Krankenhaus gekommen. Er überredete Lillian Urmston und mich, in seiner Einheit, der 35. Division der Interbrigaden, zu arbeiten. Die 35. Division befand sich unweit von Grañen. Die Interbrigadisten bereiteten sich gerade auf einen Angriff vor. Der mußte abgeblasen werden, weil viele unserer Soldaten Typhus bekamen. Die Spanier besaßen eine größere Immunität gegen diese Krankheit. Aber unsere armen Interbrigadisten haute sie um. In unserer Station lagen mehr als hundertfünfzig Typhuskranke. Typhus ist eine furchtbare Krankheit mit äußerst unangenehmen Nebenerscheinungen. Sie verlangt jedem, der an ihr leidet, sehr viel Geduld und Widerstandsfähigkeit ab. Und bei solchen ›Kraftproben‹ zeigt sich der Charakter eines Menschen besonders deutlich. In unserer Typhusstation lagen Patienten aus sehr vielen Ländern, und ich machte die Erfahrung, daß jedes Volk anders auf physisches Leiden reagiert. Die Briten waren zum Beispiel sehr angenehme Patienten. Sie erwarteten nicht zuviel von uns Medizinern, und sie waren uns dankbar, und sie akzeptierten, was mit ihnen geschah. Die Deutschen blieben immer sehr reizend, sehr diszipliniert. Die Holländer, die Norweger, die Dänen waren wirklich sehr nett, sehr gleichmütig – bis sie tranken. Sie stritten sich beim Trinken. Sie leerten ihre Flaschen bis zum letzten Tropfen – und dann, ›Bong‹, kam der Zusammensturz. Und sie fielen häufig auf den Kopf und verletzten sich schrecklich. Aber bis zu diesem Zeitpunkt waren sie sehr nett. Und die Franzosen und die Polen waren entsetzlich! Furchtbar! Oh, abscheulich! Sie taten nicht, was ihnen gesagt wurde, sie waren immer hinter uns Krankenschwestern her, weil sie von den Spanierinnen praktisch keine Chance bekamen. Männer, die schlicht ein Bordell suchten, hatten es leicht. Bordelle gab es mehr als genug in Spanien. Aber wenn die Männer nach einer intensiveren Beziehung zu einer Frau verlangten, dann wurde die Sache sehr schwierig für sie. Besonders, weil sie, wie die Franzosen glaubten, in der Liebe immer zu ihrem Recht kommen müßten. An die spanischen Patienten mußte man sich erst gewöhnen, sie schrien, wenn sie Schmerzen hatten, ganz furchtbar – was richtig ist! Ich bin ganz und gar dafür, daß Menschen ihre Empfindungen äußern! Siehst du, die Briten versuchten, tapfer zu sein, sie versuchten, sich nicht zu beklagen. Auch wenn sie umkamen vor Schmerzen, sagten sie noch: »Nein, es tut nicht weh.« Die Spanier hingegen machten einen Heidenlärm: »Ay, mi madre!«.* Oh, sie seufzten und stöhnten, als ob sie in einer Agonie lägen. Und übrigens stritten sie auch sehr oft. Aber der Streit flaute sehr schnell wieder ab und war sehr schnell vergessen, während wir Engländer sehr nachtragend sind. Aber generell glaube ich, daß es für einen Menschen besser ist, wenn er zeigt, was er fühlt. Ich bin sehr dafür, daß ein Mensch seine Emotionen äußert, außer, wenn es nicht aus ihm selbst kommt. Wenn du, wie wir Engländer, nicht so erzogen bist, dann kannst du dich nicht gehenlassen und Gefühle übertreiben.

Reginald Saxton, der unsere Typhusstation leitete, war ein guter Arzt. Sehr, sehr gut! Ihm ist es in hohem Maße zu verdanken, daß in unserer Station nicht sehr viele Patienten starben, nur ein oder zwei. Es gelang uns, die allermeisten zu retten. Aber unter den damaligen Umständen brauchte ein Typhuskranker Ewigkeiten, um wieder zu Kräften zu kommen. Deshalb begleitete ich einen Teil unserer Patienten nach dem Abflauen der Epidemie zu einem Erholungsheim, nach Valls. Da blieb ich für sechs, acht ...

---

* span., Ach, meine Mutter!

neun Wochen. Zufälligerweise waren in dem Heim damals nahezu nur spanische und deutsche Rekonvaleszente untergebracht. Und es war sehr angenehm, in diesem Heim zu arbeiten, weil es sehr gut organisiert war. Ja, das ist wahr: Die Deutschen sind sehr gute Organisatoren. Ich hatte nicht viel zu tun, ich konnte furchtbar viel von ihnen lernen, denn wir hatten Zeit, miteinander zu reden.

Die meisten der deutschen Interbrigadisten waren aus der Emigration nach Spanien gekommen. Viele von ihnen sprachen Englisch. Und ein junger Mann sprach besonders gut Englisch. Er hieß Robert Aaquist. Sein Vater war ein Norweger, seine Mutter eine deutsche Jüdin. Und als Hitler an die Macht kam, sorgte Roberts Vater dafür, daß die Familie Deutschland verließ. Ob Roberts Vater dieses Gespür hatte, weil er die Vorgänge in Deutschland als Außenstehender betrachtete? Jedenfalls ist Roberts Familie nach Nordafrika gezogen und dann weiter nach Palästina. Robert hatte britische Papiere, denn Palästina war damals ein von den Briten okkupiertes Land. Er sprach ziemlich viel Englisch mit mir, und ich lernte ziemlich viel Deutsch, was ich sehr wichtig fand, weil wir immer sehr viele deutsche Patienten hatten. Und wenn uns Verwundete gebracht wurden, wollte ich ja wissen, wo sie verwundet worden waren, wie sie hießen, wie lange sie schon krank waren. Also ich lernte eine begrenzte Menge Deutsch, obwohl mich am Deutschen immer die Deklination gestört hat. Die Deutschen deklinieren sogar den Artikel! Unsinn! Und dann begann ich auch jiddisch zu sprechen. Meine deutschen Freunde lachten immer über mich, wenn ich jiddisch mit ihnen sprach. Die meisten dieser Freunde waren Kommunisten. Mit ihnen führte ich in Valls endlose politische Gespräche. Vielleicht wurde mir dadurch klar, daß Unrecht ebenso wie Gerechtigkeit von Menschen geschaffen wird, nicht von einer außerweltlichen Macht. Ich schüttelte damals den Glauben von mir ab, und ich muß sagen, ich war sehr erleichtert darüber, daß mir das gelungen war. Sicher wurde dieser Prozeß durch unsere politischen Diskussionen stimuliert. Aber viel wichtiger scheint mir, daß ich in Valls und im späteren Verlauf des Spanienkrieges viel Gelegenheit hatte, die Kommunisten zu beobachten. Ich fuhr, wenn ich vierundzwanzigstündigen Urlaub bekam, sehr oft zu Roberts Bataillon. Das war immer ein bißchen wie Weihnachten, weil ich Robert sehen konnte ... Wenn ich Robert besuchen wollte, stellte ich mich auf die Straße und winkte, damit mich ein Lastauto mitnahm. Die Fahrer hielten immer an, aber sie waren sehr mißtrauisch. Und dann zeigte ich meinen Paß, in dem stand, daß ich die Erlaubnis hatte, zu Roberts Bataillon zu fahren. Und da waren die Fahrer immer sehr stolz, mich mitnehmen zu dürfen. Und sie hielten im nächsten Dorf und tranken ein Glas Wein in einem Café und sagten zu den anderen Spaniern: »Seht her, ich habe eine Interbrigadisten-Krankenschwester mitgebracht.« Sie waren sehr stolz auf mich und zeigten mich so viel wie möglich vor. Das fand ich immer sehr hübsch. Und dann kam ich zu der Kompanie, die Robert leitete ... Die Interbrigadisten kannten mich alle, und sie kannten ihn ... Sie neckten uns immer ... Wirklich, es war wie Weihnachten. Es war schön, Robert und seine Kameraden zu kennen, es war schön, sie zu beobachten, denn die Kommunisten waren die weitaus besten Menschen, denen ich je begegnet bin. Sie waren glänzende Sterne an Mut und Kenntnissen und Tapferkeit und Herzensgüte. Nicht so sehr die Briten, ich kannte nicht so viele britische Kommunisten. Ich meine viel eher die deutschen Kommunisten.

So wurde aus mir im Laufe des Spanienkrieges auch eine Kommunistin, aber ich wurde erst Mitglied der Partei, als ich nach Englang zurückgekommen war. Also vor einer langen Zeit, damals warst du noch nicht mal auf der Welt ... Ach, das ist alles so lange her, und es kommt mir vor, als sei es erst gestern gewesen ...

Wegen meines Eintritts in die Interbrigaden wurde ich prompt aus dem britischen Komitee für Hilfe an Spanien hinausgeworfen. Einerseits deshalb, weil einige politische und religiöse Gruppierungen, die unserem Komitee angehörten, etwas dagegen hatten, daß wir Mediziner eng mit den kommunistisch orientierten Interbrigaden arbeiteten. Aber die Interbrigaden waren damals bereits in die reguläre Armee eingegliedert. Und wie kann ein medizinischer Hilfsdienst unabhängig sein von der Armee, der er dient?! Zum anderen bekam jedes Mitglied der Interbrigaden ein Soldbuch und folglich einen kleinen Lohn, zehn Pesetas am Tag. Ich war dankbar für die zehn Pesetas! Dankbar! Davon konnte ich mir mal neue Unterwäsche kaufen oder ein Paar ›alpargatas‹, diese Schuhe aus Stroh. Für viele von uns Interbrigadisten waren die zehn Pesetas zumindest *etwas*, weil wir davor nie Geld besessen hatten. Aber die Leitung unseres Komitees meinte, wir Mediziner sollten ganz und gar uneigennützig für die Spanier arbeiten. Demnach wurde ich herausgeschmissen aus dem Komitee – was mich wenig berührte. Ich war inzwischen politisch bewußter, und in den Interbrigaden fand ich zum ersten Mal eine ordentliche Organisation des Sanitätswesens vor – genau das, woran es in den anderen Einheiten der Armee so sehr gemangelt hatte. Du darfst nicht vergessen, es ging um etwas sehr Wichtiges: so viel wie möglich Menschenleben zu retten. Das erforderte eine sorgfältige Organisation.

Während eines Gefechts wurden die Verletzten zuerst von den Bahrenträgern zum Bataillonsarzt gebracht, der sich immer dicht hinter der Front befand und die Arbeit der Bahrenträger organisierte. Er gab ihnen in den Pausen während der Kämpfe auch Erste-Hilfe-Kurse. Der Bataillonsarzt versorgte die Verwundeten, gab ihnen eine Notbehandlung und sorgte dann dafür, daß sie so schnell wie möglich mit dem Krankenwagen ins Hinterland gebracht wurden. Weiter hinter der Front hatte eine andere medizinische Einheit ihren Standort, der sogenannte Triage-Posten. Wie weit der von den Kampflinien entfernt war, hing im wesentlichen davon ab, ob man in der Nähe der Front eine geeignete, geschützte Stelle finden konnte. Und außerdem mußte eine Straße zum Triage-Posten führen, das war sehr wichtig. Die Suche nach dem richtigen Platz für diesen Posten war innerhalb der Interbrigaden extrem gut organisiert. In der Triage wurden die Verwundeten nach dem Grad ihrer Verletzung aussortiert. Von großer Bedeutung war, daß innerhalb dieser medizinischen Einheit gute, erfahrene Leute arbeiteten, denn sie trafen enorm wichtige Entscheidungen. Aber viele Ärzte wurden Triage-Experten. Und sie mochten diese Arbeit, weil sie dadurch eine gewaltige praktische Erfahrung bekamen. Die Leichtverletzten wurden behandelt, indem man ihre Wunden säuberte und verband. Die Schwerverletzten wurden sofort operiert. Alle diejenigen, die transportfähig waren, wurden so schnell wie möglich in Hinterlandkrankenhäuser gebracht. Und die am schwersten Verwundeten, denen keine Operation mehr helfen konnte und die einen Transport ins Hinterland nicht überstehen würden ... Ja, denen konnten wir nur noch Morphium geben, um ihre Schmerzen zu lindern. Die Verletzten wurden auch schon am Triage-Posten erfaßt. Es war unglaublich wichtig, daß schon dort verzeichnet wurde, wie ein Verwundeter hieß, aus welcher Einheit er kam, was für eine Funktion er ausübte und wohin er nach der Behandlung in der Triage gebracht wurde. Denn manche Verwundete wurden meilenweit weggebracht! Berichte darüber, was mit den Verletzten geschieht, sind vom humanistischen Standpunkt aus ungeheuer wichtig. Furchtbar wichtig! Eine der widerlichsten Begleiterscheinungen des Krieges sind die Vermißten. Wenn eine Mutter wissen will, was mit ihrem Sohn geschehen ist ... Und wenn sie dann nicht das geringste in Erfahrung bringen kann – furchtbar!

Mit dem Aufbau unseres Sanitätswesens gaben wir den Spaniern ein Beispiel; sie mußten auf diesem Gebiet noch Erfahrungen sammeln. Den Spaniern mangelte es damals noch an organisatorischer Kraft – was in hohem Maße eine politische Kraft ist. Der Aufbau eines Sanitätswesens verlangt nicht nur medizinische Kenntnisse, er verlangt auch Kenntnisse auf anderen Gebieten. Und diese Organisation des Sanitätswesens mußten wir den spanischen Medizinern mehr oder weniger aufzwingen. Denn die meisten spanischen Ärzte waren sehr individualistisch, es gefiel ihnen gar nicht, Teil eines Ganzen zu sein – schon gar, wenn das ›Ganze‹ von lausigen Ausländern organisiert wurde! Aber unser Sanitätswesen war nichtsdestotrotz sehr erfolgreich. Ich bin glücklich, das sagen zu können, denn unsere Organisation ermöglichte es uns, sehr viele Verwundete zu retten, die normalerweise keine Überlebenschance gehabt hätten. Die Amerikaner übernahmen unsere Methode während des Zweiten Weltkriegs, und sie bewährte sich auch bei ihnen gut.

Im Winter 37/38 hatte Franco eine Offensive gegen Madrid geplant, mit der er die Hauptstadt endgültig in seine Hände bekommen wollte. Daraufhin begannen unsere Truppen im Dezember 37 eine Offensive bei Teruel, im Süden der Aragón-Front. Unsere 35. Division befand sich damals zwar in Reservestellung, aber wir richteten an einer Straße zwei Hospitäler für die verwundeten spanischen Soldaten ein. Eins der Hospitäler befand sich hoch in den Bergen in einem kleinen Dorf bei Teruel. Als wir dort ankamen, lag dicker Schnee, es war scheußlich kalt. Wir zogen in ein zweistöckiges Haus, das einzige Haus in diesem Dorf, aber weil es kein Holz gab, konnten wir die Stationen kaum heizen. Manchmal verbrannten wir Alkohol. Für kurze Zeit hatten wir eine angenehme Temperatur in unserem Hospital – und dann wurde es wieder eiskalt. Aber was viel schlimmer war: Die Verletzten, die uns gebracht wurden, waren meist in einem furchtbaren Zustand. Unsere Krankenwagen starteten nicht wegen der Kälte, und wir hatten keine Frostschutzmittel ... Die Verwundeten mußten oft stundenlang im Schnee liegen, bis sie zu uns gebracht werden konnten. Sie waren in einem entsetzlichen Zustand. Ganz abgesehen von ihren meist schrecklichen Verletzungen, hatten sie oft noch erfrorene Glieder. In dieser Zeit amputierten wir unzählige Gliedmaßen. Ach, wenn ich daran denke, packt mich wieder die Traurigkeit ...

Die Einwohner der Ortschaft lebten in schrecklichen Höhlen, die keine Türen hatten, nur Öffnungen. Die Höhlen waren zugemauert mit Schlamm, und die Bewohner ließen nur kleine Öffnungen frei, die Eingang und Fenster zugleich waren. Die Leute konnten sich keine Türen bauen, weil es in dieser Gegend kein Holz gab. Also war es in den Höhlen bitterkalt. Und die Leute waren so arm, daß sie sich nicht mal Schuhe kaufen konnten. Auch bei ärgster Kälte liefen die Leute mit nackten Füßen herum. Die Frauen und die Kinder wickelten sich zumindest noch einen schwarzen Schal aus Baumwolle um den Kopf, aber viele Männer trugen trotz des Frostes nur Hosen und Hemden aus Leinen, sonst nichts. Die Leute waren so furchtbar dünn! Natürlich hungerten sie im Winter. Aber sie erkälteten sich nicht, sie hatten nicht mal Frostbeulen an den Füßen! Ja, den Einwohnern dieses Dorfes mangelte es praktisch an allem. Als wir noch in Poleñino waren, wurden unserem Hospital oft Kisten mit Konserven geschickt. Und die Dorfbewohner veranstalteten immer eine Art Wettkampf um die Kisten. Sie warteten auf das Holz von den Kisten und auf die Nägel. Jeder einzelne Nagel wurde herausgezogen und geradegebogen. Die Nägel waren furchtbar wertvoll für die Bauern! Denn sie hatten überhaupt kein Geld, um sich Nägel zu kaufen. Übrigens waren die Dorfbewohner auch nicht an Schrauben gewöhnt, die hatten sie noch nie in ihrem Leben gesehen. Sie staunten sehr über die Schräubchen in unseren chirurgischen Instrumenten. Und wir mußten ihnen erklären: »Man zieht Schrauben nicht heraus, man drückt sie nicht hinein, man schraubt sie.« Siehst du, heutzutage sind wir sehr nachlässig geworden. Wir verwenden Gebrauchsgegenstände, bis sie kaputt sind, und dann werfen wir sie in den Mülleimer. Aber damals war ein Nagel für die Spanier eine Art Schatz. Und als wir in Poleñino waren, wurden uns zumindest noch Kisten geschickt, und wir konnten den Einwohnern von Poleñino das Kistenholz und die Nägel überlassen. Doch für die Leute in diesem Dorf bei Teruel konnten wir im Grunde nichts tun, denn es mangelte uns selbst an vielem. So gern wir ihnen geholfen hätten, konnten wir doch nichts anderes für sie tun, als sie medizinisch betreuen – und auch das nur für ganz kurze Zeit.

Unsere Truppen hatten zwar Teruel eingenommen, aber Anfang 1938 begannen die Faschisten die Gegenoffensive. Ab Januar 38 war unsere 35. Division direkt an den Kämpfen um Teruel beteiligt. Im Februar 38 nahmen die Faschisten die Stadt wieder ein. Man kann sagen, daß von da an unser Rückzug begann. Ich weiß nicht mehr, an welchen Orten wir im einzelnen gewesen sind, denn wir hatten uns gerade ein wenig in einer Ortschaft eingerichtet, da hieß es plötzlich: ›Jetzt packt eure Sachen und macht schnell, daß ihr wegkommt.‹ Und uns standen nicht sehr viele Autos zur Verfügung. Also fuhren die Autos mit einem Teil der Patienten und des Personals ab, und kamen dann leer zurück und nahmen die nächsten Leute auf. Und wir hofften immer, daß die Wagen uns noch rechtzeitig abholen würden. Sehr oft hörten wir den Gefechtslärm näher und näher kommen. Und dann wurde zwar die Besatzung der nächsten Station abgeholt, aber die Leute von den anderen Stationen mußten zurückbleiben und darauf warten, evakuiert zu werden. Das war alles ziemlich schrecklich, ein großes Durcheinander, oft eine wilde Flucht. Und wir sammelten während des Rückzugs immer mehr Verwundete auf. Wir nahmen immer mehr Flüchtlinge mit, die über die Straßen strömten. Während der Fahrt wurden wir bombardiert und mit Maschinengewehren beschossen. Ich erinnere mich, wie wir einmal eine Frau mit einem zweijährigen Jungen auf unseren Lastwagen zogen. Und ein Flugzeug kam, wir wurden beschossen mit einem Maschinengewehr. Wir sprangen alle vom Auto, rannten davon. Auch die Mutter rannte mit ihrem Kind im Arm in die Felder hinein. Und nachdem das Flugzeug verschwunden war, kam sie zurück zu uns, und ihr Kind war tot. Und sie kam zurück, und sie wollte einfach nicht glauben, was geschehen war. Sie hielt den Kleinen in den Armen, und sie wollte nicht glauben, daß ... Ich meine, sie *konnte* es nicht glauben: Von einer Minute zur nächsten ... Ich habe diese Frau nie vergessen. Das Kind war tot. Gute Übung für die Deutschen. Es war ein deutsches Flugzeug.

Len Crome sorgte dafür, daß wir unsere Ausrüstung beieinander hielten. Wir *mußten* unsere Ausrüstung immer beieinander halten, sie war enorm wertvoll. Ich werde auch einer unserer Schwestern nie vergeben, daß sie einmal in der Panik einen Teil der Ausrüstung liegenließ. Denn sie war absolut unersetzbar. Jedenfalls, wir flüchteten weiter und standen dann wieder still. Und dann bauten wir zum x-ten Male unsere Zelte auf; unser Hospital befand sich jetzt in einem Zelt, weil die umliegenden Dörfer unaufhörlich von den Faschisten bombardiert wurden. Und dann begann wieder eine Schlacht, und wir gerieten mitten in die Schlacht, wir wurden bombardiert, Maschinengewehre ratterten ... Und es ist sehr unangenehm, wenn man bei Bombardements nur ein Zeltdach über sich hat. Ich meine, man fühlt sich dann nicht sehr wohl. Immer, wenn wir bombardiert wurden, hatte ich furchtbare Angst. Ich mag Maschinengewehrfeuer nicht, und ich mag Geschütze nicht! Geschütze können furchtbare Sachen anrichten! Entsetzlich! Und besonders, wenn du dich unter Zeltwänden befindest, haben sie etwas Beängstigendes. Jedes Bombardement schien endlos zu dauern, und jedes Mal, wenn wir bombardiert wurden, dachte ich: ›Das ist das letzte Bombardement, was ich mitmache. Danach fahre ich nach Hause.‹ Und wenn es vorbei war – fuhr ich nicht nach Hause.

Damals half uns, daß wir so furchtbar beschäftigt waren. Wir arbeiteten, bis auch wirklich der letzte Verwundete behandelt worden war. Nach sechzehn oder achtzehn Stunden pausenloser Arbeit konnte man vielleicht mal vier Stunden schlafen auf einer Matratze. Aber man schlief nur, wenn man wirklich nicht mehr weiterkonnte. Siehst du, und obwohl man schrecklich zugerichtete Menschen sah, ganz entsetzlich zugerichtete Menschen, wurde man immer weitergetrieben durch die Tatsache, daß man viele Verwundete retten konnte. Natürlich bei weitem nicht alle, aber doch viele!

Während des Rückzugs arbeitete ich immer mit denselben Bahrenträgern zusammen, zwei Spaniern. Sie waren sehr, sehr zärtlich zu unseren Verletzten. So liebevoll! Weißt du, Spanier können Gefühle leichter ausdrücken als wir Engländer. Es war wundervoll zu beobachten, wieviel Liebe die Bahrenträger den Patienten schenkten. Tatsächlich ... Einmal, als die Detonationen besonders heftig waren, warfen die beiden sich auf unsere Patienten, um sie zu schützen ... Ach, die Bahrenträger waren absolute Engel, sie waren so süß! Ich sorgte dafür, daß ich über längere Zeit mit ihnen zusammenarbeiten konnte, weil ich ihnen dann während der Gefechtspausen Lesen und Schreiben beibringen konnte. Und ich schärfte ihnen auch ein paar medizinische Grundregeln ein. Vor allem erklärte ich ihnen folgendes: Kopfverletzte und Bauchverwundete legst du flach auf die Bahre. Und Brustverletzte dürfen nicht liegen, man setzt sie hin. Ich lehrte die Bahrenträger, wie man die Pulsfrequenz mißt – obwohl das Pulsmessen sehr schwierig war, weil die meisten Patienten einen extrem niedrigen Blutdruck hatten. Und im Laufe der Zeit lernten unsere Bahrenträger auch, wie man einem Patienten die

Tropfinfusion gibt. Die Technik der Bluttransfusion war von einem kanadischen Arzt namens Norman Bethune in Madrid eingeführt worden. Er sorgte dafür, daß diese Methode sehr schnell vom gesamten Sanitätswesen der Interbrigaden übernommen wurde. Und bald darauf begann die Leitung unseres Sanitätswesens, alle Leute aufzufordern, Blut zu spenden. Zum Beispiel spendeten die Mütter von Barcelona Blut. Und einmal hatten wir da einen Zwischenfall mit einem Moro. So nannten die Spanier die arabischen Soldaten in der Franco-Armee ... Die Spanier haßten die Moros mehr als alle anderen faschistischen Soldaten. Nicht allein deshalb, weil sie sich von Franco dazu mißbrauchen ließen, ein Volk auszumorden. Franco teilte den Moros spanische Frauen zu, weißt du, fünf Frauen für ein Moro-Bataillon. Und die Frauen überlebten das nicht, sie starben davon ... Oh, die Moros waren furchtbar verrohte Menschen! Selbst schlecht behandelt, behandelten sie andere schlecht. Sie waren schauerlich, wirklich furchtbar! Jedenfalls wurde uns eines Tages ein Moro-Gefangener gebracht, der sehr schwer verwundet worden war. Oh, wie dieser Moro uns haßte ... Die Chirurgen operierten ihn, und weil er sehr viel Blut verloren hatte, schlugen wir eine Bluttransfusion vor. Und unsere Bahrenträger waren dagegen, daß ein Moro das Blut spanischer Frauen bekommt. Und ich fand, ich dürfe mich in diesen Disput nicht einmischen. Ich sagte zu den Bahrenträgern: »Okay«, weil ich sie nicht verletzen wollte. Ich war der Meinung, daß ich nicht das Recht hatte, sie für ihr Verhalten zu verurteilen. Und ich kümmerte mich eine Weile um andere Patienten, und da sah ich, wie unsere Bahrenträger dem Moro doch das Blut gaben. Sie waren sehr verlegen, sie guckten weder mich noch jemand anderes dabei an. Aber, siehst du, sie brachten es nicht über's Herz, diesem Moro kein Blut zu übertragen. Ja, wir Republikaner waren zivilisiert!

Francos Truppen waren inzwischen zum Mittelmeer vorgestoßen und hatten die Republik in zwei Teile geteilt. Wieder richtete unsere Division sich in der Nähe eines Dorfes ein. Und ich kann mich noch erinnern, wie wir den 1. Mai feierten: Anläßlich dieses Festtages fand eine große Diskussion zwischen unseren Soldaten und den Leuten aus den Nachbardörfern statt. Das war großartig, wundervoll. Alle Spanier liebten politische Diskussionen. Und das Spanische ist eine prächtige Sprache – wie das Elisabethanische, das auch so reich an zauberhaften, hübschen Redewendungen ist, die wir jetzt leider nicht mehr gebrauchen. Und die Spanier sind gewaltige Redner, wunderbare Rhetoriker. Sie meinen nicht alles, was sie sagen. Nein, sie sagen normalerweise, was sie meinen. Doch sie reden nach englischen Maßstäben überspannt und hochtrabend. Aber ich konnte den Einheimischen stundenlang zuhören – nicht nur deshalb, weil mich ihre Sicht auf die Kriegsgeschehnisse interessierte, sondern auch, weil alle Spanier so phantastisch reden konnten. Wundervoll, wirklich wundervoll! Und es machte kaum etwas aus, aus welcher Klasse sie stammten, sie waren fast alle in der Lage, an diesen herzhaften, leidenschaftlichen Diskussionen teilzunehmen, die Frauen natürlich ausgenommen. Normalerweise konnte man Frauen nicht dazu bewegen, sich an politischen Gesprächen zu beteiligen – obwohl die Spanierinnen sehr selbstbewußt waren! Sie zwinkerten uns zu und guckten uns an, aber sie machten den Mund nicht auf. Sie hatten innerhalb der Familien sehr viel zu sagen, aber nicht in der Öffentlichkeit. Und im Anschluß an die Diskussion fand ein Wettspucken statt. Amerikanische Interbrigadisten, die aus Texas kamen, konnten gut spucken. Und die Spanier konnten alle gut spucken. Und die Texaner und die Spanier veranstalteten einen Wettkampf im Weitspucken und Zielspucken. Sie hatten eine Zielscheibe an einem Krankenauto angebracht, und ein Schiedsrichter zog Striche in die Erde, um anzugeben, aus welchen Abständen die Männer spucken sollten. Weißt du: so weit weg und so weit weg und so weit weg ... Und alle Wettkampfteilnehmer waren ganz fanatisch. Die Spanier waren fest entschlossen zu gewinnen und die Texaner auch. Dieses Spucken ... Die Männer kauten ewig herum, um genau die richtige Menge Speichel im Mund zu haben, und dann ›pplff!‹ spuckten sie. Und der Wettstreit dauerte sehr lange, denn jedes Mal konnte einer noch weiter spucken als der andere, und dann mußte er geschlagen werden. Ich glaube, daß ein Krankenfahrer aus Dallas das Wettspucken gewann, aber ich lachte Tränen, weil alle es so ernst nahmen. Und es sah so lustig aus, wenn die Männer ewig herumkauten, um genau die richtige Menge Speichel im Mund zu haben. Meine Güte!

Und dann mußten wir wieder einmal Hals über Kopf unsere Sachen packen und das Weite suchen. Und dann reisten wir eine ganze lange Nacht. Und als die Dämmerung anbrach, erreichten wir unseren Bestimmungsort: Ein Haus, das nur eine einzige Stube hatte. Die Fensterläden waren geschlossen, die Luft war furchtbar stickig, es roch übel, der Fußboden war unsagbar schmutzig. Wir brachten erst mal die Verwundeten in das Haus hinein, und ich torkelte herüber zum Fenster und öffnete es – und da war das Mittelmeer! Wir kamen also vom Landesinneren direkt zur Küste ... Oh, meine Liebe, das war ein Schock! Und die Sonne ging gerade auf, sie warf so ein freundliches, warmes

Licht auf das Meer. Furchtbar war das. Ich dachte: ›Wohin werden wir jetzt fahren?! Was wird jetzt mit uns geschehen?!‹ – Bald darauf sorgte Doktor Jensen dafür, daß ich zur Ebro-Front geschickt wurde.

Ich kam im Sommer 38 zum Ebro, als unsere Truppen in einer letzten verzweifelten Offensive versuchten, die Faschisten aufzuhalten. Unser Korps hatte an der Ebro-Front drei mobile Hospitäler. Eins befand sich in einem Tunnel. Das andere war in einem Zug stationiert, der dorthin fuhr, wo er am meisten gebraucht wurde. Und das dritte Hospital, in dem ich arbeitete, befand sich in einer natürlichen Höhle von einem der Berge, die an das Ufer des Ebro grenzen. Darin hatten wir Platz für ungefähr fünfzig Betten und zwei Operationsräume. Den Triage-Posten für unser Hospital richteten wir in Zelten ein, im Tal unterhalb unserer Höhle, weil die Straße zur Front durch das Tal führte. Die Verletzten mußten wir vom Triage-Posten zu uns ins Hospital hochtragen.

Außer mir gab es in unserer Krankenstation noch eine englische und eine spanische Schwester, Joan Purser und Aurora Fernandez. Am Ebro konnten wir in Schichten arbeiten – was uns bei allen vorherigen Schlachten wegen des Personalmangels nie geglückt war. Ich übernahm die Nachtschicht, und Aurora und Joan übernahmen die Tagschicht. Und die beiden waren absolut blendende Krankenschwestern! Ich weiß immer noch nicht, wie sie das gemacht haben, aber in der Nacht wurden die allermeisten Patienten gebracht, einige von ihnen hatten ganz schauerliche abdominale Verletzungen.[*] Ich war mir gerade bei diesen Verwundeten oft beinahe sicher, daß sie den nächsten

---

[*] Bauchverletzungen.

Tag nicht überstehen würden. Und dann kam ich am Abend in die Station zurück – und da sagten Aurora und Joan: »Ja, sie leben noch!« Aurora und Joan konnten Patienten retten, bei denen jede andere Krankenschwester versagt hätte. Man konnte nur staunen über die beiden, sie waren ungewöhnlich gut, sehr gut! Die Arbeit in der Höhle war sehr unbequem, weil es bei uns immer dunkel war. Wir hatten keine Elektrizitätsanschlüsse, nur blöde Öllampen – ein Docht in einer Büchse Olivenöl, das gab ein bißchen Licht. Und das Licht für die Operationsräume kam von einem kleinen mobilen Generator. Der Boden der Höhle war uneben. Die Metallbetten hatten scharfe Kanten, an denen man sich immer stieß. Das war wirklich sehr unangenehm, weil wir kaum etwas sahen und die Betten wegen der Unebenheit des Bodens nicht in einer Reihe aufgestellt werden konnten. Und in der Höhle war es auch sehr kalt und feucht, es war sehr schwer, die Patienten warmzuhalten. Damals stritt ich mich jeden Tag mit den Bahrenträgern, die die Toten wegbrachten: Ich konnte keine einzige Decke entbehren, aber die Bahrenträger wollten keinen Toten in die Erde legen, ohne ihn in eine Decke zu wickeln. Und ich konnte keine entbehren! Ich kämpfte mit den Spaniern um jede Decke, weil wir die so sehr brauchten! Wir hatten keine Laken, es mangelte uns enorm an Decken, und die wenigen, die wir besaßen, hatten wir sehr dringend nötig, um zumindest die Schwerverwundeten warmzuhalten! Siehst du, das war eins der Probleme, über das man hier in England während des Zweiten Weltkrieges nachdachte. Als klar war, daß die Deutschen England bombardieren würden, produzierte man Särge aus Pappe. Ganze Lager standen voll mit Särgen aus Pappe. Und solche Maßnahmen hatte die republikanische Regierung während des Spanienkrieges nicht treffen können. Aber in Kriegszeiten ist es offenbar sehr wichtig, darüber nachzudenken, wie man die Toten bestattet. Was ich damals auch einsah! Nur sah ich nicht ein, daß ich mir ›meine‹ kostbaren Decken wegnehmen lassen sollte. Und ich weiß wirklich bis heute nicht, was die Lösung dieses Problems ist!

Es war herrlich, in einer Höhle beherbergt zu sein, weil die Bombardements uns da nichts anhaben konnten. Ja, das war herrlich! Aber natürlich konntest du in der Höhle immer den Gefechtslärm hören, und natürlich wurdest du täglich mit den Ergebnissen der Schlacht konfrontiert. Es war ungünstig, daß unser Hospital weiter von der Front entfernt lag als gewöhnlich. Die Erfahrung hatte uns gelehrt, daß wir die Anzahl der Todesfälle drastisch vermindern konnten, wenn die Zeitspanne zwischen der Verwundung und der medizinischen Betreuung kurz blieb. Aber während der Ebro-Schlacht mußten die Verletzten erst den Fluß überqueren, um bei uns behandelt werden zu können – und die Faschisten bombardierten die Ebro-Brücken nahezu ununterbrochen. Zwar wurden sie nur selten zerstört, aber wegen der Bombardements konnten die Krankenautos uns die Patienten erst nach dem Anbruch der Dunkelheit bringen. Demnach mußten unsere Verletzten oft lange darauf warten, medizinisch versorgt zu werden. Sie befanden sich meist in einem viel schlechteren Zustand als bei allen vorherigen Schlachten. Wir bekamen sehr, sehr viele Patienten, die bereits in der Agonie lagen. Viele starben uns auf dem Operationstisch.

Eines Tages wurde uns ein sehr reizender englischer Interbrigadist gebracht. Verletzt an der Leber. Er überlebte nicht. Und da war ein junger Hauptmann, ein junger Spanier, Politkommissar. Ein wunderbarer Redner! Er war eins der Kinder, die während des Asturien-Aufstands* von den Franco-Soldaten gegeißelt wurden, um die Bergarbeiter, die mineros, zu zwingen, ihren Kampf aufzugeben. Und in der Ebro-Schlacht war dieser junge Spanier sehr übel am Kopf verletzt worden. Er tobte vor sich hin. Unkontrolliertes Toben! Nur sehr langsam ging es ihm besser. Es war sehr schwer, ihn zu pflegen, weil er immer von seinem Bett aufstand und über mich fiel. Ein Fels, der auf mich fiel in der Dunkelheit. Aber es ging diesem Spanier allmählich besser. Ich weiß nicht, ob er je wieder ganz gesund wurde, doch wir konnten ihn ins Hinterland bringen lassen. Er hatte noch Glück! Sehr viele Verwundete überlebten nicht! Und es war furchtbar, ich meine, es war schrecklich. Wir hatten am Ebro sehr viel mehr akute Fälle als in all den Jahren des Spanienkrieges, viel mehr entsetzlich schlimme Fälle.

Ich weiß noch, eines Abends konnte ich einige Leute sprechen hören am Eingang unseres Hospitals. Sie saßen bei einem kleinen Licht und sprachen und lachten miteinander. Ich dachte: ›Wie können sie es wagen, hier zu lachen? So darf man sich an solch einem Schreckensort nicht

---

* Im Oktober 1934 kam es in Spanien zu einem Generalstreik, der sich in Asturien zu einer revolutionären Bewegung entwickelte. Daraufhin setzte die Regierung Truppen in Marsch, die den Streik niederschlagen sollten. Der Operationsplan für die Regimenter war von Franco ausgearbeitet worden. Die Arbeiter organisierten sich inzwischen in provisorischen Milizen. Ein Revolutionskomitee proklamierte eine Arbeiter- und Bauern-Regierung. Die marokkanischen Verbände und Einheiten der spanischen Fremdenlegion rückten weiter gegen die Bergbaugebiete Asturiens vor und richteten ungeheure Blutbäder an. Die Arbeiter leisteten zwei Wochen lang erbitterten Widerstand, bis sie sich endlich doch ergeben mußten. Dreitausend Menschen kamen bei den Kämpfen um, siebentausend mußten flüchten, und dreißigtausend wurden verhaftet.

benehmen!‹ Und wir Mediziner hatten so etwas wie eine Pause. Ich meine, wir hatten die gerade eingelieferten Verletzten operiert und in ihre Betten gelegt, die Toten waren weggebracht worden, und wir warteten auf den nächsten Schub Patienten. Ich ging also hinüber zu den Leuten, die am Eingang saßen und sagte: »Was tut ihr?! Könnt ihr nicht sehen, was hier los ist?! Lachen ... Was ist hier so lustig?!« Unter den Leuten befand sich ein Spanier, der sagte: »Setz dich mal hin, ich werde dir eine Zigarette geben.« Siehst du, das war großartig, daß er mir eine Zigarette anbot, denn wir kriegten kaum welche. Und er rollte mir eine Zigarette. Er reichte mir das Zigarettenpapier, damit ich am Klebestreifen leckte – sehr höflich! Ich hatte es nicht gern, wenn andere Leute für mich am Klebestreifen leckten. Und der Mann gab mir die Zigarette und zündete sie mir an. Und er sagte, daß er gekommen sei, um für unser Hospital Früchte und Gemüse von seinem Feld zu bringen. Und wenn ich seine Lebensgeschichte kennen würde, dann würde ich begreifen, warum er so heiter gestimmt sei. Also sagte ich zu dem Mann: »Erzähle mir deine Geschichte!« Und er sagte, daß er aus dem Nachbardorf stamme, zu dem nicht mal eine Straße, nur ein Pfad, führe. Und sämtliche Einwohner dieses Dorfes lebten vor der Wahl der Volksfront in Höhlen. Die Bauern arbeiteten nur ein Drittel des Jahres auf den von ihnen gepachteten Feldern. Die anderen zwei Drittel des Jahres – in der Zeit der Ernte und in der Zeit der Aussaat – arbeiteten die Bauern für den Großgrundbesitzer und für die katholische Kirche. Sie besaßen keinerlei Maschinen oder Ausrüstung. Die Pächter hatten enorme Schulden. Und zwischen dem Winter und dem Frühling ›fielen die Leute immer in ein hungriges Loch‹, weil ihnen in dieser Zeitspanne die Nahrungsmittelvorräte ausgingen. Die Bauern wußten, sie würden ihr ganzes Leben lang weiter so dahinvegetieren müssen. Sie hatten sich nie an Wahlen beteiligt, weil der Verwalter des Großgrundbesitzers das zu verhindern wußte. Aber im Februar 1936 hörten die Leute, daß es Wahlen gegeben hatte, bei denen die linken Parteien den Sieg davongetragen hatten. Weil den Bauern vage zu Ohren gekommen war, es habe dadurch große politische Veränderungen gegeben, ging dieser Mann, mit dem ich sprach, zum nächsten Dorf, um sich genauer zu informieren – und in dem Nachbardorf maßen die Bauern gerade das Land aus! Ich meine, die Leute maßen das Land mit einem Stock aus, weil sie nicht mal mit professionellen Meßinstrumenten umgehen konnten! Jedenfalls, der Mann kam mit der Mitteilung zurück: ›Im Nachbardorf verteilen die Bauern das Land! Es gibt eine Volksfront!‹ Siehst du, da waren alle erstaunt. Und in dem Dorf veränderte sich in kurzer Zeit sehr viel. Zum Beispiel kriegte die Ortschaft eine Schule. Die Regierung schickte einen Lehrer, der den Bauern Lesen und Schreiben beibrachte. Und der Mann, mit dem ich sprach, wurde zum Bürgermeister gewählt, das Dorf wurde eine Art Kommune. Jeder Bauer erhielt von der autonomen katalanischen Regierung Saat. Siehst du, vor dem Sieg der Volksfront hatten die Pächter für ihre Felder kaum Saat. Also die Bauern erhielten die Mittel, um ihre Felder zu bestellen, und sie bekamen eine Schule; vieles, was in all den vergangenen Jahren versäumt worden war, das geschah jetzt. Und eines Tages erhielt der Bürgermeister einen Brief. Er hatte noch nie einen Brief bekommen. Wer schon hätte ihm schreiben können? Und in dem Brief stand, er, der Bürgermeister, solle nach Barcelona kommen. Wenn er an einem bestimmten Tag zu einer bestimmten Uhrzeit am Kilometer Zwei der Landstraße warte, würde er nach Barcelona mitgenommen werden. Und als er zum verabredeten Zeitpunkt am Kilometer Zwei stand, hielt ein Auto an, das Ledersitze hatte. Und der Mann hatte noch nie in seinem Leben in einem Auto gesessen, geschweige denn in einem Auto mit Ledersitzen. Er besaß keine Schuhe, und er dachte: ›Eigentlich kann ich mir nicht vorstellen, daß ich in so einem schnittigen Auto mitfahren darf. Ich habe ja nicht mal Schuhe an.‹ Aber natürlich wurde er mitgenommen nach Barcelona. Und dort empfingen ihn Beamte des Kriegsministeriums. Und die sagten ihm, daß es am Ebro zu einer großen Schlacht kommen würde. Und daß dieser Kampf organisiert werden müsse. Und daß bei sämtlichen Gefechten des Bürgerkriegs Soldaten der Franco-Armee auf die Seite der Republik übergelaufen seien. Überläufer sind immer im Wege, man muß sie so schnell wie möglich von den Frontlinien holen. Die Armee hatte alle Hände voll zu tun, die Hospitäler konnten die Überläufer auch nicht aufnehmen, also mußten Zivilisten mit der Sorge um die Deserteure beauftragt werden. Und der Bürgermeister sollte diese Aufgabe übernehmen. Er sollte auch eine Liste aufstellen, welche Güter sein Dorf an die Armee, für die Überläufer und für unser Hospital liefern konnte. Und der Bürgermeister hielt sich an seinen Auftrag! Dieser Mann tat *alles*, um unseren Truppen zu helfen, die Schlacht zu gewinnen! Auf Eseln, über kaum begehbare Pfade, ließ er für uns und für die Armee Früchte und Gemüse aus seinem Dorf bringen. Er sagte mir: »Ich lache, weil wir jetzt zum ersten Mal in der Lage sind, von unserer Ernte abzugeben, ohne daß wir deshalb selbst Hunger leiden müssen.« Also fühlte ich mich besser, aber auf der anderen

Seite ... Der Krieg war so furchtbar. Er ging weiter und weiter und weiter. Und was mir fast am schlimmsten schien: Trotz all der Greulichkeiten des Krieges war Spanien ein so reizendes Land ... Wie gesagt, man hatte immer das Gefühl der Freiheit, des Fortschritts, des Aufkeimens ...

Aber, och, ich hatte den Krieg satt! Ich hatte den Krieg so satt! Mein Freund ... Er fiel gleich zu Beginn der Ebro-Schlacht, noch bevor ich zum Ebro kam. Er war im Thälmann-Bataillon, als es zum ersten Mal nach Madrid marschierte ... Er hatte an fast allen Gefechten der Interbrigaden teilgenommen, er war in vielen Kämpfen verwundet worden ... Und am Ebro fiel er. Er war in der 11. Brigade, er war Leutnant in einer Maschinengewehr-Einheit ... Robert Aaquist. Deutsche Interbrigadisten haben mir später ein Foto von ihm geschenkt. Aber ich gucke es mir nur selten an. Es schmerzt mich immer noch, wenn ich an Robert denke. Ja, er sah gut aus, er war sehr hochgewachsen, sehr stark ... sehr amüsant, ein sehr guter Leiter. Er war ein geborener Leiter, er hatte sehr viel von einem Pfadfinder an sich, und er war sehr weitsichtig in politischer Hinsicht. Es gelang ihm so gut, Mißverständnisse mit einem Scherz zu lösen oder Unstimmigkeiten zu beheben, ohne daß er jemanden verletzte. Und Robert kannte sehr viele deutsche Volkslieder, Lieder der Interbrigaden, Lieder aus der ganzen Welt. Er konnte sehr schön singen. Und er schnappte immer neue Lieder auf. Leute, die viele Lieder kennen, habe ich immer beneidet ... Und ich dachte, er sei einfach zu gut für mich ... Ich war sehr verliebt in ihn, wir waren sehr verliebt ineinander, aber wir wagten es nicht, uns das zu sagen. Ich fand, er sei zu gut und zu bedeutend und zu glorreich für mich. Und er dachte: »Nein,

nein, sie würde mich niemals eines Blickes würdigen.‹ Ja, ich war sehr streng mit den Kameraden, das muß ich schon sagen. Und Robert dachte, ich würde auch streng mit ihm sein ... Und dann fuhren wir beide nach Teruel. Robert wurde bei der Schlacht um Teruel wieder einmal verwundet, er kam ins Hospital von Benicasim. Und ich bekam eine Entzündung am Arm, und ich mußte auch fortgeschickt werden, weil man mit einem entzündeten Arm nicht in einer chirurgischen Station an der Front arbeiten kann. Und ich wurde zurückgeschickt nach Valls, dem Rekonvaleszentenheim. Und der Chauffeur, der mich dorthin bringen sollte, machte auf meine Bitte hin einen Umweg und fuhr nach Benicasim. Und ich ging zum Kommandanten des dortigen Hospitalzentrums, Doktor Jensen, und ich sagte: »Wo ist der Leutnant Aaquist? Er ist während des Teruel-Kampfes verwundet worden.« Jensen guckte in seine Akten und sagte: »Aaquist ist hier.« Also sagte ich: »Er muß verlegt werden nach Valls.« Aber ich wußte nicht ... Robert und ich hatten noch nichts miteinander ... Er hatte mich in Valls gefragt, ob ich ihn gern habe, und ich sagte: »Ja.« Aber ich glaube nicht, daß das wirklich so war. Ich meine, ich war ein bißchen überrumpelt ... Und Jensen begriff sofort, was im Schwange war. Er hatte nichts dagegen einzuwenden, daß Robert nach Valls verlegt wurde. So schrieb Jensen die Verlegungspapiere aus, gab sie mir und erzählte mir, in welcher Villa Robert untergebracht war. Ich ging zu ihm ... Und ich fand ihn am Strand. Robert saß am Ufer des Meeres ... Und ich sagte: »Komm, wir fahren nach Valls.« Und wir fuhren nach Valls, aber wir redeten kaum miteinander. Wir wagten es immer noch nicht, uns zu sagen, was wir füreinander fühlten. Und eines Tages machten wir einen Spaziergang ins nächste Dorf. Wir verpaßten unser Mittagessen im Hospital, und Robert aß in einem kleinen Restaurant dreizehn Eier. Und in diesem Restaurant entschieden wir, daß wir ... daß wir uns liebhaben. Und Robert schrieb bald seiner Mutter, die ihn immer geneckt hatte: ›Du wirst noch eine von diesen schrecklichen Partei-Hyänen heiraten!‹ Robert schrieb seiner Mutter: ›Ich habe ein englisches Mädchen, und sie hat blondes Haar und blaue Augen, und sie ist überhaupt keine Partei-Hyäne.‹

Robert war in moralischer Hinsicht sehr konsequent. Aber er war nicht verbohrt, wie so viele politisch engagierte Leute. Und er fand auch nicht, daß in der Politik der Zweck die Mittel heiligt. Er war nicht einer dieser politisch engagierten Leute, die, wenn sie ein politisches Ziel durchsetzen wollen, alle ihre moralischen Wertvorstellungen negieren. Er war nicht so. Er wollte ein guter Mensch sein. Und ich auch ... Und als Robert gefallen war ... Er wurde durch eine Mine getroffen ... er war sofort ... Und als ich hörte, daß Robert gefallen war ... Ich war absolut verzweifelt ... Und Jensen kam und rettete mich. Als er hörte, daß Robert gefallen war, kam er und rettete mich. Verlegte mich zur Front, weißt du, um mir keine Zeit zum Nachdenken zu geben, denn ich war absolut verzweifelt. Und er verlegte mich zur Ebro-Front – womit er wirklich recht hatte, glaube ich. Die Arbeit an der Front sollte wohl eine Art Therapie sein. Nur hätte Jensen mich ein bißchen mehr in Ruhe lassen sollen; ich meine, er wollte mich noch immer für sich selbst – was ich ein bißchen niederträchtig fand, weil ich so gebrochen war. Er wußte selbst, daß er sich mir gegenüber gemein benahm, aber er hörte nicht auf, mich ... Doch er war sehr klug, er war ein ziemlich guter Psychiater. Ich meine, er war ein interessanter Mensch.

In meiner Station lagen drei finnische Soldaten, die furchtbare Brustverletzungen hatten. Och, schreckliche Wunden, schreckliche Wunden! Die Ärmsten konnten ohnehin kaum atmen, und wir mußten sie sehr steif bandagieren, dadurch hatten sie noch mehr Schmerzen. Und sie starben alle drei, und sie konnten sich keinem von uns mitteilen! Sie sprachen kein Spanisch – wie sehr viele andere Interbrigadisten! Und ich bin kein großes Sprachtalent, aber ich hatte genug Spanisch gelernt, um mich mit den Patienten unterhalten zu können. Und ich lernte auch sehr schnell Jiddisch, weil ich herausfand, daß jüdische Interbrigadisten, die vom Kontinent kamen, zumindest zwei Sprachen beherrschten: die Sprache ihres Heimatlandes und Jiddisch. Also bat ich in Notfällen immer darum, mir jüdische Interbrigadisten als Dolmetscher ins Hospital zu schicken. Aber bei diesen drei Finnen ... Ich fand niemanden, der sich mit ihnen verständigen konnte ... Niemand konnte sie verstehen! Das war entsetzlich. Das machte mich fast verrückt! Diese Finnen hatten vielleicht eine letzte Botschaft an ihre Frau oder an ihre Mutter, aber sie konnten sich nicht mitteilen, weil ich keinen Übersetzer für sie fand.

Die Hauptstraße zur Front führte durch ein schmales Tal unterhalb unserer Höhle ... Und wir hörten, wie die Kinder in der Nacht zur Front marschierten. Inzwischen wurden die *Sechzehnjährigen* zur Front geschickt – fast noch Kinder! Und sie sangen, und man konnte an ihren Stimmen hören, daß sie sangen, weil sie Angst hatten. Wir sahen diese Kinder nie, wenn sie zur Front gingen, aber wir sahen, wie schrecklich sie zugerichtet waren, wenn sie zu uns ins Hospital gebracht wurden. Und ich dachte: ›Wir tun etwas Furchtbares! Nichts auf dieser Welt kann es wert sein, daß sechzehnjährige Kinder in dieses Elend, in diese Abscheulichkeit geschickt werden! Nichts auf dieser Welt ist soviel Elend wert!‹ Ja, das war das Schlimmste an diesem Krieg: All die Leute, die wir verloren haben ... Das war ohne Zweifel das Schlimmste – und daß unsere Armee verlor! Das war um so furchtbarer, weil wir ganz offensichtlich im Recht waren! Vollständig! Und besiegt zu werden, obwohl du vollständig im Recht bist, obwohl es auf deiner Seite unzählige Opfer gegeben hat und obwohl du korrekt und anständig gekämpft hast, ist scheußlich! Es ist eine Schande, daß die europäischen Demokratien die Niederlage der Spanischen Republik tatenlos hinnahmen. Es ist eine Schande! Und als wir dann vom Abzug der Interbrigaden hörten ... Wir konnten es erst gar nicht fassen! Unser spanischer Politkommissar erklärte uns natürlich die politischen Ursachen für den Abzug der Interbrigaden. Die spanische Regierung zog ihre ausländischen Truppen ab, weil sie hoffte, Frankreich und England würden dann die Faschisten zwingen, ihrerseits die ausländischen Truppen zurückzuziehen. Ich meine, wir haben in Spanien lange Zeit nicht glauben können, daß die Regierungen Englands und Frankreichs so verdreht und dumm sein würden, daß sie die Nichtinterventionspolitik fortsetzen würden – und natürlich setzten sie diese Politik fort! Sie hielten fest an ihrer ›Nichtinterventionspolitik‹! Und wir Interbrigadisten fanden den Beschluß der republikanischen Regierung verrückt! Ich meine, Negrín hatte wahrscheinlich recht, nur traf er seinen Entschluß in der irrigen Hoffnung, Franco würde seine ausländischen Truppen freiwillig zurückziehen! Aber was konnten wir Interbrigadisten gegen diesen Beschluß tun?! Später ... als ich in China war, verletzte mich die Verachtung der Chinesen sehr. Die Chinesen meinten, wir hätten weiterkämpfen müssen als Guerilleros. Weil die Chinesen selbst in so einem riesigen Land leben, verstanden sie nicht, daß wir Interbrigadisten keinen halben Kontinent zur Verfügung hatten, um uns auf strategische Punkte zurückzuziehen und von dort aus zu kämpfen. Und ... wie dem auch sei: Wir verloren den Krieg.

Ich war gerade zu dem Zeitpunkt in Barcelona, als der Abschiedsmarsch der Interbrigaden stattfand. Ich sah die Pasionaria in einem Strom von Tränen, sie winkte mit einem großen Halstuch von einem Balkon. Und ich fühlte mich furchtbar, furchtbar, weil wir weggeschickt wurden! Die Spanier um uns herum waren tränenüberströmt, küßten uns und ... es war alles furchtbar. Was konnte ich dagegen tun, daß ich Spanien verlassen mußte?! Ich meine, ich mußte den Beschluß der Spanischen Republik akzeptieren.

Zwei von unseren englischen Krankenschwestern, die in politischer Hinsicht gewiß nicht sehr weitsichtig waren, arbeiteten auch nach dem Sieg der Faschisten in einem spanischen Hospital. Und eines Tages kam eine ›freundliche Dame‹ vom Spanischen Roten Kreuz. Sie fragte die beiden Krankenschwestern: »Wie konnten Sie für die Republik arbeiten?! Wie konnten Sie so etwas tun?!« Die Krankenschwestern erwiderten: »Die Soldaten der republikanischen Armee schossen zumindest nicht auf die Zivilbevölkerung. Unsere Truppen bombardierten keine Städte, in denen Frauen und Kinder wohnten.« Und diese ›Dame vom Roten Kreuz‹ sagte: »Gut, es ist wahrscheinlich besser für die Kinder, wenn sie in den Himmel kommen, als wenn sie von Roten großgezogen werden.« Siehst du, das meinte diese Frau ganz ehrlich! Und das ging sogar für die zwei ›gewöhnlichen Engländerinnen‹ zu weit – obwohl sie politisch nicht sehr gebildet waren. Die beiden waren so empört, daß sie doch nach England zurückkamen.

Jedenfalls, ich verließ Spanien in einem speziell für uns Interbrigadisten bereitgestellten Zug. Queipo de Llano,* der Kerl, der im Radio immer gegen die Republik wütete, sagte, Franco würde die Züge, mit denen die Interbrigadisten weggeschickt wurden, bombardieren lassen. Was er tatsächlich tat! Das tat er! Deshalb wurde unser Zug von zwei kleinen Luftabwehrgeschützen begleitet, die auf einer parallel zur Eisenbahnlinie liegenden Straße mitfuhren. Diese Abwehrgeschütze hätten im Fall eines Bombenangriffs wahrscheinlich nicht viel ausrichten können, aber wir empfanden sie zumindest als eine nette Geste der Spanier. Schließlich mangelte es der republikanischen Armee an Luftabwehrgeschützen. Wenn unser Zug langsam fuhr, rannten die Leute quer über die Felder zu uns, um uns ›Auf Wiedersehen‹ zu sagen. Und sie reichten uns ihre Kinder, damit wir sie küßten ... Oh, es war furchtbar! Furchtbar! Andererseits war es natürlich besser, daß man uns Interbrigadisten abzog, bevor Franco die Republik definitiv besiegte. Denn das Los der vielen Flüchtlinge, die sich in den Interbrigaden befanden, wäre noch schlimmer gewesen, wenn sie in Gefangenschaft geraten wären. Und immerhin sorgte die republikanische Regierung dafür, daß das Leben vieler Interbrigadisten gerettet wurde, indem sie ihnen die spanische Staatsbürgerschaft zuerkannte.

Und dann überquerten wir die Grenze nach Frankreich. Die Franzosen hatten ein reichliches Mahl für uns vorbereitet. Gut, wir hatten alle Ewigkeiten nichts Ordentliches mehr zu essen bekommen, auf jeden Fall nicht genug

* General der faschistischen Armee, der regelmäßig Radioansprachen hielt.

Fette. Und in Frankreich wurde uns eine riesige Mahlzeit vorgesetzt: Butter und Eier und Brot ... Die meisten von uns waren sehr dünn, wir hatten alle Dysenterie. Und dieses Mahl entsetzte uns. Ich meine, die Volksfront-Leute waren furchtbar nett, sie wollten etwas für uns tun, aber ... Der Zug wurde nach unserer Ankunft in Frankreich von bewaffneten Soldaten überwacht. Eklige Wachposten mit Maschinengewehren fuhren mit uns. Wir hielten an vielen Stationen, und an allen Bahnhöfen fanden uns zu Ehren riesige Demonstrationen statt. Die Leute sangen Lieder für uns und winkten zum Abschied. Aber wir Interbrigadisten durften den Zug nicht verlassen. Und ich war die einzige, die beabsichtigte, nicht erst in Paris, sondern schon in Toulouse auszusteigen. Ich wollte mir in einer Toulouser Zweigstelle des englischen Spanienkomitees das Geld abholen, was mir noch zustand. Denn natürlich hatte ich mal wieder keinen Penny in der Tasche. Der Zug hielt in Toulouse, aber die Wachposten wollten mich nicht aussteigen lassen. Am Bahnhof stand zu unserer Begrüßung eine riesige Menschenmenge, und die Soldaten schlugen roh mit Gewehrkolben auf die Leute ein. Und der Zug blieb lange stehen, und die Demonstranten sangen Lieder. Und die Wachposten wollten mich absolut nicht herauslassen aus dem Zug, unser Waggon mußte an allen Stationen geschlossen bleiben. Also stieg ich aus dem Fenster aus. Die Interbrigadisten machten ein furchtbares Theater beim Abschied, ich wurde geküßt, gedrückt, alle wollten mir Adieu sagen. Und dann wurde ich durch's Fenster auf den Bahnsteig geschoben, es war für mich gerade groß genug. Und mir folgte ein Koffer des Hilfskomitees. Ein furchtbarer Koffer! Ein riesiger Weißblechkoffer, über den die englische Nationalfahne gespannt war und auf dem in großen Lettern stand: ›Britische medizinische Hilfe für Spanien‹. Und der Koffer und ich standen auf dem Bahnsteig. Die Demonstranten sahen mich natürlich. Sie erregten sich noch mehr, es erklangen noch mehr Hochrufe und noch mehr revolutionäre Lieder ... Und die Soldaten schlugen noch heftiger auf die Leute ein. Schließlich kam ein enorm langer, fetter Sergeant mit einem riesigen Schnurrbart auf mich zu. Er trug eine kleine Pistole in einem Halfter und hatte einen großen Gummiknüppel. Er sagte streng, er wolle mich arretieren. Die Menschenmenge buhte, buhte, buhte ihn aus. Und sie schlug nun ihrerseits auf die Soldaten ein – was einen gewaltigen Lärm verursachte. Der Zug dampfte ab, es war inzwischen Mitternacht. Die Menge schmolz einfach weg, die Soldaten verschwanden. Und der riesige Sergeant mit dem gewaltigen Schnurrbart lockerte seinen Gürtel, damit er nicht aufplatzte, und sagte: »Es ist alles in Ordnung, ich bin der Leiter der örtlichen Volksfront. Ich mußte nur wegen der Presse so tun, als ob ich Sie arretiere.« Der Sergeant nahm mich mit zu sich nach Hause. Oh, meine Liebe ... Seine Frau gab mir noch mehr zu essen! Und das war das letzte, was ich wollte. Ich wollte nur eins: ins Bett gehen. Ich war noch so verstört darüber, daß wir Spanien hatten verlassen müssen, mir war so bitter zumute. Und am nächsten Tag führte mich der Bürgermeister von Toulouse durch eine Fabrik, in der gezuckerte Veilchen hergestellt werden, eine der Spezialitäten von Toulouse. Der Bürgermeister war sehr nett, aber ich war überhaupt nicht interessiert an gezuckerten Veilchen. Och, mein armer Bauch! Ich hatte doch Dysenterie! Furchtbar! Ich schleppte mich noch Jahre später damit herum.

Und dann nahm ich das Geld des Spanienkomitees in

Empfang, und ich fuhr weiter nach Paris. Ich blieb dort eine Weile in Gesellschaft von sechs Ärzten der Interbrigaden, unter ihnen befanden sich Fritz Jensen und Caspar Kisch, der ältere Bruder von Egon Erwin Kisch – armer, alter Süßer. Er war ein sehr guter Arzt, sehr nett, er war ein Schatz – viel netter als sein Bruder Egon, mit dem Jensen auch befreundet war. Unter diesen sechs Ärzten herrschte eine sehr gedrückte Stimmung. Sie waren allesamt antifaschistische Emigranten, und die Franzosen waren absolut scheußlich zu uns Ausländern. Siehst du, Paris war vollgepfropft mit Emigranten. Es hatte gerade den Österreich-Anschluß gegeben, sehr viele österreichisch-jüdische Flüchtlinge kamen nach Paris. Und von der spanischen Grenze her strömten ja noch mehr Leute nach Frankreich! Jedenfalls, die französische Regierung war auch diesen sechs Ärzten nicht sehr gewogen, und weil sie den berüchtigten Internierungslagern entgehen wollten, entschieden sie sich schweren Herzens, nach China zu fahren, um bei den Guomindang-Truppen zu arbeiten. Meine Freunde waren sehr traurig, Europa verlassen zu müssen. Und sie wußten ja nicht, was in China auf sie zukommen würde. Ihre schlechten Vorgefühle täuschten sie nicht! Denn für die Tschiang Kai-schek-Clique arbeiten zu müssen, das war furchtbar! Die ganze Leitung der Guomindang war entsetzlich korrupt! Trotzdem wäre ich damals gern nach China mitgegangen – nur waren englische Krankenschwestern dort nicht erwünscht.

Ich kam drei Wochen vor Weihnachten nach Paris. Und ich bezahlte das Fahrgeld für die Reise nach London von den fünf Pfund, die ich vom englischen Spanienkomitee erhalten hatte. Ich sah damals sehr, sehr schäbig aus, ich war entsetzlich dünn. Ich sah wirklich aus wie ein Flüchtling!

Und ich hatte diesen blöden großen Koffer bei mir, diesen riesigen Blechkoffer, in dem sich wichtige Papiere des Hilfskomitees für Spanien befanden. Und kein Mensch wollte mir in Le Havre helfen, den Koffer zu tragen, ich mußte ihn selbst vom Bahnsteig zum Schiff schleppen. Ja, arme Leute sind nirgendwo gern gelitten, aber die Nordfranzosen mögen arme Leute wohl besonders wenig. Ich wählte natürlich die Newhaven-Route, weil die am billigsten war. Und gleich als das Schiff anlegte in Newhaven, sprangen englische Gepäckträger über die Reling. Und sie kamen zu mir. Ich saß auf dem Koffer und sagte: »Es tut mir leid, ich kann keinen Gepäckträger engagieren, ich habe nicht mal Geld für ein Trinkgeld.« Und die Männer guckten auf dieses blöde Ding von Koffer, auf das mit großen Lettern geschrieben war ›Britische medizinische Hilfe für Spanien‹. Einer der Gepäckträger sagte: »Wenn Sie aus Spanien zurückkommen ... Na, dann ist es ja logisch, daß du kein Geld hast! Komm mit, Süße.« Er und ein anderer Gepäckträger schleppten den Koffer an Land. Die beiden Gepäckträger brachten ihn zum Zug, in ein Abteil erster Klasse. Und sie sagten zu den anderen Fahrgästen: »Diese Dame kommt aus Spanien zurück. Sorgen Sie dafür, daß die Dame Tee bekommt.« Und die Leute, die in dem Abteil saßen, waren sehr überrascht – und ich auch, denn ich hatte nur eine Fahrkarte dritter Klasse. Jedenfalls, diejenigen, die mit mir das Coupé teilten, nahmen die Sache mit einem Augenzwinkern und luden mich zu einem Tee ein – was tatsächlich sehr nett war. Und so kamen der Koffer und ich zum Londoner Victoria-Bahnhof. Aber ich hatte kein Geld, um meinen Bruder anzurufen. Und ich konnte den Koffer unmöglich allein nach Hause schleppen. Damals gab es am Victoria-Bahnhof sehr viele Gepäckträger.

Ich sagte zu einem von ihnen: »Es tut mir sehr leid, aber im Moment habe ich überhaupt kein Geld. Und mit dem schweren Koffer komme ich nicht weit. Könnten Sie mir vielleicht Geld leihen für ein Telefongespräch, damit ich meinen Bruder anrufen kann? Er wird mich abholen, und er wird Ihnen Ihr Geld zurückgeben.« Und der Gepäckträger sagte zu mir: »In Ordnung.« Er brachte den Koffer zur Telefonzelle und wartete. Ich sprach mit meinem Bruder, und als ich aus der Telefonzelle herauskam, fragte der Gepäckträger: »Hat es geklappt?« Ich sagte: »Mein Bruder kommt ...« Und der Gepäckträger schoß davon, er wollte sein Geld nicht zurückhaben. Das war besonders nach den Erfahrungen, die ich in Frankreich gemacht hatte, sehr schön. Siehst du, die Leute waren freundlich und liebevoll – wie in Spanien.

Gleich nach unserer Rückkehr aus Spanien mieteten Nan Green, Ena Vassie und ich zusammen eine Wohnung. Und wir hielten viele Reden zugunsten der Spanischen Republik. Wir gründeten auch ein Komitee. Es half Interbrigadisten und Spaniern, die sich in den französischen Internierungslagern befanden, nach England zu emigrieren. Im Januar 39 schrieben Janet Robertson, Beryl Smithson, Louise Jones, Joan Purser und ich einen Brief an die Frau unseres Premierministers. Und in unserem Brief baten wir Frau Chamberlain, ein Telegramm an Mussolini zu senden, um ihn zu bewegen, die Bombardements auf die spanischen Städte, in denen ja nur noch die Zivilbevölkerung lebte, zu beenden. Denn italienische Flugzeuge, die in Mallorca stationiert waren, hatten kurz zuvor Barcelona bombardiert. Wir fuhren mit dem Brief zum Amtssitz des Premierministers, in die Downing Street, aber da wurde uns gesagt, die Chamberlains seien in Chequers. Also nahmen wir ein Taxi nach Chequers. Und da verweigerte uns eine Division Polizisten den Zutritt zum Haus des Premierministers. Unseren ›gefährlichen Brief‹ mußten wir per Post an Frau Chamberlain schicken. Die Presse schenkte ihm viel Aufmerksamkeit – und Frau Chamberlain ignorierte ihn. Sehr human!

Inzwischen kamen aus der Tschechoslowakei und aus Polen wahre Ströme von Flüchtlingen nach England, und unsere Kommunistische Partei ordnete an, daß ich mich um die medizinische Betreuung der Flüchtlinge aus der Tschechoslowakei kümmern sollte – welche zumeist nicht von Geburt Tschechen waren, sondern schon als Emigranten in der Tschechoslowakei gelebt hatten. Wir betrachteten es wegen der üblen Rolle, die England beim Münchner Abkommen gespielt hatte, als eine Gewissenssache, diesen Flüchtlingen zu helfen.

Wir hatten enorm viel Leute zu betreuen, zweiundvierzigtausend Familien. Wir sorgten auch für eine Gruppe von Journalisten – sehr ermüdend. Und wir sorgten für eine Gruppe Schriftsteller – noch ermüdender. Die Emigranten waren untereinander sehr verfeindet. Die deutsche Kommunistische Partei, die deutschen Sozialdemokraten, die deutschen Liberalen – alle hatten sie ihre eigenen Repräsentanten. Und wir hatten einige Polen, die auch immer ›anders‹ sein wollten als die Emigranten aus den anderen Nationen. Und dasselbe gilt für die Juden: Ob sie aus Deutschland kamen, Polen oder Ungarn, sie wollten ihre jüdische Sektion haben. Wahrscheinlich hängt diese Eigenart der Juden und der Polen mit der Geschichte ihres Volkes zusammen. Aber ich war immer ein bißchen verärgert darüber. Ich wollte ihnen helfen – egal, ob sie Deutsche, Ungarn, Polen oder Juden waren. Jedenfalls: Als junge

Frau war ich überzeugt, daß im Verlauf der Geschichte die Unterschiede zwischen den Völkern verschwinden werden, bis es irgendwann nur noch eine Nation geben wird. Aber spätestens damals wurde mir klar, daß meine Idee vom Verschwinden der Nationenvielfalt wahrscheinlich auf einem Irrtum beruht. Wir Kommunisten hingen sehr dem Ideal einer internationalen Gemeinschaft an – einem Ideal, das wir sehr liebten und dem wir in hohem Grade folgten. Trotzdem hatte jeder von uns die Wesensart seines Volkes im Blut. Und bis auf den heutigen Tag sind ja auch die Nationen erhalten geblieben mit den ihnen eigenen Temperamenten und Charakteristiken. Stimmt's? Kurzum, alle diese Emigrantengruppen waren demokratisch organisiert. Und natürlich belagerten sie oft unsere medizinische Abteilung, weil wir ihnen zumindest ein wenig aus ihren finanziellen Nöten helfen konnten. Denn die Flüchtlinge, die meist in einem Heim untergebracht waren, bekamen nur ein minimales Taschengeld; das mußte von unserem Komitee garantiert werden, damit sie nicht auf Kosten der Öffentlichkeit lebten. Und über unsere medizinische Abteilung konnten die Emigranten ihr Budget etwas erhöhen: Wenn sie zum Beispiel Magenbeschwerden bekamen, dann hatten sie eine Diät nötig – mehr Geld. Wenn die Flüchtlinge Plattfüße hatten, brauchten sie Stützsohlen – die konnten wiederverkauft werden. Et cetera. Aber weil so vielen Leuten geholfen werden mußte, konnte unser Büro für die Emigranten meistens nur das tun, was wirklich dringend nötig war.

Mit Hilfe unserer Organisation kamen auch sehr viele Künstler nach England, zum Beispiel der Schriftsteller Ludwig Renn. Ich kannte ihn schon vom Spanienkrieg her. Er war furchtbar vornehm, er hatte gern das letzte Wort, er betrachtete die Dinge ein bißchen von oben herab. Nur war er eben auch sehr nett und sehr gebildet. Du weißt ja, daß ich wegen Robert kein Vorurteil gegenüber den Deutschen habe. Ludwig Renn sprach das Englische in einem festen, überlegenen Stil. Für den deutschen Interbrigadisten Hans Kahle galt das in geringerem Maße, doch er hatte denselben Stolz wie Ludwig Renn. Die beiden machten sich immer große Sorgen darüber, wer der Sozialist höheren Ranges sei. Sie taten das auf eine ziemlich hübsche Art, sie machten Witze darüber – und es war auch ein Körnchen Ernst dabei. Jedenfalls ging es den meisten Emigranten in England noch relativ gut. Besser als irgendwo anders. Aber Flüchtling zu sein, das ist furchtbar! Du hast keine Rechte! Und du hast in der Regel keine Arbeit, kein Ansehen! Du weißt nie, was die Zukunft dir bringt! Auf der anderen Seite: Jeder, dem es gelungen war, vom Kontinent wegzukommen, hatte Glück! – Schlechte Zeiten, wenn man Menschen, die im Exil leben, zu den Glücklichen zählen muß!

Mein Job im medizinischen Konsultationsbüro wurde gut bezahlt. Zum ersten Mal in meinem Leben wurde ich für meine Arbeit gut bezahlt. Ich verdiente acht Pfund die Woche. Fünf Pfund die Woche waren ein anständiger Lohn, aber acht Pfund war ziemlich viel. Und wenn du – wie ich – mehr verdientest als vierhundert Pfund im Jahr, dann wurdest du aus der staatlichen Altersversicherung ausgeschlossen. Ich erinnere mich, wie stolz ich war, als ich aus der Versicherung ausgeschlossen wurde. Dabei ist das eine der Ursachen, warum ich jetzt so eine kleine Rente bekomme: In all diesen Jahren bezahlte ich keine Versicherung. Aber mich für die Zeit des Alters finanziell abzusichern, das fand ich damals völlig unnötig. Ich kann mich noch an eine Diskussion mit Freunden erinnern, in der ich zu der Schlußfolgerung kam, daß es unsinnig sei, eine private Altersversicherung abzuschließen, weil wir bald im Sozialismus leben würden. Und Menschen, die im Sozialismus leben, hatten meiner Meinung nach keine Versicherung nötig, weil sie ohnehin unter idealen Bedingungen lebten.

Gut, innerhalb weniger Monate verschlechterte sich die politische Lage rapide, und mein anfänglicher Optimismus schmolz dahin. Im August 1939 hatten Stalin und Hitler ihren Nichtangriffspakt abgeschlossen. Ich weiß, die westlichen Demokratien wollten natürlich nichts lieber, als daß Hitler gegen die Sowjetunion marschiert. Aber ich fand diesen Nichtangriffspakt sehr schlimm! Ich bin immer noch nicht einverstanden damit, selbst wenn die Sowjetunion dadurch Zeit gewann, sich für den Krieg zu präparieren. Und scheinbar war die Sowjetunion trotzdem nur ungenügend vorbereitet! Wie sonst hätte die deutsche Armee in so kurzer Zeit so große Teile der Sowjetunion überrennen können?! Ich denke bis an den heutigen Tag, dieser Pakt war ein furchtbarer, furchtbarer Fehler. Und im September 39 erklärte England Deutschland den Krieg. In unserer Partei gab es große Diskussionen darüber, ob wir den Krieg gegen Deutschland unterstützen sollen oder nicht, denn damals war noch die Chamberlain-Regierung an der Macht, und Chamberlain wollten wir nicht unterstützen. Ich hatte sehr gemischte Gefühle – aber ich wollte gegen Hitler kämpfen! Und mein Instinkt sagte mir: ›Natürlich bekämpfst du beide, Chamberlain *und* Hitler!‹ Doch innerhalb der Partei wurde beschlossen: ›Nein, nein, nein! Es ist nicht die rechte Zeit, gegen Chamberlain zu kämpfen. Wir kämpfen jetzt nur gegen Hitler.‹ Ich weiß wirklich nicht, ob solche schicken Beschlüsse jemals funktionieren. Ich glaube, daß die Arbeiter zuviel Verstand haben, um so kleinlich zu sein. Und dann, als die Deutschen in der Sowjetunion einfielen, wurden die Sowjetunion und Großbritannien Verbündete. Churchill, der inzwischen Premierminister war, sagte: »Wir kämpfen mit dem Teufel.« Ja, er sagte das, nachdem die Hitler-Armee die Sowjetunion angegriffen hatte.

Ich weiß noch, daß ich damals *immer* die Neun-Uhr-Nachrichten im Radio hörte. Wahrscheinlich ist es ein Überbleibsel aus dem Krieg: Ich höre immer noch mehrmals am Tage die Nachrichten. Ich muß wissen, was in der Welt los ist. Im Anschluß an die Nachrichten wurden die Hymnen aller Alliierten gespielt. Und als auch die Sowjetunion zu den Alliierten zählte, strich man die Hymnen aus dem Programm, denn die Nationalhymne der Russen war damals die Internationale. Und unsere Regierung wollte nicht die Internationale im Radio spielen lassen. Meine Mutter war ganz damit einverstanden; sie glaubte allen Ernstes, die Internationale würde die Leute animieren, auf die Straße zu rennen und alle Rechten an Laternenpfählen aufzuhängen. – Ich wünschte, daß die Leute das getan hätten. Aber nein ...

Die englische Regierung hatte nicht das geringste Vertrauen zu unserem Volk! Ich weiß noch, als der Krieg begann, bauten Soldaten in der Nähe des Hauses meiner Eltern Maschinengewehrstellungen – nicht etwa gegen die Deutschen! Nein, die Maschinengewehrstellungen wurden gebaut, um die Bevölkerung daran zu hindern, bei Luftangriffen aus London herauszuströmen! Die Regierung fürchtete, daß Tausende Londoner stehlend und plündernd über das Land herfallen würden! Wir Engländer waren nicht so! Wir murrten darüber, daß es in London nicht genügend Luftschutzkeller gab, aber neunzig Prozent der Bevölkerung von London blieb in der Hauptstadt, seufzte wegen der Bomben – und ging zur Arbeit! Von den vier Wohnungen, in denen ich während des Krieges gewohnt habe, wurden drei völlig zerstört. Ich war niemals zu Hause, wenn die Luftangriffe stattfanden, ich wurde nie verletzt, nur meine Wohnungen waren dahin. Und ich ging brav jeden Tag zu meiner Arbeit – wie die allermeisten Engländer. Und während des Krieges wurden die Lebensmittel auch immer knapper, weil die Schiffe, die uns die Lebensmittel bringen sollten, von den Deutschen torpediert wurden. Vor dem Krieg wurden in Großbritannien wenig Lebensmittel produziert. Das geschieht jetzt in viel höherem Maße, seit unser Land in der EWG ist. Aber vor dem Krieg sah die Regierung es als selbstverständlich an, Lebensmittel zu importieren. Fleisch wurde zum Beispiel fast ausschließlich aus Australien und Argentinien eingeführt. Während des Krieges hatten die Deutschen viele Gelegenheiten, unsere Schiffe zu torpedieren! Und obwohl doch einige England erreichten – so viele gingen verloren! Die deutschen U-Boote waren sehr, sehr erfolgreich! Mehr als neunzig Prozent aller Lebensmittellieferungen gingen verloren – aber das wurde der Öffentlichkeit erst nach dem Krieg berichtet. Die Regierung hätte deshalb eigentlich sehr schnell das Brot rationieren lassen müssen, der Mangel an Mehl wurde immer krasser und krasser. Und sie traute sich einfach nicht, das Brot zu rationieren! Die Rationierung des Brotes wurde immer wieder aufgeschoben, weil die Herren in der Regierung dachten, unser Volk würde verrückt spielen, wenn es nicht mehr unbegrenzt Brot kaufen könnte! Die Führer unseres Landes waren ganz schön ... Ich meine, unser Volk war besser als sie! Das Volk war viel besser! Und die Rationierung klappte schließlich sehr gut! Um die Gesundheit unserer Nation war es *im* Krieg auch viel besser bestellt als *vor* dem Krieg! Bei den Kindern war das besonders auffallend. Tatsächlich sehr auffallend! Bei sehr vielen Kindern, die ich vor dem Krieg untersuchte, mußte man sich darum kümmern, daß sie über Wohlfahrtsinstanzen Lebensmittelzuteilungen bekamen. Und während des Krieges sahen alle Kinder aus, als würden sie an einem Gesundheitswettbewerb teilnehmen: Sie waren drall, hatten eine gesunde Farbe, strahlende Augen. Siehst du, als ich in den fünfziger Jahren in China war, schämten sich die chinesischen Funktionäre, weil sie die Lebensmittel rationieren lassen mußten. Und ich war immer absolut bereit zu glauben, daß die Rationierung eine Errungenschaft sei. Auf jeden Fall konnten reiche Leute jetzt nicht mehr sämtliche Waren aufkaufen und deren Preise hochtreiben – was eine wirkliche Errungenschaft war, denn auf diese Weise mußte kein Chinese mehr hungern. Und das hatte es in der Geschichte Chinas noch nicht gegeben. Ich fand, die Regierung sollte diesen Fakt nutzen für ihre Propaganda. Aber die Chinesen schämten sich dafür. Typisch.

Viele meiner Freunde kämpften in unserer Armee. Unsere Regierung und die amerikanische und die kanadische Regierung waren den Kommunisten nicht sehr gewogen. Aber die Regierungen mußten die Spanienkämpfer einsetzen, weil sie die besten und tapfersten Soldaten waren. Ich ging während des Krieges mit viel mehr Interbrigadisten um als während des Spanienkrieges. Zwei oder drei spanische Interbrigadisten und sehr viele Kanadier, die ja nicht in ihren Familien unterschlüpfen konnten, logierten in meiner Wohnung, wenn sie Urlaub hatten. Es war sehr angenehm, amerikanische oder kanadische Freunde zu haben, weil sie immer große Büchsen Lebensmittel mitbrachten. Das durften die amerikanischen Soldaten. Wenn sie in Urlaub fuhren, wurden ihnen Konserven mitgegeben wegen der Rationierung bei uns. Und die Amerikaner brachten immer Sieben-Pfund-Büchsen mit! Oh, das war herrlich! Wir organisierten riesige Partys. Aber manchmal lief es auch andersherum. Meine Schwester Hillary und ich hatten gerade unsere Wochenration bekommen, die aus nicht mehr als zwei klitzekleinen Büchsen Hammelfleisch und – allerdings – einer unbegrenzten Menge Kartoffeln bestand. Seit langem mal wieder eine kleine, vollständige Mahlzeit für uns allein. Wir setzten uns also sehr zufrieden zum Mittagessen ... Und draußen fuhr ein Taxi vor – und ich kriegte einen Amerikaner ohne Paket zu Besuch. Ein amerikanischer Arzt, ehemaliger Interbrigadist. Hillary und ich waren sehr enttäuscht, wir verloren einen Teil unseres Mahls.

Ich arbeitete gegen Ende des Krieges für die UNRRA, eine Hilfsorganisation der Vereinten Nationen. Ich hatte eine verantwortliche Position, die ich theoretisch nicht hätte bekommen dürfen, weil die Regierung nicht wollte, daß Kommunisten leitende Stellungen einnahmen. Jedenfalls, die UNRRA belieferte die Bevölkerung in den befreiten Gebieten mit Lebensmitteln, Medikamenten, Kleidung und so weiter. Und ich war für die Organisation der medizinischen Lieferungen verantwortlich. Sehr schöner Job. Nur die vielen Auseinandersetzungen mit Verantwortlichen der amerikanischen Armee waren unangenehm. Zwischen ihren Vertretern und denen der europäischen Nationen bestand immer eine gewisse Rivalität, weil uns nur sehr wenig Schiffe zur Verfügung standen, die die Sendungen zum Kontinent bringen konnten. Unsere Flotte war damals völlig überfordert, sie konnte oft nicht das Notwendigste nach Europa schaffen – und die Amerikaner beharrten zum Beispiel darauf, ein Schiff, das beladen war mit chemischen Reinigungsmaschinen, nach Antwerpen auslaufen zu lassen. Die amerikanischen Militärs hatten drei verschiedene Uniformen – nicht nur eine, wie unsere armen Soldaten. Meine Güte! Und die US-Regierung meinte wirklich, es dürfe den amerikanischen Soldaten an nichts fehlen, weil sonst deren Moral nicht aufrechterhalten werden könnte. Was möglicherweise stimmte. Ich weiß es nicht. Jedenfalls, die Schiffe brachten über den Hafen von Antwerpen auch regelmäßig Vorräte für die amerikanischen Armeeläden zum Kontinent: Truthähne und Konservenmilch, Konservenobst, Zucker und Seidenstrümpfe, die die Soldaten ihren Mädchen schicken konnten oder mit denen sie sich Mädchen auf dem Kontinent kaufen konnten ... Ich meine, wirklich ... Tonnen Luxusgüter für die amerikanischen Armeeläden! Oh, meine Liebe ... Und die Antwerpener hungerten! Und sie wußten, daß diese Lebensmittel, die sie an Land brachten, zum Teil den Kriegsgefangenen gegeben wurden. Denn theoretisch muß ein Land seinen Kriegsgefangenen dieselben Lebensmittel geben, mit denen es seine Armee ernährt! Und die Antwerpener Hafenarbeiter, die selbst Tulpenzwiebeln aßen, wurden gezwungen, Berge von Lebensmitteln abzuladen, von denen sie nichts abbekamen. Und der Hafen wurde von den Deutschen ständig mit Raketen beschossen! Die Hafenarbeiter entluden die Schiffe unter Lebensgefahr! Also streikten sie. Und die amerikanischen Behörden wollten die Arbeiter erschießen lassen! Meine Güte, da gab es in unserem

UNRRA-Komitee einen Krach! Zum Glück waren in dem Komitee die europäischen Vertreter in der Mehrheit! Aber ich mag die Amerikaner nicht sehr: Sie glauben, daß sie nicht imstande sind, sich schlecht zu benehmen. Sie benehmen sich gerade deshalb so schlecht! Ja, das tun sie – wenn auch auf eine sehr unschuldige Art!

Durch meine Arbeit erhielt ich viele Informationen über die Geschehnisse an der Front. Wir wußten, daß der Krieg seinem Ende zuging; wir hofften, daß endlich auch dieser Krieg vorbei ist. Kurz vor der endgültigen Kapitulation Deutschlands befreiten englische Militärs die Gefangenen des Konzentrationslagers Bergen-Belsen. Und was unsere Soldaten in diesem KZ sahen, war schlimmer als alles, was sie bisher in diesem Krieg ertragen mußten. In das Lager wurden Ärzte geschickt, die den ehemaligen Häftlingen halfen, wieder zu Kräften zu kommen. Und wir schickten natürlich auch spezielle Lebensmittel, vor allem Flüssignahrung. Wir nannten diese Sendungen medizinische Lieferungen, denn theoretisch durften wir keine Lebensmittel zum Kontinent schicken. Doch die Abteilung unseres Ministeriums, die für die Lebensmittelsendungen verantwortlich war, wurde von einer Frau geleitet. Und sie war phantastisch darin, Transporte zu organisieren, sie konnte wirklich darum kämpfen, ein Schiff zur Verfügung gestellt zu bekommen. Oh, diese Frau war sehr gut in ihrem Job, viel besser als die Männer, viel besser! Jedenfalls, Soldaten, die Bergen-Belsen befreit hatten, wurden zurückverlegt nach England, und sie sagten uns: »Die Frauen in Bergen-Belsen haben keine Monatsbinden. Wenn die Frauen ihre Menstruation bekommen, haben sie nicht mal Lumpen, wirklich nichts! Wir müssen den Frauen Monatsbinden schicken!« Und daß unsere Soldaten deswegen in unser

Büro kamen, fand ich sehr rührend. Sehr rührend! Übrigens war es gar nicht so leicht, die Monatsbinden zu schicken! Sie zählten wegen einer blöden, bürokratischen Verfügung nicht zur medizinischen Ausrüstung. Denn es sind die Frauen, die Monatsbinden brauchen, und für Frauen ... Zum Glück hatten wir riesige Vorräte von absolut unbrauchbaren Erste-Hilfe-Verbänden für Bergarbeiter. Natürlich wurden daraus prächtige Monatsbinden.

Und schon drei Tage vor der endgültigen Niederlage Deutschlands wußten meine Kollegen und ich, daß der Krieg im Grunde zu Ende war. Und drei Tage lang gingen wir zur Arbeit in der Hoffnung auf die formelle Bekanntgabe des Kriegsendes. Und nachdem uns allen gesagt worden war, daß wir noch ein, zwei Tage Geduld haben müßten, hörten wir am achten Mai von der Kapitulation Deutschlands. Da entstand ein Durcheinander! Ich ging zum Piccadilly-Platz, wo ich mich mit zwei Freunden traf. Wir liefen zum Buckingham-Palast, auf dem Weg dorthin schnappten wir weitere Freunde auf, denn schrecklich viele Londoner kamen zum Buckingham-Palast. Wir hielten uns an den Händen fest und tanzten. Die Leute tanzten auf der Straße! Oh, es war herrlich! Die Lampen gingen wieder an. Und daß die Lichter wieder angingen, war auch ein wichtiger Bestandteil des Kriegsendes. Denn im Krieg mußte ganz London verdunkelt werden. Wenn man also nach Sonnenuntergang auf die Straße ging, mußte man im Dunkeln herumstolpern. Und am Abend des 8. Mai gingen die Lichter wieder an. Oh, nein, Ich erinnere mich sehr genau an das Kriegsende! Herrlich!

Gut, nach dem Krieg kamen wir Interbrigadisten oft mehrmals im Jahr zusammen, und bei diesen Treffen lernte ich Eric kennen. In meinen Augen sprach sehr viel für ihn, daß er auch Spanienkämpfer gewesen war. Aber er ist ganz anders als Robert, ganz anders ... Eric war immer sehr clever! Er hat auch mit dreieinhalb Jahren lesen gelernt. Er war der Sohn eines Bauern, und weil er so intelligent war, konnte er bis zu seinem sechzehnten Lebensjahr in die Schule gehen – was für das Dorf, in dem er lebte, eine Art Sensation war. Eric absolvierte alle Examen glänzend, und die Schulleitung schlug ihm vor: »Vielleicht kannst du Postangestellter werden?« Siehst du, daß aus einem Bauernsohn ein Postangestellter wurde, empfand man damals als etwas absolut Erstaunliches! So kam Eric nach London, und er arbeitete nicht in der Post, sondern hauptamtlich für die Kommunistische Partei.

Ich arbeitete 1952 friedlich als Krankenschwester, ich hatte einen schönen, gewöhnlichen Job. Ich war bei der Wohlfahrt angestellt. Ich ging damals ziemlich oft zur Kingstreet, wo sich das Hauptgebäude der Partei befand, weil ich mit vielen Leuten, die dort arbeiteten, befreundet war. Und eines Tages wurde ich angerufen von Betty, die im Sekretariat unserer Kommunistischen Partei angestellt war: Ob ich dort mal vorbeikommen könnte. Und als ich zum Sekretariat der Partei kam, fragte mich Betty, ob ich nach China fahren wollte. China?! Natürlich wollte ich dorthin. Also sagte Betty: »Die Chinesen organisieren eine große Friedenskonferenz, an der Delegierte aus der ganzen Welt teilnehmen – unter anderem Delegierte aus Ländern, die an den Pazifik grenzen. Natürlich sprechen die Vertreter dieser Nationen fast alle Spanisch. Und die Chinesen suchen deshalb dringend Spanisch-Englisch-Übersetzer.« Ich sagte zu Betty: »Ich bin kein professioneller Übersetzer. Ich kann im Spanischen nur Konversation machen. Und ich kann das Spanische schlecht lesen, und ich kann bestimmt nicht Spanisch schreiben.« Also sagte Betty: »Gut, die Chinesen sind verzweifelt, weil sie selbst niemanden auftreiben können, der aus dem Spanischen ins Englische übersetzt. Und sie wollen einen Übersetzer haben, der in politischer Hinsicht zuverlässig ist.« Ich sagte: »Wie lange soll ich in China bleiben?« – »Ungefähr sechs Wochen.« Ich kriegte nur drei Wochen Urlaub im Jahr. Ich sagte: »In Ordnung, ich nehme drei Wochen unbezahlten Urlaub. Natürlich fahre ich zu dieser Konferenz, wenn du wirklich meinst, daß meine Spanischkenntnisse dafür ausreichen – was ich nicht glaube.«

Mein Mann ... Wir waren damals noch nicht verheiratet, also ich muß sagen: Eric ist ein großartiger Linguist. Er kann wunderbar spanisch lesen und schreiben – aber er will nicht spanisch sprechen. Er spricht Sprachen nur dann, wenn er sie perfekt beherrscht. Er ist ein absoluter Perfektionist – der verrückte Mann. Jedenfalls, er fuhr mit nach China. Und zwei andere Interbrigadistinnen kamen auch mit. Und wir übersetzten gemeinsam sämtliche Reden der spanisch sprechenden Delegierten der Konferenz ins Englische. Das taten wir sehr erfolgreich. Und dann, ein Jahr nach dieser Konferenz, baten die Chinesen Eric und mich, nach Peking zu kommen und dort als Englischdozenten zu arbeiten. Also gingen wir nach China für vier Jahre. Und dort beschlossen Eric und ich zu heiraten. Als wir beide zum Standesamt gingen, hatte er sich nicht geschoren, und ich hatte ein jämmerliches Kleid an. Eric war ja geschieden, und der arme La, der von den Chinesen beauftragt worden war, für unser moralisches Wohlergehen zu sorgen, fand es sehr schwierig, daß ein geschiedener Mann noch einmal heiraten wollte. Und La begann zu erklären: »Es gibt auch Regeln bezüglich einer sozialistischen Ehe:

Es ist für die Stabilität der Gesellschaft sehr wichtig, daß ihr zusammenbleibt ...« Wir sagten: »Ja, ja, ja, ganz wahr, in Ordnung ...« Aber ich empfand das als Bevormundung, ich rede nicht gern darüber ... Und wir kamen zum Standesamt. Da standen die Leute Schlange, also warteten wir auch. Und da war ... Oh, Junge, Junge! Ich meine, an einem der Tische gab es einen furchtbaren Streit. Ein alter Mann saß an einem Tisch, ihm gegenüber saßen zwei Beamte, und die drei zankten sich furchtbar. Also fragte ich unseren Dolmetscher: »Worüber streiten sie sich?« Und La schien sehr verwirrt. Er sagte: »Ein alter Mann will seine Heirat mit seinem armen Dienstmädchen registrieren lassen. Und die Standesbeamten erklären ihm gerade: ›Das kannst du so nicht tun. Dein Dienstmädchen muß hierher kommen und mit ihrer Unterschrift bezeugen, daß sie einverstanden ist mit der Eheschließung.‹ Der alte Mann sagte: ›Ich kann sie nicht hierher bringen, weil sie mich nicht heiraten will ...‹« Also er wollte die Ehe einfach vollziehen, indem er sie registrieren ließ! Als nächstes kam ein Paar an die Reihe. Und dieser Mann und seine Frau stritten sich laut und gründlich. Man konnte sehr wohl sehen, daß das nicht die ›Heilige Ehe‹ war bei den beiden. Jedenfalls, früher wurde es den chinesischen Frauen nicht erlaubt, sich von ihren Männern scheiden zu lassen. Die Männer konnten sich von den Frauen scheiden lassen, aber die Frauen nicht von den Männern. Und die Regierung mußte die Scheidung der Frauen von den Männern möglich machen, um die Beziehung zwischen den Geschlechtern fair zu gestalten. Sogar innerhalb der chinesischen Regierung gab es furchtbare Auseinandersetzungen wegen dieses Problems. Es dauerte ein Jahr, bis sich die Regierung entschloß, den Frauen auch in diesem Fall dasselbe

Recht wie den Männern zuzugestehen. Und prompt gab es sehr viel Aufruhr, weil so viele Frauen versuchten, sich scheiden zu lassen. Und diese Frau, die vor uns in der Reihe stand, wollte sich scheinbar auch von ihrem Mann trennen. Aber dem Paar wurde die Scheidung verweigert. Die Standesbeamten sagten den beiden: »Versucht noch einmal, euch zu vertragen, und kommt in sechs Monaten zurück.« Und danach kamen wir an die Reihe. Und wir waren ziemlich friedlich, wir unterschrieben die Formulare – und das war's.

Ich erwartete ein Kind. Es ging mir sehr schlecht während meiner ganzen Schwangerschaft, aber ich arbeitete noch härter als je zuvor. Und die chinesischen Mediziner waren überzeugt, nur sie hätten Ahnung von der schmerzlosen Geburt – was nicht stimmt. Sie übersahen einfach den Fakt, daß ich eine sehr gute Hebamme war. Die Chinesen übertreffen die Briten noch an Ignoranz; sie verhalten sich wie Inselbewohner, auch wenn ihr Land keine Insel ist. Aber, jedenfalls, ich kriegte meinen Bob. Mein Baby ... Er wurde sehr verwöhnt von den Chinesen, sie verwöhnen Kinder sehr. Bob hatte ein Kindermädchen; die erste Sprache, die er beherrschen lernte, war Chinesisch. Wir versuchten auch, chinesisch mit ihm zu reden. Doch das war geradezu ein schlechter Witz für Bob, er korrigierte uns immer entrüstet. Eric und ich dachten: ›Schön, unser Sohn wird ein phantastischer Übersetzer werden.‹ Aber Bob hat das Chinesische vergessen. Kurzum, es ging uns sehr gut, und dann begann das Theater mit den ›hundert Blumen‹. Erinnerst du dich daran? Du bist nicht alt genug, um dich erinnern zu können: Mao war der Ansicht, daß es keinen Schaden anrichten könnte, wenn es in China offene, unzensierte Kontroversen gäbe. Er zitierte einen berühmten

Poeten, der sagte: ›Laß die hundert Blumen blühen, laß die tausend Ideen sich streiten.‹ Mao forderte seine Landsleute auf: ›Sage ehrlich, was du über die Partei denkst. Komme mit deinen Beschwerden.‹ Meine Güte, da kamen Millionen von Beschwerden! Die Parteileitung geriet in Wut und Panik und schlug den hundert Blumen sozusagen die Köpfe ab. Und mein Mann hatte die Angewohnheit, kein Blatt vor den Mund zu nehmen. Eric ist eben ein Engländer. Er meinte: ›Wir Briten sind gewöhnt, daß man über Probleme in der Öffentlichkeit debattiert. Wenn die Chinesen die dumme Regel haben, daß man über Konflikte nicht offen diskutieren darf, dann sollten sie keine Engländer bitten, hierher zu kommen.‹ Und daraufhin wurde Eric verhaftet. Und ich wurde natürlich auch verhört. Dabei verlangten die Chinesen von mir, daß ich in dem Prozeß, den sie gegen meinen Mann führen wollten, gegen ihn aussage. Ich sagte: »Nein, nein, nein!« Ich wollte Eric nicht verleumden. Er hatte meiner Meinung nach in vielem unrecht, aber das ist natürlich kein Grund, jemanden zu diskreditieren. Da sagten die Chinesen: »Wir werden dich ins Gefängnis stecken und dir dein Kind wegnehmen.« Bob, mein Sohn, war damals keine zwei Jahre alt ... Das sagten die Chinesen wirklich! Es ist sehr schwierig, in so einer Situation zu entscheiden, was du tun sollst, wenn du kein Held, sondern ein gewöhnlicher Mensch bist ... Und ich dachte, daß die Chinesen es wahrscheinlich nicht wagen würden, Eric und mich für lange Zeit zu inhaftieren. Und die englische Interbrigadistin Nan Green besuchte mich und sagte, sie würde sich, wenn auch ich festgenommen werden würde, um Bob kümmern und mit einem Plakat vor dem Gefängnis auf und ab laufen. Gut, ich wurde nicht verhaftet. Aber die Sache war sehr häßlich – sehr häßlich, tatsächlich ...

Trotzdem wollten die Chinesen nicht, daß Bob, Eric und ich nach England zurückgingen. Sie sagten, wir seien von der Partei nach China gesandt worden, und wir müßten warten, bis unsere Partei uns zurückriefe. – Die Meinung der Chinesen kümmerte uns nicht mehr! Ach, meine Liebe …! Einerseits war ich glücklich, in China gelebt zu haben; es war faszinierend. Aber auf der anderen Seite … diese furchtbaren Komplikationen! Es ist sehr schwierig, in einem fremden Land zu leben, besonders, wenn es sich dabei um ein sozialistisches Land handelt. Und noch mehr, wenn das sozialistische Land China ist, denn die Chinesen glauben, daß sie sich niemals irren können. Gut! Eric, Bob und ich lebten einige Jahre gemeinsam hier in London – und dann trennten sich mein Mann und ich. Ich wünschte, wir hätten uns eher getrennt, es wäre für uns beide besser gewesen. Als wir auseinandergingen, war ich sechzig – ein bißchen zu alt, um ein neues Leben zu beginnen. Eric und ich, wir besuchen uns noch. Ich meine, wir können uns noch in die Augen sehen …

Und jetzt gucke ich mir das, was in der Welt geschieht, fast nur noch im Fernseher an. Ich nehme fast nur noch über den Fernseher am Weltgeschehen teil. Und unsere Kommunistische Partei … Sie ist gespalten. Und die Kommunisten, die noch übriggeblieben sind, haben soviel zu tun … Gut, wir sind der Labourpartei überlegen, aber wir werden keinen Sitz im Parlament gewinnen. Die Leute wählen gegen Thatcher, aber sie wollen uns Kommunisten nicht. Also wird unsere Partei die Labourpartei unterstützen, damit wenigstens die Thatcher-Regierung abgewählt wird. Oh, diese Thatcher ist furchtbar! Furchtbar! Und so erfolgreich … Ich hoffe, daß sie nicht wiedergewählt wird. Sie ist bei den meisten Engländern sehr, sehr unbeliebt.

Bei meinem Sohn Bob natürlich auch! Er teilt meine Standpunkte und weiß, daß ich Interbrigadistin war, daß ich mich in der Friedensbewegung engagiert habe. Dieses Jahr war leider kein Friedensmarsch, siehst du. Aber wenn einer stattfindet und ich mich fit genug fühle, beteilige ich mich daran. Doch jetzt laufe ich meist nur noch das letzte Stück. Und ich nehme immer einen Hocker mit für den Fall, daß es lange Wartezeiten gibt, denn ich kann nicht mehr lange stehen.

Oh, meine Liebe, ich brachte immer Bobby mit zu den Demonstrationen unserer Partei, ich fuhr ihn in seinem Kinderwagen ... Bob nahm an allen Demonstrationen teil, bis er ungefähr dreizehn war. Danach weigerte er sich. Er sagte: »Mam, ihr habt so eine kleine Partei. Ich finde eure Demonstrationen zu klein.« Was in gewisser Hinsicht stimmte. Dafür war Bob auf dem College immer eine Art Revolutionär. Er konnte gut argumentieren. Doch er war sehr enttäuscht von der Sowjetunion, wegen der Stalin-Periode. Und ihn entsetzte immer, daß unsere Partei *nur* prosowjetisch sein konnte. Bob wollte das nicht akzeptieren. Aber er kennt mich, er weiß, ich zweifle sogar feststehende Tatsachen an.

Bob hatte vor vielen Jahren schon mal eine Freundin gehabt, aber diese Beziehung ging schief. Und dann blieb er zehn Jahre lang allein. Und mir kam in den Sinn, daß Bob dreißig werden würde, ich würde sterben, und er würde keine Familie haben. Es ist furchtbar, keine Familie zu haben! Und ich wollte so gern, daß Bob heiratet, damit er eine Familie hat; siehst du, eine bessere als die unsere, diese abgebrochene Sache. Und eines Tages, als ich zu ihm fuhr ... Ich muß sagen, ich hatte bei einem vorigen Besuch schon gemerkt, daß eine Frau in seinem Bad gewesen sein mußte. In Bobs Wohnung hing ein Geruch von Puder, von make up ... Offenbar kam eine Frau zu Bob. Aber ich sagte nichts zu ihm, ich dachte: ›Vielleicht ist sie nur eine Freundin?‹ Und, jedenfalls, als ich diesmal zu ihm hinkam ... Es war so ein blöder, verschneiter Tag, und Bob sagte: »Mama, wir müssen Überschuhe kaufen, weil ich morgen ausgehen werde.« Also ging er fort und kaufte Überschuhe. Und am Abend sagte er: »Ich muß mal anrufen.« Ich dachte: ›Was bedeutet das? Was bedeutet das?‹ Und er rief ein Mädchen an! Er sprach mit ihr ab, zu welcher Zeit sie kommen würde und welche Lebensmittel sie mitbringen sollte. Also ich dachte: ›Aha!!!‹ Und dann ... am nächsten Morgen ... sah ich durch den Garten ein Mädchen kommen. Und ich war so zufrieden. Jedenfalls, die Beziehung ging weiter, und ich erzählte meiner Schwester Hillary und allen meinen Freunden darüber. Und ich sagte, daß T. sehr nett zu sein scheint und furchtbar verliebt ist in Bob. Und ich hoffte das beste für diese Beziehung. Und dann ... Ich war nur selten daheim, weil meine Freundin Nan Green im Sterben lag. Ich pflegte Nan. Und eines Abends rannte ich förmlich nach Hause, ich wollte mir noch einen bestimmten Film im Fernsehen ansehen. Und halb elf klingelte das Telefon. Bob sagte: »Hast du mein Telegramm nicht gesehen? Ich habe den ganzen Tag probiert, dich zu erreichen, um dir unsere Verlobung anzukündigen. Du bist die letzte, die davon erfahren hat, Mutter.« Weißt du, mitten im Fersehspiel ... Ich sagte: »Du wußtest doch, daß ich bei Nan war, du hättest doch bei Nan anrufen können.« Aber das hat Bob nicht gemacht, er kam nicht auf die Idee ... Und er hatte es schon den anderen erzählt, all den anderen ... Oh, ich war traurig darüber.

Ja, Großmutter zu werden, danach habe ich mich sehr

gesehnt! Es dauerte viel zu lange, viel zu lange! Aber jetzt habe ich zwei Enkelsöhne. Einer ist achtzehn Monate alt, und einer gerade ein halbes Jahr. Es amüsiert mich so sehr, Bob in seiner Vaterrolle aufgehen zu sehen! Er ist ein wunderbarer Vater! Es ist sehr schön zu beobachten, wie glücklich er mit seiner Familie ist! Ich hoffe, meine Enkelsöhne sind clever genug, um studieren zu können, denn es ärgert mich immer noch, daß ich nicht Ärztin werden konnte. Und es wäre schön, wenn eins meiner Enkelkinder sich für Sprachen – oder ein Kunststudium entscheiden würde. – Ob ich für mich noch Wünsche habe? Ich bin jetzt alt. Mir geht es ganz gut, ich habe keine Wünsche mehr. Was würdest du dir wünschen? Vielleicht Frieden? Ja, aber dann sind wir Menschen immer noch nicht da angelangt, wo wir sein müßten. Es gäbe zum Beispiel immer noch Hunger auf der Welt. Ich muß sagen, mein Wunsch wäre: kein Reagan. Aber wenn die Amerikaner ›Reagan abschafften‹, würde das auch nichts bedeuten. Er ist nur ein Symbol für eine Politik, die ich ablehne ... Ach, ich bin zu müde, um mir noch allzuviel Gedanken über den Zustand der Welt machen zu können. Nein, nein, nein! Ich bin mit meinem Leben nicht zufrieden, nein! Wenn ich auf mein Leben zurückblicke, dann hätte ich vieles anders getan. Ich war sehr glücklich, einen Sohn zu haben – aber ich hätte einen anderen Mann heiraten sollen. Mir tut es gewiß nicht leid, nach China gegangen zu sein – auf der anderen Seite alle diese Komplikationen ... Aber im Rückblick hilft es nichts, zu sagen: »Ich hätte dies und jenes nicht getan.« Das nützt ja doch niemandem mehr ... Nur was Spanien betrifft ... Ja! Ich denke, das war eine großartige Sache, der man sich verbunden fühlen konnte. Wir Interbrigadisten hatten Glück! Es war ein großes Glück, daß die Spanier uns erlaubten, in ihr Land zu kommen! Es war ein Glück, bei Leuten sein zu können, die sich für die richtige Sache engagierten, die wirklich teilnahmen am Kampf gegen den Faschismus. Und es war eine schön direkte Auseinandersetzung, schön offen – ohne jeden Umschweif, ohne Komplikationen. Es gab während des Spanienkrieges natürlich eine Menge Komplikationen – aber nicht für mich!

Und jetzt finde ich mich alt – ich bin ja auch alt! Ich fühle mich alt, und ich mache mir Sorgen, daß ich früher oder später in ein Altersheim komme. Ich will nicht in ein Altersheim! So viele meiner Freunde hat man in ein Altersheim gesteckt. Sie wurden konfus und unglücklich, die Umstellung war zuviel für sie. Ich will nicht, daß das mit mir geschieht. Und ich werde verhindern, daß ich jemals dorthin komme. Ich werde etwas einnehmen. Ganz sicher. Das Problem: Wenn du einen Schlaganfall kriegst und gelähmt bist, kannst du nichts einnehmen.

Nein, ich bin müde. Ich bin alt.

Trudel van Reemst-de Vries,
*Holländerin, lebt in Amsterdam,
Niederlande*

Mein Vater war Holländer. Er ist in der Provinz Brabant geboren, in Zevenberghen. Und sein Vater war Viehhändler und Vorsänger der jüdischen Gemeinde. Und er war dann auch – wie all die Viehhändler – Metzger und Beschneider von den jüdischen Jungen. Also, er war ein frommer Mann. Und mein Vater war der jüngste Sohn, ein bißchen 'n Nesthäkchen, verwöhnt wahrscheinlich sehr. Und der ist dann ... Als er achtzehn Jahre alt war, hat er's Abitur gemacht, ist nach Deutschland gegangen und hat da also eine Ausbildung bekommen, wie man Stoffe verkauft. Und er hat später 'ne Agentur gekriegt und wurde Handelsmann. Nicht etwa Agent! Um Gottes Willen! Meine Mutter hatte deutsche Eltern. Aber weil sie im Elsaß, in Metz, großgeworden ist, war sie eine ›halbe Französin‹. Sie ist Hausfrau gewesen, oder sagen wir: Hausdame. Sie war nämlich in allen Lebenslagen eine Dame, das hatte man ihr so beigebracht.

Meine Eltern haben in Straßburg geheiratet, und dort

bin ich auch konzipiert worden. Sie sind nach Frankfurt gezogen, behielten aber, obwohl sie in Deutschland lebten, die holländische Staatsbürgerschaft. Als ich geboren wurde, stand 'ne Annonce in der Zeitung:

> Hocherfreut geben die Geburt ihrer Tochter
> GERTRUD bekannt
> Jacques de Vries und Frau Rose, geborene Mayer.

Und prompt bekam mein Vater einen Brief: ›Deutscher, bleibe Deutsch! Du heißt nicht Jacques, sondern Jakob!‹ Ja, es war November 1914!

Das weißt du natürlich nicht aus eigener Erfahrung, aber im Krieg werden immer die Sachen ganz rar, und man kann alles nur auf Karten kaufen. Und die Ausländer durften sich Lebensmittelpakete von ihren Verwandten schicken lassen. Sogenannte Liebesgaben. Da war Mehl drin und Erbsen und so was. Ich erinnere mich, wie wir ganz weit weg zum Ostbahnhof gingen und die Pakete abholten. Und meine Mutter oder die Hausmädchen backten dann Brot von dem weißen Mehl aus Holland ... Einmal, das muß am Ende des Krieges gewesen sein, ist mein Vater mit mir und meiner Schwester Alice in das Geschäft gegangen, für das er arbeitete. Wir waren im ersten Stock, und wir konnten die Soldaten ziemlich gut sehen, die ganz verdreckt und elend zurückkamen aus dem Krieg. Sie sahen aus wie ... Ich weiß jetzt nicht das deutsche Wort, das holländische Wort ist ›haveloos‹.* Ja, wenn ich die Augen zumache, dann sehe ich die Soldaten wieder: Sie waren müde, zerlumpt. Sie waren ein Gegensatz zu den Soldaten, die frisch und fröhlich in den Krieg gezogen waren. Und

---

* ndrl., ohne Habe, zerlumpt, abgerissen, schäbig.

ich weiß noch, am Eschenheimer Tor, da lagen Tote. Also an solche Sachen erinnere ich mich ganz scharf. Damit will ich nicht sagen, daß ich damals schon Kriegsgegnerin war.

Ich bin sehr jungenhaft. Meine Schwester war immer ein viel lieberes Kind als ich. Wenn meine Kleider schon recht vollgekleckert waren, sah sie immer noch appetitlich aus. Also erstens galt sie als mein Vorbild: ›Guck mal, die kleine Alice, wie anständig die wieder aussieht. – Und duuu?!‹ Und zweitens: Als meine Schwester vier Jahre alt war und ich fünf, da waren wir bereits gleich groß. Und dann ist sie immer größer gewesen als ich. Das heißt, obwohl sie jünger war, mußte *ich* ihre Kleider abtragen. Also das war schrecklich, nicht wahr?!

Ich habe Alice immer versohlt. Wir waren beide im Kindergarten, und nachmittags wurden wir nach Hause zurückgebracht. Und das letzte Stück durften wir alleine gehen. Dann hat sich das Fräulein, also die Kindergärtnerin, verabschiedet, und sobald sie weg war, hat meine Schwester sich breitbeinig hingestellt und in die Hosen gepinkelt. Und da hab ich sie versohlt. Die Alice war auch ein Aas, ja! Erst hat sie ihren Mund gehalten, und wenn wir in die Nähe unserer Wohnung kamen, hat sie angefangen, furchtbar zu plärren, weil sie dann meiner Mutter unter Tränen sagen konnte: »Die Trudel hat mich verhauen!« Wir haben uns als kleine Kinder ziemlich schlecht vertragen, wir waren so ganz verschieden. Und sind es noch. – Obwohl, na, bestimmte Charakterzüge haben wir eigentlich beide; also wir sind beide ziemlich dickköpfig. Bloß hat sich das bei uns unterschiedlich ausgewirkt. Eigentlich, wenn ich so nachdenke ... dann empfinde ich Dickköpfigkeit als eine gute Eigenschaft. Findest du nicht ...? Meine Kinder sind nämlich auch dickköpfig. Wenn sie's nicht von Natur aus gewesen wären, hätte ich versucht, es ihnen anzuziehen. Falls so was geht.

Als ich sechs Jahre alt war, sind wir umgezogen nach Saarbrücken. Dort haben wir zwei Jahre gewohnt, ich bin eingeschult worden im ›Auguste-Victoria-Lyzeum‹. Und ich war das einzige jüdische Kind in der Klasse. Und da habe ich zum ersten Mal Antisemitismus ... zu spüren bekommen. Denn wir mußten alle schwarze Lüsterschürzchen tragen, und das Mädchen, das neben mir auf der Schulbank saß, hat immer 'n Buch oder 'n Lineal zwischen uns gelegt, damit die Schürze von einem Judenkind nicht an ihre Schürze kam. Ja, und die Kinder haben mich auch mit Steinen beworfen, mich ausgeschimpft. Und als ich dann weinend nach Hause kam, hat meine Mutter gesagt: »Du mußt ganz stolz darauf sein, eine Jüdin zu sein, nicht wahr!« Hab ich das versucht? – Das weiß ich nicht mehr. Aber jedenfalls hat's mir doch sehr weh getan, wie sich die Kinder mir gegenüber verhalten haben. Ich konnt's jedenfalls nie vergessen! Und nach zwei Jahren sind wir wieder zurück nach Frankfurt. Und da bin ich verschont geblieben von antisemitischen Äußerungen.

Meine Mutter kam aus einer sehr wohlhabenden Familie, wir waren in meiner Kindheit sehr begütert. Meine Schwester und ich hatten ein Kindermädchen, ein ›Fräulein‹. Das ging mit uns spazieren und auch mal ins Museum. Aber dann mußten wir Hals über Kopf Deutschland verlassen. 1925, glaube ich, muß das gewesen sein. Mein Vater war nämlich ein leidenschaftlicher Spieler. Er hatte das ganze Vermögen und überhaupt alles, was wir besaßen, *verspielt*. Der Ärmste! Aber ich hab das erst viel später erfahren, als Kind hab ich das gar nicht begriffen. Ich erinnere mich, wie meine Mutter mal furchtbar geweint hat –

das war wahrscheinlich noch in Frankfurt –, und sie hat gesagt: »Ach, ich möchte tot sein.« Und ich hab damals gedacht, sie fürchtet sich vor dem Tod. Ich hab gesagt: »Mutti, du stirbst doch nicht.« Und irgendwie bleibt dann so eine Episode hängen im Gedächtnis und später, wenn du's dir nochmal überlegst ... Wie falsch man als Kind so was versteht!

Ich kam für'n paar Monate zu meinen Verwandten, die auch meine Schwester erzogen haben. Das war nicht gerade sehr nett. Meine Tante ... furchtbar war die. Die hat mich sehr gepiesackt. Sie hatte einen Knopffabrikanten geheiratet, einen Witwer mit drei Kindern. Die Kato hatte einen Reinlichkeitsfimmel. Warum? Man weiß nicht, aber sie hatte einen Reinlichkeitsfimmel. Im Haus gab's natürlich zwei Dienstboten, trotzdem kam jeden Mittwoch noch die Putzfrau. Und ich kann mich erinnern, da wurde der Salon immer geputzt. Meine Tante mit einem Tuch um ihren Kopf und die Putzfrau, die haben das Zimmer ausgeräumt und furchtbar geschrubbt. Und es gab so einen Kristalleuchter, der wurde jeden Mittwoch abgeseift. Und wenn das alles fertig war, wurde der Parkettboden gebohnert und hinterher mit Zeitungen ausgelegt. Und dann wurde das Zimmer abgesperrt. Und am Freitagabend, also vor dem Schabbes,* wurden die Zeitungen aufgelesen und das Zimmer wieder abgesperrt. Und am Samstagmorgen, wenn wir aus der Synagoge kamen, wurde dort Kaffee getrunken. Und abends, wenn der Schabbes vorbei war, wurde der Salon wieder abgesperrt, und dann wiederholte sich das Ganze. Und erst der Frühlingsputz! Es war ... so wie auf den Sommer der Herbst folgt und auf den Frühling

* Synonym für ›Sabbat‹: siebter Tag der Woche, also Samstag; wird von den gläubigen Juden als Ruhetag gefeiert.

der Sommer, so kam vor Ostern der Frühlingsputz ... Nee, die Kato war keine nette Frau. Und ihr Hausputz ... Vielleicht bin ich deshalb unordentlich geworden.

Ist dir schon mal aufgefallen, daß immer die Reichen Geldsorgen haben? Sie müssen darüber nachdenken, wie sie ihr Geld behalten und vermehren. Und die Tante Kato, das war der Schrecken des Marktes. Wenn sie auf den Markt kam, erschraken alle Krämer, weil sie immer gefeilscht hat für 'n halben Cent. Später, schon nach dem Zweiten Weltkrieg, war die Kato mal bei meiner Familie zu Besuch. Und da biete ich ihr und meinen Kindern Apfelsinen an. Hat sie sich erkundigt, was ich für die Apfelsinen bezahlt habe. Sag ich: »Ich glaube vier Gulden pro Kilo ...« Da hat die Kato gesagt: »Wieso sind die Apfelsinen so teuer?! Kaufst du sie denn nicht auf dem Markt?!« Ich sag: »Nein, der Markt ist viel zu weit. Übrigens kann ich auch nicht feilschen, das ... das liegt mir nicht.« Sagt die Kato: »Ja, du weißt ja nicht mit Geld umzugehen, nicht wahr!« Und das war für sie *ein* Grund, mich aus ihrem Testament zu streichen. Aber ich hatte ja auch den Theo geheiratet, einen Nichtjuden. Das war natürlich schlimm! Die Kato mußte sich gesagt haben: ›Erst mal heiratet die Trudel einen Nichtjuden, zweitens kann sie nicht mit Geld umgehen. Der geb ich doch nix!‹ Also hat meine Schwester Alice viel von der Kato geerbt, und ich gar nichts. Und wir haben immer so gelacht! Theo und ich waren nach dem Krieg sehr arm, ja! Wir hatten doch die Arztpraxis gekauft, und die mußten wir abzahlen. Also wir hatten nie Geld. Und da hab ich, wenn wir unter Freunden waren, immer gesagt: »Später, wenn die Kato mal gestorben ist ...« Und dann haben wir in der Zeitung gelesen, daß sie gestorben ist, und wir haben nix ... Ich hab mich aber nicht drum gegrämt, kannst du dir das denken? – Trotzdem, die Kato war keine nette Frau. Das sage ich nicht erst jetzt, das fand ich schon, als sie noch lebte.

Und dann sind meine Eltern, meine Schwester und ich zusammen nach Dordrecht, also nach Holland. Meine Großmutter kam zu uns, um uns den Haushalt zu führen, denn meine Mutter mußte auch arbeiten, sie wurde Chefin im Modehaus ›Gerzon‹. Das war ein besseres Geschäft natürlich. Aber meine Mutter hat meinem Vater sehr übelgenommen, daß er ihr Vermögen verspielt hat, für sie war das ein ›gesellschaftlicher Abstieg‹. – Mhmmmhm. Und mein Vater hat sich erst ganz gut gehalten, und später, als ich siebzehn Jahre alt war, hat er wieder alles verspielt. Der arme Kerl! Das führte dann zu einem Selbstmordversuch, er hat Schlafpillen genommen und dann zu meiner Mutter gesagt: »So, jetzt hab ich's getan.« Vielleicht hat das dazu beigetragen, daß ich ihn als eine schlappe Figur empfand. Er wollte doch gar nicht sterben, er wollte gerettet werden; und das wurde er dann auch. Meine Mutter hat sofort einen Arzt angerufen. Als mein Vater wieder zu sich gekommen war, hat er sich schrecklich gebärdet. Er wollte meine Mutter nicht sehen, sie durfte nicht ins Zimmer. Da mußte ich ihn pflegen. Und ich hab auch dafür gesorgt, daß er in eine Anstalt kam, wo man ihn zu heilen versuchte. Also furchtbar war das! Furchtbar! So hab ich das wenigstens empfunden.

Wahrscheinlich haben sich meine Eltern nicht aus Liebe geheiratet, sondern die Ehe ist irgendwie gemanagt worden. Das weiß ich nicht sicher, aber das habe ich später so gedacht. Es war auch 'ne Art Sitte bei den Ostjuden, Ehen durch Kuppler zu vermitteln. Obwohl ... wir waren keine Ostjuden! Ja, jetzt mußt du sehr vorsichtig sein, denn ich habe das sehr spottend gesagt. Bei den hochdeutschen Juden sind nämlich die Ostjuden ... Und keineswegs möchte ich die Ostjuden diskriminieren! Nee, man muß sehr vorsichtig sein mit solchen Bemerkungen, verstehst du das?! Aber ich habe meinen Vater sehr geliebt! Ja sehr! Auch wenn er sich unsere Liebe mehr oder weniger erkauft hat. Er brachte immer Geschenke für uns Kinder mit und hat uns sehr verwöhnt – nicht so sehr erzogen. Wir bekamen immer alles von ihm. Ich sogar ein Matrosenkleid! Ich wollte nämlich so furchtbar gern ein Matrosenkleid haben. Und obwohl meine Mutter dagegen war, hat mir mein Vater ein Matrosenkleid gekauft. Also, meine Schwester und ich konnten meinem Vater alles, alles abbetteln; aber er war keine ... Persönlichkeit. Meistens haben Leute, die auf's Spielen verfallen, eben wenig Rückgrat. Spieler auf so hohem Niveau verraten irgendwie ihre Familie. Aber ich habe meinen Vater abgöttisch geliebt – vielleicht, weil er so schwach war. Ob er meine Mutter gehaßt hat? – Ich weiß es nicht, das weiß ich nicht. Ich mein, er hat diesen Selbstmordversuch nicht nur aus Protest gemacht, sondern auch, weil er nicht mehr ein noch aus wußte. Das war doch der leichteste Weg. Und – ... Sterben hat er wiederum nicht gewollt. So war's, denke ich mir im Nachhinein.

Unsere Familie mußte also von der Wohlfahrt leben. Das war natürlich furchtbar für meine Mutter. Und ich fand's ... ja, mir hat das nicht weiter weh getan, schon damals nicht. Ich sagte mir: ›Na, wir haben kein Geld, dann sollen sie's uns geben.‹ Aber meine gutbürgerliche Mutter fand es furchtbar, daß wir von der Wohlfahrt abhängig waren!

Meine Schwester Alice ist wieder nach Dordrecht zur Kato gekommen, ich bin zu frommen jüdischen Leuten.

Mein Vater und meine Mutter wohnten in einer Pension, und die Möbel, die in ihrem Zimmer standen, waren auf Raten gekauft. Wenigstens glaube ich das. Und die Möbel wurden wieder abgeholt, als meine Eltern die Raten nicht bezahlen konnten. Ganz schreckliche Verhältnisse. Aber ich weiß nicht mehr genau, wie das ... dann weitergegangen ist ...

Ich bin ziemlich wißbegierig gewesen, und mein Lieblingsfach in der Schule war Mathematik. Logisch denken. Ich weiß noch, als ich vierzehn Jahre alt wurde, habe ich meiner Mutter erklärt: »Mathematik, das trainiert den Verstand, deshalb habe ich das gern.« Aber weil ich am Anfang überhaupt kein Holländisch konnte, bin ich in der Schule zwei Jahre zurückversetzt worden. Die habe ich natürlich nie wieder eingeholt, ich war also älter als die anderen Kinder in meiner Klasse. Das hat mich'n bißchen gewurmt, denn an und für sich ist mir das Lernen ziemlich leicht gefallen. – Und ich lerne immer noch. Ja, das ist wahr: Ich lerne immer noch. Man wird so alt wie 'ne Kuh und lernt immer noch dazu. Oder wie meine Freundin Ali immer sagt: »Man kann vom Dümmsten noch was lernen.«

Eigentlich wollte ich Medizin studieren. Immer schon, von klein auf. Kann sein, weil schon immer was Mütterliches in mir war. Das liegt irgendwie in meinem Charakter: Ich habe Kinder immer gern gehabt. Und Tiere auch, die liebe ich auch. Ich erinnere mich, daß ich im Krankenhaus gern im Kindersaal gearbeitet hab. Und auch mit den Kindern 'n gutes Verhältnis hatte. Und ich war empört, wenn die Schwestern die Kinder verängstigt haben mit dem Portier. Der machte jeden Abend einen Rundgang durch alle Säle und hat die Uhren aufgezogen. Und der Portier war so ein lieber Kerl! Aber er war sehr groß. Und die Kinder, die fanden ihn irgendwie ... Und kranke Kinder sind meistens 'n bißchen ängstlich. Und die Oberin hat oft gedroht: »Wenn ihr euer Essen nicht aufeßt, dann hol ich den Portier.« Da war ich sehr empört, ich fand das nicht richtig. Aber als Lehrlingsschwester darfst du ja keinen Mucks sagen. Jedenfalls Arzt sein, Leuten helfen, das schien mir sehr schön. Aber ich hatte ja kein Geld für ein Studium. Und Stipendien kriegte man damals noch nicht, früher war das eben so. Also habe ich mir bei irgendeinem jüdischen Verein Geld geliehen, damit ich meine Lehre als Apothekerassistentin machen konnte. Während meiner Lehre wohnte ich bei sehr frommen Juden in Scheveningen, die mich auch liebevoll in ihrem Haushalt aufnahmen aus ... aus Wohltätigkeit. Aber sie haben mich das nicht fühlen lassen. Die Leute waren wirklich sehr brav, aber ich fühlte mich bei denen doch nicht wohl. Ja, ich war eben das arme Kind, das Wohltätigkeitskind. Und das ... das war nix für mich. Das gehört auch 'n bißchen überhaupt zu mir: Ich will immer unabhängig sein. Und ich war natürlich sehr abhängig von diesen Leuten. Alles, was ich hatte oder bekam, haben die mir liebevoll – zwischen Gänsefüßchen – zugesteckt. Und ich war eben nicht ganz ein Mitglied der Familie, der engen Familie. Ich kann nicht sagen, daß ich damals sehr glücklich war. Ich war dankbar. Das ist 'ne feine Nuance ... ja? Also, sobald ich mein Examen bestanden hatte, bin ich da weg.

Nach dem Abschluß meiner Lehre konnte ich keine Arbeitsstelle finden. Holland befand sich in einer Wirtschaftskrise, es gab kaum freie Stellen. 1933 kam der erste Strom von deutschen jüdischen Flüchtlingen nach Holland. Unter denen befand sich eine junge Familie: Mann, Frau und ein Kind. Das zweite war gerade unterwegs. Sie suchten ein jüdisches Mädchen für den Haushalt. Ich habe bei denen als Dienstmädchen gearbeitet, weil ich eben *selbständig* sein wollte und nicht mehr abhängig von guten Taten, lieben Leuten und so. Naja, zu meinem Glück war der Hausherr zwar sehr fromm – aber auch ein gebildeter Marxist. Ja sicher! Er gab mir die Anregung, marxistische Schriften zu lesen. Und von ihm habe ich meine ersten Lektionen im Marxismus bekommen, wir haben uns immer sehr angeregt und gut unterhalten. Und ich fand unsere Diskussionen wirklich sehr spannend, denn ich hatte politisch überhaupt keine Ahnung. Ich war immer noch ein braves, frommes, hübsches Mädchen. Nee, hübsch nicht. Hübsch bin ich nie gewesen.

Ich war Miglied einer zionistischen Jugendorganisation. Und in dieser Zeit, oder vielleicht etwas später, wurde ich aus der Organisation ausgeschlossen, weil ich in meiner politischen Unschuld Partei genommen hatte für die Araber. Ich hab gesagt: »Na, das ist ganz falsch, was wir Juden in Palästina machen. Für 'n Appel und 'n Ei kaufen wir den Arabern das Land ab. Und natürlich ist's sehr gut möglich, daß unsere Pioniere es besser bearbeiten. Aber man sollte die Palästinenser doch nicht wegjagen von dem Grund, auf dem sie seit Jahrhunderten gelebt haben, weil das nie eine Lösung bedeuten kann für das Problem der Juden.« Und plötzlich gab es eine große Diskussion und viel Krakeel. Alle meinten, ich sei eine Kommunistin. Also, die hatten eine Riesenangst, daß die zionistische Jugendbewegung *verseucht* wird von mir. Da wurde ich ausgeschlossen! Und das hat mich doch einiges Kopfzerbrechen gekostet. Denn ich habe vom Kommunismus nun wirklich nichts gewußt. Ich glaubte, Kommunisten sind Leute mit Bomben in der Tasche.

Also, was mir damals geschah, kannst du nicht ganz trennen von der Zeit, in der das geschah. Das waren eben die dreißiger Jahre, der Faschismus, der kam und ... Das kann man nicht trennen. Vielleicht hat auch einen Einfluß gehabt, daß ich nicht studieren konnte. Ich glaub aber, noch mehr haben mich die Vorgänge in Deutschland und auch in Italien angeregt, über Politik nachzudenken. Ich glaub, wenn mich die politischen Geschehnisse nicht so ergriffen hätten damals, wäre ich wahrscheinlich bitter geworden. Vielleicht ja, ich hab da nicht so drüber nachgedacht.

Die damalige und die heutige wirtschaftliche Situation in den kapitalistischen Ländern ähneln einander sehr! Wenn ich vor Schülern über den Zweiten Weltkrieg rede oder den Spanienkrieg, dann gibt es immer ein paar Jungen und Mädchen, die sehr bitter und böse sind, weil wir ja jetzt wieder mitten drin in der Wirtschaftskrise sind und die jungen Leute zum Beispiel wieder keine Arbeit finden. Und diesen jungen Leuten kann man nicht gleich mit einem guten Rat kommen, das spricht sie natürlich nicht an. Aber man kann versuchen, sie aufzuklären. Man kann ihnen politische Zusammenhänge erläutern, ja! Es hilft jedenfalls, wenn du die Zusammenhänge verstehst. Denn wenn du die Zusammenhänge verstehst, dann weißt du auch, wie wenig es hilft, bitter zu werden. Und du bist nicht *allein*, das ist auch etwas Wichtiges. Wenn du die Zusammenhänge siehst, dann siehst du: Du bist einer von vielen. Und dann kannst du dich anschließen an die anderen. Und das bewahrt dich davor, bitter zu werden. Also ich finde, meine Armut oder mein Geldmangel damals waren die Illustration zur Zeitgeschichte.

Schließlich habe ich eine Stelle bekommen in einer

deutschen pharmazeutischen Fabrik, bei Dispert. Die hatte eine Niederlassung in Holland. Ich verdiente sehr wenig, ich hab sehr gehungert und war zu stolz, Einladungen zum Essen anzunehmen, weil ich meinte: ›Die Leute wissen, daß ich nichts zu fressen habe. Das geht sie 'n Dreck an.‹ Lieber hab ich abends in Bibliotheken gesessen, anstatt zu frieren in meinem Zimmerchen.

Und als ich einmal bei meinen Eltern in der Pension zu Besuch war, lag da das ›Nieuw israelisch weekblad‹, eine jüdische Wochenzeitung, die es heute noch gibt. Und ich las in einem Inserat, daß das jüdische Hospital in Rotterdam Lehrlinge sucht. Ich sagte: »Eigentlich könnte ich mal darauf schreiben.« Mein Vater war sehr empört: »Was?! Du bist verrückt! Wo du ein Diplom hast als Apothekerassistentin, wirst du doch nicht anderen Leuten den Popo waschen!« Das war natürlich für mich ein Ansporn, um's zu probieren. – Und siehe da: Das jüdische Hospital nahm mich an! Ich bin natürlich sehr froh gewesen, daß ich diese Stelle gekriegt hatte. Nur war das Krankenhaus privat, und es war damals Sitte, alle Lehrlingsschwestern intern unterzubringen. Und dadurch warst du furchtbar unfrei. Wir wurden beobachtet und bespitzelt, und wir mußten pünktlich zu Hause sein. Wenn du erst halb elf ins Wohnheim kamst, wurde dein Name notiert; das Heim war wie ein Mädchenpensionat. Und was die Oberinnen sich erlaubten! Die haben in deinem Schrank gewühlt und deine Post kontrolliert: ›Was ist denn das für 'ne Zeitung?!‹ Es war auch verboten, Mitglied einer Gewerkschaft zu sein; und wir verdienten sehr schlecht, weil wir beköstigt wurden und den Kurs umsonst kriegten. Doch deine Arbeitskraft, die wurde ausgebeutet. Und wie! Also fühlte ich mich in diesem Hospital sehr unfrei. Aber ich habe mich angefreundet mit einem Mädchen, das damals schon Mitglied der Kommunistischen Partei war. Und mit Annie Averink und Hans Polak, der später im Krieg umgekommen ist, haben wir eine Wohnung gemietet. Und die Wohnung befand sich in einem ganz modernen Haus, jaja! Jeder von uns hatte sein eigenes Zimmer. Ich war sehr glücklich in dieser kleinen Wohngemeinschaft. Wir waren richtig gute Kameraden. Ich konnte zwar immer nur wenige Stunden am Tag in der Wohnung sein – sonst blieb ich im Hospital –, aber ich fand es herrlich, mit Freunden zusammenzuleben! Der Hans, die Annie und ich, wir haben ganz viel über Politik diskutiert, wir waren sehr bewußte Antifaschisten. Und ich weiß noch, daß ich einmal, im Winter, in meine Wohnung kam, und wir haben wieder so viel geredet ... Und ich mußte doch um halb elf im Internat sein! Um halb eins sagte ich: »Mensch!« und dann sind wir bis zum nächsten Morgen spazierengegangen im Schnee und haben diskutiert. Und früh bin ich zurück ins Hospital, und dort hatte man mich noch nicht einmal vermißt ... Ach, es war herrlich! Wenn man so unter Freunden lebt – das ist sehr schön! Später, als ich nach Spanien fuhr, haben mich der Hans und die Annie auch begleitet bis zum Bahnhof.

Ich hatte bald viel Kontakt zu jungen Kommunisten, und ich bin dann auch Mitglied der Kommunistischen Partei geworden. Und Mitglied dieser Partei bin ich bis heute – trotz der Stalin-Ära. Also, für uns alle war die Enthüllung von dem, was geschehen ist in der Stalinperiode, ein furchtbares Erlebnis. Aber ... das hat meines Erachtens zu tun mit ... mit menschlichem Versagen. Und das hat mit dem Kommunismus an sich nichts zu tun. Denn wir leben ja noch nicht im Kommunismus. Und daß es in den sozialistischen Ländern zu solchen Verbrechen kommen konnte, ist bitter. Aber ich habe mich zur marxistischen Weltanschauung bekannt und bekenne mich auch weiterhin dazu, weil mir die kommunistische Gesellschaftsordnung die allerbeste erscheint. Und es wäre natürlich schöner und besser gewesen, wenn es die Vergehen der Stalinperiode nicht gegeben hätte. Also, meiner Meinung nach sind diese Verbrechen, die passiert sind während der Stalin-Ära, kein wesentlicher Teil des Kommunismus. – Im Gegenteil!

Und wenn du wissen willst, warum ich damals, in den dreißiger Jahren, Mitglied der Kommunistischen Partei wurde ... Also nicht aus humanistischer Gefühlsduselei, sondern weil ich die Politik der Kommunisten für richtig hielt; weil die Kommunisten meiner Meinung nach den Faschismus am konsequentesten bekämpften. So einfach war das eigentlich. Und wenn du mich fragst, warum ich Antifaschistin bin, dann kann ich nur antworten: »Warum atmest du?« – Ja?! Das heißt, wir waren aus politischen und humanitären Gründen Antifaschisten. Wir wußten doch, was in Deutschland los war! Man wurde doch konfrontiert mit den vielen Emigranten!

Die Parteileitung hatte damals alle Genossen aufgerufen, deutschen politischen Flüchtlingen Kartengrüße ins Gefängnis zu schicken;* damit die Emigranten sich nicht so einsam fühlten und verlassen. Damit sie wußten, daß es

---

* In den ersten Monaten nach der Machtergreifung Hitlers erhielten sowohl die politisch wie die aus rassischen Gründen Verfolgten in den Niederlanden Asyl. Die Flüchtlingspolitik der holländischen Regierung änderte sich jedoch bald. Zwar durften die bereits in den Niederlanden befindlichen deutschen und staatenlosen Emigranten im Land bleiben, aber es wurde von seiten der Regierung angeordnet, daß weitere Zureisewillige an der Grenze abgewiesen werden müßten. Emigranten wurde

anständige Leute auch in Holland gibt – nicht nur solche wie die, die damals in unserer Regierung saßen. Und auf diese Weise habe ich dem Werner Ansichtskarten ins Gefängnis geschickt. Das ist ganz kurz seine Geschichte: Der Werner lebte in Deutschland, in Essen. 1933, als Hitler an die Macht kam, wurde der Werner verhaftet, weil er Kommunist und Antifaschist war. Er hat im Gefängnis ein paar Wochen oder Monate gesessen, wurde dann wieder freigelassen. Und er hatte einen Nachbarn, der war Nazi. Aber der hat eines Tages gesagt: »Werner, du mußt verduften, denn du stehst auf unserer Inhaftierungsliste. Morgen sollst du abgeholt werden.« Da ist der Werner also illegal nach Holland gefahren und hat sich hier gemeldet bei der Roten Hilfe.** Und weil so furchtbar viele politische Emigranten kamen, denen die Rote Hilfe wegen ihrer begrenzten Mittel nicht in allem beispringen konnte, wurde der Werner zu einem jüdischen Hilfskomitee geschickt. Denn Werner ist Jude, und das Jüdische Komitee hatte etwas mehr Möglichkeiten und Geld als die Rote Hilfe. Und die Leitung des Jüdischen Komitees hat dafür gesorgt, daß Werner legal in Holland leben konnte. Und er kam in ein jüdisches Arbeitsdorf, in Wieringermeer. Dort wurden die Juden, die aus Deutschland geflüchtet waren, umgeschult. Und wenn sie einen Handwerkerberuf erlernt hatten, sollten sie nach Palästina oder Südamerika übersiedeln. Sagte er: »Nö.« – »Dann nach Südamerika.« Kolumbien oder

---

auch nur ausnahmsweise für eine begrenzte Zeit der Aufenthalt in Holland gestattet, falls sie über genügend finanzielle Mittel verfügten. So wurde ein Teil der Flüchtlinge gezwungen, sich illegal in den Niederlanden aufzuhalten.
** Internationale Rote Hilfe; Massenorganisation zur Unterstützung politisch Verfolgter und ihrer Angehörigen.

Bolivien, was weiß ich. Und da hat der Werner wieder gesagt: »Nein, ich fahre nicht weg von Europa. Ich will unbedingt nach Deutschland zurück, wenn Hitler fällt. Und das kann ja morgen sein.« Na, jedenfalls hat Werner sich geweigert, Holland zu verlassen. Und deshalb hat man ihn aus Holland rausgesetzt, nach Belgien abgeschoben. Und von dort ist er illegal wieder zurückgekehrt nach Holland und hatte dann also keine Aufenthaltsgenehmigung mehr. Er lebte illegal in Rotterdam. Und an einem Sonntagmorgen kam er zu irgendeiner Sitzung von der Internationalen Roten Hilfe, und ein Genosse hatte wahrscheinlich verschlafen; jedenfalls war der nicht zu dieser Versammlung erschienen. Sagte der Werner: »Ach, kann mir jemand vielleicht 'n Fahrrad pumpen, dann hole ich den Genossen.« Und er ist mit dem Fahrrad losgegondelt. Jetzt war's aber so, daß man fürs Fahrrad eine Steuer zahlen mußte. Und du kriegtest, wenn du die Steuer bezahlt hast, ein ›fietsplaatje‹, eine kleine Plakette, und die mußtest du an deinem Fahrrad oder an deiner Kleidung haben. Aber der Mann, von dem der Werner das Fahrrad gepumpt hatte, der trug das ›fietsplaatje‹ an seinem Mantel. Und der Werner hatte seinen eigenen Mantel an. Und er radelte durch eine ganz stille Straße. Und da rief ein Polizist: »Mein Herr, Ihr ›fietsplaatje‹!«

»›Fietsplaatje‹? – Och, das habe ich zu Hause gelassen.«

Naja, jedenfalls, ich will diese furchtbare Geschichte abschließen; der Schutzmann hat zum Werner gesagt: »Wenn Sie kein ›fietsplaatje‹ haben, nehme ich Sie mit zum Revier!« Und da hat Werner gesagt: »Hören Sie mal, wenn Sie mich mitnehmen, ist das lebensgefährlich für mich, denn ich bin ein deutscher Emigrant; ich habe keine Papiere, und die holländischen Behörden werden mich wahrscheinlich nach Deutschland abschieben!« – »Niks mee te maken! – Was geht mich das an?!« Und der Polizist hat den Werner mitgenommen, und so kam er ins Gefängnis. Und er blieb in einem hiesigen Gefängnis, bis die Deutschen Holland überfielen. Und danach haben unsere Behörden ihn – nicht nur ihn, sondern auch andere Flüchtlinge! – den Deutschen übergeben. Ja, verstehst du? Furchtbar! Und er wurde zurückgebracht nach Essen, wo er geboren worden war. Und dann hat der Werner ein Jahr in Essen in der Todeszelle gesessen. Inzwischen sind seine Eltern deportiert und ermordet worden ... Und Werner hat ein Jahr auf seinen Tod gewartet. Aber Werner war inzwischen ausgebürgert worden, und seine Papiere waren nicht mehr auffindbar. Gott sei Dank! Also wurde Werner von den Deutschen wieder abgeschoben nach Holland, weil er von den Holländern ausgeliefert worden war! Und hier gab es inzwischen das KZ Westerbork. Und in Westerbork habe ich ihn kennengelernt ...

Die Geschichte vom Werner wollte ich dir nicht nur erzählen, weil er und seine Frau Ali noch heute zu meinen besten Freunden zählen, sondern ... Sieh mal, der Werner ist verhaftet worden von einem gleichgültigen, unwissenden Polizisten. Und ich sage immer: »Gleichgültige Menschen befinden sich auf der Autobahn, die in den Faschismus führt.«

Also heutzutage weiß kein Mensch mehr, was Spanien uns damals bedeutet hat. Und darum finde ich es so wichtig, darüber zu erzählen: Am 18. Juli 1936 begannen die spanischen Faschisten ihren Aufstand. Wir Kommunisten – nein, nicht ›wir Kommunisten‹, das ist nicht so wichtig. Sehr viele Leute – Humanisten und Sozialisten und Kommunisten – waren sehr empört darüber und besorgt, daß faschistische Generäle mit Hilfe von Hitler und Mussolini die demokratisch gewählte Volksfrontregierung stürzen wollten. Gerade in der Zeit, als Spanien sich vorwärtsentwickeln konnte, der Analphabetismus bekämpft wurde, Landreformen begonnen wurden, sollten durch den faschistischen Putsch auf grausame Weise diese Fortschritte rückgängig gemacht werden. Und in der ganzen Welt, nicht nur in Europa, entstand eine Bewegung, die die Spanische Republik unterstützte. In der Geschichte hatte es noch nie eine so breite, internationale Bewegung zur Unterstützung eines Landes gegeben. Vielleicht noch, als die Sowjetunion entstand. Vielleicht. Jedenfalls wurden in sehr vielen Ländern, in fast allen Ländern, Komitees zur Unterstützung der Spanischen Republik gegründet. Sehr vielen Menschen war damals klar, daß es zu einem Weltkrieg kommen würde, wenn es den progressiven Kräften nicht gelänge, Franco zu schlagen. Und deshalb sind ein paar Monate später schon sehr viele Freiwillige nach Spanien gezogen. Die meisten Freiwilligen waren Männer. Es gab aber auch einige Frauen! Und zwar brauchte die Republik natürlich Krankenschwestern. Und für mich war's ganz eindeutig: ›Du mußt den Spaniern helfen. Und du steckst ja glücklicherweise in dem Beruf, mit dem man dich brauchen kann.‹ Ja, das war *sehr* wichtig für mich, als ich beschloß, nach Spanien zu gehen: Da werde ich gebraucht! Ich dachte: ›Wenn du was tun kannst, einen zweiten Weltkrieg zu verhindern, dann darfst du es nicht unterlassen.‹ So wie wir auch jetzt nichts unterlassen dürfen, einen dritten Weltkrieg zu verhindern!

Ich hab damals aber noch nicht mein Krankenschwesternexamen gehabt, ich war noch nicht diplomiert. Und der Sekretär unseres Spanienkomitees, des Komitees ›Hulp aan Spanje‹, war ein sehr bürokratischer Mann. Der sagte zu mir: »Ich kann Sie nicht brauchen, denn Sie haben kein Diplom.« Um im Krankenhaus ordentlich mit zuzugreifen, braucht man ja wirklich nicht unbedingt ein Diplom! Sag ich: »Hören Sie mal, ich habe doch drei Jahre gearbeitet als Krankenschwester in einem kleinen Hospital. Ich habe sehr große Erfahrung!« Aber nein, er konnte mich nicht brauchen. Und da fiel mir ein, daß ich einen Abschluß als Apothekenassistentin hatte. – Und siehe da: Ich konnte nach Spanien!

Also, meine Freunde, die waren ganz begeistert! Und als sicher war, wann ich abreisen würde – das wußte ich ungefähr eine Woche vorher – wendete ich mich an die Leitung des Krankenhauses: ›Würden Sie mich bitte in einigen Tagen entlassen, denn ich will nach Spanien ...‹ Die Directrice hat mich dann drei Tage am Bändel gehalten. Ich war im Nachtdienst, und am Sonntagmorgen hat sie mich empfangen und gesagt, man würde mir nicht genehmigen, ab sofort wegzugehen. Aber in sechs Wochen würde man mir ohnehin kündigen, denn so ein verrücktes Huhn wie ich ... Am Dienstag sollte ich ja abreisen. Also mußte ich das Hospital heimlich verlassen. Ich habe natürlich meinen Kolleginnen und meinen Patienten gesagt: »Ich bin heute zum letzten Mal im Hospital, weil ich übermorgen nach Spanien fahre.« Und da war es erst eine Weile still. Und plötzlich haben alle die Internationale gesungen. Das fand ich sehr, sehr schön. Und dann bin ich nach Hause gegangen. Und als ich nachmittags in meiner Wohnung erwachte, kam eine Delegation von den Krankenschwestern unseres Hospitals. Und die haben mir etwas Geld gebracht und warme Wäsche und Socken und so etwas. Denn ich mußte ja aus der Klinik weglaufen. Das war schlimm, weil ich dadurch mein Monatsgehalt nicht bekam. Das war sehr bitter! Am Abend hatte ich meine Eltern eingeladen, und ich wußte nicht genau, wie ich's ihnen sagen sollte. Und dann ... um halb zehn guckte mein Vater auf die Uhr und fragte: »Na, mußt du nicht zurück ins Krankenhaus?« Sag ich: »Nein, nie mehr!« »Wieso?« fragte er meine Mutter ganz erschrocken. »Was hat die Trudel jetzt wieder verbrochen?« Und dann sagte ich: »Ich bin entlassen und fahre am Dienstag nach Spanien. Da werde ich arbeiten.« Und da hat mein Vater zum ersten Mal in seinem Leben – wenigstens soviel ich weiß – mit der Faust auf den Tisch gehaun und befohlen: »Das machst du nicht!« Und meine Mutter sagte ganz leise: »Wenn Trudel einmal beschlossen hat, daß sie nach Spanien fährt, wird sie's auch tun.«

Der Tag der Abreise – es war im April 1937 – war sehr spannend, denn wir wurden in Den Haag empfangen von dem spanischen Botschafter. Da machte ich Bekanntschaft mit sechs anderen Krankenschwestern und einem Krankenpfleger, die alle auch nach Spanien fuhren. Und direkt nach dem Empfang ging's los. Die Stiftung ›Hulp aan Spanje‹ bezahlte die Fahrt, wir hatten ja kein Geld. Krankenschwestern wurden damals sehr schlecht bezahlt. Ich weiß noch, im ersten Lehrjahr bekam ich ungefähr zwölf Gulden. Lehrlinge, die ein Jahr nach mir die Ausbildung begannen, bekamen sechs Gulden im Monat ... im Monat – nicht pro Tag, nein! Also, es war unmöglich, noch Geld zu sparen. Einfach unmöglich!

Ich war sehr euphorisch, als wir nach Spanien fuhren. Und ich hatte nicht ein bißchen Angst – wenigstens damals noch nicht. Ich konnte es kaum erwarten, nach Spanien zu kommen! Und ich muß sagen, ich bin eigentlich bis auf den heutigen Tag glücklich und dankbar, daß mein

Beruf es mir möglich machte, dem spanischen Volk zu helfen. Ich bin bis heute stolz darauf.

Von Den Haag sind wir nach Paris gefahren. Und da wurden wir in einem hochfeudalen Hotel untergebracht. In dem Hotel wohnten auch Amerikaner und Tschechen vom ›service sanitaire‹, dem Sanitätsdienst. Es ist mir aufgefallen, daß das medizinische Personal aus den USA zu neunzig Prozent aus jüdischen Studenten bestand, die zwar auch aus politischen Gründen in die Internationalen Brigaden gegangen sind, aber sie hatten nicht so 'ne politische Schulung hinter sich wie zum Beispiel die Deutschen. Denn die waren überwiegend Emigranten und politisch hochgeschulte Leute. Und ich vermute – ich hatte zumindest den Eindruck, das kann ich nicht beweisen – ihr durchschnittliches Lebensalter lag höher als bei den Amerikanern. Aber die Interbrigadisten aus den USA waren alle so um neunzehn, zwanzig Jahre alt.

Es dauerte ein paar Tage, bis wir weiterfahren konnten. Bin ich viel mit den Amerikanern durch Paris spaziert. Es war ja wunderschön! Mit meinen Sprachkenntnissen war es nicht weit her, aber die Amerikaner redeten natürlich nur Englisch. Und eine der Krankenschwestern wollte etwas einkaufen. Da hat sie gefragt: »Kommst du mit? Du kannst ja so phantastisch Französisch.« Ah, mit ›des choses comme çi‹ und ›des choses comme ça‹* kam ich sehr weit. Sie staunte Bauklötzer. Die Krankenschwestern aus den USA haben mich in einer Beziehung sehr beeindruckt. Sie waren damals schon spezialisiert! Manche waren neurochirurgisch ausgebildet, manche für innere Krankheiten ... Und noch etwas: Die Amerikanerinnen hatten aufblasbare

---

* frz., diese Dinge und jene Dinge.

Badewannen mit und Abendkleider. Denn man kann nie wissen ...

Von Paris aus sind wir zusammen mit den Amerikanern und den Tschechen weitergefahren. Im Zug waren noch sehr viele andere Freiwillige. Damals war die französische Volksfront an der Macht, und die französischen Arbeiter, die Bahnarbeiter, haben uns alle gegrüßt mit der erhobenen Faust. Das fand ich schön! Als wir die Grenze nach Spanien überquerten, sollten wir alle unterschreiben, daß wir auf eigene Verantwortung weiterfahren. Und natürlich haben wir alle unterschrieben. Aber ich weiß noch ... mich hat's doch sehr beeindruckt. Also ich wollte den Spaniern helfen, und ich habe mir nicht gedacht: ›Es wird ein Fingerlecken, und es wird ganz einfach.‹ Irgendwie abenteuerlich fand ich's. Denn du wußtest ja nicht, was dich erwarten würde. Und das hat etwas Anziehendes für junge Leute. – Ja?

Und dann in Spanien wurde es überhaupt toll! Da kamen die Leute an unseren Zug, und die haben geschrien und gesungen und brachten uns Obst und Wein. Und wir konnten ja gar kein Spanisch! Wir konnten nur sagen: »No pasarán!« Wir haben endlos geschrien: »No pasarán! No pasarán!« Denn uns alle verband ein großes Gefühl der Zusammengehörigkeit.

Wir langten in Albacete kurz vor dem 1. Mai 37 an. Am 1. Mai gab's ein Festessen! Der Koch hatte einen riesigen Kessel, aus dem es dampfte und brodelte. Und dann hat er den Deckel von dem Kessel abgenommen, und zu meinem Entsetzen gab es Schnecken. Später habe ich sie sehr gern gegessen, aber damals fand ich Schnecken furchtbar, scheußlich! Die konnte ich nicht runterwürgen! Und in Albacete stellte sich heraus, daß wir, die Holländer, nicht in ein Krankenhaus der Internationalen Brigaden kamen, sondern in ein Hospital, das von der Zweiten Internationale gestiftet worden war. Uns war das natürlich schnurzegal, wenn wir nur arbeiten konnten! Aber dann ... und jetzt kommt die Angst: Wir sind mit dem Zug nach Onteniente gefahren. Ach, ein Zug im Krieg, das ist etwas Schreckliches! Der hält überall, wo ein Hund pipi macht. Und die Reise hat ganz furchtbar lange gedauert, obwohl Onteniente gar nicht so weit weg von Albacete lag. Und wir wollten doch so gerne anfangen mit der Arbeit! Als wir dann mitten in der Nacht am Bahnhof von Onteniente ankamen, wurden wir in ein Auto verfrachtet. Wir verstanden kein Wort spanisch, und uns hat ein italienischer Arzt namens Crespi abgeholt. Daß uns kein Spanier abholte, fanden wir 'n bißchen komisch, irgendwie trauten wir diesem Crespi nicht ganz. Dann fuhren wir durch die Nacht, und wir fuhren und fuhren, und da dachten wir, wir werden entführt. Haben wir wirklich geglaubt. Und ich muß sagen, da hatte ich schon ein bißchen Angst ... Endlich kamen wir in ein Hospital, und wir wurden von drei spanischen Schwestern empfangen. Wir waren also am richtigen Ort gelandet. Und die drei Spanierinnen die riefen: »Ay qué simpática! Ay qué simpática!« Das bedeutet: ›Ach, wie nett!‹ Aber wir verstanden das nicht, und ich sagte: »Si, si, partido comunista! – Ja, ja, Kommunistische Partei!« Und da haben sie noch mehr geschrien: »Ay qué simpática! Ay qué simpática!«

Na, es war inzwischen vier Uhr nachts. Wir sind in die leeren Betten gekrochen und haben uns ausgeschlafen. Am nächsten Morgen ging's in das Schwesternheim. Das hieß ›El Pinatar‹ und lag ein bißchen außerhalb von Onteniente. Wie sich später herausstellte, hatte man die Ärzte im Bischofspalast untergebracht. Wir wohnten in ›El Pinatar‹ mit ungefähr dreißig belgischen Mädchen aus ostjüdischen Familien zusammen. Diese Mädchen waren größtenteils Mitglieder der Kommunistischen Partei. Sie sprachen – wie wir – auch kein Wort spanisch. Viele ihrer Männer waren an der Front, im Dombrowski-Bataillon. Und, na, wir haben uns natürlich verbrüdert – verschwistert mit ihnen.

Das Hospital war bei unserer Ankunft in Onteniente noch gar nicht belegt. Es war ein ehemaliges Kloster. Wir haben es für die Patienten eingerichtet. Du mußt dir vorstellen: Ein Riesengebäude, ein riesiges Kloster. Und das wurde zu einem Krankenhaus mit tausendzweihundert Betten. Und die drei Spanierinnen und wir sieben Holländerinnen waren die einzigen, die ein Schwesterndiplom hatten. Ich hatte ja drei Jahre im Hospital gearbeitet, ich zählte als geprüfte – schwergeprüfte Krankenschwester. Und dazu kamen die ungefähr sechsunddreißig Belgierinnen. Aber die hatten nur einen Kurs Erste Hilfe absolviert. Und wir ausgebildeten Schwestern haben also zuerst die Belgierinnen geschult, das war das Allerwichtigste. Sie haben später auch eine verantwortungsvolle Arbeit geleistet. Und dann, in einer Nacht, kamen die ersten Patienten von der Front. Also, das war sehr ergreifend, wir wurden konfrontiert mit den wirklichen Schrecken des Krieges. Das war ganz schlimm. Überall gab's ... furchtbare Verwundungen. In dem Transport befanden sich Verletzte, denen der Unterkiefer weggeschossen worden war. Das war ganz schlimm, ja, das war ganz schlimm. Ach, überhaupt ... Aber zur Ausbildung zählte eben auch, sich zusammenzunehmen und Hilfe zu leisten, wo immer das möglich ist. Und, weißt du, außerdem ... wir waren miteinander verbunden, niemand war allein. Und ... Gestern war ich bei einer Beerdigung. Bei Beerdigungen weine ich immer wie ein Schloßhund. Das ist ein KZ-Syndrom: Ich muß an all die Opfer der Konzentrationslager denken, die begraben worden sind, ohne daß ihre Lieben von ihnen Abschied nehmen konnten. Und ... in Spanien war das doch anders. Ja, es war anders.

Unser Krankenhaus wurde mit Spaniern belegt, nicht mit Interbrigadisten. Auf die ersten Patienten waren wir insofern vorbereitet, daß wir frisch bezogene Betten für sie hatten. Aber die Männer wurden uns in der Nacht gebracht, oft schwerverletzt, schwerkrank, mit blutverkrusteten Wunden, übersät mit Läusen. Wir Schwestern hatten in Holland gelernt, daß ein Patient, wenn er ins Hospital kommt, erst mal ins Badezimmer gebracht werden muß. Und da wurde er von oben bis unten abgeschrubbt. Und in Onteniente konnten wir unsere Verwundeten gar nicht baden, die waren meist viel zu krank. Außerdem gab's nicht genügend Waschgelegenheiten. Ja, das Wasser war knapp. Und wir hatten vielleicht ein Stückchen Seife für sechzig Leute! Also haben wir die Männer erst mal in die Betten gelegt. Und am nächsten Tag stellte sich heraus, daß wir keine Wäsche mehr hatten, um die Betten neu zu überziehen. Und es waren auch keine Pyjamas mehr da! Also vor solche banalen Probleme wurden wir gestellt! Wir haben die Wäsche dann später eingeteilt, wir sind viel bewußter mit allen Vorräten umgegangen. Aber in den ersten Wochen wußten wir wirklich nicht aus noch ein! Und hinzu kommt: Wir waren jung! Wenn du etwas älter bist, dann nimmst du alle Schwierigkeiten ruhiger hin und nimmst dir Zeit zum Überlegen. Aber damals haben wir uns nur die Haare gerauft. – Und noch etwas war furchtbar für uns:

Die Jungs ... Manche haben geraucht im Bett! Sie wollten uns Schwestern doch nicht ärgern, um Gottes willen! Also sind sie einfach unter die Decke gekrochen und haben da geraucht. Wir waren ganz außer uns! Außer uns!

Weil unser Krankenhaus ein Kriegshospital war, gab es Patienten, die zum Beispiel am Arm 'ne leichte Verwundung hatten und sonst ganz gesund waren. Sie konnten also aufstehen und sich selbst mehr oder weniger versorgen. Und diese Leichtverletzten haben die Betten gemacht oder den anderen Kranken das Essen gebracht. – Warum auch nicht? Wenn du eine verbundene Hand hast, kannst du doch mit der anderen was tun. Aber wirklich, es ist kaum auszudenken, wieviel wir damals zu tun hatten! Und manchmal kommt's mir jetzt auch vor, daß ein Tag viel zuwenig Stunden hat, doch in Onteniente war das ganz, ganz schlimm. Wir brauchten wirklich jede Hilfe, die sich anbot. Ich war auch sehr glücklich, als zwei Mädchen aus dem benachbarten Dorf zu mir in die Abteilung kamen, weil sie mit Hand anlegen wollten. Die spanischen Frauen und Mädchen, die brauchten wir so nötig wie's Wasser. Wir haben sehr geschätzt, daß sie uns zur Seite standen. Die Spanierinnen hatten eben das Beispiel der Interbrigadisten vor Augen, die ihre Heimat verließen, um der Republik zu helfen. So mußt du das sehen!

Und diese Frauen haben uns sehr gerne und wirklich eifrig geholfen. Eifrig im deutschen Sinne des Wortes. – Nur waren sie eben vollkommen ungebildet. Unausgebildet – denn Bildung ist wieder etwas anderes. Ich habe einem der spanischen Mädchen gezeigt, wie man Temperatur mißt mit einem Thermometer. Und ich erklärte ihr dann mit Händen und Füßen, wie man das macht: Das Thermometer unter den Arm stecken und nach zehn Minuten gukken: 38,2. Dann auf der Karte 38,2 eintragen. Diese Frau sagte, sie hat's kapiert. Wenigstens nickte sie voller Begeisterung. Für einen Saal mit sechsunddreißig Patienten hatten wir vielleicht drei Thermometer. Also war dieses Mädchen längere Zeit mit dem Temperaturmessen beschäftigt. Und ich ging meiner Arbeit nach und sie ihrer. Und nach einer Stunde dachte ich: ›Mußt doch mal nachsehen, wie das Temperaturmessen gelaufen ist!‹ Und als ich mir die Fieberkurven anguckte, da hatten alle Patienten 38,2. Ich war sehr erstaunt und fragte die Spanierin: »Was hast du denn gemacht?« – »Na, genau, wie du mir das erklärt hast ...« Mit Händen und Füßen sprachen wir dann. Es stellte sich heraus, daß die Frau Analphabetin war! Sie konnte überhaupt nicht lesen und schreiben, sie hat haargenau nachgemacht, was ich ihr gezeigt habe! Also ich habe dir das nicht als Anekdote erzählt, sondern um dir zu zeigen, wie enorm unsere Schwierigkeiten waren! Damit hatten wir natürlich überhaupt nicht gerechnet, ja! Bekam ein Mädchen Hunger, ist sie eben weggegangen. Denn wenn man Hunger hat, muß man einfach weggehen. Und bald darauf ging die nächste weg. Dann kam plötzlich wieder eine Frau und bot ihre Hilfe an ... Und ich muß sagen, ich hab am Anfang gar nicht verstanden, warum die Mädchen ohne ein Wort aus dem Hospital wegliefen! Mir ist erst viel später ein Licht aufgegangen: Die Spanierinnen hatten überhaupt keine blasse Ahnung, was eine Dienstzeit im Krankenhaus ist. Wir haben im Lauf der Zeit gelernt, was man diesen Frauen abverlangen konnte und was nicht. Und wir haben die Spanierinnen Lesen und Schreiben gelehrt – wenn Zeit dazu blieb. Wir sprachen sehr schlecht spanisch, fast noch gar nicht. Aber wir besorgten uns eine Tafel, Kreide, Papier und Bleistifte, so konnten wir das Nötigste erklären. Und das war, das war unglaublich! Die Spanierinnen haben furchtbar *gern* gelernt! Denn da konnten sie *selber* die Briefe lesen, die ihre Männer oder ihr Bräutigam von der Front geschickt haben. Und die Frauen konnten ihren Männern zurückschreiben! Und eine ganze Welt eröffnete sich ihnen ...

In den ersten Wochen sprachen wir noch kaum ein Wort Spanisch, wir konnten uns nur schlecht mit den Patienten verständigen. Das brachte natürlich große Schwierigkeiten mit sich. Eine von unseren holländischen Krankenschwestern ... Ah, das ist eine süße Geschichte: Eine von unseren Krankenschwestern, die Jenny Timmerman, die war so klein wie ich und schmal und blond. Sie war verheiratet, ihr Mann an der Front. Und Jenny war ein ganz energisches Persönchen. Und wir hatten einmal in einem Saal einen Patienten, der war an einem doppelten Leistenbruch operiert. Er lag also zwischen Sandsäcken im Bett, damit er sich nicht bewegen konnte. Aber er war ein bißchen ein Hypochonder. Wenn du morgens kamst und fragtest: »Na, wie hast du geschlafen?« – »Och, kein Auge habe ich zugemacht die ganze Nacht.« Also er hat immer gebarmt. Und jetzt muß ich dir noch Spanisch beibringen. Das spanische Wort für besser ist ›mejor‹. Und das spanische Wort für Frau ist ›mujer‹. Also diese Worte sind sich sehr ähnlich. Und eines Morgens kamen die Jenny und ich in den Krankensaal, in dem dieser Hypochonder lag. Und da sagte die Jenny: »Jetzt werde ich's ihm aber mal geben!« Und sie stellte sich energisch vor das Bett dieses Mannes und winkte beschwörend mit dem Finger: »Tu dormir esta noche mujer. – Du hast geschlafen heute Nacht mit Frau.« Worauf er: »No, no, no!« sagte. Also er regte sich furchtbar auf. Und sie sagte: »Si, si, doch, doch, mujer!« Er: »Nein,

nein!« Er war ganz außer sich! Sie sagte zu mir: »Wie der sich gebärdet!« Und die anderen Jungs im Saal, die hatten also 'n Riesenspaß, die riefen: »Si, si, mujer, mujer!« Und ich sagte: »Jenny, hör doch auf!« Und da sagte sie: »Ich hör überhaupt nicht auf! – Si, si! – Wie der sich benimmt! Mujer, mujer!« Sag ich: »Jenny, komm mit!« Und ich nahm sie mit raus auf den Flur. Ich sagte: »Du verwechselst das Wort! Du wolltest sagen ›besser geschlafen‹, und du sagst ›mit Frau geschlafen‹«. Jaja, also solche Mißverständnisse kamen auch vor. Und ich sehe Jenny noch vor mir: ›Si, si, mujer, mujer.‹

Also natürlich hatten wir auch immer mal Patienten, die nicht so ganz einfach zu nehmen waren, natürlich gab's solche Patienten auch. Und manchmal fiel es uns Schwestern nicht leicht, mit ihnen fertigzuwerden – wohl auch, weil wir selbst alle noch so jung waren. Wir hatten noch nicht genug Erfahrung, um zu wissen, wie man mit einem schwierigen Patienten umgeht, wie man ihm helfen kann. Aber uns Interbrigadistinnen war immer bewußt, daß es unsere *Kameraden* waren, die da oft schwerkrank in den Betten lagen. Wir fühlten uns den Kranken sehr verbunden, auch den Querulanten. Nee, und im allgemeinen waren die Männer sehr nett zu uns. Außerdem hab ich immer … Also Streitereien waren mir sehr zuwider. Immer schon. Ich mein, wenn's zu *kämpfen* galt, bin ich dem sicher nie aus dem Weg gegangen. Aber sich um Kleinigkeiten streiten mit jemandem, find ich häßlich. Vielleicht liegt da auch irgendwie 'n Stück Feigheit in mir drin.

Jedem Patienten maßen wir mindestens einmal am Tag die Temperatur. Wir machten das meist abends, und da wir nur sehr wenige Thermometer hatten, dauerte das Temperaturmessen lange. Und eines Abends gab ich einem jungen Mann, der einen Armdurchschuß hatte – der Arm war also geschient – das Thermometer. Und der Mann sagte etwas zu mir, und weil ich noch kein Spanisch sprach, habe ich ihm einfach auf Holländisch erklärt: »Das muß sein, ja, nicht wahr?!« Ganz energisch. Und der Spanier sagte noch was, und da hab ich gesagt: »Jetzt mach los! Nimm das Thermometer und …!« Als ich nach ein paar Minuten das Thermometer holen wollte, war der ganze Mann verschwunden! – Was hatte er getan?! – Es stellte sich heraus, er hatte mir begreiflich machen wollen, er hätte Ausgang! Dieser Spanier war ja Soldat. Und weil ihm nichts weiter fehlte, hatte er von seinem Vorgesetzten Ausgang gekriegt. Und der Ausgang begann genau um sechs Uhr. Und fünf vor sechs kam ich zum Fiebermessen, deshalb hat der arme Kerl zu mir gesagt: »Ich habe frei, also was wollen Sie?« Na, jedenfalls wollte er mir nicht weh tun. Er hat das Thermometer genommen und kam nachts um halb zwölf mit dem Thermometer unter'm Arm zurück. Jaja. Aber auch, wenn es den Spaniern offenbar oft sehr schleierhaft vorkam, was wir Schwestern mit ihnen anstellten, haben sie im allgemeinen sehr geschätzt, daß wir für sie da waren; die haben unsere Arbeit sehr geschätzt. Das hat sich auch in manchen blöden Kleinigkeiten geäußert. Da haben die Patienten uns gefragt: »Wie alt bist du?« Eine unserer holländischen Krankenschwestern, die Nora, war fünfundzwanzig. »Was, schon fünfundzwanzig?! – Bist du verheiratet? – Nein!?« Ja, mit fünfundzwanzig Jahren warst du für die spanischen Männer 'ne alte Jungfer. Und da haben sie gesagt: »Ich heirate dich!« Ganz ernst haben sie das gesagt. Ich meine, vielleicht hätten sie's auch gemacht, wenn wir gewollt hätten. Oder vielleicht auch nicht. Auf jeden Fall bedeutete dieser Heiratsantrag: ›Wir sind solidarisch mit dir. So eine nette Frau, die braucht doch nicht 'ne alte Jungfer zu werden.‹

Also, die Patienten und wir Schwestern, wir kamen sehr, sehr gut miteinander aus. Und manche Ärzte des Hospitals von Onteniente kann ich nicht genug loben. Zum Beispiel hatten wir einen Professor Heymans aus Brüssel. Das war ein kleiner, sehr energischer Mann, der in den Universitätsferien zu uns kam und dann von sieben Uhr morgens bis in die Nacht operiert hat – in seinen Ferien! So was gab's! Aber im Krankenhaus von Onteniente ging uns Schwestern vieles gegen den Strich. Offen gestanden fällt es mir ein bißchen schwer, darüber zu reden, weil das wie eine Bestätigung klingen könnte für einen Artikel, den ich vor paar Jahren in einer holländischen Zeitung gelesen habe. Über den Artikel habe ich mich sehr geärgert. Denn da hat eine holländische Spanienkämpferin berichtet von den Mißständen in den Interbrigaden. Sie schrieb, es habe in unseren Hospitälern Ärzte gegeben, die hätten gesunde Arme amputiert oder Patienten vergiftet. Naja, und wenn diese Frau erlebt hat, wie sich faschistische Ärzte in unsere Krankenhäuser eingeschmuggelt haben, kann ich nicht sagen: ›Das stimmt nicht! Diese Frau lügt!‹ Ich möchte aber betonen: Ich habe nicht erlebt, daß Kranke von unseren Ärzten verstümmelt oder umgebracht wurden! Und was ich jetzt erzähle, könnte vielleicht wie eine Bestätigung dieses Artikels klingen. Aber das ist es nicht! Keinesfalls! Denn was ich dir jetzt erzählen werde, kann man nicht als gang und gäbe für unsere Arbeit in Spanien hinstellen. Es war die *Ausnahme*. Und trotzdem will ich's dir erzählen, weil ... es gehört eben zu dem, was ich in Spanien erlebte.

Ich pflegte damals Patienten, mit Hals-, Nasen-, Ohren-, Gesichts- und Augenverletzungen. Und der spanische Arzt, mit dem ich Visite machen mußte, der sprach französisch. Doch sein Französisch konnte man nur verstehen, wenn man spanisch sprach. Es gibt auch Holländer, die so französisch sprechen, daß man Holländisch beherrschen muß, um die französischen Worte zu verstehen. Also, ich habe damals bei der ganzen Visite nur begriffen, daß dieser spanische Arzt ein begeisterter Voltaire-Anhänger war. Was aber mit meinen Patienten los war, habe ich kaum erfahren. Und der Arzt war außerdem meines Erachtens ein ... Schmutzfink. In dem Sinne, daß er es mit der Hygiene überhaupt nicht genau nahm. Genau? ›Genau‹ ist ein Wort, das man in diesem Fall nicht anwenden kann. Also, dieser Doktor hat eine Wunde mit einem schön sterilen Tupfer, den ich ihm angeboten habe, ausgetupft. Und dann schmiß dieser Mann den Tupfer – anstatt in ein Becken, das ich ihm hinhielt – auf den Fußboden. Und dieser Arzt hatte Augentropfen für verschiedene Patienten – aber nur eine Pipette! Und damit ging er in alle Augen, ja! Also ich war empört, und ich habe diesem Doktor dann erklärt, daß er sich an meine Hygieneregeln halten müsse, denn sonst ginge ich auf der Stelle weg! So eine Schmuddelei würde ich nicht hinnehmen! Da hat er freundlich gelächelt: Naja, wenn du so blöd bist, und ich tu dir 'n Gefallen.

Ach, es gab viel, woran wir Schwestern uns gewöhnen mußten! Im Hospital gab's einen Operationsraum, der hatte keine Tür, sondern diese Vorhänge aus Perlen, aus Holzperlen. Und das hatte zur Folge, daß nachts die Hunde aus der Nachbarschaft da pipi und pupu und was weiß ich alles machten. Und morgens mußten wir immer erst den OP schrubben ...

Und das Krankenhauspersonal lebte unserer Meinung nach viel zu gut. Wir bekamen zum Beispiel immer prima

Mahlzeiten, während das Essen für die Patienten eigentlich nicht so gut war. Wir fanden ungerecht, daß wir besseres Essen kriegten als die Soldaten zum Beispiel. Und alle Mitglieder der Belegschaft kriegten Lohn, ein gutes Gehalt. Das bekamen wir, wenn wir wollten, in unserem Vaterland ausgezahlt. Wieso?! Wir sind nach Onteniente gekommen, um dem spanischen Volk zu helfen – nicht um Geld zu verdienen! Unser Personal konnte sogar Ausflüge machen! Haben wir natürlich nicht getan, aber uns wurden Ausflüge angeboten. Dabei war das Benzin im ganzen Land schon rationiert! Solche Sachen. Und wir Krankenschwestern wohnten in einer Villa, und die Ärzte in dem bischöflichen Palast, also noch viel besser. Den Herren Doktoren ist das wohl in den Kopf gestiegen. Die haben sich ein Schwimmbad anlegen lassen. Dazu sind wir doch nicht nach Spanien gekommen!

In dieser Zeit wurden für die Spitäler und die Einheiten der Armee Politkommissare eingesetzt. Mit ihnen konnte man überlegen, wie sich solche Zustände ändern ließen. Bei uns im Krankenhaus gab's aber keinen Politkommissar. Wir Schwestern haben gesagt: »Das geht so nicht weiter, wir müssen einen Politkommissar haben!« Und dagegen hat sich der Direktor des Hospitals, der sowieso diese ... diese Mißstände organisiert hat, gewehrt. Er sagte: »Ich bin Chefarzt, ich kann gleichzeitig Politkommissar sein.« Damit waren wir natürlich nicht einverstanden, und schon ziemlich bald sind einige unserer Schwestern in ein Spital der Interbrigaden gegangen, also weg aus Onteniente. Ich bin eigentlich von uns allen noch am längsten in Onteniente geblieben. Ich verwaltete im Krankenhaus auch die Apotheke, und wir hatten eine ganz große Gipskammer, eigentlich eine Vorratskammer, die vollgestopft war mit

Gips. Und eines Tages – ich glaub, nach der Schlacht am Jarama – kam ein holländischer Arzt zu uns, der Ies Voet. Und er sagte, in der Zentralapotheke der Interbrigaden sei der Gips ausgegangen. Die Leitung des Sanitätsdienstes habe erfahren, daß es in unserem Krankenhaus viel Gips gäbe. Ob wir den Interbrigaden nicht etwas abtreten könnten. Und da haben die verantwortlichen Ärzte, das heißt dieser Crespi, gesagt: »Nein, wir geben nichts!« Wahrscheinlich hatte diese Weigerung politische Motive, denn unser Hospital war ja ein Hospital der Zweiten Internationale. Und unser Direktor ein regelrechter Sozialdemokrat. Und die Interbrigaden bestanden halt zum großen Teil aus Kommunisten. Also jedenfalls, dieser Crespi hat kein bißchen Gips rausgerückt! Und das war für mich so ungefähr der letzte Tropfen, der den Eimer zum Überlaufen brachte. Ich war bitterböse. Und da habe ich dem Ies Voet gesagt: »So, und jetzt beantragst du bei der Leitung der Interbrigaden, daß ich in ein anderes Krankenhaus komme, denn diese Zustände hier lasse ich mir nicht mehr bieten!« – Und ich will noch mal betonen, *die* Ärzte in Spanien waren nicht unsolidarisch, und sie duldeten auch keine unhygienischen Zustände. *Die* Ärzte gibt es nämlich nicht, aber es gab leider damals Ärzte, die sich so verhielten.

In dieser Zeit kriegte ich furchtbare Bauchschmerzen, und es stellte sich heraus, es war mein Blinddarm, der rebellierte. Professor Heymans hat mich operiert. Wir hatten in der oberen Etage ein paar Zimmer für Patienten mit sehr ansteckenden Krankheiten, und in eins von diesen Zimmern wurde ich gelegt. Und als mir die Nähte gezogen worden waren, stand ich auf. Und drei Tage später war ich wieder bei der Arbeit. Ja, und damals, als ich mich entschlossen hatte, wegzugehen aus Onteniente, sagte ich mir:

›Also, ich muß erst mal ein bißchen Urlaub nehmen, damit ich wieder zu mir kommen kann.‹ Ich fand, daß ich es nötig hatte, mal 'ne Woche auszuspannen. Und überhaupt hatte ich einen sehnlichen Wunsch: Ich wollte unbedingt nach Madrid. Denn das war ja für uns was ganz Besonderes: ›Madrid, du Wunderbare ...‹ Na, ist auch so: Als Madrid vor den Faschisten kapitulierte, war's aus mit der Republik! – Also nach Madrid wollte ich, ich hatte meinen Koffer schon dorthin geschickt. Und ich fuhr zum Sitz der Interbrigaden, nach Albacete. Ich wollte mir dort meinen Urlaub genehmigen lassen. Und da traf ich auf der Straße den Ies Voet. Sagt er: »Ach, Trudel, das ist gut, daß ich dich sehe, denn ich nehme dich heute Abend mit nach Villanueva de la Jara.« Ich sagte: »Nein, mein Lieber! Das kommt gar nicht in Frage! Ich krieg zehn Tage Urlaub und fahre nach Madrid.«

Und da sagte der Ies ganz richtig: »Wozu bist du denn nach Spanien gekommen?! Etwa um Urlaub zu machen?!« Also bin ich mit Ies Voet rüber nach Villanueva de la Jara ins holländische Hospital. Und nach Madrid bin ich während des Bürgerkrieges nie gekommen.

Villanueva de la Jara liegt in La Mancha, in der Provinz Cuenca. Wenn du dir die Karte von Spanien vorstellst, und du tippst mit dem Finger genau auf die Mitte: Da in der Hochebene liegt Villanueva de la Jara. Und dort befand sich unser holländisches Hospital. Die Leitung der Interbrigaden hatte einige Krankenhäuser nur mit amerikanischem, englischem – oder eben mit holländischem Personal einrichten lassen. Und diese Einteilung in Nationalitäten war aus zwei Gründen wichtig. Zum ersten konnte man die Hilfe aus unseren Heimatländern besser stimulieren und für die Propaganda zu Hause nutzen. Zum Beispiel hatte die Leitung unseres Krankenhauses in Villanueva de la Jara beim Komitee ›Hulp aan Spanje‹ um einen tragbaren Röntgenapparat gebeten. Oder der Theo half im Dorf bei sechzehn Entbindungen. Er hat dafür Ampullen mit bestimmten Medikamenten in Holland beantragt und gekriegt. Zum zweiten war diese Einteilung in Nationen wichtig, weil sich das Personal mit den Patienten in deren Muttersprache verständigen konnte. Denn in den Interbrigaden herrschte ja ein Sprach-Pelemele wie im Turm zu Babel! Eines Tages bekamen wir mal einen Soldaten im Schockzustand. Der Theo versuchte, ihn wieder zu Bewußtsein zu bringen. Wir haben ihm eine Spritze gegeben, und der Theo hat ihm leicht ins Gesicht gehauen, damit das Blut besser strömt. Und wir haben uns dabei auf holländisch unterhalten: »Ich glaube, er kommt zu sich ... Ich glaube, er wird wach ...« Der Patient öffnete die Augen und sagte: »Ich bin im Himmel! Die Engel sprechen holländisch!« Und das ist doch ein Beweis dafür, wie gut diese Einteilung der Hospitäler in Nationalitäten war. Dieser holländische Interbrigadist ist übrigens später gefallen. Ja.

Die einzigen großen Gebäude, die es in Villanueva de la Jara gab, waren die Kirche, das Kloster und das Haus des Großgrundbesitzers. Die Kirche stand auf einem Hügel, von da aus überschaute man sämtliche Zugänge zum Dorf. Also, sie war auch ein strategischer Punkt. Das Kloster von Villanueva de la Jara haben wir als Schwesternheim benutzt. Und das Haus des Großgrundbesitzers war so geräumig, daß wir zusammen mit dem Getreidespeicher ein Hospital mit über zweihundert Betten einrichten konnten. Diese beiden Gebäude waren, bis wir in sie einzogen, unbenutzt geblieben, weil alle Notabeln bei Ausbruch des Bürgerkrieges geflüchtet waren. Nur der Dorfarzt ist noch 'ne

Weile im Dorf geblieben. Und dann hat auch er sich abgesetzt. Aber vorher hat er noch den einzigen Brunnen, den es in Villanueva de la Jara gab, vergiftet mit Typhusbazillen vergiftet, so daß wir diesem Brunnen eine Zeitlang gar kein Wasser entnehmen konnten. Also, es ist fast gar nicht auszudenken, was für eine Menge Probleme entstehen, wenn dem Personal eines Hospitals nur ganz wenig Wasser zur Verfügung steht! Wir haben die Patienten zuerst mit Wein gewaschen, und die klebten dann vorn und hinten, also konnten wir das den Kranken nicht allzu lange antun. Auf Eseln sind dann Leute ausgeritten, und die haben im Nachbardorf Wasser geholt. Und zum Glück ist der Brunnen später entgiftet worden. Nur weiß ich nicht mehr, wie das gemacht wurde.

In unserem Hospital in Villanueva de la Jara lagen mehrere kriegsgefangene Soldaten, unter anderem einige Araber. Diese Patienten wurden von uns genauso behandelt wie die Soldaten der Republik. Den faschistischen Soldaten war sehr oft gesagt worden: »Wenn ihr den Republikanern in die Hände fallt, dann werdet ihr mißhandelt, werden euch die Geschlechtsteile abgeschnitten ...« Naja! So war es oft etwas schwieriger, das Vertrauen dieser Kriegsgefangenen zu gewinnen. Wir mußten zum Beispiel vor ihren Augen immer erst einen Happen vom Essen kosten, um sie zu überzeugen, daß kein Gift drin war. Erst im Lauf der Zeit haben sie uns etwas mehr vertraut.

In Villanueva de la Jara versorgten wir zumeist republikanische Soldaten. Viele hatten Kinderkrankheiten. Denn die spanischen Jungs, die aus den Dörfern kamen, konnten nie eine Schule besuchen. Und wenn sie als Rekruten ausgebildet wurden, also alle gemeinsam in einer Behausung wohnten, kriegten sie auf einmal Scharlach und Masern und Mumps. Und bekanntlich sind solche Krankheiten bei Erwachsenen immer viel gefährlicher als bei Kindern. Eines Morgens schoß der Ies Voet auf mich zu und fragte: »Hast du Scharlach gehabt?« Ich sagte: »Ja, als ich zwei Jahre war.« – »Schön, dann geh mal runter in das Souterrain, da ist die Scharlachstation.«

Im Haus der Hoheit war auch ein Souterrain, und das war die Scharlachstation. Die bestand aus sechs Betten, worauf die Kranken lagen. Aber in meiner Station gab es kein Bettzeug, kein Geschirr, keine Urinale – nix! Also bin ich erst mal zu unserem Administrateur gegangen. Das war ein sehr netter holländischer Interbrigadist. Später, während des zweiten Weltkriegs, ist er im KZ Bergen-Belsen umgekommen ... Mit Hilfe dieses Administrateurs habe ich versucht, mir alles zusammenzusammeln für meine sechs Scharlachkranken. Und als ich runterkam mit meinen schönen Sachen, da waren's zwölf ... Nebenan hatte ich einen Saal mit fünf Masern-Leuten. Das hatte zur Folge, daß ich fünf Tage und fünf Nächte überhaupt nicht ... Nee, vier Tage und vier Nächte, nicht übertreiben! – überhaupt nicht aus dem Saal rausgekommen bin. Denn es gab keine Ablösung für mich, und meine Patienten waren schwerkrank. Heutzutage ist Scharlach überhaupt nicht mehr so schlimm durch's Penicillin; aber damals war Scharlach sechs Wochen lang ansteckend. Und besonders drei von meinen Patienten, die sehr schwer erkrankt waren, brauchten viel Pflege. Sie mußten jede Stunde herzstärkende Mittel gespritzt bekommen – nicht gegen die Krankheit, sondern gegen die Herzschwäche. Einer meiner Patienten war 'n polnischer Arzt, ein junger polnischer Arzt. Und der war nicht krank so wie die anderen. Manchmal nachts, wenn mir die Augen zufielen, hab ich ihn geweckt. Dann hab ich gesagt: »Jerzy, wickle deine Decke um dich und übernimm die Wache für mich. Diesem und jenem Patienten mußt du soundsoviel Uhr eine Injektion geben ... Und ich lege mich auf dein Bett und werde zwei Stunden schlafen.« So ging ... ist das gewesen. Du mußt bedenken – und das ist für uns heute ganz schwer zu verstehen – daß es damals noch keine Sulfonamide gab. Und erst recht kein Penicillin! Sulfa wurde in der Zeit, als wir in Spanien waren, entdeckt: 1936 von einem Deutschen namens Domagk. Ende 37 lasen wir in einer Fachzeitschrift davon. Und wir haben nur unsre Köppe geschüttelt: ›So was! Ein Wundermittel, das eine Lungenentzündung in drei Tagen heilen kann! Na so was! Unglaublich!‹ Aber damals mußten die Scharlachkranken noch sehr streng isoliert werden, sie durften auch nicht aufs Klo im Flur. Und einer von den Spaniern hat mal Besuch gekriegt von seinem Vater. Der durfte nicht ins Zimmer rein, der mußte durch die Scheiben mit seinem Sohn sprechen. Da zeigte der Vater auf mich und fragte: »Diese fremde Frau, ist sie auch gut zu dir?« – »Gut?!« sagte der Junge. »Die ist verrückt, so gut ist sie! Sie läßt mich lieber auf den Topf scheißen, als daß sie mich auf's Klo gehen läßt ...« Ach, das war 'ne anstrengende – aber eben 'ne tolle Zeit! War schon toll! Ich bekam später auch 'ne Ablösung, und wir pflegten zu zweit die Patienten der Scharlachstation. Und als es den Jungs wieder etwas besser ging, haben wir für die Spanier regelrechte Alphabetisierungskurse veranstaltet. Damals lernte ich ja auch den Theo kennen ... Für ihn war es Liebe auf den ersten Blick. Ich fand Theo am Anfang gar nicht nett. Nee, er war mir zu eigensinnig! Aber, daß ich ihn nicht nett fand, das änderte sich schon bald. Er war mir aufgefallen, als ich zum Essen kam.

Die Ärzte, die Schwestern, die Patienten, alle aßen zusammen im Speisesaal. Der Saal befand sich im ehemaligen Stall für die Tiere des Gutsbesitzers. Und da fragte ich den Ies Voet: »Wer ist denn der da, der blasse, komische Mann?« Sagt er: »Das ist Theo van Reemst.« Sag ich: »Nein!« Und der Theo hat seinen Tischnachbarn gefragt: »Wer ist denn die?« – »Na, das ist die Trudel de Vries.« – »Nein!« sagt er. »Das ist Trudel de Vries?!« Denn ich sah sehr traurig aus, weil ich müde und abgespannt war ... Theo und ich, wir kannten uns schon ein bißchen. Theo war an der Front und hat da in einer Zeitung gelesen, daß gerade acht holländische Krankenschwestern in Spanien angekommen waren. Und er hat einen Brief nach Albacete geschrieben: ›An die acht holländischen Krankenschwestern ...‹ Die Administration der Interbrigaden hat uns den Brief nach Onteniente geschickt, und er langte gerade an, als ich mit der Blinddarmentzündung im Bett lag. Und überhaupt, weil ich Apothekerassistentin war – der Theo hatte eine furchtbare Handschrift –, sagten die anderen Mädchen: »Die Post kannst du beantworten.« Da haben Theo und ich 'ne Zeitlang korrespondiert. Ja, und in Villanueva de la Jara lernten wir uns richtig kennen. Bloß konnte der Theo nicht verstehen, daß ich so 'ne traurige Pflanze war, wo ich ihm doch immer so lustige Briefe geschrieben hab ... Und dann hat der Theo mal gesagt: »Ich besuch dich heute Abend in deinem Saal.« Ich sagte: »Nein, du darfst nicht rein, denn das ist ja ...« – Der Theo hatte doch Typhus und Gelbsucht gehabt und war als Rekonvaleszenter in unserem Hospital. Und er hat gesagt: »Ich bin Arzt, und ich bestimme, ob ich in den Scharlachsaal reingehe ...« Da sag ich: »Du mußt wenigstens 'n Kittel anziehn.« Na, das hat er dann gemacht. Also, ich fand ihn erst furchtbar eigensinnig. Aber dann gefiel mir, daß er gerade war, aufrecht und offen. Theo und ich haben in Spanien auch geheiratet. Nicht ganz offiziell. Denn die Holländer hatten keinen Konsul in Spanien. Wir hätten uns an den deutschen Konsul wenden müssen. Und wenn der von den Nazis eingesetzt worden war, muß der auch ein Faschist gewesen sein. Verstehst du: Die Angelegenheiten holländischer Staatsbürger, die in Spanien lebten, wurden von einem deutschen Faschisten geregelt. Holland war ja auch das erste Land, das Franco anerkannt hat. Holland war das erste Land der Welt, das Franco als Staatsoberhaupt anerkannt hat! Und das ist eine Tatsache, für die ich mich immer schäme. Und die Sowjetunion wurde von der holländischen Regierung sehr lange nicht anerkannt! Ich weiß nicht mehr, wann das war, aber jedenfalls zählte Holland zu den letzten Ländern, die die Sowjetunion anerkannt haben! Also, zu diesem deutschen Konsul sind Theo und ich natürlich nicht gegangen. Wir haben im Hospital eine kleine Hochzeitsfeier veranstaltet, der Bürgermeister von Villanueva de la Jara hat seinen Senf dazu gegeben. Und nachdem wir in Holland waren, haben wir offiziell geheiratet. Aber Eheringe haben wir erst nach dem Zweiten Weltkrieg gekauft, als der Theo aus dem KZ Dachau zurückkam. Da wollte er einen Ehering, und das konnte ich durchaus verstehen.

Theo blieb im holländischen Hospital, weil sich Ies Voet als Arzt an die Front gemeldet hatte; die beiden haben sich abgelöst. Und in Villanueva de la Jara und später in Moyá besprach das gesamte Personal am Anfang eines jeden Arbeitstages auf einer Versammlung, wie man mit den Mitteln, über die man verfügte, am besten haushalten konnte. Und dann sagten die Ärzte zu mir: »Zeig mal her, was du in deiner Apotheke hast, damit wir einen Behandlungsplan festlegen können.« Zum Beispiel mußten wir, weil wir nichts anderes hatten, Typhuskranke, die ja eine sehr strenge Diät brauchen, mit Linsen füttern. Unsere Köche wurden angewiesen, die Linsen so fein zu mahlen und zu sieben, daß ein leicht verdaulicher Brei entstand. Ja, und besonders in Moyá, als schon die Hungersnot herrschte, nützten unserer Belegschaft diese Absprachen *sehr*.

In unseren Hospitälern war's auch nicht so, daß man – wie in Holland – die Ärmel der Kittel nach unten ziehen mußte und stocksteif strammstehen mußte, weil der Herr Oberarzt kam. Nee, nee, um Gottes willen! Ich hab auch mal 'ne Auseinandersetzung gehabt mit einem Arzt, der Ies Voet einen Tag vertreten mußte, damals, als ich auf meiner Scharlachstation arbeitete. Es ging um einen Patienten mit hohem Fieber. Und dieser Arzt guckte sich den Kranken an und sagte zu mir: »Der Mann kommt auf deine Station, der hat Scharlach.« Und ich beguckte mir den Kranken; ich sag: »Was er hat, weiß ich nicht, aber er hat keinen Scharlach. Und der Patient kommt nicht in meine Station, denn er steckt mit seiner Krankheit all meine Scharlachkranken an, und er bekommt auch noch Scharlach dazu. Wenn du diesen armen Kerl in meine Station bringen läßt, werde ich ihn nicht berühren, obwohl mir das Herz dabei bricht. Er ist schwerkrank und muß gepflegt werden. Trotzdem pflege ich ihn nicht.« Und das war eine sehr ernste Auseinandersetzung, ich hab mich also wirklich geweigert, dem versorge eines Arztes zu gehorchen. Und dann kam der Ies Voet nachmittags und sagte: »Wo ist der Patient? ... Der hat Typhus.« Sag ich: »Ja, das dachte ich mir schon.« Also, dem Arzt, der falsch diagnostiziert hat, dem ist eben ein Lapsus passiert. Und das passiert allen Menschen. Und wahrscheinlich hat dieser Arzt sich furchtbar geärgert über mich dickköpfige, doofe Krankenschwester. Der wird gedacht haben: ›Warum mischt sich so eine dumme Krankenschwester in meine Diagnose ein! Wenn ich sage: Der Mann hat Scharlach, dann hat er eben Scharlach.‹ Also dieser Arzt hat wahrscheinlich noch die alte überlebte Idee gehabt, daß eine Krankenschwester in Anwesenheit eines Doktors nix zu sagen hat. Und diese Standesdünkel gab's unter uns Interbrigadisten eigentlich kaum mehr. Nein, wir haben sehr *demokratisch* gearbeitet. Wir waren alle Kameraden mit einem Ziel, und die Demokratie, die heute in den holländischen Spitälern angestrebt wird, hatten wir in den Hospitälern der Interbrigaden schon *längst*. Bei uns war auch vollkommene Gleichberechtigung für Männer und Frauen! Also das ist etwas, wofür wir hier in Holland bis auf den heutigen Tag kämpfen müssen! Und ich bin für die Gleichberechtigung der Frau. Ja, ohne Schranken! Es muß die Chance geben, daß sie, wenn sie will, aus dem Haus raus kann. Es muß zum Beispiel genügend Arbeit und Kinderhorte geben – was in Holland nicht der Fall ist. Frauen müssen den gleichen Lohn kriegen wie Männer. Und ich finde es sehr gut, wenn die Männer heute mitverantwortlich sind für die Erziehung der Kinder. Aber das war in meiner Familie vor fünfundvierzig Jahren auch schon so; der Theo hat meinen Sohn Bert auch regelmäßig gebadet und ihm 'ne saubere Windel gegeben. Und damals galt ein Mann, der im Haushalt hilft und die Kinder mitversorgt, als verrückt. Doch ist es auch eine Tatsache, daß es unterschiedliche Geschlechter gibt. Und Männer und Frauen sind eben verschieden geschaffen. Und ich kann mit manchen unserer Feministinnen nicht mitkommen, wenn die es eine Schande finden, daß eine Frau mal ein paar Jahre zu Hause bleiben will, weil ihre Kinder noch sehr klein sind. Ja, natürlich müssen sich in einer Ehe beide Partner entwickeln können. Aber zur gegebenen Zeit kann doch auch der Mann zugunsten der Frau zurückstecken. – Bin ich jetzt altmodisch?

Zurück nach Spanien: Also der Apotheker von Villanueva de la Jara war an der Front. Und seine Schwester führte die Apotheke. Aber sie war Analphabetin. Und da war ein dreizehnjähriger Junge aus dem Dorf, der bei den Mönchen lesen und schreiben gelernt hatte. Und der hat für die Schwester des Apothekers die Rezepte gelesen. Und als eine unserer Krankenschwestern das rausbekam, hat sie auf einer unserer Versammlungen gesagt: »Trudel, du hast ja das Diplom als Apothekenassistentin, du solltest dich auch der Apotheke annehmen.« Und deshalb habe ich viel in der Apotheke gearbeitet. Ich brachte diesem kleinen Gehilfen auch ein bißchen Chemie und Physik bei; das empfand ich als nette Abwechslung.

Wir haben natürlich verbreiten lassen, daß wir auch die kranken Dorfbewohner behandeln würden. Aber die haben sich am Anfang überhaupt nicht getraut, zu uns ins Hospital zu kommen. Warum auch? Sie hatten ihr Leben lang alle Krankheiten selbst kuriert. Denn der Arzt im Dorf hat nur die Familie des Großgrundbesitzers und die Mönche behandelt. Die Bauern konnten sowieso nicht zahlen. Also der Arzt hat sich überhaupt nicht um die Bauern gekümmert! Und da haben die Mädchen aus dem Dorf, die bei uns angestellt waren, Reklame für uns gemacht. Das heißt, sie haben erzählt, wie gut wir arbeiten und wie anständig wir sind und so weiter. Und ganz zaghaft sind dann die ersten Dorfbewohner zu uns gekommen. Und eines Tages – ha! – waren sämtliche Ärzte zu einer Versammlung nach

Albacete gefahren. Und Jopie Maas – die war Oberschwester bei uns – und ich, wir haben die Sprechstunde für die Dorfbewohner gemacht. Und es kam eine Frau mit ihrem Vater. Und sie sagte, ihr Vater sei blind schon seit zwanzig Jahren. Und sie hat gehört, daß wir den Leuten helfen, und vielleicht können wir für ihren Vater was tun. Na, wir haben uns den Mann mal angeschaut. – Und seine Augen waren so verkrustet! Da sagten wir: »Wir wollen anfangen, die Krusten aufzuweichen, und später werden wir den Mann unseren Ärzten vorstellen.« Wir haben mit etwas Öl, das wir noch hatten, Schicht um Schicht gelöst. Und wir haben den Großvater jeden Tag zurückkommen lassen, und nach einer Woche war die Kruste schon dünner. Und schließlich ging die Kruste ab ... und dann ... hat der Opa die Augen aufgemacht ... und konnte sehen! Also, er war einfach baff: »Ich sehe!« Wir waren für ihn wie ... einfach wie Jesus Christus! Na, daß er nicht vor uns auf die Knie gefallen ist. Das hätte noch gefehlt! Und er hat uns auch bezahlt! Ja, mit sechzig Eiern! Bei allen Leuten im Dorf hat er Eier für uns gesammelt; und er hat unserem Hospital sechzig Eier geschenkt, ja, aus Dankbarkeit! Wahrscheinlich hat der Opa dann 'ne dunkle Brille gekriegt ... ich weiß nicht mehr. Unsere Ärzte haben ihn später behandelt, und wir sind mit ihnen zu dem Schluß gekommen, daß der Mann eine Augenentzündung gehabt hat vor -zig Jahren. Und seine Lider waren ein bißchen verkrustet, aber weil er nicht zum Arzt gehen konnte, hat sich im Laufe der Zeit der Dreck immer mehr angehäuft. Jedenfalls haben wir den Blinden sehend gemacht, und das hat sich natürlich herumgesprochen! Und im Laufe der Zeit sind immer mehr Leute zu uns gekommen.

Eine unserer ersten Patientinnen im Dorf war eine

Wöchnerin mit einer entzündeten Brust. Die Frau war sehr krank davon. Sie hat also einen Arzt rufen lassen, und ich bin dann mit dem Theo mitgegangen, denn er mußte die Brust einschneiden und ... Eiter ausräumen, und ich mußte dem Theo dabei helfen. Die Wunde haben wir schön steril verbunden, und dann sind wir zurück ins Hospital. Und am Abend kam ich wieder, ich wollte mir die Wöchnerin noch mal anschauen. Da war der Verband ganz verrutscht und schmuddlig. Also der sah aus – furchtbar! Ich hab die Frau gefragt: »Was haben Sie denn gemacht?!« – »Nix«, hat sie behauptet. Ich hab gesagt: »Sie sind doch drangewesen an dem Verband!« Ich war damals noch jung und hatte nicht soviel Geduld. Ich sagte: »Sie sind an dem Verband gewesen. Also, jetzt raus mit der Sprache!« Da kam ihr Mann mit einem ganz verdreckten kleinen Köter: »Das Hündchen hat die böse Brust leergetrunken ...«

Na, ich hab nicht gelacht, sondern geschimpft. Und der Mann wollte mich noch beschwichtigen, indem er sagte: »Mach dir mal keine Sorgen! Sobald die Brust geheilt ist, wird der Hund getötet!«

Wir haben ungefähr bei sechzehn Entbindungen geholfen in Villanueva de la Jara, und wir haben in Spanien beobachtet, daß die Entbindungen dort viel schneller verliefen als in Holland. Am Anfang hat der Theo sich geirrt. Da ist er zu der Kreißenden hingegangen, hat sie untersucht und hat sich gedacht: ›Ja, es ist noch nicht so weit. Ich kann noch mal für zwei Stunden ins Hospital.‹ Und als er zurückkam, war das Kind schon da ... Anfangs fand ich auch ein bißchen komisch, daß die Wöchnerinnen nicht gewaschen wurden. Und daß das Neugeborene eingekleidet und unter der Decke an die Hüfte der Mutter geschmiegt wurde. Denn da war's schön warm. Und ich hab mal für eine Kreißende ein kleines Kistchen mitgenommen. Das habe ich ein bißchen mit Tüchern ausstaffiert und ein Bettchen von gemacht. Aber ich kam an ... und hab das Kistchen schnell wieder rausgeschafft! Denn die Frau war außer sich! Außer sich! Die hat gemeint, ihr Kind sei tot!

Manchmal frage ich mich, wie es diesen Menschen während der Franco-Zeit ergangen sein wird. Ich habe in den sechziger Jahren ziemlich viel schriftlichen Kontakt gehabt mit den Familien von politischen Gefangenen, ich weiß also von der bitteren Armut, die in der Franco-Zeit herrschte. Und weißt du, mich hat getroffen, daß so viele Holländer Urlaub gemacht haben in Spanien, obwohl dort ein faschistisches Regime war. Das heißt, ich hab dann immer gesagt: »Die Holländer, die jetzt in Spanien Urlaub machen, die fahren nach Zandvoort* am Mittelmeer und die legen sich mit dem Rücken nach Spanien in die Sonne. Diese Leute werden braun und wissen nicht, was fünf Kilometer weiter geschieht.« Es gab sogar *Kommunisten*, die da hingefahren sind! Also ich meine, du mußt dich entscheiden: Entweder du bist Antifaschist – oder nicht! Würdest du nach Chile fahren in Urlaub?! Also so war's damals mit Spanien auch: Es war ein sonniges, billiges Urlaubsland – aber blutig.

Die Häuser in Villanueva de la Jara waren sehr klein und hatten ganz dicke Mauern und winzige Fensterchen, damit es im Sommer drinnen nicht zu warm werden konnte und im Winter nicht zu kalt. Und in diesen Häuschen wohnten furchtbar große Familien mit furchtbar vielen Kindern. Und ein Ehepaar kriegte sein vierzehntes Kind. Es hieß Esperanza, Hoffnung. Und der Vater von

---

* Zandvoort ist ein holländischer Badeort an der Nordsee.

Esperanza konnte überhaupt nicht verstehen, warum wir Ausländer keinen Nachwuchs bekamen. Er hat uns ganz ehrlich gefragt, wie es möglich wäre, daß wir keine Kinder hätten. Wenn er bloß seine alpargata, also seine Bastschuhe, auszöge, wär's schon geschehen – jaja! Na, damals sprachen wir schon ein bißchen spanisch, und zusammen mit den Mädchen aus Villanueva de la Jara, die bei uns im Hospital arbeiteten, haben wir angefangen, die Dorfbevölkerung aufzuklären. Aber viel Zeit hatten wir dafür nicht, weil wir ja immer schrecklich viel zu tun hatten.

Am dritten Tag nach der Geburt eines Kindes wurde Theo immer zum Essen eingeladen. Ich bin mit ihm mitgegondelt. Und wenn wir zu Besuch kamen, stand die Wöchnerin auf und bereitete die Mahlzeit für ihren Mann und die Gäste. Also sie hat für uns gekocht, uns bedient! Und daß ich immer mit dem Theo mitgegondelt bin, fanden die Einheimischen sehr komisch. Denn die Frauen, die in den spanischen Dörfern lebten, waren noch nicht emanzipiert. Aber das haben wir erst viel später begriffen. Als wir nämlich den Bürgermeister und seine Frau zu einem Beisammensein ins Hospital eingeladen haben, sagte er sehr höflich, er käme gerne. Und er kam dann auch – *alleine*. Hab ich ihn gefragt: »Ist Ihre Frau verhindert?« Und er hat ganz vorsichtig geantwortet: »Bei uns ist es nicht Sitte, die Frau mitzunehmen, wenn man ausgeht.«

Eins war eigentlich sehr interessant: Obwohl der Katholizismus in Spanien doch so eine bedeutsame Rolle gespielt hat, ist mir während meines ganzen Aufenthalts dort niemand begegnet, der sein Kind taufen ließ. Und Theo hat in Spanien doch sechzehn Kindern auf die Welt geholfen! Es hat auch niemand um die Sakramente gebeten. Dabei waren bei uns im Hospital doch auch Geistliche angestellt. Wir hatten im Krankenhaus von Onteniente und später in Moyá verschiedene Pater, die in unserer Administration loyal gearbeitet haben. Aber wir haben kein einziges Mal erlebt, daß jemand einen Geistlichen zu sich rief. Die Kirche war gerade bei den einfachen Menschen sehr verhaßt! Und als dann zu Beginn des Bürgerkrieges die Mönche getürmt sind, haben die Bauern von Villanueva de la Jara die Kirche gestürmt. Sie haben den Altar zerstört, Reliquien geraubt und kaputtgeschlagen. Denn die Leute standen ewig in der Schuld bei der Kirche. – Nicht bloß wegen der Sakramente, sondern auch, weil der Boden, den die Bauern bearbeiteten, zum Teil Eigentum der Kirche war. Und der einzige Brunnen des Dorfes – der hatte so ein Rad, das von einem Eselchen bewegt wurde, wie du das aus Märchenbüchern kennst – also dieser Brunnen war das Eigentum der Kirche. Für jeden Tropfen Wasser mußten die Bauern zahlen. Es ist kein Wunder, daß sie die Kirche gestürmt haben! Die Leute waren so wütend, daß sie so ausgebeutet worden waren in all den Jahren!

Als Franco im Frühjahr 38 drohte, bis zur Mittelmeerküste durchzustoßen und das Land in zwei Teile zu schneiden, ist unser holländisches Hospital evakuiert worden. Und die Leute von Villanueva de la Jara haben geweint. Die waren traurig, die waren furchtbar traurig.

Wir sind eigentlich mit dem allerletzten Zug evakuiert worden. Unsere Lokomotive fuhr schon nicht mehr über den Ebro. Sie wurde vor dem Ebro abgehängt, und die Waggons wurden über die Brücke geschubst. Denn es wäre gefährlich gewesen, wenn die Lokomotive, die Dampflokomotive, vielleicht Funken gesprüht hätte. An den Pfeilern hingen nämlich schon Säcke mit Dynamit. Und als wir ein Stückchen weitergefahren waren, wurde die Brücke gesprengt. Ich weiß das Datum nicht mehr genau, höchstwahrscheinlich war es Anfang April 38. Da waren wir inzwischen in Barcelona angekommen, und der Theo und ich kriegten holländische Zeitungen geschickt. Und wir lasen in Ausgaben, die zwei Tage vor unserer Ebroüberquerung erschienen sind, daß Franco zum Mittelmeer durchgestoßen ist. Und diese Mitteilung konnte natürlich überhaupt nicht wahr sein, weil wir uns zu dem Zeitpunkt, in dem der Artikel publiziert wurde, noch in dem Gebiet befanden, durch das die Faschisten schließlich zum Mittelmeer durchbrachen! Also was darüber in den holländischen Zeitungen stand, war erstunken und erlogen! Ja, das war mir eine Lehre. Ich meine, die Faschisten kamen schließlich doch zum Mittelmeer. Aber so verlogen hat der allergrößte Teil unserer Presse damals berichtet! Und so verlogen ist ein Großteil unserer Presse noch heute! Ich glaub, fünf Tage brauchten wir, um nach Barcelona zu kommen – oder drei Tage. Manchmal hat der Zug stundenlang warten müssen, denn die Militärtransporte gingen natürlich immer vor. Wir hatten Lazarettwaggons für die Patienten und Viehwaggons für's Personal. Nur ein Teil von uns Schwestern wurde eingesetzt zum Betreuen der Kranken. Wir anderen haben viel gedöst und geschlafen und gesungen und vielleicht auch Schulungen durchgeführt. Wir sahen ganz schmutzig aus, denn waschen konnten wir uns nur so'n klein wenig in der Lokomotive, da gab's 'n bißchen Wasser. Und Wäsche wechseln konnten wir nicht, und wenn wir schliefen, lagen wir wie die Heringe nebeneinander. Ich weiß noch, der Theo schlief auf der einen Seite und auf der anderen ... Marina hieß sie, die war auch so groß wie Theo. Und die zwei zogen die Knie an, und die Ritze zwischen beiden, das war mein Platz. Und ich hatte Durchfall, 's war ganz furchtbar. Und es war dunkel in dem Viehwagen, man fand sich kaum zurecht. Und unterwegs wurden wir mehrmals von Flugzeugen überfallen, da stand der Zug still. Mußten wir rausspringen aus den Waggons und uns auf die Erde werfen. Meistens schafften wir es nicht mehr, die Kranken rauszuholen aus dem Zug, wir konnten nur hoffen, daß wir alle heil davonkamen. Also, es war nicht ganz einfach.

Und dann kamen wir nach Barcelona. Richtig ein Urlaub war das nicht, aber bevor der Theo wieder an die Front ging, haben wir beide ganz feudal in einem Hotel gewohnt. Theo war Offizier geworden und brauchte also nicht in der Kaserne zu schlafen. Außerdem kriegten wir einen Soldatenlohn, wir konnten das Hotelzimmer mühelos bezahlen. Ich hab diese Tage in Barcelona sehr genossen! Und ich hab dir erzählt: Als ich aus Onteniente wegfuhr, wollte ich erst mal Urlaub machen in Madrid. Meinen Koffer hatte ich schon nach Madrid aufgegeben, und der war abhanden gekommen. Und so lief ich immer in Soldatenhosen herum, die ich mir gepumpt hatte, manchmal auch in Latzhosen, wie sie die Mechaniker trugen, zog eine Soldatenbluse drunter oder eine Jacke drüber. Ich sah immer wie ein kleiner, ein bißchen dicklicher Junge aus. Als wir dann in Barcelona angelangt waren und der Theo im Hotel ein Zimmer bestellte für sich und seine Frau, saß ich auf Theos Koffer. Und der Portier wartete 'ne Weile, räusperte sich und sagte schließlich zu meinem Mann: »Können Sie dem Jungen nicht ein Trinkgeld geben, damit er weggeht und ich Ihren Koffer auf Ihr Zimmer bringen kann?« Ah, ich hab mich sehr gefreut, und der Theo hat ganz freundlich geantwortet: »Der Junge ist meine Frau!«

Wir wohnten in der Calle Caspe, das war eine Nebenstraße vom Plaza de Cataluña, ganz im Herzen von Barcelona. Ich weiß das noch sehr genau, denn die Stadt wurde damals tagtäglich bombardiert.

Wir hatten ein Zimmer mit einem Balkon, aber der war von einer Bombe zur Hälfte abgerissen worden. Und die Fenster hatten keine Scheiben mehr. Und jede Nacht machten uns die Sirenen wach. Da sagte ich: »Theo, es gibt Fliegeralarm!« – »Ja«, sagte er. Ich sage: »Alle Leute gehen in den Luftschutzkeller.« – »Wir bleiben hier.« Da hatte ich 'n bißchen Angst. Aber der Theo war der Meinung, wenn eine Bombe unser Haus trifft, ist der Luftschutzkeller verschüttet, dann kommt man da nicht mehr raus. Vielleicht hat der Theo recht gehabt. Jedenfalls war er seelenruhig, und das hat mich dann auch wieder beruhigt. Aber ich glaube, Theo hatte in Spanien keine Angst. Nein, er hatte keine Angst, denn verschiedene holländische Interbrigadisten haben mir auch erzählt, daß er an der Front in dichtem Kugelregen aufrecht lief. Nee, Theo hatte keine Angst, er war ein sehr tapferer Mensch. Auch im KZ Dachau hat er sich eingesetzt für die Häftlinge! Und er hat sabotiert, als er und die anderen Gefangenen Flugzeugmotoren bauen mußten für die Deutsche Wehrmacht! Also, ich hab nicht versucht, mir zu erklären, woher er die Kraft dazu nahm. In Spanien hatte er eben keine Angst. Hier in Holland, bei Kriegsanfang, als die Junkers und Messerschmitts über unser Haus hinwegflogen, da schien der Theo mir ein bißchen ängstlich. Aber in Spanien – nee.

Als wir in Barcelona waren, mußte Theo sich jeden Tag bei seinen Vorgesetzten in der Kaserne melden. Da kriegte er auch seine Ration Büchsenessen, im Restaurant gab's schon fast nix mehr. Überall sah man Schaufenster mit der

Aufschrift ›No y a res‹, das ist katalanisch für ›Es gibt nichts‹. Und ich weiß noch, daß Theo mir Blumen gekauft hat. Gelbe Tulpen. Und ... ach, die Tage gingen schnell vorbei ... Beim Abschied hab ich geweint – aber erst, als der Theo schon weggefahren war. Und er blieb beim Abschied ganz sachlich. Doch das hat mir nicht weh getan. Ich wußte ja, daß ihm die Trennung naheging.

Nach unserem Urlaub kam ich gleich ins Spital, ich hatte eine Nierenbeckenentzündung. Im Krankenhaus von Mataró habe ich mich ein bißchen kuriert, und nach einer Weile dachte ich: ›Jetzt mußt du weg hier, du mußt wieder an die Arbeit! Dir geht's wieder gut!‹ Aber der Sammet – das war mein Arzt – wollte mich partout weiterbehandeln: ›Nein, du bist noch nicht gesund, du bleibst hier!‹ Und da bin ich einfach getürmt. Ich hab mich in den nächsten Bus nach Barcelona gesetzt und mich dort beim service sanitaire gemeldet: ›Mir geht's wieder gut, ich kann wieder arbeiten.‹ Und also wurde ich nach Moyá geschickt.

Ich hab im Krankenhaus von Moyá die Apotheke und das Laboratorium verwaltet. Unser Chefarzt war der Jerzy Zeller. Und eines Tages kehrte er von einer Besprechung zurück und fragte: »Wie bist du eigentlich weggekommen aus Mataró?« Sagte ich: »Ganz einfach: mit dem Autobus.« Sagte er: »Aber du hast dich nicht abgemeldet!« – »Nee – woher weißt du denn das?« Na, jedenfalls hatte der Zeller bei einer Ärzteberatung vor dem Sammet damit geprahlt, daß er eine so gute Apothekenassistentin hätte. Fragte der Sammet: »Und wer ist denn diese Apothekenassistentin?« Sagt der Zeller: »Die Frau von dem Reemst.« »Nein! Die Frau von dem Reemst?! – Das ist absolut unmöglich, die liegt doch bei mir im Krankenhaus mit einer Nierenbeckenentzündung ...« Ja, unser Chefarzt war der

Jerzy Zeller. Er war ein Pole. Eigentlich hieß er Zellermeister, aber in Spanien nannte er sich Zeller. Er ist später im KZ Auschwitz umgekommen.

In Moyá hatten wir sehr viel weniger Medikamente und Lebensmittel als zum Beispiel in Villanueva de la Jara. Damals herrschte große Not. Die Menschen hatten kaum was zu essen und mußten Kilometer laufen, um irgendwo ein paar Kartoffeln oder Blumenkohlstrünke aufzutreiben. Wir hatten eine Art ›Hungerwinter‹. So nennt man hier in Holland den Winter 44/45, den letzten Winter vor der Befreiung. Da sind sehr viele Menschen vor Hunger gestorben. Und in Spanien war's zwar ein ›Hungersommer‹, aber die Menschen waren auch ganz schrecklich unterernährt, sie haben ganz furchtbar gehungert. Und das waren die Folgen der sogenannten ›Nichteinmischungspolitik‹! Züge mit Nährmitteln blieben vor der Grenze Spaniens stehen, weil die französische Regierung sie nicht weiterfahren ließ! Wir kriegten überhaupt keinen Nachschub an Lebensmitteln und Medikamenten mehr, nichts! Diese ›Nichteinmischungspolitik‹ ist nicht nur dumm, sie ist gemein und ganz furchtbar gewesen! Meine Apotheke in Moyá verfügte über Ärztemuster aus der ganzen Welt. Mediziner bekommen ja immer Proben von neu entwickelten Präparaten zugeschickt, und die wurden dann in vielen Ländern für Spanien gesammelt. Also, meine Apotheke war ›ganz international‹! Später hat man solche Sammlungen übrigens auch für Vietnam gemacht und jetzt für Angola. Ach ja, man könnte viel Geld gebrauchen heutzutage.

Ich wohnte richtig in der Apotheke. Da arbeitete ich, schlief ich, empfing ich meine Freunde. Und ich hatte zwei Gehilfen. Der eine war Amerikaner, ein Chemiestudent, und der andere ein Deutscher, Hugo Korn hieß er. Er war geboren in Köln, lebte aber längere Zeit in Palästina und ist von dort aus nach Spanien gekommen. In seiner Nähe war eine Bombe geplatzt, und er wurde ins Hospital gebracht mit einem Shell-Schock,* Hugo konnte nicht mehr sprechen. Und deshalb wurde er zu mir in die Apotheke geschickt, ich sollte versuchen, ihm wieder zum Sprechen zu verhelfen. Ich hab ihn Pulverpapier falten lassen. Ich hab mich – wenn's einigermaßen ging – immer mit dem Rücken zum Hugo hingestellt und hab ihm was erzählt. Und ganz allmählich hat er angefangen, ein bißchen zu sprechen. Ganz furchtbar stotternd und schrecklich langsam, aber er hat was gesagt! Und weil ich beschäftigt war und nicht auf ihn aufpaßte, sprach er von Tag zu Tag besser. Er ist dann mit einem Transport von Kriegsunfähigen nach Frankreich gebracht worden. Und eines schönen Tages bekam ich ein Päckchen aus Paris von Hugo. Und da hatte er mir Löffelbiskuits geschickt und ein Stück ›Mon savon‹-Seife, weiß eingepackt mit blauem Band, wie sie jetzt noch angeboten wird, und eine Pfeife für den Theo. Ja, und die Löffelbiskuits schmeckten alle nach Seife. Aber wunderbar! Wunderbar! Und ich hatte gerade das Stück ›Mon savon‹ in der Hand, als der Herbert Lichtenstein in die Apotheke kam. Und er sagte: »Seife?! Ah! Ich will mich jetzt duschen. Kann ich die Seife mal mitnehmen?« Na, und da hab ich gesagt: »Ja, aber du gehst sparsam damit um, nicht wahr?!« Und ein paar Stunden später brachte er mir zwei ganz kleine Stückchen zurück. Ich frag: »Was hast du denn mit meiner Seife gemacht?!« Und da hat er gesagt: »Vierzig Genossen duften ...«

Theo war zu dieser Zeit an der Ebrofront. Und es fuhren

---

* infolge schweren Artilleriebeschusses eintretender Schockzustand, bei dem viele Körperfunktionen zum Stillstand kommen.

vollbeladene Züge dorthin, und die Lokomotiven kehrten ohne Waggons nach Barcelona zurück. Und Theo ist zwei- oder dreimal auf so einer Lokomotive zu mir gekommen. Ganz romantisch, ›wildromantisch‹, sage ich immer. Er blieb vierundzwanzig Stunden bei mir. Tagsüber arbeitete ich, aber abends und nachts, da war ich für ihn da. Und einmal haben wir uns ins Feld hingelegt und die Sterne beguckt ... Und ich erinnere mich, er kam in Urlaub, und ich hatte auch einen freien Tag beantragt. Das muß am 18. Juli 1938 gewesen sein. Hier in Holland, irgendwo in Bilthoven, war von dem Komitee ›Hulp aan Spanje‹ eine Demonstration organisiert worden. Und da hat der Theo in Barcelona eine Radioansprache gehalten, die sich an die Teilnehmer der Demonstration richtete. Also, Theos Ansprache sollte direkt übertragen werden. Und ich hab ihm zugehört ... Ich fand seine Rede so schön! Und als er fertig war, bin ich in die Kabine gestürmt und hab gesagt: »Schatz, das war phantastisch!« Und das wurde auch mit übertragen. Aber zu unserem Glück ist irgendwas passiert, die ganze Sendung ist nicht angekommen. Ach, weißt du, in der Spanien-Zeit hätte ich ja nie ganz glücklich sein können, weil ich sah, wie schwierig der Kampf war, um das zu erreichen, was wir erreichen wollten. Das blieb mir immer bei. Aber ich hab in Spanien ja den Theo kennengelernt und ... Wir waren sehr glücklich miteinander ...

Der Theo fuhr am selben Tag noch zurück zur Ebro-Front. Er arbeitete während der Ebro-Offensive bei einem Triage-Posten direkt hinter der Front, in einem Tunnel. Theo bestimmte, wer transportfähig war oder wer eventuell sofort operiert werden mußte. Und eines Tages wurde ihm Krijn gebracht ... Ich war sehr befreundet mit Krijn Breur, wir haben immer allen erzählt, wir sind Bruder und Schwester. Und da haben die Leute sich sehr gewundert, denn er war hochblond und ich dunkel. Da hab ich immer gesagt: »Ja, er sieht seinem Vater ähnlich und ich meiner Mutter.« – was auch stimmte. Krijn wurde am Ebro sehr schwer verletzt. Er hatte einen Schuß genau durch das Rückgrat gekriegt und war vollständig gelähmt. Und Theo hat richtig diagnostiziert: Wenn der Krijn jetzt ins Hinterland transportiert wird, gann geht der drauf. Und was Theo – weil sein Posten so nahe an der Kampflinie war – nicht tun durfte, hat er getan: Er hat den Krijn drei Tage lang bei sich behalten und ihn dann erst ins nächste Lazarett geschickt. Und ein Chauffeur, der von der Ebro-Front kam, bestellte mir Grüße von Theo und sagte, mein Bruder läge wahrscheinlich in Barcelona in einem Krankenhaus. Und am nächsten Tag bin ich auf die Suche gegangen nach Krijn. Das war ganz furchtbar, ich hab sämtliche Hospitäler abgeklappert. Also zuerst die Hospitäler der Interbrigaden. Keiner wußte da vom Krijn Breur. Dann sämtliche andere Krankenhäuser. Und ich mußte von Spital zu Spital *laufen*, und wie du weißt, ist Barcelona ziemlich groß! Und ich kam in eine Klinik, wo die Schwestern sagten: »Ach ja, der Krijn ist heute morgen gestorben.« Da hab ich gefragt: »Kann ich ihn sehen?« Und sie brachten mich runter zum Keller, wo die Leichen lagen. Aber da war der Krijn nicht ... Und endlich, nachmittags, kam ich in ein Lazarett ziemlich außerhalb von Barcelona, das hieß ›Orfelinato de Ribas‹, ›Das Waisenhaus von Ribas‹. Dort sagte die Oberschwester: »Ja, er ist bei uns. Er ist sehr schwer verletzt. Ich weiß nicht, ob wir ihn durchkriegen.« Und der Krijn lag im Bett vollständig gelähmt, er konnte nur seinen Kopf bewegen. Ich hab mit ihm gesprochen, ihm mein Wort gegeben: »Ich komme wieder!« Krijn hatte

Hilfe nötig von jemandem, der ihn wirklich begreift und liebhat. Ich hab sofort an Trijn Hulleman geschrieben. Das war eine holländische Krankenschwester, die damals ungefähr vierzig Jahre alt war, uralt, nicht wahr? Sie war auch sehr befreundet mit dem Krijn und nannte ihn immer ›meinen Sohn‹. Also war Trijn zugleich meine Mutter. Und komischerweise ist sie auch gestorben in derselben Woche wie meine leibliche Mutter ... Die Trijn war eine wunderbare Frau, sie hat damals in einem Hospital im Norden von Katalonien gearbeitet. Und ich hab ihr geschrieben: ›Vielleicht kannst du Urlaub beantragen? Denn der Krijn ist so furchtbar krank.‹ Und das ist geschehen, die Trijn hat vierzehn Tage Urlaub bekommen ...

Und jetzt muß ich dir noch etwas anderes erzählen; wieder von einem Paket: Meine Freunde Betty und Fred von Santen, die machten Urlaub im Süden von Frankreich. Und dort haben sie gehört, daß man Lebensmittelpakete nach Spanien schicken kann. Und sie haben Verschiedenes für mich eingekauft und mir geschrieben: ›Wir haben dir ein Paket geschickt.‹ Und vier Wochen später bekam ich eine Nachricht, daß in Barcelona beim Zollamt ein Paket für mich läge, na, und ich hab allen Patienten und Angestellten unseres Hospitals etwas aus dem Paket versprochen. Der eine kriegte Schokolade und der andere Zigaretten und was weiß ich alles. Ich fuhr mit dem Ambulanzauto aller vierzehn Tage nach Barcelona, um zu sehen, ob ich nicht in der Zentralapotheke noch irgendwelche Medikamente abstauben konnte. Und ich hab bei der Krankenhausleitung darum gebeten, mich eine Woche früher nach Barcelona fahren zu lassen, damit das Paket in Gottes Namen nicht verschimmelt. Also, ich nehme das Paket in Empfang, und da waren Bohnen drin und Reis und eine Dose Milch, ein Glas Marmelade und Zucker. Keine Zigaretten und keine Schokolade – nix! Die Bohnen habe ich einer holländischen Interbrigadistin gegeben, die Tuberkulose hatte und deren Mann an der Front war. Und das Glas Marmelade verschenkte ich an Jan Rik van Gilse, der mit mir zum Zollamt gegangen ist. Denn das Paket wog sechs Kilo, und da hatten wir beide natürlich 'ne Menge zu schleppen. Den Reis und die Milch und den Zucker, die habe ich für mich dann behalten. Und abends, als wir nach Moyá zurückfahren wollten, fragte ich den Chauffeur: »Du, kannst du nicht am ›Orfelinato de Ribas‹ vorbeifahren? Da liegt mein Bruder, der ist schwerverletzt.« Und der Fahrer sagte: »Ja, machen wir natürlich.« Also ich komme ins Krankenhaus, und der Krijn schlief. Und die Trijn nahm mich raus und fing an zu weinen. Sie sagt: »Der Krijn geht drauf, der ißt nix. – Weißt du, wovon er redet!? Von Reisbrei mit Zucker.« Ich sag: »Dann kriegt er Reisbrei mit Zucker!« Und ich bin runtergerannt und hab den Rest von dem Paket geholt und der Trijn gegeben. Und die hat sofort Reisbrei mit Zucker gekocht für den Krijn. Er hat's überlebt, ja! Er hat's überlebt! Was war das doch für ein außergewöhnlicher, energischer junger Mann! Er war Politkommissar von der holländischen Kompanie der Interbrigaden, und er hat durch seinen ungeheuren Willen die ganz schwere Verletzung überlebt. Er machte im Bett dauernd Übungen und konnte schon bald seine Arme bewegen, konnte aber nicht gehen. Das ging nicht. Und dann hat er sich aus dem Bett fallen lassen, so ganz vorsichtig, und ist gerobbt. Und das ›Orfelinato de Ribas‹ war ein sehr großes Haus, und im unteren Saal lag ... ich glaub ein Österreicher oder ein Schweizer; er war blind. Die beiden haben sich gegenseitig besucht und sich unterhalten.

Da hat der Krijn mal gesagt: »Du! Der Lahme und der Blinde ...! Ich klettere auf deinen Rücken, und du trägst mich durch den Garten. Und dann erzähl ich dir, was wir sehen.« – Was *wir* sehen, ja! Und das geschah so, die beiden haben viele Spaziergänge gemacht. Der Krijn hat im ›Waisenhaus von Ribas‹ ein paar Monate gelegen, konnte aber damals noch nicht laufen. Er war natürlich inkontinent und hat sich durch eisernen Willen dran gewöhnt, zu bestimmten Zeiten auf's Klo zu gehen. Auf diese Weise brauchte er keine Windeln mehr. Und als er dann viel später nach Holland zurückkehrte, hat er wieder laufen gelernt. Wirklich durch eisernen Willen! Und ... naja, schon recht bald kam der Krieg! Krijn nahm teil am Widerstand ... Er war einer der ganz großen Leute unserer Widerstandsbewegung. Er ist verhaftet worden und ist ... erschossen worden. Er liegt jetzt auf dem Heldenfriedhof. Das war der Krijn Breur. Während des Zweiten Weltkrieges, als die Deutschen mich verhaftet hatten, saß ich im Gefängnis zusammen mit seiner Frau und seiner Tochter, die damals noch ein Baby war ...

1938 hatte sich die politische Lage in Spanien sehr verändert. Es gab eine Nichteinmischungskommission von den sogenannten demokratischen Ländern, die aber eigentlich eine Einmischung bedeutete, weil sie die Grenzen der spanischen Republik geschlossen hielt, nicht nur für Waffentransporte, sondern auch für Lebensmittel. Und der Hunger hatte ganz schlimme Formen angenommen. Aber die Haltung, die Gesinnung von uns Antifaschisten ist aufrecht geblieben. Wir haben in dieser Zeit gelernt und verstanden, daß der Spanienkrieg in der Tat der Auftakt zum Zweiten Weltkrieg war. Wir wußten ganz genau: Wenn wir den Spanienkrieg verlieren, dann werden Hitler und Mussolini einen Krieg entfesseln, dem ganz Europa zum Opfer fallen wird. Wir wußten, wieviel davon abhing, ob wir Franco schlagen oder nicht. Und als wir von dem Abkommen über den proportionalen Abzug der ausländischen Truppen aus Spanien hörten und dann der Befehl kam, daß wir Interbrigadisten Spanien verlassen müssen, war das doch ziemlich schwierig für uns. Wir waren bitterböse, wir waren ganz furchtbar empört. Also haben wir den Abzug der Interbrigaden nicht als einen politischen Fehler gesehen, nein. Für uns war die Republik eben eine anständige Sache, ja. Kannst du jetzt sagen: ›Der Negrín war schön blöd!‹ Aber das haben wir nicht gesagt. Wir haben bloß mit einem Stoßseufzer gesagt: »Die Faschisten pfeifen auf den Vertrag, aber die Republik wird sich dran halten.« Und so geschah es auch.

Für die Evakuierung aus Spanien haben die Nora van Bergen und ich uns einen Kanten aufgespart, damit wir noch was zu beißen hatten. Und dann kamen wir nach Frankreich – ins Schlaraffenland, ja! Gleich hinter der Grenze fing's an: Erstens mal war der Bahnhof hell beleuchtet, während es in Spanien tiefdunkel war. Und wir bekamen gleich eine Tasse Kaffee, eine große Tasse Kaffee mit *Milch*. Und nachdem die Offiziere der sogenannten ›Nichteinmischungskommission‹ unsere Namen, Heimatland und so weiter notiert hatten, kriegten wir eine Mahlzeit. Ich weiß nicht mehr, was es gab, ich brachte sowieso kaum was runter. Im Wartesaal mußten wir dann auf den Zug nach Paris warten, und die Nora klagte: »Ich hab Hunger!« Sag ich: »Wir haben doch das Stück Brot.« Sagt sie: »Bist du verrückt?! Glaubst du, daß ich trockenes Brot eß?« – Und einen Tag vorher waren wir noch so glücklich mit dem Kanten.

Die Reise durch Frankreich war auch sehr interessant: Als wir *nach* Spanien fuhren, haben uns die französischen Arbeiter mit der erhobenen Faust gegrüßt. Aber auf dem Rückweg nicht! Da hat die neue französische Regierung, die Daladier-Regierung, veranlaßt, daß der Zug nicht durch Paris fährt, sondern um Paris herum. Die Nora, vier andere Interbrigadisten und ich, wir sind noch ein paar Tage in Paris geblieben, weil wir nicht genug Geld hatten, um die Rückreise zu bezahlen. Das mußten wir uns beim holländischen Konsulat leihen. Übrigens wurden wir da nicht freundlich aufgenommen. Wir wurden wie zweifelhafte Typen empfangen, die sich nicht an die Verhaltensregeln für anständige holländische Bürger gehalten hatten. Aber das Konsulat war ja verpflichtet, uns zu helfen. Und einen Tag, bevor wir nach Holland zurückkehrten, sind wir interviewt worden von einem Herrn Zandberg, der Redakteur war bei der Zeitung ›Het Volk‹. Und dieser Zandberg hat auch Fotos von uns gemacht. Wir haben nicht weiter darüber nachgedacht, aber am nächsten Tag, als wir in Roosendaal ankamen, einem holländischen Grenzort, lief der Schaffner mit ›Het Volk‹ in der Hand durch den Zug und suchte uns. Und als er uns gefunden hatte, rief er: »Ha, da sind ja die sechs Mädchen!« Und er hat im Speisewagen uns allen eine Tasse Kaffee und ein Brötchen mit Käse spendiert. Das war furchtbar schön! Ein ganz anderer Empfang als der, den wir von der holländischen Botschaft in Frankreich bekommen haben! Und das machte natürlich gleich deutlich, bei welchen Teilen der Bevölkerung Sympathien bestanden für die Spanische Republik – und bei welchen nicht. Aber ich habe mich nicht gefreut, nach Hause zurückzukehren. Ich war traurig, ich war sehr traurig.

Theo war schon vor mir nach Holland zurückgekehrt, und wir haben uns keine Zeit gegönnt zur Erholung. Wir haben gleich angefangen, für das Komitee ›Hulp aan Spanje‹ zu arbeiten. Wir haben da die Administration versorgt, auf Versammlungen gesprochen und so weiter. Und ich muß sagen, wir haben bis zum letzten Tag der Republik die holländische Bevölkerung aufgerufen zur Hilfe. Wir hatten immer noch einen Schimmer von Hoffnung. Vielleicht ist es eine Art von Selbsterhaltungstrieb, aber wir haben bis zum letzten Tag auf den Sieg der Republik gehofft – obwohl es schon so schlecht um die Sache Spaniens stand. Am 28.3.1939 sollte ich auf einer Versammlung in Boekelo sprechen, und plötzlich kamen Leute, die – wahrscheinlich aus Nachrichten im Radio – wußten, daß die Republik gefallen war. Da hab ich zu den Teilnehmern der Versammlung gesagt: »Ich wollte euch aufrufen zur Solidarität mit dem spanischen Volk. Das spanische Volk braucht zwar immer noch unsere Hilfe, aber diese Hilfe können wir jetzt am besten leisten, indem wir den Kampf gegen den Faschismus fortsetzen hier in unserem eigenen Land.« Und ich hab dann hingewiesen auf die Gefahr, die von Hitler-Deutschland ausgeht. So war's. Ja, es war ganz schlimm.

Also, in welchem Maße ich geformt worden bin durch den Spanischen Bürgerkrieg, das kann man kaum beschreiben. Die Mitgliedschaft in den Interbrigaden ist *die* Schule gewesen für mein Leben im breitesten Sinne. Ich habe in Spanien nicht nur eine Menge in meinem Beruf dazugelernt, nein! Mir wurden da auch endgültig die Augen geöffnet für die großen politischen Zusammenhänge in der Welt. Das ist keine Floskel, was ich sage, denn als wir zurückkamen nach Holland, liefen doch die meisten Leute hier mit Scheuklappen rum. Und wir Interbrigadisten nicht, wir wußten Bescheid. Ich weiß noch, am 9. April 1940 annektierten die Deutschen Norwegen und Dänemark, da wohnten Theo und ich schon in Vlaardingen. Und zu Ostern bekamen wir Besuch vom Ortssekretär der SDAP, unserer sozialdemokratischen Partei. Das war ein aufrechter, fortschrittlicher Mann, ein Sozialdemokrat. Und als das Gespräch auf die politische Lage kam, sagte ich: »Also die nächsten Länder, die die Deutschen überfallen werden, sind Holland und Belgien.« Denn wir hatten in Spanien schon Karten, auf denen verzeichnet war, in welcher Reihenfolge Hitler die europäischen Länder besetzen würde, wenn es ihm gelänge, den Krieg zu beginnen. Und da sagte unser Gast: »Ach Kindchen, laß dir doch nichts weismachen!« Dieser Mann war nicht mehr ganz jung, deshalb habe ich nur gesagt: »Wir haben in Spanien Karten gesehen, wir wissen Bescheid.« Leider haben wir Spanienkämpfer recht bekommen!

Die meisten von uns Interbrigadisten waren nach ihrer Rückkehr aus Spanien zu Staatenlosen erklärt worden. Jeder Holländer, der in der Zeit des Spanischen Bürgerkriegs hier in Holland einen Paß beantragte, kriegte in seinen Paß einen Stempel: ›Nicht gültig für Reisen nach Spanien‹. Wir Krankenschwestern haben damals mit Zustimmung der holländischen Regierung spezielle Pässe gekriegt, in denen es den Stempel nicht gab. Aber mein Mann Theo ist nicht den offiziellen Weg gegangen, denn die Behörden hätten ihm sowieso nicht erlaubt, in Spanien zu arbeiten. Und er hat, wie die meisten Spanienkämpfer, seine holländische Staatsbürgerschaft verloren, weil er sich in fremden Kriegsdienst begeben hat. Und dadurch, daß ich ihn geheiratet habe, verlor ich meine Staatsbürgerschaft auch. Und das war sehr bitter. Ich weiß noch, als ich aus Spanien zurückkam, war ich dreiundzwanzig Jahre alt. Da durfte ich zum ersten Mal wählen. – Aber ich durfte nicht wählen, denn ich war staatenlos. Und das hat mir sehr weh getan, man war plötzlich ein ›Bürger zweiter Klasse‹. Und wie willkürlich man mit uns Interbrigadisten umgegangen ist! Also, der Theo und ich, wir haben unsere Staatsbürgerschaft zurückgekriegt am 8. Mai 1940. Im Außenministerium arbeitete nämlich ein Studienfreund meines Mannes, ein Jurist namens Kazimir. Und der war Referendar bei Gerbrandy, dem damaligen holländischen Justizminister. Und als am 8. Mai – also zwei Tage, bevor der Krieg ausbrach – die Akten aufgeräumt wurden, kamen auch die Dossiers der ehemaligen Spanienkämpfer zum Vorschein. Und da sagte dieser Kazimir zu Gerbrandy: »Ach, der van Reemst, das ist ein unschuldiges Lamm. Ein Mann, der nur Sandalen trägt und Socken von Ziegenwolle. Und ich glaube, er ist Vegetarier. Also, der ist bestimmt kein Aufrührer. – Unterschreib mal, daß der seine Staatsbürgerschaft zurückkriegt.« Und auf diese Weise wurden Theo und ich wieder Holländer. Am Anfang haben wir mit niemandem darüber geredet. Wir dachten: ›Warum sollen wir schlafende Hunde wecken?‹ Wir bereiteten uns schon auf die Illegalität vor.

Im Mai 1940 fielen also die Deutschen in Holland ein. Unser Sohn Bert kam auf die Welt, Theo arbeitete als Hausarzt, und weiter passierte nichts – vorläufig! Und dann kam ein Befehl, daß Menschen jüdischer Herkunft, die keine holländische Staatsbürgerschaft besaßen, das Küstengebiet verlassen mußten. Vlaardingen fiel unter das Küstengebiet, ich war jüdischer Herkunft – also Theo und ich hätten umziehen müssen. Und dann haben wir das Papierchen hervorgezaubert und gesagt: »Aber wir sind überhaupt nicht staatenlos!« Aber Theo und ich waren eine große Ausnahme! Denn die anderen Spanienkämpfer bekamen ihre holländische Staatsbürgerschaft erst in den 60er und 70er Jahren wieder zuerkannt – obwohl wir doch so gut wie alle in der Widerstandsbewegung waren! Einige von uns Interbrigadisten erhielten ihre niederländische Staatsbürgerschaft 1978 zurück – zusammen mit holländischen SS-Leuten, die an der Ostfront gedient haben. Und das finde ich schon sehr, sehr beschämend. Uns hat man zutiefst verletzt.

Zum Glück hatten die Nazis in den ersten Monaten des Krieges noch nicht die Liste der holländischen Spanienkämpfer. Aber dann wurde in Rotterdam ein Mann verhaftet, ein ehemaliger Spanienkämpfer, der über eine vollständige Liste in Code-Form verfügte. Und er hatte beim Code auch den Schlüssel gelassen ... Dieser Interbrigadist wurde verhaftet ... wurde ... wurde erschossen. Und die Nazis hatten die Liste in den Händen. Wir standen auch auf dieser Liste. Das Haus, in dem Theo, Bert und ich wohnten, diente als illegaler Treffpunkt. Theo und ich waren in einer holländischen Widerstandsgruppe, und ich hielt zudem Kontakt zu einer deutschen Gruppe, die aus Kommunisten und Sozialdemokraten bestand. Am 22. November 1942 feierte unsere Familie meinen Geburtstag. Am Abend des 22. November holte ein Freund bei uns Materialien zum Bau von Bomben ab. In der Nacht standen sechs SD-Leute vor unserer Tür. Sie stellten das ganze Haus auf den Kopf. Es war wirklich ein Wunder, daß sie nicht die Skizze gefunden haben, die Theo und unser Freund gezeichnet hatten für den Bau von einer Brandbombe. Theo und ich wurden verhaftet. Ich habe mich geweigert, meinen Sohn Bert ins Gefängnis mitzunehmen. – So lange, bis die SD-Leute mir erlaubt haben, eine Bekannte anzurufen, die dann unseren Sohn zu sich genommen hat. Theo und ich wurden ins Gefängnis von Scheveningen gebracht ... Also, ich kam in eine Zelle, in eine Einzelzelle. Sie war einschließlich mir – von vier Frauen besetzt. Und ich war ... Am Anfang war ich die einzige Jüdin, und deshalb stand an der Tür ein ›J‹. Und das bedeutete für die Wärter oder für die Wärterinnen, daß ich immer nur die Hälfte der Essensportion kriegte. Ja, das fanden die Nazis wichtig. Im Laufe meiner Haftzeit ist eine Frau freigelassen worden. Übrigens hat sie Kleider von mir geklaut. Sie hat gesagt: »Ich schick dir warme Kleidung«, hat sich meine Adresse geben lassen, ist in das Haus in Vlaardingen gegangen, hat die warme Kleidung auch genommen, aber nicht geschickt. Na, die war also weg ... Dann kam eine Neue dazu, und das war auch eine Jüdin. Sie war im Wald untergetaucht und bei einer Razzia aufgegriffen worden. Eines Abends wurde die Zellentür aufgemacht, es wurde geschrien: »Juden raus!« Und die Frau, die packte ihre Sachen und guckte mich groß an: »Komm, wir müssen raus!« Sag ich: »Nein! Ich werde niemals leugnen, daß ich jüdische Großeltern habe, daß ich eine Jüdin bin. Aber man hat mich verhaftet, weil ich eine Frau im Widerstand bin. Und die Rassenauffassung der Nazis, die geht mich überhaupt nichts an, und auf keinen Fall werde ich ihren Standpunkt für mich gelten lassen.« Ich bin also in der Zelle geblieben. Am nächsten Tag haben die das gemerkt. ›Die‹, das sind natürlich die Deutschen. Und die haben mich ... die haben mich ... die haben mich furchtbar verprügelt. An dieser Geschichte ist so wichtig für mich selbst, daß ich meinem Standpunkt treu geblieben bin. Und außerdem konnte ich mein Leben retten. Denn der Transport, der zusammengestellt worden ist mit den jüdischen Häftlingen aus dem Scheveninger Gefängnis ... fuhr direkt nach Auschwitz. Von den Leuten, die sich in diesem Transport befanden, hat nie wieder jemand etwas gehört. Also, wenn ich dabeigewesen wäre, hätte ich dir diese schöne Geschichte heute nicht erzählen können.

Vom Scheveninger Gefängnis wurde ich ins KZ Westerbork* gebracht. Dort befand sich auch eine Gruppe deutscher Widerstandskämpfer. Und die ›ließen meine Papiere aus der Kartei von Westerbork verschwinden‹. Denn als Widerstandskämpferin war ich ein sogenannter ›Straffall‹; und die ›Straffälle‹ wurden immer im nächstfolgenden Transport nach Deutschland deportiert. Du wirst es kaum glauben, aber 1943 haben die Nazis hier in Holland eine Anordnung herausgegeben, daß Juden aus ›Mischehen‹ aus den Lagern entlassen werden konnten. Und der Theo, mein Mann, stammte ja aus einer sogenannten arischen Familie. Und trotzdem hatte ich große Angst, mich darauf zu berufen. Denn dann mußte man vor einer Kommission, dem ›Joodse Raad‹,** erscheinen. Und so wäre vielleicht

* Westerbork war ein von der niederländischen Regierung errichtetes Lager für aus Deutschland geflüchtete Juden. Während der Besetzung Hollands gebrauchten die Deutschen Westerbork als Durchgangslager. Von dort aus wurden die Juden in die Vernichtungslager deportiert.

** Der ›Joodse Raad‹ (ndrl., Jüdischer Rat) war ein jüdisches Organ während der deutschen Besetzung Hollands. Der ›Joodse Raad‹ mußte dafür sorgen, daß alle in Holland lebenden Juden ihre Waffen ablieferten. Gleichzeitig trat er als Vermittler zwischen den Juden und den Besatzern auf. Er wurde bei der Einführung von vielen anti-jüdischen Maßnahmen eingeschaltet und war eine Administration in den Händen der Deutschen. Mit seiner Hilfe konnten sie ihr Programm der Vertreibung und Vernichtung der Juden leichter durchführen. Die Jüdische Gemeinschaft durfte scheinbar Selbstverwaltung ausüben, wurde aber zum Vollstrecker des eigenen Untergangs.

herausgekommen, daß ich nicht nur Jüdin bin, nicht nur Interbrigadistin, sondern auch noch einer Widerstandsgruppe angehörte; daß ich ein sogenannter ›Straffall‹ war. Also, wie paradox das auch klingen mag: Ich war zwar drin im KZ, aber ich war relativ sicher, weil meine Papiere sich nicht mehr in der Lagerkartei befanden! Und trotzdem sagte der Werner, ein Mitglied der deutschen Widerstandsgruppe: »Du mußt unbedingt beantragen, daß du hier rauskommst. Unbedingt.« Also bewarb ich mich darum, aus dem KZ entlassen zu werden. Und der ›Joodse Raad‹ in Amsterdam schickte mir eines Tages die Bestätigung, daß Theo tatsächlich aus einer ›arischen‹ Familie stamme und ich deshalb am folgenden Tag um zehn Uhr aus dem KZ Westerbork entlassen werden könnte. Aber wie konnte ich denn entlassen werden, wenn keine Papiere mehr von mir in der Lagerkartei existierten! Also jetzt saß ich immer noch in der Patsche. Und da hat mir der Werner geholfen. – Du weißt doch, daß ich jetzt über *den* Werner rede, der von den holländischen Behörden an die Deutschen ausgeliefert wurde?

Also Werner hat im Krematorium des KZs Westerbork gearbeitet, weil das ein bißchen außerhalb vom Lager gelegen war und er so Kontakt halten konnte zu Leuten, die draußen Widerstand leisteten. Werner hat manchmal auch Inhaftierte in einem Sack rausschleppen können. Oder in einer Lore ›als Leiche‹. Du mußt dir mal vorstellen: Wenn Werner die Lore aus dem Lager zog, beobachteten ihn die Deutschen von ihren Wachtürmen aus! Und die Wachen hätten ja mal auf die Idee kommen können, die Loren zu kontrollieren! Werner hat mir einen Brief beschafft, in dem stand, daß alle meine Papiere verlorengegangen sind und der SD in der Euterpestraat in Amsterdam mir neue ausschreiben soll. Und Werner hat darunter irgendein Gekritzel als Unterschrift gesetzt. Und mit diesem Brief kam ich raus aus Westerbork. Es fiel mir sehr, sehr schwer, wegzugehen, weil ich im Lager eben meine Kameraden zurücklassen mußte. Ich glaube, daß ich weniger unglücklich war, als ich *ins* KZ kam. Aber der Tag, an dem ich Westerbork verlassen mußte ... furchtbar war das! Furchtbar!

Und von dieser Zeit rührt meine merkwürdige Beziehung zu Zügen her. Der Zug stand tagelang in Westerbork, und du sahst den Zug dann mit all den Menschen wegfahren ... Und wir ahnten, daß etwas Furchtbares mit ihnen geschah. Man hörte doch nie wieder von ihnen ... Ich kann immer noch keinen zum Zug bringen. Wenn ich jemanden zum Zug bringen muß, fahre ich immer ein Stück mit. Ich finde es furchtbar, jemanden wegbringen zu müssen. Furchtbar! Und dieses Gefühl geht nie mehr weg.

Ich bin nach Amsterdam gezogen, weil dort meine Kontaktleute aus der Widerstandsgruppe untergeschlüpft waren. Ich kriegte einen Decknamen, Loes von Workum, und einen gefälschten Ausweis. Offiziell arbeitete ich als Schwester. Ich trug immer einen Schwesternkittel; ich hatte ein Fahrrad und einen Beleg vom Ortskommandanten, daß ich das Fahrrad zur Ausübung meines Berufs brauchte. Das Fahrrad brauchte ich auch wirklich – aber nicht, um meinen Beruf auszuüben, sondern um Kurier sein zu können zwischen den verschiedenen Widerstandsgruppen. Ich habe gefälschte Ausweise transportiert, illegale Zeitungen von einer Adresse zur nächsten gebracht und Lebensmittelkarten besorgt und verteilt ...

Im Winter 44/45 ging der Krieg zwar spürbar seinem Ende zu, aber wir erlebten den ›Hungerwinter‹. Die Leute starben vor Hunger und Kälte. Da haben einige Ärzte und

Schwestern, die in der Illegalität waren, mit einem Abgesandten aus dem südlichen, schon befreiten Teil Hollands darüber gesprochen, wie wir sofort nach Kriegsende, also vom ersten Tag an, die medizinische Betreuung der Amsterdamer Bevölkerung organisieren könnten. Wir warteten *sehnsüchtigst* auf die Befreiung. Und es kamen in den letzten Tagen des Kriegs immer wieder Gerüchte auf: ›Also der Krieg ist aus, wir sind befreit!‹ Aber diese Gerüchte haben nie gestimmt ... Und am Abend des 4. Mai 1945 war ich ein bißchen angekränkelt, ich ging sehr früh ins Bett. Da wurde sehr laut an die Tür meiner Wohnung geklopft. Und ein sehr disziplinierter Genosse, der sich während des Krieges prinzipiell an meinen Decknamen gehalten hatte, mich also immer ›Loes‹ genannt hatte, dieser Genosse rief: »Trudelchen, wir sind befreit!« Da wußte ich, daß das stimmte.

Richtig *froh* war ich damals eigentlich noch nicht; ich war in Sorge um den Theo, meinen Mann. Ich hatte inzwischen erfahren, daß mein Sohn Bert den Krieg überlebt hatte. Doch Theo steckte in einem Lager irgendwo in Deutschland. Wo genau, wußte ich nicht.

Einen Tag nach der Befreiung habe ich meinen Dienst als Krankenschwester angetreten – wie wir es in der Zeit der Illegalität vereinbart hatten. In einem Arbeiterviertel von Amsterdam, am Eikenplein, richteten wir ein medizinisches Zentrum ein. Amsterdamer, die an starken Hungerödemen litten, haben wir untersucht, gewogen, den Umfang der geschwollenen Glieder gemessen ... Die Leute, die am schlimmsten dran waren, wiesen wir in ein Krankenhaus ein. Und denjenigen, die ›nur schlimm dran waren‹, konnten wir entweder Büchsenmilch oder Kekse mitgeben. Denn wir hatten schon einige Kisten mit

Nahrungsmitteln aus dem südlichen Teil Hollands geschickt bekommen. Unser medizinisches Zentrum befand sich in einem Kloster, und es war wirklich im Nu voll belegt mit Leuten, die Hilfe brauchten. Ich weiß noch, am ersten Tag haben Doktor Polak und ich vom frühen Morgen bis abends gearbeitet. Und um zehn Uhr haben wir beschlossen: ›Jetzt machen wir nicht mehr weiter, denn wir können nicht mehr.‹ Wir waren ja *auch* ganz ausgehungert. Und dann haben wir uns gesagt: ›Aber wir können die Lebensmittel nicht ohne Bewachung hier im Kloster zurücklassen.‹ Wir fürchteten, daß die Bevölkerung das Kloster stürmen würde. Also haben wir zwei Männer, die wir von der Illegalität her kannten, gebeten, die Lebensmittel zu bewachen. Und als ich am nächsten Morgen wieder um sieben Uhr im Kloster erschien, da kam mir der Geistliche, der da wohnte, entgegen. Das war 'n großer, dicker Mann mit einer lila Schleife auf seinem riesigen Bauch. Und der Geistliche kam auf mich zu und sagte: »Guten Morgen, Frau van Reemst! Es ist etwas Schreckliches passiert!« Ich sag: »Wieso?! – Hat man die Lebensmittel gestohlen?!« – »Nein«, sagte er. »Aber zwei Männer haben im Kloster übernachtet. Das darf nicht mehr vorkommen.«

Und dann kam der holländische Dichter Ed Hoornik aus dem KZ Dachau zurück. Und der hat erfahren, wo ich arbeitete und hat mich angerufen und hat gesagt: »Also, vor einer Woche war der Theo noch gesund und wohlauf. Er ließ sich nicht mit uns evakuieren, weil er sich im Lager noch um die Flecktyphuskranken kümmern wollte. Denn außer ihm war kein Arzt da ...« Ein oder zwei Wochen später kam dann der Theo nach Amsterdam. Er wußte nicht, wo ich wohnte. Er ging zu jemandem, mit dem er in der Illegalität zusammengearbeitet hatte, zu einem Taxifahrer.

Und der kannte meine Adresse nicht; aber er sagte: »Geh mal zu Nol Mesquita, der wird wissen, wo Trudel jetzt ist.« Nol Mesquita wohnte damals auf der Raamgracht. Nol rasierte sich gerade, als Theo zu ihm kam. Und Nol sagte: »Ja, ich weiß, wo die Trudel wohnt. Aber ich muß mich erst mal zu Ende rasieren, dann bring ich dich zu ihr hin ...«

Es war Abend, ich hatte – wie am Tag der Befreiung – eine leichte Grippe. Und ich hab ja so furchtbar geschuftet damals, ich war also früh ins Bett gegangen. Und da kam der Theo ... Ja. Am nächsten Morgen habe ich den Theo mitgenommen in unser Hungerödemzentrum. Und die Nachbarn und die Kinder auf der Straße haben gesagt: »Oh, die Krankenschwester hat einen Kanadier!« Denn der Theo hatte, weil er keine andere Kleidung besaß, die Uniform von einem SS-Panzergrenadier an – ohne Achselstücke. Und deshalb dachten die Kinder und die Nachbarn, ich hätte einen kanadischen Freund. Theo und ich haben uns natürlich gleich erkundigt, wie wir zu unserem Kind kommen könnten; der Bert befand sich inzwischen in Emmen, bei Bekannten von meinem Vater. Transporte dauerten unglaublich lange, weil die Eisenbahn noch nicht fuhr. Und es gab natürlich wenig Autos. Wir sind bald von Amsterdam mit dem Schiff nach Kampen gefahren. Von Kampen sind wir per Anhalter nach Zwolle. Von Zwolle ging's nach Hardenberg, wieder per Anhalter. In Hardenberg wohnte ein befreundetes Ehepaar. Die haben uns nach Emmen gebracht, zum Bert. Und der Bert war damals dreieinhalb Jahre alt, und der wußte natürlich nicht, daß ich seine Mutter bin. Aber als wir zu ihm kamen, ist er sofort zu seinem Spielzeug gegangen und hat 'ne Holzente rausgesucht, die ich ihm einmal geschenkt hatte ...

Ich muß sagen, wir hatten nach der Befreiung das Gefühl, den Faschismus besiegt zu haben. Zwar noch nicht in Spanien, aber doch in großen Teilen Europas. Und wir setzten zunächst mit dem Wiederaufbau im eigenen Land unsere Arbeit fort. Aber Theo und mir fiel es nicht ganz leicht, ›wieder van Reemsts zu werden‹. Es fiel uns ziemlich schwer, wieder glücklich zu sein. Am 17. Oktober 1946 kam meine Tochter Joska zur Welt. Und die Erziehung meiner Kinder war mir in den Nachkriegsjahren natürlich am allerwichtigsten. Wegen der Joska und dem Bert habe ich mich auch immer sehr für gehörlose Menschen eingesetzt. Denn im Nachkrieg war es natürlich überhaupt nicht gang und gäbe, in Urlaub zu fahren. Aber Gehörlose sind sehr angewiesen auf visuelle Eindrücke, für sie ist es ganz wichtig, viel zu *sehen*, weil sie ja besonders mit den Augen lernen. Deshalb haben wir in den fünfziger Jahren das Komitee ›Met dove kinderen naar buiten‹, also ›Mit tauben Kindern in die Ferien‹, errichtet. Unsere Stiftung hat mit Werbekampagnen, Geldsammlungen und anderem dafür gesorgt, daß unsere Kinder Urlaubsreisen machen konnten. Unsere Stiftung, die gibt's bis auf den heutigen Tag, und meine Arbeit innerhalb der Stiftung habe ich als eine wichtige politische Aufgabe angesehen.

Ende der fünfziger Jahre ... da ließ der Theo sich von mir scheiden. Ich wollte irgend etwas tun, um mein Brot verdienen zu können; damit ich auf diese Weise unabhängig sein würde vom Theo, von Alimenten. Ich wollte ja eigentlich Logopädistin werden. Doch wurde ich nicht zugelassen für diese Ausbildung, man fand mich zu alt mit meinen zweiundvierzig Jahren. Und ich habe Deutsch studiert, weil ich das eben von klein auf konnte, weil ich etwas von der deutschen Literatur wußte. Also aus Faulheit habe ich Deutsch studiert. Aber mir blieb auch nur ein Lehrerberuf, um meine Arbeitszeit mit der Schulzeit der Kinder zusammenfallen zu lassen. Denn damals gab es noch nicht die Schulbusse, ich mußte die Joska zur Schule bringen und wieder abholen. Und zu meinen festen Grundsätzen gehörte: Ich muß zu Hause sein, wenn die Kinder nach Hause kommen, damit jemand für sie da ist. So war das. Und dann habe ich, so lange wie die Joska bei mir gelebt hat, an einer Privatschule Unterricht gegeben. Aber nur ein paar Stunden pro Tag, weil meine Tochter mir natürlich am allerwichtigsten war. Denn Joska ist viel mehr geschädigt als der Bert. Sie ist ja nicht allein gehörlos, sie sieht auch noch sehr schlecht. Das heißt, ich habe immer dann gearbeitet, wenn die Joska in der Schule war. Und die Joska ist in den sechziger Jahren in ein Heim gekommen, und bis heute bin ich Mitglied des Elternaktivs von dem Heim; das ist für mich sehr wichtig. Bert hatte inzwischen seine Lehre absolviert und fing an, als Tischler zu arbeiten. Er hat sich auch eine Wohnung gesucht, er begann, ein eigenes Leben zu führen. Bert ist Mitglied eines Schachklubs, er engagiert sich sehr in einem Klubhaus für Gehörlose. Und jeden Montag kommt er zum Essen zu mir, das genieße ich sehr. Gerade ist er aus Italien zurückgekommen und hat mir gesagt: »Mama, ich hab so schöne Ferien gehabt!« Das macht mich sehr froh.

Mein Glück ist, daß ich eine ›miss sunshine‹ bin. Das ist mein Glück. Als ich mit meiner Freundin Annie vor vier Wochen in Spanien, in den Pyrenäen war, da sagte ich: »Jetzt bin ich fast glücklich.« Ja, weil die Sonne so schön schien und die Wiesen voller Blumen und Schmetterlinge und Vögel waren. Das gab mir 'n Freudengefühl. Aber Glück ist nicht etwas – für mein Gefühl wenigstens –, was allzusehr gebunden ist an bestimmte Umstände. Auch in der schwersten, schlimmsten Situation kann man Momente großer Freude erleben. Sogar in Westerbork, als es uns gelungen war, die Bella Przyrowsky aus dem Lager rauszuschmuggeln, war ich selig. Das war ein Moment so großen Glücks, daß einem das Heulen kam. Ich mein: im KZ!

Als die Joska und der Bert größer wurden, hatte ich wieder Zeit, an Spanien zu denken. Und 1961 haben wir hier in Holland das Spanienkomitee gegründet. Denn wir haben doch die furchtbaren Grausamkeiten gesehen, die Franco und seine Anhänger in Spanien verursacht haben. Und in dem Gefängnis von Burgos saß damals ein junger Mann, der nannte sich Marcos Ana. Er war als Achtzehnjähriger in Kriegsgefangenschaft gekommen, am Ende des Bürgerkriegs. Nach dem Machtantritt Francos wurde er zum Tode verurteilt, weil er in der Zeit der Republik Sekretär der Sozialistischen Jugend in Madrid gewesen war. Er hat dann zwei Jahre in der Todeszelle gesessen. Ein Junge von achtzehn Jahren! Aber er war damals noch nicht volljährig, deshalb wurde das Todesurteil schließlich geändert in dreißig Jahre Zuchthaus. Und nachdem Marcos zwölf Jahre gesessen hatte, begann er zu vergessen, wie die Welt außerhalb des Gefängnisses aussah. Da fing er an zu dichten. Er begann Gedichte darüber zu schreiben, wie er sich die Welt vorstellt. Er hat ein wunderschönes Gedicht gemacht: ›Wenn ich einmal frei bin, dann wird mein Haus niemals mehr Schlüssel haben, daß die Sonne frei hereinkommen kann ...‹ – ich kann das Gedicht leider nicht mehr auswendig, leider! Ja, und die Gedichte vom Marcos, die haben Taschendiebe auswendig gelernt. Und diese Taschendiebe haben sie nach ihrer Freilassung dem Bruder von Marcos Ana in Madrid vorgesagt. Und der hat sie aufschreiben und aus dem Land schmuggeln können. Und in

Argentinien sind sie publiziert worden, und das hat wiederum zu einer großen riesigen Zusammenkunft in Montevideo unter dem Motto geführt: ›Freiheit für die spanischen Gefangenen und Verbannten‹. Worauf in vielen Ländern Spanienkomitees errichtet worden sind. Unter anderem hier, das habe ich ein bißchen angerührt. Und unser Komitee hat es sich zur Aufgabe gemacht, in Holland Alarm zu schlagen, indem es Informationen publiziert über die politische Situation in Spanien. Wir haben Kampagnen geführt für die Freilassung von politischen Gefangenen. Oder Demonstrationen organisiert, um das Leben der zum Tode Verurteilten zu retten. Und außerdem haben wir die Familien der politischen Gefangenen finanziell unterstützt. Und dieser Marcos Ana, der ist als Folge des Drucks der öffentlichen Meinung freigekommen. Eines schönen Tages wurde er aus seiner Zelle geholt, und ihm wurde gesagt: »Du kannst nach Hause.« Und das fand er ganz schrecklich. Denn damals war er gerade vierzig, er hatte dreiundzwanzig Jahre im Gefängnis gesessen, und im Gefängnis hat er also viele und sehr wichtige Jahre seines Lebens verbracht. Er war sozusagen geformt worden von seinen älteren Kameraden dort. Er sagte mir: »Ich war ganz betäubt, als ich freikam, und mir war ganz schwindlig, weil ich die Mauer, gegen die ich immer geguckt habe, vermißte ...« Marcos ist dann aus Spanien geschmuggelt worden, denn solange die Faschisten an der Macht waren, hätte er jederzeit wieder verhaftet werden können. Und dann hat ihn unser Komitee eingeladen, hier in Amsterdam seine Gedichte zu lesen vor Studenten. Und so habe ich Marcos kennengelernt. – Siehst du, sein Foto hängt dort drüben über meinem Schreibtisch. Ich finde ... mir gefällt sein Gesicht. – Verstehst du jetzt, warum manche meiner Freunde mir Gefährten für das ganze Leben sind? Zu diesen Freunden gehören eben Marcos ... und auch Werner.

Die Pasionaria hat am 7. und 8. Dezember 1985 ihren neunzigsten Geburtstag gefeiert. Ich war dazu eingeladen. Und mit mir achtundzwanzig Interbrigadisten aus achtzehn Ländern. Am 8. Dezember gab's ein großes Fest im Sportpalast von Madrid. Das war von Menschen überfüllt, und der Platz vor dem Palast war überfüllt von Menschen, und die breite Straße, die zum Palast führt, war auch voller Menschen. Ich habe später gelesen, daß fünfundzwanzigtausend Leute gekommen waren, um die Pasionaria zu ehren. Du kannst dir nicht vorstellen, was für eine Stimmung da herrschte! Ganz berühmte spanische Schauspieler, Wissenschaftler, Sänger und Dichter haben zu Ehren der Pasionaria gesungen und gesprochen. Und schließlich marschierten wir achtundzwanzig Interbrigadisten mit dem Lied ›Wir im fernen Vaterland geboren‹ auf die Bühne. Es gab einen donnernden Applaus. Und ich und alle Leute im Saal, wir waren ganz unheimlich gerührt. Und weil ich unter uns Interbrigadisten die einzige Frau war, sollte ich die Ansprache halten. Als ich da auf der Bühne stand, war ich froh, daß ich die Rede vorher aufgeschrieben hatte. Ich war so gerührt ... Ich war so gerührt, daß ich kaum sprechen konnte ... In meiner Rede habe ich nicht nur der Pasionaria gratuliert, und ich habe auch nicht nur über die Vergangenheit erzählt. Ich habe auch gesagt, daß wir Interbrigadisten es jetzt als unsere wichtigste Aufgabe ansehen, einen dritten Weltkrieg zu verhindern. Und deshalb engagieren sich die meisten ehemaligen Spanienkämpfer in den Friedensbewegungen ihrer Länder. – Und ich natürlich auch. Weil mir das Treppensteigen nicht mehr leichtfällt, kann ich kaum mehr die Nachbarschaft abklappern, um

Unterschriften für die Friedensbewegung zu sammeln. Aber ich habe mich beim ›Komitee Kruisraketten Nee‹ gemeldet für's Umrufauto. Ich habe vom Umrufauto aus Leute aufgefordert, mit ihrer Unterschrift gegen die Stationierung der cruise missiles in Holland zu protestieren. Und obwohl wir innerhalb weniger Monate 3,7 Millionen Unterschriften gegen die cruise missiles gesammelt haben, obwohl die Mehrheit unserer Bevölkerung gegen die Raketen ist, werden die nun doch stationiert. Und als ob das nicht schon genug ist, behaupten einige unserer Politiker auch noch, die Stationierung der cruise missiles sei ›demokratisch beschlossen‹. Dazu will ich folgendes sagen: Es gibt vielleicht jetzt manche Leute, die mutlos geworden sind. Es mag vielleicht manchen scheinen, als würde unser Kampf aussichtslos sein. Aber das ist er nicht! Das ist er nicht! Auf keinen Fall! Wir haben doch einen Teil der Bevölkerung wachgerüttelt!

Also, wenn ich ganz ehrlich bin: Im großen und ganzen glaub ich, daß ich mein Leben ganz anständig gelebt hab. Vielleicht klingt das 'n bißchen überheblich, aber ich weiß einfach nicht, wo und wann ich etwas besser hätte machen können. – Und weißt du, warum nicht? – Weil ich nicht weiß, wo ich Fehler gemacht habe. Und das ist etwas, was ich mich sehr oft frage: ›Wo hast du Fehler gemacht?‹ Ich frag mich das oft auch in bezug auf ... meine Ehe. Vielleicht ging die Ehe schief, weil ich zu jung und unerfahren war, wie das immer so schön heißt? – Nee, ich weiß nicht ... Ich wünschte mir, daß meine Joska gesund wäre. Wenn ich an den Bert denke, bin ich viel ruhiger. Der Bert ist ja selbständig und wird schon ohne mich zurechtkommen. Aber die Joska ... Und ich wünschte mir, daß die Kernwaffen aus der Welt geschafft werden. Muß ich noch einen dritten Wunsch äußern? Diese Wünsche sind so große Wünsche schon.

Ich denke viel an den Tod in der letzten Zeit. Manchmal setzt mein Herz ein bißchen aus. Denke ich: ›So, jetzt ist's aus.‹ Und dann ist's eben nicht aus, dann geht's weiter. Zum Glück habe ich keine Angst vor dem Tod – wirklich nicht. Es ist auch nicht so, daß ich zum Selbstmord neige. Dafür bin ich viel zu pflichtbewußt. Angst vorm Sterben hab ich nicht. Nur denke ich oft: ›Für die Kinder ist es ganz schlimm, wenn du nicht mehr da bist.‹ Das heißt, der Bert wird mich weniger vermissen, aber die Joska ... Andererseits hat sie den Tod vom Theo auch verwunden. – Naja, sie hat nicht so 'ne tiefe Bindung zum Theo mehr gehabt. Die Joska fragt nur noch nach ihm, wenn ihr Geburtstag kommt. Theo hatte nämlich eine Woche vor ihr Geburtstag. Und kurz vor ihrem Geburtstag sagt die Joska immer: »Papa? – Op?«* – Also ich denke auch, wenn man tot ist, dann ist man ... ist man einfach ›op‹. Dann gibt's nix mehr. Und darum habe ich keine Bestimmungen für meine Beerdigung. Ich sage meinem Anhang immer: »Wenn ihr Feste feiern wollt auf meiner Beerdigung – bitte schön!« Ich finde nämlich Beerdigungen ganz wichtig. Weil's ein Abschluß ist. Nicht für den Toten, sondern für die Hinterbliebenen. Und die sollen eben aus so 'ner Totenfeier machen, was sie wollen. Meine Freundin Ali sagt immer: »Wenn ich tot bin, darf keiner mit zur Beerdigung. Das will ich nicht!« Sag ich: »Ist doch schnurzpiepegal.« Sagt Ali: »Ich will nicht so'n Getöse um mich rum!« Sag ich: »Warum nicht, wenn's den Leuten Spaß macht!? Oder wenn sie das Bedürfnis haben?« Also ich bin nicht bescheiden, was den Tod betrifft.

* ndrl., Papa – aus?

Lenchen Jans,
Deutsche, lebt in Krefeld,
BRD

Ich bin in Krefeld jeboren, am 25. September 98. Und hab die Erste Kommunion jekriegt. – Ja bitte, damals warn so jut wie alle religiös! Meine drei Jeschwister und ich, wir sin nich gern in die Kirch jejangen. Meine Mutter schimpfte immer: »Michel, guck doch mal: Die Kinder machen jar nicht, daß sie in die Kirche kommen.« Da sagte der Papa: »Laß doch die Kinder in Ruh! Ich lauf ja auch nich in die Kirch.« War schön. Hatten wir immer Hilfe durch den Papa, nich. Aber später, wie die Mama merkte, daß wir nich mehr jingen, ist die auch kaum mehr in die Kirch jejangen. Wenn se mal hinwollte, is se hin. Wollt se nich, dann eben nich. Ham wir uns auch nich dran gestört. Mein Vater war Heizer, Maschinist hier im Krefelder Jaswerk. Und meine Mutter Hausfrau. Der Papa hat nie Jeld versoffen und nie was drauf jemacht. Hat viel nebenbei noch gearbeitet und dann zu meiner Mutter jesagt: »Lena, kauf die Kinder was Schönes.« Wir waren auch schön! Hatten Samtkleider und Samthüte! Schick! Schick warn wir! War schön, meine Kindheit! Ja, und denn hab ich jelernt im Krefelder Textilwerk. Stückelegerin. Ich hab meine Arbeit wirklich ehrlich und fleißig jetan. Mußte ich immer den Stoff durchsehen auf Qualität und jenau zählen, wieviel Meter Stoff auf einem Ballen druffwarn ... Aber weil ich mit dreizehneinhalb rauskam aus de Schule, verdiente ich nur fünf Mark. Und die anderen Mädchen fingen de Lehre mit vierzehn oder sechzehn Jahren an, die verdienten sechs Mark. Und ich war so zwei Wochen im Betrieb, da sagte ich zum Chef: »Herr von Beckrath! Bin ich denn verrückt?! Die andern Mädchen kriegen sechs Mark, und ich soll bloß fünf Mark kriejen.«

»Jeh bei die Liese in' Kontor, du kriegst auch sechs Mark.« Und alle paar Monate sagte ich: »Herr von Beckrath, ich glaub, 's wird langsam Zeit. Ich bin doch bald wieder 'n halb Jahr hier.« Dabei warn's erst drei, vier Monate, nich. Sagt der Chef: »Wie, is dat halbe Jahr schon wieder um? – Dann jeh, sag die Liese Bescheid!« Und die Liese war die Kontoristin. Sagt se: »Bist du schon wieder hier?!« – »Der Schorsch von Beckrath hat mich geschickt, ich soll 'ne Mark mehr kriejen.« – »Na, wenn der dat jesagt hat. – Wat jeht mir das an«, sagt sie. Und ich kriegte die Mark mehr. Also ängstlich war ich nich. War ich nie im Leben. Im Jejenteil!

Un denn fing de erste Weltkrieg an. Hab anjefangen bei de ›Ehrenreich-Werke‹ in Düsseldorf. Und ich hatte eine Löhnung! Mein Jott noch! Ich hab ja viel mehr verdient wie mein Vater! – Un ich war doch doof! Hab ich nich jewußt, daß die ›Ehrenreich-Werke‹ für den Krieg produzieren! Aber wie ich das denn rauskriegte, hab ich da wieder aufjehört.

Es war Anfang 1915, war schon Krieg, aber in die Geschäfte jab's noch was zu kaufen. Ich treff mich mit meine Freundin Maria in de Stadt, ich hatte 'n schönes, schwarzes Samtkleid an und 'n passenden Hut dazu. Und so 'n schönes, schwarzes Pelz um – schick! Da laufen immer zwei Jungs hinter uns her. Und die Maria und ich, wir bleiben an 'nem Schaufenster stehn und gucken. Aber gar ni in Gedanken so an die Jungs gedacht. »Na guck«, sag ich zur Maria, »dat Kleid, dat is schön.« Und jetzt sagt der eine von den Jungs zu mir: »Wie is dat, Kindk, können wir heut mittag nich 'n Glas Bier zusammen trinken?« – Also, der sagt gleich ›du‹ zu mir. »Ich bin aber kein Biertrinker«, sag ich. »Och, dann trinken wir Limo, is doch ejal.« Und ham wir vier uns denn mittags getroffen. Nu, und der eine, der Peter, hielt sich gleich an mich, und der andere hielt sich an meine Freundin. Gott sei Dank! Sagt der Peter: »Komm, wir jehn nach 'm Restaurant ›Jerkes‹. Ich will dir meine Schwiegereltern vorstellen.« – »Wat is dat denn: Schwiegereltern vorstellen?! – Nee, da verzicht ich aber!« Ich sag: »Maria, wir jehn!« Sagte Peter: »Nee, warum? Bleib doch mal.« Ich bin dann noch tatsächlich mit zu ›Jerkes‹ reinjejangn. Stellt Peter mir die Besitzer vor. Sagt er: »Papa! Mama! Das wird meine neue Frau.« Sag ich: »Was is das denn? Wat machen Sie denn?!« – »Meine Frau is tot«, sagt er, »und ich darf dir wirklich 'n Heiratsantrag machen.« Mein Mann seine erste Ehe dauerte nur janz kurz, nur 'n paar Tage. Dem seine erste Frau hatte Typhus un is direkt jestorben da dran. Sagt der Peter zu mir: »Mama und Papa, die haben dich schon gleich gern. Ich weiß das, das sehe ich schon.« Und die Jerkes hatten mich auch wirklich gleich gern. Die haben mich aufjenomm, als ob ich ihr eigenes Kind wär.

Ich liebte den Peter, weil der so hübsch war. Der war so

hübsch, daß die anderen Mädchen sagten: »Verdammt noch mal, die Leni hat sich der feine Kerl uffgeschnappt!« Und er war nich *nur* hübsch, das Hübsche hat mir an sich eijentlich nich so interessiert. Der war sehr lieb, also ein Mensch, wo man Vertrauen zu haben konnte. Und da ham Peter und ich sechs Wochen, nachdem wir uns kennenjelernt ham, jeheiratet! Und das allerschönste: Wir ham jeheiratet in die katholische Kirche, die Frauenkirche. Sagt der Küster: »Herr Jans, die Gebühren für die Eheschließung sind sieben Mark.« Sagt mein Mann zu dem: »Ja, Herr Pastor, ich heb keen Jeld! Ich bin Soldat, ich heb keen Jeld!« Da ham unse Trauzeugen jelacht! Die ham jelacht! Frag ich: »Warum lacht ihr so?!« – »Dat is jar nich de Pastor, dat is de Küster!« So 'n Theater! Aber's war schön! Und danach ham wir eine kleine Feier jemacht. Meine Mutter hatte 'n netten Kuchen jebacken aus jeriebene Möhren, Haferflocken, Backpulver, bißken Zucker und etwas Mehl und 'n bißken Marjarine. Man konnte den Kuchen essen, der war lecker damals für uns. »Ja«, sagte Mama, »mehr könn wir euch nich bieten, Kinder, es is Krieg!« – »Mama, tu bitte mal ein Stück davon auf 'n Teller«, sagt mein Mann. »Jetzt jehn wir erst mal die Großmutter besuchen.« Da hab ich mich so jefreut, als mein Mann das sagte. Denn unse Großmutter lag krank im Bett, die konnte nich mit zur Trauung. Aber's war unser erster Jang, nachdem wir aus de Kirche kamen: zur Großmutter.

Im Februar 1915 ham wir jeheiratet, und November kam der Willy zur Welt, das war mein zweiter Sohn. – Mußte das ooch wissen!? Braucht ja eijentlich nich jeder wissen, daß ich schon einen Jungen hatte, bevor Peter und ich jeheiratet ham. Der Vater von meinem ersten Kind is jefallen. Der fiel direkt die ersten vierzehn Tage im ersten

Weltkrieg. Ich war in anderen Umständen, und der Vater des Kindes sollte in Urlaub kommen, und da wollten wir heiraten. Un Hans' Vater kriegte keen Urlaub. Und der Urlaub war futsch, alles war futsch, nich ... Aber ich bin schon immer frech jewesen! Als mein Hans jeboren wurde, war ich so stolz! Ich gab nich drauf, was die Leute sagten. Und mein Mann war so verrückt auf den Jungen! Der Peter hat das Kind gleich auf den Buckel jenommen und is mit dem durch de Jejend spaziert! Wat soll ich dir sajen: Ich hab mich nur gefreut! Ich hab nich weinen brauchen, ich hab's wirklich schön jehabt! Un dann wurde mein Mann, der Peter, zur Armee einjezogen. Un der war zwar Soldat, aber er konnte das Wort ›stillgestanden‹ nich vertragen. Wenn er ›stillgestanden‹ hörte, da wurde er wütend. Und wie er nach de Front kam, ham seine Obersten noch mehr ›stillgestanden‹ jeschrien. Is der Peter laufen jejangn, war er immer weg von seine Truppe. Und zur Strafe mußt er mal mit seiner Zahnbürste einem Offizier die Stiefel putzen, hat der Peter ihm da einen Haufen reingesetzt. So was machte der! Und zur Strafe dafür mußte mein Mann Jetriebe schmieren in einer Fabrik in Bochult. Das war sehr jefährlich, nich. Während die Maschinen liefen ... Und denn hat er sich mit einer Frau angebändelt und hat zu der gesagt: »Du, verdammt! Ich mach, daß ich hier wegkomme! Aber mit meine Uniform komm ich nich weit. Besorg mir doch mal 'nen Anzug!« Und Peter hat denn auch tatsächlich von der Frau einen Anzug bekommen. Mein Mann hat seine Uniformklamotten wegjeworfen un is durch die Ruhr geschwommen, damit nich gleich jeder sieht, wie er abhaut. Und eines Tages komm ich von de Arbeit nach Haus, da sitzt mein Peter am Küchentisch. Sagt er: »So Kindk, ich ben tehuus.«

Und nun wurde der ausjebürgert. Der war ja keen Deutscher mehr un ich als seine Frau war ooch staatenlos. Der Krieg war denn schnell zu Ende, und 'n paar Wochen später hieß es, daß mein Mann neun Jahre Festung kriegt, weil er immer so desertiert is. Ach Jott, ach Jott! Sagt Peter: »Kindk, wat machen wir denn jetzt?! Neun Jahre Festung ... !« Und eines Morgens kriegen wir 'n Brief. Ich sag: »Vater, wir haben 'ne Brief! Wir sind wieder Deutsche, und auf Jrund dessen wird dir die Festung geschenkt!« Ja, ich kann dir sagen! Aber ›stillgestanden‹ konnte mein Mann nich hören. Das heißt, im Spanienkrieg *mußte* er stillstehn. Nur war das janz was anderes: Der erste Weltkrieg war der bürgerliche Krieg, sag ich jetzt einfach mal. Und der Spanienkrieg war *unser* Krieg, nich, für *unsere* Freiheit. Und das war ja janz was anderes.

Mein Mann war Nieter und Kesselschmied. Der war sehr fleißig und brav, hat seine Löhnung immer in unse Haushaltkasse jejeben. Ich hab wieder im Textilwerk gearbeitet, auf den Hans und den Willy hat 'ne Nachbarin aufjepaßt. Ich hab für uns alle jenäht, und der Peter hat die Schuhe für die Kinder und für mich gemacht, also dat konnte er janz prima. Und obwohl wir grad unsern Haushalt jegründet ham, mußten wir keine Schulden machen. – Das heißt, ein Teil Schulden hatten wir. Wir hatten einen Herd mit einem Aufsatz, der kost'te dreihundertundacht Mark. Herr Dahl auf der Blumenstraße, der besaß so 'n großes Haushaltjeschäft und verkaufte uns den Herd auf Abzahlung. Und jede Woche jing meine Löhnung zum Herrn Dahl. Wir hatten den Herd so schnell abbezahlt, daß der Herr Dahl sagte: »Herr und Frau Jans, suchen Sie sich doch was Neues aus.« – »Ja«, sagt mein Mann, »das tun wir auch. Aber erst müssen wir mehr Jeld haben, wir wollen erst sparen.« Also wir ham anständig jelebt, gutbürgerlich. Nix übertrieben, jar nix, jar nix.

Ja, und so ging das weiter mit unserer Familie, mein liebes Kind. Wir kriegten denn unsere Wohnung, die ham wir uns schön einjerichtet. Und ich konnte tanzen, aber mein Mann nich. Mußte er tanzen lernen, hat er mit 'nem Besenstiel jeübt. Da ham wir Tränen manchmal jelacht, Tränen jelacht! Eines Tages sagt der Peter: »Weißt wat, Kindk, ich kann jetzt tanzen. Wir jehn heut abend tanzen.« In unserer Nähe war 'n Tanzlokal, sag ich: »Jehn wir dahin.«

Und unser Hans schlief schon, und wir sind in dem Glauben, der schläft auch die janze Nacht durch. – Von wegen! Wie wir weg waren, is der Junge wach geworden. Und eine Nachbarin, die hört den und unterhält sich mit dem durchs Fenster, daß er liejenbleibt. Und schickte schnell ihre Tochter zu meinen Eltern, die wohnten 'n paar Häuser neben uns. Und weil er keinen Schlüssel hatte, hat Papa unse Wohnungstür einjetreten. Wie der Peter und ich vom Tanzen zurückkommen, sagt der Papa: »Wenn ihr ausjehn wollt, könnt ihr mir das sagen, ich bleib jern bei dem Hans. Aber laßt den Jungen nich allein!« Kriegten mein Mann und ich eine jeklebt, un dann war's wieder jut. Aber wie mein zweiter Sohn kam, der Willy, ließ das Ausjehn denn alles so nach. Da warn mein Peter und ich häuslicher, nich mehr so jugendlich, nich. Ja, Kindk, wat soll ich dir sagen: Ich hab es jut jehabt. Ich habe einen herzensjuten Mann jehabt. Der is leider schon zwanzig Jahre tot ...

1928 ham wir von unserm Jeld 'n Lebensmittelgeschäft aufjemacht. Wir ham 'n Groß- und Kleinhandel jehabt. Nachher ham wir aber den Großhandel dranjejeben. War uns zuviel Arbeit. Wir hatten *so* ein Jeschäft! *So* ein Jeschäft! De Leute hier in der Jegend sagten: »Wenn ihr wat Jutes wollt, dann müßt ihr nach Jans jehen.« Zu uns kamen nich nur die Leute aus de Nachbarschaft, sondern auch die Herren vom Krefelder Jericht. Herr Notar Zorn un Direktor Schmidt warn unse Kunden. Sagt mein Mann zur Frau Notar Zorn: »Kindk, wat kochen wir denn heute? Ich hab schöne Blumenkohl ...« Dann hat die jelacht! Sagt die: »Jeses, Herr Jans, aufs Maul jefallen sin Sie ja ooch nich grade!« Und Obst und Jemüse wegwerfen, also det kam jar nich in Frage! Wenn mein Mann und ich mal zuviel frisches Obst im Vorrat hatten, ham wir das weggeschenkt an einen Kunden, der's wirklich jebrauchen konnte: »Komm, mach die Tasche auf! Hau ab, verschwinde!« Unser Jeschäft war eine Joldgrube! Wirklich! Wir konnten uns sojar 'n Wagen leisten, 'n Opel. Und damit ham wir immer mal Ernst Thälmann zu Parteiversammlungen jefahrn und auch den Max Reimann.

Mein Peter war, als wir uns kennenlernten, bei de Syndikalistische Partei. Un nachher sagt er: »Kindk, ich jeh bei de Kommunisten.« – »Ja«, sag ich, »Vater, wenn de bei de Kommunisten jehn willst, dann jeh.« Mein Mann is 1925 in de Kommunistische Partei jejang'n und ich 1928. Im Januar 1933, kurz vor der Wahl, mußten wir mit unserm Auto Flugblätter nach Villich, Viersen, Gladbach und so weiter bringen. Mensch, wir konnten noch so viele Flugblätter verteilen und kleben! Wir Kommunisten konnten noch so oft sagen: »Wer Hitler wählt, wählt den Krieg!« Hat trotzdem nix jenützt. Januar 33 kam Hitler trotzdem an die Macht. Mein Mann war Kassierer bei de Partei, und der mußte denn gleich lange Beine machen, der hat sich verkrümelt nach Holland. Und ich blieb mit den Kindern in

Krefeld. Kamen Leute bei mir Lebensmittel sammeln für die ›Winterhilfe‹.* Da jab ich denen immer Salz. Gucken die mich an: »Salz!?« Sag ich: »Von wegen Salz! Dat is feine Zucker – von wegen Salz!« Und's war doch Salz, nich! Die ›Winterhilfe‹ hat nie was Anständijes von mir jekriegt. Nie! Und die Polizisten, die standen so rum um unser Jeschäft. Ham jelauert, ob unse Parteigruppe da 'ne Versammlung macht. Wir warn doch nicht lebensmüde! Ich bin immer auswärts jefahren, um mich mit die Parteijenossen zu treffen. Also an mir hat die Polizei keine Freude jehabt! Jede Nacht, jede Nacht kriegte ich die Gestapo auf 'm Hals. Einmal kam ein Kerl mit 'nem großen Schäferhund. Ich soll in den Keller jehn, meinen Mann aus dem Keller holn. Und der Peter war nich im Keller, der war doch nich verrückt! Ich sag: »Ich?! Ich jeh doch nich in 'n Keller! Und überhaupt, dat is 'ne Schweinerei, mich jede Nacht zu belästijen! Wenn Se noch mal kommen morjen abend, liegt hinter der Tür 'n Beil! Schlage ich Ihnen die Pfoten ab, merken Se sich dat!« Ich sag zu dem Kerl: »Jehn Se selbst in den Keller!« – Da hätt ich direkt die Tür hinter ihm zugesperrt. Den Schlüssel hätt ich weggeworfen, ich hätt den Kerl nich mehr rausjelassen!

Aber mit unser Jeschäft jing es nich mehr jut. Nu hieß es: ›Wer bei Jans kauft, der kauft bei Kommunisten.‹ Also die ham mit uns Kommunisten jenau dasselbe jemacht wie mit den Juden. Un 35 mußte ich den Laden zumachen. Hab ich noch 'ne janze Menge Leute Zeug aus unserem Lager verschenkt. Ich hab den Peter nu immer heimlich jetroffen, meistens auf Parteiversammlungen. Un 36 war

* Winterhilfswerk, 1933 eingerichtete zusätzliche Steuer zur Kriegsfinanzierung, zugunsten der Winterhilfe wurden auch Straßensammlungen organisiert.

denn der Franco-Putsch in Spanien. Ham wir eine Parteiversammlung jemacht, un da hat mein Mann zu mir jesagt: »Verdammt noch mal, ich mut die Jungens von de Republik helpen. – Kindk, du bist doch nich bös, daß ich jetzt nach Spanien jeh?« – »Ach Papa«, sag ich, »traurig bin ich wohl, jetzt bin ich janz und jar allein mit den Kindern. Aber bös bin ich dir nich.« – »Nein«, sagt er, »biste mir nich böse?« – »Nö«, sag ich, »ich bin nich böse.« Un da hat er mich jepackt und mich jeküßt: »Mama, ich wußte, daß du nich böse wirst!«

Aber ich hatte ooch eine Ehe! Dat jibt es nich mehr! So wahr ich hier sitze: Mein Mann un ich, wir warn ein Herz und eine Seele. Der Peter jing nie in die Wirtschaft. Also, daß der mal besoffen nach Hause kam, so wat kenn ich jar nich. Mein Papa hatte Kohlenstaub in de Lunge, weil der Heizer war. Mußten wir vor dem Essen immer für zwölf Pfennig Kräuterbitter für ihn holen. Un während des Essens trank er den denn, um den Dreck wegzuspülen. Sagt mein Papa zum Peter: »Komm, Jung, trink auch mal 'n bißken.« Nu, mein Mann probiert so 'n janz klein Schnibbelke. Sagt er: »Papa, du mußt den Kräuterbitter ja trinken, aber ich jeb da nix drum.« Also ich kenn kein Ehestreit, ich kenn keinen Krach. Jestern hab ich noch zu meiner Urenkelin jesagt: »Angelika, wenn du bloß die Hälfte von dem Glück hättst, was ich mit dem Opa hatte, Kindk, du hättest den Himmel auf Erden!«

Mein Mann is mit einem Krefelder Freund, Jakob Lükker hieß der, in unserm Opel nach Spanien losjefahren. Die ham denn das Auto einfach vor de holländische Grenze stehenlassen und sin zu Fuß weiter. Unser Wagen war denn futsch. Nu, das war uns ja ejal! Das war uns so pfeifejal! Un unser Krefelder Freund is gefallen da in Spanien. In mein Mann seine Arme is er jestorben. Aber das ham wir Jakobs Mutter nich jesagt. Ach Gott, ach Gott, das *konnten* wir einfach nich.

Unser Ältester, der Hans, hatte seine Metzgerlehre grade abgeschlossen. Un de Willy war hier in Krefeld auf der Ingenieurschule anjemeldet. Aber ich hab denn beschlossen, mit meine zwei Jungs auch nach Spanien zu jehn. – Was willste wissen? – Warum ich nach Spanien wollte? – Weil mein Mann da war, nich. Weil mein Mann da war. Ich hatte hier 'ne Vier-Zimmer-Wohnung mit schicke Möbel. Hab alles stehnlassen, 'nen Teil von de Möbel noch verkauft, den Rest stehnlassen. Un unser Hans is ja nun erwachsen jewesen, der war achtzehn Jahre alt. Der konnte also selbst seinen Ausweis beantragen. Aber mein Kleiner, der Willy, war noch keine achtzehn Jahr. Und Frauen durften damals keine Pässe für ihre Kinder beantragen, das mußte der Vater tun. – Was jetzt? Da wirste lachen, wat da passierte: Hatte ich eine Freundin in Krefeld. Ich sag: »Hermine, verdammt noch mal, jib mir 'n Rat! Ich mut mit de Hans un de Willy nach Spanien. Wie krieg ich den Willy raus aus Deutschland, mein Willy hat keinen Paß?« Die Hermine war eine Jenossin un hatte Streit mit ihrem Mann, weil der SS-Mann jeworden war. Un da hat se dem rausgeworfen. »Och«, sagt die, »mach dir kein Jewissen drüber. Ich ruf gleich meinen Mann an, der kann bei mir diese Nacht schlafen. Un morjen Abend bringt er den Willy mit dem Fahrrad über die Grenze.« Und so jing dat. Die Hermine hat ihren Mann anjerufen, der durfte kommen. Ich fuhr mit meinem Jroßen im Zug nach Holland. Un der SS-Mann hat den Willy mit dem Fahrrad über die Grenze jebracht. Der SS-Mann is mit seine Uniform un seine Orden losjekutscht, weil er dann an de holländischen

Grenzposten keine Papiere vorzeijen brauchte. – Kannste mal sehen, wie die holländische Regierung damals einjestellt war! – Und er is mit sein Rad wieder nach Deutschland zurückjefahrn. Aber unser Fahrrad, wo der Willy draufjekommen is, dat mußten wir in Holland stehnlassen. Des hat 'n paar hundert Mark jekostet. War 'n sehr schönes Rad, mit breite Reifen. Na, is ejal, 's war futsch. Weiß der Deibel, wer 't hat. Ham die Jungs un ich noch die Nacht in Holland jeschlafen. Und am nächsten Morjen frühstückten wir. Seh ich jejenüber von unserm Hotel 'ne richtige Kaschemme. Sag ich zu meinen Kindern: »Da jehn wir rein! In 'nem feinen Restaurant kriejen wir sowieso keine Hilfe.« Ja, und wie wir in die Kaschemme reinkamen, putzte grade ein Mann die Biergläser. Der sagt: »Juten Morgen.« Und da hab ich jesagt: »Vater, ich mut weg nach Frankreich mit die twee Jungens.« – »Wejen de Faschisten?« – »Ja, wejen de Faschisten.« Da guckt er so: »Habsche Jeld?« – »Ja«, sag ich, »dat ham wir schon.« – »Dann werde ich euch helpen.« Der jing im Nebenraum telefonieren, und schon nach fünf Minuten kam ein Chauffeur zu uns. Un der fragt auch: »Habsche denn Jeld? Ich fahre dich mit meinem Auto nach Belgien, wenn du Jeld hast.« Ich sag: »Natürlich ham wir Jeld.« Un da sin wir losjefahrn. Sagt der Chauffeur: »De erste Teil der Grenze is harmlos. Du un der Hans, ihr habt ja 'n Paß, und der Willy kann sich schon 'n bißken bücken.« So, det jing jut, die holländischen Grenzposten ham uns durchjelassen. Aber denn kamen die Belgier! Sagt der Chauffeur: »Das sin Biester, die sin streng! Die schießen scharf, wenn wir vorbeiflitzen! Aber ich *muß* durchfahren durch die Grenze, ich kann da nich halten, denn die Wachen halten deinen Sohn fest.« Ich sag: »Nur niet!« Und wir sin glattweg mit dem Auto durchjefahren.

Die Posten warn völlig perplex, die ham nich jeschossen auf uns, jar nix. War unser Glück! Aber ich muß sagen, ich hatte schon Angst um meinen Willy! Also wenn die Belgier mir den wegjenommen hätten, dann wär irgendwat passiert. Da wär ich zum Deibel jeworden. Ich hätt mir den Jungen nich wegnehmen lassen! Der Chauffeur hat uns bis vor die belgisch-französische Grenze gebracht. Sagt er: »Hier kenn ich mich nich aus, jetzt müßt ihr allein weiter.« Sin meine Jungs und ich losjejangen. Wir mußten erst janz hoch 'nen Berg rauf. Un der Willy hatte neue Schuhe an. Der sagte schon: »Mama, Mama, meine Füße tun weh! Ich kann nich mehr, ich will zurück!« Sag ich: »Willy, meine Füße tun auch weh! Beiß die Zähne zusammen, Kind!« Un auf der Spitze von dem Berg trafen wir einen alten Mann mit einem Krückstock, der saß auf einer Bank. Da sag ich: »Vater, könnt Ihr uns helfen? Die Jungens muten wejen de Faschisten aus Deutschland weg, wir muten nach Frankreich.« – »Ja, ich help euch«, segt er. »Ich tue jetzt, als ob ich spazieren jeh. Ihr lauft 'n janzes Stück hinter mir. Un solange ich jeh, folgt ihr mir. Bleib ich mal stehn, dann versteckt ihr euch.« Und der Mann lief un lief un lief. Auf einmal bleibt er stehn: »Guckt mal, jetzt seid ihr in Frankreich. Wenn ihr jetzt noch fünf Minuten weiterlauft, stoßt ihr auf 'n Restaurant. Da wohnt 'ne deutsche Frau, die hilft euch.« War auch so, die konnte uns sagen, wann der nächste Bus nach Hagondange fährt. Un auf diese Art und Weise sin wir zu dem Jenossen Zuchmayer in Hagondange jekommen, den seine Adresse hab ich von unsere Parteileitung jekriegt. Aber wie meine Jungens un ich bei den Zuchmayers anlangten, warn wir janz erledigt. Un ich will mir die Schuhe ausziehn, da tropft so 's Blut raus. Weint der Willy: »Mutter, hätt ich das jewußt, dann hätt ich nich wejen meine Füße jejammert.« Noja, ich mußte drei Tage im Bett liejen, so kaputt waren meine Füße.

Die Zuchmayers ham uns Jeld jejeben. Konnten wir weiter nach Paris zur Zentralstelle der Interbrigaden, von wo aus die Freiwilligen nach Spanien jeschickt wurden. Unser Ältester, der Hans, konnte direkt dableiben. – Un ich mußte mit dem Willy wieder nach Hagondange zurück! Denn der Kommissar Marty,* der konnte überhaupt keine Frauen leiden, der mochte die Frauen nich haben in Spanien. Aber ohne Frauen wär doch die Republik janz schnell im Eimer jewesen! Hat der Marty trotzdem keine Rücksicht drauf jenommen! Mußten mein Jüngster un ich nach Hagondange zurück! Hab ich nur jeweint den janzen Weg. Un der Willy sagt: »Mama, Mama, wein doch nich! Wir kommen schon noch nach Spanien!« Ich sag: »Ich wein doch nich.« Aber ich war trotzdem immer am Weinen, weil mein Hans nach Spanien fahrn konnte, und der Willy und ich nich.

Im Februar 37 is mein Hans nach Spanien, und 'n paar Wochen später durfte mein Willy da hin. Ich war immer noch in Hagondange un hab mich um die vier Zuchmayer-Kinder jekümmert, deren Mutter lag im Krankenhaus. Ende April kam ein französischer Interbrigadist nach Hagondange in Urlaub. Dieser Interbrigadist hatte mir jesagt, er würde mich mitnehmen nach Spanien. Tat mir ja leid wejen die Zuchmayer-Kinder, aber mich konnte denn nichts mehr in Hagondange halten ...

Von Hagondange bis zur französisch-spanischen Grenze war's auch ein sehr schönes Stück. Un ich konnte doch kein Wort Französisch, und dieser Franzose kein Wort

---

* Marty, André, französischer KP-Funktionär, Chef der militärischen Abteilung der Internationalen Brigaden.

Deutsch! Beide totmüde in Le Boulou anjekommen. Da mußte ich in einem Restaurant warten. Zeigt er mir so: ›Fünf Minuten‹. Jab mir 'ne Zeitung – als wenn ich die hätte lesen können! – und jeht weg. Denk ich: ›Mein Gott noch, jetzt biste janz alleine!‹ Na, dieser französische Interbrigadist hatte inzwischen eine Bestätigung machen lassen, wo denn drin stand, ich sei dem seine Frau. Als er wieder zurückkam, hat er mich um 'n Arm jefaßt, und wir jingen auf so 'n langen Tunnel zu, das war die Grenze. Halten uns zwei französische Gendarmen fest. Aber der Interbrigadist un ich, wir warn offiziell ja Mann un Frau, konnten wir weiter. Un wie wir beide an die andere Seite vom Tunnel kamen, riefen die spanischen Jungs: »Salud camaradas! Salud camaradas!«* Oh, die Freude! Dat war 'ne Freude! Wir wurden abjeholt von einem Schweizer Kameraden. Der sagte: »Magdalena, diese Nacht mußt du im Hotel schlafen. Morgen früh hol ich dich wieder ab.« Nu, der Schweizer hat mich ins Hotel jebracht. Ich hab da zum ersten Mal die dicken garbanzos, diese Bohnen, gegessen und hinterher gut geschlafen. Und am nächsten Morgen, wie der Genosse mich wieder abholte, war ich ja schon lange wach ... Und er hat mich mit dem Auto nach Figueras jefahrn. Hat er mir die Burg von Figueras jezeigt, da warn über dreihundert Soldaten unterjebracht. Die Burg is vor dem Krieg ein Kloster jewesen. Un der Schweizer hat mir jeheime Jänge jezeigt, durch die die Pater zu den Nonnen jekommen sin. Ich erklär das menschlich, nich: Geistliche ham eben ooch sexuelle Bedürfnisse. Un die Nonnen ham sich doch kaputtjehurt. Der Schweizer Kamerad hat mir 'ne Grube jezeigt, wo Babyleichen drin lagen.

Ich kriegte ein Stück Brot, eine Flasche Wein, einen Rie-

* span., Seid gegrüßt, Kameraden!

gel Schokolade und ein Stück Wurst als Verpflegung. Un die Genossen ham mich zum Bahnhof jebracht, weil ich ja weiterfahrn wollte nach Barcelona. Sagt der Schweizer Kamerad zu mir: »Wat machen wir denn jetzt, Magdalena?! In dem Zug fahrn dreihundert Soldaten mit, und du bist die einzige Frau.« Sagt 'n polnischer Interbrigadist, der mit uns zum Bahnhof jing: »Hab keine Angst, Kamerad! Ich beschütze Magdalena! Magdalena wird von keinem anjerührt!« – Und's hat auch keiner jewagt, mich mit einem Finger zu berühren! War erstklassig! Die Jenossen ham uns Frauen in Spanien immer janz, janz anständig behandelt. Also da kann ich nich klagen. Ach, wat is der Zug langsam jefahren! Erst spät abends langten wir in Barcelona an. Ich jing gleich ins Emigranten-Heim, da hab ich später auch die meiste Zeit jewohnt. Ich hatte so 'ne kleine Mansarde, wo 'n Feldbett drin stand. Nuja, als ich mich schlafen legte, zog ich mir die Schuhe aus. Mein Kleid behielt ich zur Vorsicht an. War ja alles fremd für mich. Plötzlich klopft's an die Tür, kommt 'n Schweizer Kamerad rein: »Ich war heute nachmittag noch bei deinem Mann. Der ist jetzt hier in Barcelona, hat drei Tage Urlaub. Morgen früh um zehn bring ich dich zu ihm.« Na, um zehn Uhr war ich lange weg! Konnte ja nich so lange warten! Früh wach ich auf, hör ich auf 'm Hof jemanden deutsch sprechen. Ruf ich aus 'm Fenster: »Du, Kamerad, biste Deutscher? Kannste mich denn nich zu meinem Mann hinbringen? Der wohnt in einem Haus, wo die Partisanen unterjebracht sin, in der San Gervasio 13.« Sagte er: »Nein, ich kann dich da nicht hinbringen, ich muß um acht in meinem Büro sein. Aber ich zeige dir, wo dein Mann wohnt.« – Hatte jeder seine Pflicht, is ja klar.

Ich mußte erst mit der Straßenbahn 17 fahren. Und bei

'n großen Platz stieg ich aus. Mußte ich 'n Berg raufklettern. Da war so 'n Villenviertel, wo früher die Hautevolee wohnte. Un ich komm zur San Gervasio Nummer 7. Stand ein junger Soldat Wache. Zeig ich ihm ein Bild von meinem Mann: »Du, kennste den?« – »No comprende, senora, no comprendo!«* Ich jeh also weiter, komme zur Villa Nummer 11. Un da waren die Madrider Flüchtlingskinder unterjebracht. Die machten 'n Krach! Ich denk: ›Wenn de Nummer 11 jefunden hast, wirste auch Nummer 13 finden.‹ Komm ich an de nächste Villa: ›Verdammt noch mal! Steht keine Nummer dran!‹ Ich bleib stehn, guck in den Jarten rein. Und so wahr ich hier sitze – mein ältester Sohn wohnt auch im Haus, den kannste fragen – so wahr ich hier sitze: De Tür jeht auf, mein Hans ruft: »Mutter, Mutter! – Vater, de Mutter is hier!« Ach, de ganze Partisanenhorde kam rausjelaufen im Schlafanzug. Standen alle im Hof und guckten. Fragt mein Mann: »Ja Kindk, wie kommst du denn hierher?!« – »Mit dem Zug. – Siehste, jetzt bin ich auch in Spanien.« Ja, mein Mann un der Hans hatten noch paar Tage Urlaub, dann mußten die wieder weg; die hab ich, als ich in Spanien war, auch nur selten jesehn. Der Peter un der Hans waren bei de Partisanen. Meistens liefen die in schicker Zivilkleidung, un ham Jebiete, wo die Faschisten waren, ausjekundschaftet. Oder die mußten auf Straßen, die von den Faschisten erobert waren, heimlich Minen legen. Solche Sachen. Die Partisanen ham schon vieles, vieles jeleistet! Un gefährlich war das, wat die machten, auch. Is ja klar. Aber wir ham eben auf dem Standpunkt jestanden: Ohne Opfer kein Sieg.

Un ich sollte eijentlich nach Madrid jeschickt werden, ins Thälmann-Kinderheim. Aber Madrid war ja von de Fa-

---
* span., Ich verstehe Sie nicht!

schisten umzingelt, wir kamen nich nach Madrid durch. Hab ich denn die erste Zeit in unserem Emigranten-Heim in Barcelona jearbeitet. Dat war 'n sehr schönes, dreistöckiges Haus, vorm Bürgerkrieg sin da reiche katholische Mädchen großjezogen worden. Zu uns ins Emigrantenheim kamen Kameraden, die mal 'n paar Tage Erholung nötig hatten. Wenn einer 'ne schwere Krankheit jehabt hatte, wurde der immer mal von Doktoren untersucht, die ham wir aus den Hospitälern in der Nachbarschaft zu uns bestellt. Bei uns kriegten die Jungs ordentlich zu essen, un se konnten schlafen, solange se wollten. Manche schliefen janze Tage durch. Die warfen wir nie aus de Betten raus. Ham wir schön rundrum sauberjemacht, janz leise. Denn die Kameraden warn ja froh, wenn die mal Ruhe hatten. Ins Emi-Heim kamen auch viele Journalisten und Künstler. Wenn die von de Front zurückkehrten, setzten die sich still in ihre Zimmer und schrieben ihre Erlebnisse auf. Un das stand denn nachher in ihre Romane. Der Willi Bredel un der Hans Marchwitza ham mehrere Bücher bei uns jeschrieben. Also wenn ich an die Schriftsteller-Jungens denke ... So oft denke ich dran, wie der Wille Bredel Päckchen mit Pralinen jeschickt kriegte aus Dänemark. Die Sascha un ich konnten nich anders, wir mußten immer davon klaun. Sag ich: »Willi, wir ham wieder jeklaut bei dich.« – »Dat heb ich schon jemerkt«, sagt er, »ihr zwei Biester!«

Einmal war auch ein Schweizer bei uns namens Fritzli. Der mußte nach Hause zurück, weil er schwerkrank war. Gleich wie der in de Schweiz zurückkehrte, is er leider jestorben. Seine Frau hat ein Bübchen jeboren, aber der Fritzli hat sein Söhnchen nicht mehr erlebt. Ach, Kindk! Wenn ich an die Jungs alle denke, die sterben mußten! Wenn ich an die Jungs alle denke, da muß ich weinen, da bin ich fertig ... Aber ich bin stolz, daß ich in Spanien war. Bin ich stolz druff, das sag ich jedem!

Hatte mein Jüngster, der Willy, Jeburtstag. Un der war in Albacete, dort kriegte der seine militärische Ausbildung. Schreib ich ihm 'ne Karte von Barcelona aus. Jetzt kommt die Karte im Büro von Willys Kommandeur an. Kiekt der: ›Verdammt noch mal, der Willy hat Jeburtstag!‹ Sagt er zu einem anderen Kollejen: »Ruf mal den Jungen!« Mein Jüngster kam ins Büro rein. Fragt der Kommandeur: »Willy, hast du nich Jeburtstag?« – »Ja. – Kannste mich nich endlich an de Front lassen! Ich bin doch ausjebildet«, sagt der Willy. »Hör mal, wie alt bist du 'n?« – »Twintig Jahr.« Der hat immer jesagt, daß er twintig Jahr wär, damit er an die Front kann. Sagt der Kommandant: »Hier guck mal, deine Mutter hat jeschrieben: ›Lieber Willy! Zu deinem achtzehnten Geburtstag liebe Grüße von Mutti.‹« Mensch, da wurde der Willy verlejen! Kriegte der 'ne rote Birne. Na, der Kommandeur ließ teuten: »Tütütütütüt! Der Willy hat Jeburtstag! Alle antreten.« Hat mein Junge einen Lederanzug jeschenkt bekommen. Un von einem sowjetischen Freund 'ne Mütze mit 'm Sowjetstern dazu. Die Mütze hab ich immer noch, die liegt in der Schublade da. Nur die roten Steinchen von dem Sowjetstern sind leider rausjefallen. Schreibt mir mein Willy: ›Mutti! Den Jeburtstag vergeß ich ja nie in meinem Leben! War det schön!‹ Ich konnte ja nu nich wissen, daß mein Jüngster wejen seinem Alter schwindeln mußte! Wenn ich das jewußt hätte, dann hätt ich keine Zahl mit auf die Karte jeschrieben. Hätt ich dem Willy nur zum Jeburtstag gratuliert – un fertig! Mein Willy durfte denn zur Front. Un der war tüchtig! Der hatte 'n Diplom in alle Waffengattungen. Einmal bekam mein Jüngster vier Tage Urlaub. Wir beide ham uns denn immer im Deutschen Klub in Barcelona jetroffen. Da war auch der Ernst Busch un hat zusamm mit meinem Jüngsten das ›Ave Maria‹ jesungen – aber auf *unsere* Art, nich, auf Arbeiterart. Wunderbar! Sagt der Ernst: »Lenchen, Mensch, wat hat der Willy 'ne Stimme! Den Willy bild ich als Sänger uut.« Sag ich: »Ja, Ernst, das mußt du wissen, das muß mein Junge wissen, mir is 't ejal.« Am selben Tag kriegte mein Willy ein Schreiben! Sagt er: »Mutter, ich kann mich in Moskau als Pilot ausbilden lassen.« Sagt er: »Wat denkste? Soll ich bei de rote Flieger oder bei Ernst Busch?« Sag ich: »Junge, dat mußt du selber wissen.« – »Ja, Mutter! Dann jeh ich nach Moskau!«

Es dauerte denn noch, bis die Formalitäten alle erledigt waren. Mein Sohn kam wieder an de Front. Eines Tages wird die Post zu uns ins Emigranten-Heim jebracht, Sascha und ich warn gerade am Abwaschen. Da hör ich, wie der Hans Marchwitza, der Peter Kast un noch 'n paar andere Jungs sich im Eßraum unterhalten. Sag ich zu Sascha: »Verdammt noch mal! Die sprechen über mich!« Hör ich, wie die Jungs sagen: »Mensch, wie kriegen wir das bloß fertig? Wie kriegen wir die Leni nach Frankreich?« Also wollten se mich abschieben! Ich renne runter zu denen: »Hört mal, ihr Kadetten! Da müßt ihr aber anders jebaut sein, wenn ihr mich nach Frankreich kriejen wollt!« Seh ich, wie der Hans Marchwitza 'ne Karte auf 'm Rücken versteckt hält. Frag ich: »Is die für mich?« – »Leni«, sagt der Hans Marchwitza, »is ja furchtbar ...« Hatte ich meinem Jüngsten eine Karte jeschrieben. Die kam zurück, stand drauf: ›Herido. Hospital donde.‹ Also: ›Verletzt. Hospital unbekannt.‹ Ham unsre Jungs sich nich jetraut, mir zu sagen, daß mein Sohn wahrscheinlich tot is. Ich sag: »Hans, was sind wir? – Sind wir Jenossen, oder sind wir Faschiste?«

Sagt der Hans: »Leni, was meinste damit?« Sag ich: »Wir sin als Kommunisten hierher jekommen, wir sin als Helfer hier. Wenn mein Willy tot is, wäre das 'n bitterer Schmerz für mich. Aber wegkriegen aus Spanien kriegt ihr mich nich. Ich bleibe hier.« Ja, da konnten se nix machen ...

Und nach drei Tagen kam 'ne Karte von der Elisabeth Hollender aus San Clemente: ›Liebes Lenchen. Ich habe deinen Willy hier zur Pflege! Dein Junge ist von Explosivgeschossen verletzt worden.‹ – Das sin Jeschosse, die, wenn se auf de Erde prallen, zerspringen in viele Splitter. – ›Aber ich pflege deinen Sohn gut, mache dir keine Sorgen.‹ Ja, da war denn trotzdem alles futsch. Aus war der Traum, nach Moskau zu jehn. Mein Junge wurde nach Frankreich jebracht und hat seine spanische Verlobte nie wieder jesehn. Die war 'n bildschönes Mädel, hieß Jenerosa. Ich war noch ein einziges Mal bei meinem Sohn, das war schon in Frankreich, als der Willy in Argelès saß, im sojenannten Verbrecherlager. Un dann wurde der Willy nach Deutschland deportiert, und alles war vorbei. Alles war vorbei, ne ...

Aber ich muß sagen, ich hab nie bereut, daß ich Kommunist bin. Trotzdem mein Junge umjekommen is. Kannst mir glauben: Wenn eine Mutter ihr Kind verliert, dat is furchtbar, nich. Aber ich könnt kein anderer Mensch werden. Wenn jetzt eener sagen würde: ›Du kriegst 'ne Million, wenn du 'ne andere wirst‹, denn würde ich antworten: ›Laß mich bloß mit dem Jeld in Ruhe! Ich bleib dat, wat ich bin!‹ Des heb ich ooch meinem Arzt jesegt! Der muß leider alle paar Tage zu mir kommen. Jestern mußt ich ihn wieder rufen. Kommt der in meine Wohnung, guckt der immer so auf die Urkunden über mein Bett. Sag ich: »Herr Doktor, sein Se nich feig. Gucken Se sich ruhig meine Urkunden an. Da is schriftlich festjelejt, daß ich Spanienkämpferin bin un jejen den Nationalsozialismus jekämpft hab. Laut Bundesergänzungsjesetz heb ich nu ein Verdienst am deutschen Volk un Staate.« Un das Foto von Lenin heb ich meinem Doktor ooch jezeigt, das heb ich selbst einjerahmt. Sag ich: »Is Lenin, den kennen Se doch. – Oder etwa nich?« Hol ich noch meinen sowjetischen Orden raus. Sag ich: »Den heb ich ooch. Aber den tu ich nie um, weil ich immer Angst heb, ich könnt den verlieren.« Sag ich: »Da ham Se Frau Jans: Antifaschistin bis dorthinaus!«

In unserem Emigranten-Heim hatten wir 'n belgischen Koch, 'ne deutsche Frau kam jeden Tag mit ihrem kleinen Sohn un hat bei uns geholfen. Die war noch janz jung, sah aber schon janz alt aus von dem Schmerz. War 'ne deutsche Jüdin. Die konnte nich verkraften, dat die Nazis ihre Familie umjebracht ham. War 'n feiner Kerl. Un dann hat noch die Sascha bei uns jearbeitet un eine E. aus Berlin. Die war 'n Pferd, 'n fieses Ekel war dat. Einmal lag ein Kamerad mit 'ner Freundin im Bett. Ich sag dat nu mal ehrlich: Der W. S. un die W. T. warn dat, die ham in Spanien auch ein Kind jekriegt. Un die lagen im Bett, un ich jeh leise an ihrem Zimmer vorbei, ich wollt se nich stören. Na, da seh ich, wie die E. durchs Schlüsselloch kiekt! Das Biest! Ich sag: »Schade, daß 's Schlüsselloch nich größer is! Wenn 's Schlüsselloch größer wär, hättste dat alles jenauer sehn könn!« Sagt se: »Lenchen, entschuldije ...« Ich sag: »Da jibt es jar nix zu entschuldijen. Wer durch de Schlüssellöcher lauert, der teugt für mich niet. Du teugst für mich überhaupt niet!«

Aber mit der Sascha Sternlicht hab ich mich sehr anjefreundet. Die Sascha war 'ne Jüdin un kam aus Leipzig, ihr

Vater war 'n Rabbiner. Der hatte 'nen langen, weißen Bart, dem ham die Nazis den janzen Bart rausjerissen ... Die Sascha war 'n feiner Kerl! Kinner, wat hab ich über Sascha jelacht! In unserm Jarten ham wir uns 'n Unterstand jegraben, den nannten wir die ›Hans-Marchwitza-Linie‹. Wenn's wieder 'n Bombardement jab, liefen wir dahin. Un die erste, die losrannte, war immer die Sascha. Ob die jetzt bloß 'n Schlüpper anhatte oder bloß 'n Schlappen, dat war der so ejal! Un wenn die rannte, hat die auch immer alle ihre Klamotten verloren! Oh, wat ham wir manchmal jelacht! Jott, ach, Jott!

An sich kann ich nich sagen, daß ich mal Todesangst hatte in Spanien. Nö. Nur einmal, da war wieder Alarm. Wir in de ›Hans-Marchwitza-Linie‹ rin. Kam 'ne schwere Bombe auf uns zujeflogen. Hab ich jedacht: ›So, die packt uns, jetzt ist's Schluß.‹ Und der Willi Bredel, der drückte mich noch rin in den Graben. Ich sag: »Ob die Bombe mich nu oben oder unten erwischt, das is ja nu ejal!« Aber die sauste fünfzig Meter weiter – un landete im Theater! Da war doch grade Vorstellung! Da waren neunhundert Menschen drin! Un 's Theater janz und jar injeknackt! Kriegten wir viel Arbeit, wir ham bis zum nächsten Morgen beim Ausgraben jeholfen. So viele Verletzte ham wir ausjegraben! So viele Menschen wurden umjebracht! Nee, das war schon furchtbar, Kindk. Aber wenn Menschen in Not sin, biste eben jezwungen, zu helfen! Wenn du 'n Jewissen hast, mußte eben helfen! Dafür war'n wir ja in Spanien.

Ich bin oft aus Barcelona weggefahren. Meistens sagte unser Vorjesetzter: »Leni, morjen fährste mit dem Fritz in dieses und jenes Hospital.« So jing dat, war ein Befehl un fertig. Hat keiner von uns ein' Mucks jesagt, dafür war uns

alles viel zu ernst. Hab ich denn die Jungs in de Hospitäler besucht, sie jetröstet, erzählt mit denen un so weiter. Ich hab ihnen auch Post jebracht. Oder Briefe an ihre Anjehörige jeschrieben, wenn die Kameraden dazu selbst nich in der Lage waren. Un ich heb deren Post denn gleich wieder mitjenomm nach Barcelona. Mit unserm Hauptkassierer, Fritz Münster, jing's ooch einmal zur Ebro-Front. Wir brachten unse Soldaten ihren Sold un auch 'n bißken Tabak, nich. Ich hab dem Fritz Münster beim Auszahlen jeholfen, Quittungen ausjeschrieben un so was. An dem Tag wurde 'n bißken Tamtam jemacht. Die Jungs waren nämlich nich im Dienst, die kriegten vierundzwanzig Stunden Ruhe. Auf 'ne Bühne hat 'ne Schauspielertruppe 'n Theaterstück vorjeführt und Musik jespielt. Un mein Hans un der Willy, die ooch bei die Einheit waren, die sin poussieren jejangen in einem Dorf. Un als se abends zurückkamen, ham se sich halbtot jefreut: »Mutti, Mutti!« Un die Frauen aus dem Dorf janz nah bei de Front, die haben sich jezankt, wo ich schlafen soll. Jede wollte, daß ich in ihrem Haus schlafe: »Señora, mi casa!« – »Mi casa, señora!«*
Und am nächsten Morjen, da ham mir die Bauern Jeschenke für die Jenossen in Barcelona jebracht. Frage nich, wat die mir alles brachten – Zitronen, Trauben, Feigen, Brot ... Hab ich ooch verteilt an alle Kameraden im Emigranten-Heim. Wer zu uns kam, der kriegte wat ab.

Einmal wurden die Leni und ich nach Moyá geschickt. Wir sollten dort im Hospital die Kameraden besuchen. Da sagt der Chauffeur: »Verdammt noch mal, wir ham keinen Personenwagen mehr, wir ham nur 'nen Kastenwagen frei.« Sag ich: »Moyá is ja nich so weit. Müssen wir eben mit 'nem Kastenwagen fahrn.« Ja, der wurde nu von draußen

* span., Frau, mein Haus!

zujeschlossen, und die Leni saß mit mir denn da drin. — Die Leni war dem E.B. seine Liebste, die beiden warn nich verheiratet. Na, is ja ejal: die war dem seine Frau. Ich sag: »Leni, stell dich von die Tür weg! Wenn die aufjeht, liegste auf der Straße!« — »Och«, sagt se, »der Chauffeur hat die doch zujemacht.« Wir warn zehn Minuten am Fahren, da springt die Tür auf. Leni fiel mit dem Kopf — klatsch! — auf das harte Pflaster. Un war tot. Also das war furchtbar. Die Beerdigung ... in Spanien werden doch die Särge in Gruften einjemauert ... Un ich mußte die Grabrede halten. Nee, Kindk, nie mehr im Leben! Nie mehr!

Ich hab später dann noch in de Nervenklinik jearbeitet, das war 'n ehemaliges Kloster. Un da waren denn unjefähr dreißig von unsern Jungens drin. Die meisten hatten doch nie vorher 'n Bombardement mitjemacht oder warn noch nie an de Front jewesen. Un die kriegten denn in Spanien durch die schweren Erlebnisse 'ne Art Nervenschock. Also fast alle waren nich mehr so dabei. Der eine wußte noch, was er tat — un der andere eben nich. Wir sagen denn dazu: ›Der hat se nich alle beisammen.‹ Morgens hab ich immer Lebensmittel einjekauft für uns alle auf 'm Markt. Nee, daß wir in Spanien Hunger jelitten ham, dat kann ich nich sagen. Wir kriegten ja dreihundert Peseten Lohn, un 'n janzer Korb voll Obst kostete bloß fünf Peseten. Hab ich Trauben und Pfirsiche jekauft — was es eben jab. Und wenn ich dann in de Nervenklinik anlangte, da war was los! Riefen die Jungens: »Mama! Mama!« So freuten die sich, daß ich kam. Un manchmal klaute sich einer mal 'n Pfirsich aus 'm Korb. Sagten die anderen: »Mama, guck mal ... !« — »Och«, sag ich, »is doch nich schlimm.« Hab ich jedem einen Pfirsich jejeben, da war 't jut.

Tagsüber hab ich mit de Kameraden jespielt, mich mit

denen unterhalten, oder ich bin mit ihnen spazierenjejangen. Ich hab se jebadet und auch mal zum Friseur begleitet. Un beim Essen hab ich se zu ihrem Platz jebracht, ihnen Mut jemacht: »Nimm noch 'n Happen. Mußt doch was essen!« Ich hab auch die Toiletten sauberjemacht, die sahn meist nich so manierlich aus. Na, wir Interbrigadistinnen warn ja keine Luxuspersönchen! Ich muß sagen, ich war sehr gern bei den Jungens, ich mochte die alle jut leiden. Ich habe keinen vorjezogen. – Nu, wenn einer mal sehr schlecht aussah, kümmerte ich mich mehr um den, dann kriegte der 'n bißken mehr zu essen. Aber's jing schon jerecht zu bei uns.

Nachts hab ich immer im Emigranten-Heim jeschlafen, da warn denn in der Nervenklinik Wächter, die kümmerten sich um die kranken Kameraden. Un einmal liege ich im Bett, da ruft jemand was. Sagt die Wally, die auch bei mir im Zimmer schlief: »Mensch, Leni! Da ruft dich jemand!« Sag ich: »Du, paß auf, das is unser Fritz.« Der Fritz Münster war doch unser Zahlmeister. Ich schnell aufjestanden, Licht anjemacht, Morjenrock anjezogen un runter auf 'n Flur. Sagt der Fritz: »Drei Jungs sin uns aus de Nervenklinik durchjebrannt, die sin auf 'm Plaza Catalunia. Ich hab den Wagen vor der Tür. Tut mir leid, aber du mußt mal mit.« Wir mit 'm Auto zum Plaza Catalunia. War da 'n richtiger Volksauflauf. Ich hab mich stiekem zwischen die Leute jestellt. Da stehn unse drei Jungs in der Mitte, splitternackt! Die Leute glubschten die nu an, un die glubschten die Leute an. Mußte so sein, nich. Auf einmal sieht mich der Eugen Muller. Schreit er: »Mama!« Un die anderen gleich mit: »Mama! Mama!« Da hatten se mich erkannt. Sag ich: »Kommt, Mama bringt euch nach Hause.« Hab ich se am Arm jenommen, in de Wagen reinjebracht, und ab ging's wieder ins Hospital. Ach, wat ham wir schon alles mitjemacht.

Eines Tages war ich im Büro der Interbrigaden in Barcelona. Un da jing es nu rund: »Kinner, alle Ausländer müssen Spanien verlassen.« Jepaßt hat mir das nich, nee. Ich war da schon traurig drüber, ich hätte jern noch weiter den Spaniern jeholfen. Aber selbstverständlich herrschte Disziplin unter uns Interbrigadisten. Daß jeder tun un lassen konnte, was er wollte, war nu nich der Fall. Is ja klar. Im Oktober 38 jab's dann die große Abschiedsparade in Barcelona für die Internationalen. Hab ich mich wegjestohlen aus de Nervenklinik. Ich heb zu meinen Jungens jesagt: »Dat Theater mach ich mit!« Denn die Kameraden waren nich so krank, daß ich bei denen bleiben mußte. Ich bin hin zur Calle Montanea. Jeder, der mal in Barcelona war, kennt die Calle Montanea: tausend andere Straßen münden in ihr. Un auf dieser Straße war die Abschiedsfeier. Ach Kinner, Kinner! Wat da los war, kann man jar nich erzählen! Wie die Spanier uns alle jeliebt un umarmt haben! Un die Unmassen Küßkens, die wir jekriegt haben! Mein Jott, wat glaubste, wat los war, als das ›Abraham-Lincoln-Bataillon‹ vorbeimarschierte. Da warn doch so viele Neger drin! Mensch, wurden die abjeküßt! Ich kann dir sagen: 's war furchtbar, 's war janz, janz rührend! Ham wir jeweint! Un als ich endlich zurückkam ins Hospital, sagten die anderen: »Leni, wie siehst du denn aus!?« War mein janzes Jesicht voll Lippenstift von den Küßkens. Aber da durfte keiner dran, dat durfte keiner abputzen. Also dat war mir heilig!

Ja, wie wir Internationalen nu alle rausmußten aus Spanien, hat die Regierung dafür jesorgt, daß die Kranken zuerst abtransportiert wurden. Unsere Jungens aus 'm Hospital wurden bald schon evakuiert. Un Juste Juttmann un ich, wir mußten vier Schwerverwundete nach Frankreich bringen. Die Kranken stöhnten so furchtbar, die Fahrt dauerte so lange! Un wie wir an de französische Grenze kamen, hieß es: ›Stopp! Halt!‹ Ließ die Gendarmerie keinen durch. Mußten wir aussteigen: Stand da 'n großes, schweres Tankauto mit Benzin. Ham unse Kameraden rausjekriegt, daß das bestimmt war für de spanische Faschisten. Hat einer von unse Jungs den Hahn losjedreht, un dat janze Benzin floß raus aus dem Tank. Nu kannste dir vorstellen: Hätten wir alle leicht in die Luft jehn können. Mußte die Gendarmerie erst Sand übers Benzin schaufeln. Ham wir vier Stunden mit den Schwerkranken jewartet, bis wir weiterfahren konnten. Wir brachten die Verwundeten dann endlich ins Hospital von ... kurz bei Marseille. Un der Chauffeur und ich sin mit dem Wagen wieder zurück nach Spanien, denn der wurde noch jebraucht da.

Un wie wir nu endgültig aus Spanien abfuhren, wollte ich meinen braunen Lederkoffer mitnehm. Da war 'ne große Wolldecke drin, nur 'ne Wolldecke, sonst nix. Sagt unser Politkommissar, der Hans Mayer: »Leni, du mußt dir doch immer 'ne Extrawurst braten, du mußt doch den Koffer mitnehm!« Ich sag: »Der Koffer jeht mit! Da kannst dich auf 'n Kopf stelln, der Koffer jeht mit.« Wir waren acht, neun Frauen. Un 'ne jüdische Freundin namens Zeschka, die Sascha Sternlicht un die Liza Hollender hatten ihre Kinder dabei. Un wir fuhren in 'nem großen, offenen Lieferwagen. Auf einmal fing es an zu regnen, richtiger Eisregen war es. Ich sag: »Is ja ein Glück, daß ich die Decke hab. – Schad, daß jetzt der Hans Mayer nich hier is un sieht, wie jut wir die Decke jebrauchen könn.« Un ham wir denn nu die Decke für die Kinner jehabt, es war doch sehr kalt ... Un wie wir grad durch 'n Wald komm, da kommt 'n italienisches Flugzeug anjeflogen. Und des zischte so über uns hin un her: ›Scht! Scht!‹ Kehrt wieder um und macht: ›Scht! Scht!‹ War furchtbar. Ich wütend: »Warum laten se nich een Bombe runter, daß wir alle weg sin! Aber immer dies hin und her und diese Unjewißheit! Die Sorje, daß du 'n halber Krüppel wirst.« Also das Flugzeug flog nu hin und her, und wir hatten nur Säcke, unter die wir kriechen konnten, die Kinner saßen im Koffer drin. Auf einmal, mitten im Wald, sagt der Chauffeur: »Ich heb kein Benzin mehr. Ich muß gucken, dat ich Benzin krieg.« Ich sag: »Dat is aber 'n Stück!« – »Ja, ich lauf mal 'n Weg geradeaus, vielleicht kommt da 'ne Stadt.« Nu, der Chauffeur haute ab – un des Flugzeug ooch zum Glück. 'ne Stunde ham wir jesessen un jewartet, da hören wir Motorenjeräusch. Ich sag: »Vorsicht jetzt! Der Deibel mag wissen, wer da kommt!« Da kamen zwei republikanische Soldaten mit 'm Motorrad, fragen nach unserem Chauffeur. »Der is Benzin holen, der is schon 'ne janze Stunde weg.« – »Maria und Joseph!« Die beiden fuhren zurück, ham Benzin jcholt für uns in der nächsten Stadt. Un so konnten wir denn endlich zur französischen Grenze weiterfahren. Un von da kamen wir in die Internierungslager.

Meine Kinder un mein Mann waren damals noch in Spanien.

Mein Jüngster, der Willy, lag verwundet in Santa Coloma. Mein Mann hatte die Ruhr und lag in der unteren Etage im Hospital von Moyá. Un in der oberen Etage lag mein Ältester, der Hans, mit einem Kopfschuß. Wie mein Mann un der Hans evakuiert wurden, hatten die an der Grenze schweren Krach mit der Gendarmerie. Ich kann dir sagen! Die französische Regierung wollte uns Interbrigadisten überhaupt nich nach Frankreich rinlaten! Vor allem unsere verwundeten Kameraden ham schwer leiden müssen. Da sin viele Kranke jestorben. Denn die wurden nich jepflegt un mußten in den Internierungslagern meistens unter freiem Himmel schlafen. War schon schlimm. Aber mein Mann un meine Söhne hatten das Glück, daß die erst in ein Hospital kamen, bevor die denn in die französischen Konzentrationslager mußten. Mein Jüngster, der Willy, kam nach Argelès, in das sojenannte ›Verbrecherlager‹. Da war der Franz Dahlem, da war der Heiner Rau und auch mein Willy. Ich war inzwischen im Lager Bellac jelandet und wohnte janz nah bei einer Kaserne. Ich bin da immer hin und hab bei die französischen Offiziere um Lebensmittel gebettelt. Fragn die: »Was wolln Se denn damit?« – »Ich will dat für meinen Sohn un seine Kameraden. Die waren bei de Interbrigaden in Spanien und sin nu in einem Internierungslager.« Un so wahr ich hier sitze: Hab ich *jede* Woche einen Sack Brot von den Offizieren jeschenkt bekommen, 'n Riesensack voll große runde Brote. Mit 'ner Schubkarre fuhr ich die immer zum Bahnhof un heb die dann nach Argelès jeschickt. Da sagten die Bahnarbeiter eines Tages zu mir: »Ja, sagen Sie mal, Madame, wem schicken Sie denn immer die Brote?« Da heb ich denn, so weit wie ich Französisch konnte, jesagt: »Mon fils et camarades d'espagne ...« – Also ich sag das mal lieber auf deutsch: »Ich schick das Brot meinem Sohn un seinen Jenossen, weil die in Argelès im Konzentrationslager sitzen.« »Ah«, sagt der eine, »moment, moment«, un jing bei seine Kameraden, die draußen als Rangierer arbeiteten. Un er kam zurück und sagt: »Von heute an mußte kein Porto mehr für die Brote zahlen!« Konnte ich all die Säcke kostenlos nach Vernet Argelès schicken. Denn unse Jungens sin da janz mies behandelt worden. Im Anfang jab es da keine Baracken, keine Klos, nich mal Trinkwasser. Unsre Kameraden mußten auf 'm blanken Sand schlafen. – Un viele waren doch sehr krank! Erst später ham die Jefangenen Baracken jekriegt. Aber das Essen war immer noch janz mies. Einmal ham die so 'n großen Topf Erbsen als Tagesration bekommen. Da waren jede Menge Würmer drin, in dem Topf warn mehr Würmer drin wie Erbsen. Sollten die Kameraden das fressen. Ham die jesagt: »Nee, dat verweijern wir!« und ham mit ihrem Löffel jejen die Blechteller jehaun, damit's 'n schönen Krach jab. Der Kommandant von Argelès, des war 'n fieses Ekel. Der sagte: »Aus Baracke neun werden zehn Mann erschossen.« Sucht sich zehne aus, die erschossen wern solln, da war mein Sohn Willy mit bei. Un plötzlich stehn alle andern Jungs aus Baracke neun auf, stelln sich zu die zehn Kameraden. Die stehn alle zusamm da, un die Gendarmerie steht da mit ihrem Jewehr. Ruft 'n Spanier: »Schießt doch, ihr Bluthunde! Schießt doch, wenn ihr Courage habt, ihr Feiglinge!« Ham die französischen Jungs sich jeweijert zu schießen. Ließen die ihre Jewehre sacken. Un nachher ham unse Kameraden mit den französischen Jungs sogar Fußball jespielt im Lager. Ich kann dir sagen!

Aber die französische Regierung taugte nich. Also die wollte sich von Anfang an nich richtig jejen die Nazis verteidijen un hat nur Krieg jespielt – die Schweinebande! Im Juni 1940 konnten die Deutschen mit einem Affenzahn von Norden her Frankreich einnehm. Die Pétain-Regierung hat denn 't Waffenstillstandsabkommen ausjehandelt. Un de Pétain-Regierung hat doch versprochen, daß sie alle Deutschen un Österreicher, die die Nazis kaschen wollen, ausliefern würde! Na, da war wat los unter unse Jenossen!

Viele sin aus den Internierungslagern jeflüchtet un ham sich bei de Résistance anjeschlossen. Viele Jenossen sin auch ausjeliefert worden an de Deutschen; oder sin in die Konzentrationslager nach Afrika jebracht worden un ham dort furchtbar jelittn. Im Frühjahr 41 hat uns unser Willy aus Argelès jeschrieben: ›Mutter! Die Partei möchte, daß ich nach Krefeld zurückkehre. Ich habe wahrscheinlich in Deutschland nicht viel Gefängnisstrafe zu erwarten, weil ich als junger Kerl von euch nach Spanien mitgenommen worden bin. Was soll ich tun?‹ – Ja, wat sollte ich jetzt seggen! Im April 41 is unser Sohn nach Krefeld deportiert worden.

Mein Ältester, der Hans, war in einem anderen französischen Internierungslager, im Lager Gurs. Der is da abjehaun. Is 'n großes Stück durchs Mittelmeer jeschwomm und schließlich un endlich jelandet in Miramas. Un hat sich bei de Résistance anjeschlossen. Der hat auch wat mitjemacht! Ich war im Lager Bellac, kurz bei Limoges, in 'ne Arbeitskompanie für Ausländer. Un mein Mann war in Brive-la-Gaillarde im Hospital. Nachdem er wieder jesund war, rückte der denn aus aus 'm Hospital un kam in die Gegend bei Bellac. Unse französische Lagerkommandant war 'n anständiger Kerl, der ließ mich laufen. So kam ich wieder bei mein Peter. Ach Kindk, wir ham denn 'ne Zeit im Wald jeschlapen. Un frag nich, wie! – Mein Mann, Ernst Dudel, der Jupp aus Hannover un der Seppl Weiß ham im Wald einen Felsen jefunden. Un in den Felsen hackten die Männer 'nen Einjang, damit wir da 'ne Bleibe hatten. Ziemlich lange ham wir da jewohnt, wir ham uns sojar von Holz und Stroh Betten jebaut. Un Lebensmittel konnten wir kaufen von dem Jeld, was wir von de Partei kriegten: dreihundert France im Monat. Un de Franzosen in der Jegend wußten alle, daß wir Deutsche sin. Aber die ham keinen von uns an de Nazis verzinkt. Dann hat der Peter für mich in Bellac 'n Zimmer bei 'ner Bauernfamilie aufjetrieben. Da war 'n Bett drin, ein runder Tisch, so 'n kleines Koksöfchen un 'n paar Stühle. Also für mich war dat 'n schönes Zimmer. Ich wohnte denn nu da, nachts jing ich immer in 'n Wald un brachte den Männern ihr Essen. Tagsüber half ich aus in 'nem Hotel. Un 'n bißken abseits von dem Hotel war 'n – ich sag das direkt: 'n Bordell. Un Monsieur Tissier war de Besitzer von 't Hotel und ooch von 't Hurenhaus. Aber in dem Hurenhaus war 'ne Bad drin. Sagte ich denn Monsieur Tissier Bescheid, konnten sich unse Jungs dort immer mal baden. Einmal war mein Mann mit vier Kameraden bei mir im Zimmer. Grade wollte ich rübber jehn ins Hotel un denen ein Bad fertigmachen. Da klopft es unten: »Madame Madeleine! Attention! Les boches arrivent!« Also: »Achtung, Leni, die Deutschen kommen!« Ich sag: »Merci! Où les boches? Dankeschön, von wo kommen die Deutschen?« – »Route de Limoges.« Im November 1942 ham die Deutschen doch auch den Süden von Frankreich besetzt! Ich sag zu den Kameraden, die in mein Zimmer waren: »Jetzt könnt ihr nich zurück in 'n Wald, ihr müßt hierbleibn. Aber, verdammt noch mal, ich heb keen Bett für euch.« Ham der Peter und ich in mein Bett jeschlafen, un die anderen Kameraden auf 'm Fußboden. Nuja, die Nacht jing rum. Ich steh früh auf, um für die Männer den Frühstückstisch zu decken. Un da sagt eener von den Jungs: »Madeleine, guck mal, da kommt jemand mit 'ne Taschenlampe.« Ich sag: »Wer mag dat wohl sein? – Die Deutschen können's nich sein, die wissen nich, wo ich wohn.« Da war das Monsieur Tissier, der Besitzer von 't Hotel. Der sagt: »Bonjour, Madame!

Bonjour Messieurs!« – »Bonjour, Monsieur Tissier! Qu'est-ce-que vous voulez?«* – »Madame Madeleine, ich bin ganz allein im Hotel, mein Koch ist weggelaufen und die Dienstmädchen auch. Die Deutschen sind im Restaurant, die wollen bedient werden. Ach bitte, Madeleine, kommen Sie doch mit, helfen Sie mir.« Sagt mein Mann: »Monsieur Tissier! Das geht nich, meine Frau is doch Deutsche! – Verstehen Sie?!« Ich denk: ›Verdammt noch mal!‹ Ich sag: »Monsieur Tissier! J'arrive! – Ich komme!« Un der Seppl Weiß aus Freiburg sagte: »Leni, Mensch, bist du verrückt?! Du bist wohl nich gescheit?! Du kommst doch nich mehr wieder!« Aber ich war 'n freches Luder. Ich hab mir 'ne Kittel anjezogen un bin rüber in 't Hotel. War denn die SS-Bande im Restaurant. An deren Uniform un die vielen Orden konntste gleich sehn, wat für 'n Jesox dat war. Monsieur Tissier gab mir 'n Schlüssel zum Keller, sagt: »Cherchez tout!« Also ich sollte alles, wat die Bande ham wollte, aus 'm Keller holn. Ich hab denn fast 'ne Stunde lang immer was Neues für die aus 'm Keller jebracht: Schinken, Käse, Wurst, Wein, Kognak ... Ich denk: ›Wat jeht mich dat an?! Freßt mal.‹ Un ich steh in de Küche, da seh ich, wie sich Monsieur le Maire, de Bürgermeester vom Ort, ranschleicht. Der kommt bei mir in de Küche, sagt: »Madame Madeleine!« Ich sag: »Monsieur le Maire. Quelle chose ...? – Herr Bürgermeister, was ist los?« – Also ich rede jetzt mal deutsch, das kann ich viel besser. Der Bürgermeister sagt: »Bitten Sie doch die Deutschen um eine Autorisation, die Toten nach Bellac zu bringen un die Verwundeten ins Hospital von Limoges.« Denn die Toten un Verwundeten lagen alle auf de Straße, nie-

---

* frz., Guten Tag, Frau Jans! Guten Tag, die Herren! Guten Tag, Herr Tissier! Was wünschen Sie?

mand durfte die holn. War verboten! Un der Monsieur la Maire guckte mich an: ›Madame Madeleine! Madame Madeleine!‹ Ich sag: »Gut. – Qui, bon.« Wenn ich jetzt lüge, darfste mich in die Fresse hauen wie noch nie! Kindk, so wahr ich hier sitze: Ich jeh rin bei die Offiziers-Bande, frag: »Entschuldijen Sie, meine Herren, wer is hier der Chef?« Sagt eener: »Mann, was sprechen Sie 'n fabelhaftes Deutsch! Und Sie lassen uns die Zunge brechen mit unserm dreckigen Französisch!« – »Meine Mutter war Rheinländerin, und ich hab die deutsche Schule besucht«, sag ich, det fiel mir in dem Moment so ein. Und die Kerls waren ja zu doof, mich zu fragen: »Wo sind denn Ihre Papiere? – Zeigen Sie die mal!« So heb ich die noch zum Narren jehalten! Da steht einer von die Kadetten op, stellt mir 'nen dicken älteren Herrn vor mit massenhaften Orden uff de Brust: »Herr Divisionskommandeur von Schröder, unser Chef.« Sagt der: »Was wollen Sie?« – »Entschuldijen Sie, der Bürgermeister vom Ort is hier, der bittet um eine Bescheinigung, die Toten nach Bellac bringen zu dürfen un die Verwundeten nach Limoges ins Hospital.« Sagt der von Schröder: »Ordonnanz! Schreiben Sie das, was Ihnen die Frau sagt, mal auf die Schreibmaschine!« Denn sagt er zu mir: »Augenblick! – Kennen Sie einen Hans Lauterbach?« Den Hans ham wir ›ewijer Student‹ jenannt, weil der schon dreißig Jahre alt war un immer noch studierte. Sag ich: »Hans Lauterbach? – Den kenn ich nich.« Fragt der von Schröder: »Haben Sie mal was von einem Rudolf Steinschneider gehört?« Dem seine Frau un Tochter wohnten bei uns in Bellac. Sag ich: »Tut mir leid, mein Herr, aber einen Rudolf Steinschneider kenn ich nich.« Guckt der Kerl mich so an. Sag ich: »Hier kommen so viele Herren vorbei ...« Un die SS-Kerls schütten immer mehr Kognak in sich rin. Da kommt een Kadett un macht die Meldung: »Soundso viele Flugzeuge sin von England abjeflogen, die kommen über Paris hier in die Jejend.« Un die Engländer kamen auch mit ihren Bombern! Wir ham später jehört, daß se diese SS-Division wirklich erwischt ham! Da sagt der von Schröder: »Lassen Sie blasen! Alles antreten! In 'ner halben Stunde ist Abzug!« Un da seh ich schon, wie die Offiziere sich, wupp, Kognakflaschen in de Taschen stoppen. Un einer, der rannte raus auf de Straße un sprang in ein Jeep. Un dem Jeep jejenüber war ein Haushaltjeschäft mit Schaufensterscheiben bis zum Fußboden. Un der Offizier treibt den Chauffeur an, un der is so uffjeregt, daß er – klatsch! – in 't Schaufenster rinfährt. Uch, ich seh dat noch vor mir, wie der Offizier aus seim Stiefel 'ne Weidenrut zog un den Fahrer schlug. Mensch, da hätt ich dem Biest an 'n Hals jehn könn! Ein Glück, daß ich mich zurückjehalten hab, sonst wär ich uffjefallen, nich. Aber wie die janze Horde denn abjezogen war, hab ich schon aufjeatmet.

Mein Ältester, der Hans, war in Miramas in der Résistance. Un mein Mann und ich jehörten zu 'ner bewaffneten Widerstandsgruppe. Die bestand am Anfang nur aus Deutschen und Franzosen. Die Jenossen ham denn ooch sowjetische Kriegsjefangene befreit, die schlossen sich bei unse Widerstandsgruppe an. Die Russen sagten immer ›Lenin‹ zu mir, ›Leni‹ konnten die jar nich aussprechen. Meinen Jüngsten, den Willy, ham die Nazis inzwischen aus Frankreich deportiert nach Krefeld un ins Jefängnis jebracht, weil er hier jeboren war. Un meine Mutter kriegte 'ne Karte, sie könnte ihren Enkel Willy Jans aus 'm Krefelder Jefängnis abholen. Nu, meine Mutter jeht dahin, kloppt an de Pforte. Un als die Wachen uffmachen, sagt

Mama nich ›Heil Hitler‹, sondern »Juten Morjen«. Sagen die Kerls: »Heil Hitler is der deutsche Gruß!« Hat Mama jesagt: »Heil Hitler.« War 'ne alte Frau, nich. Zwei Stunden ham die meine Mutter warten lassen, bis endlich einer der Kerls sagte: »Wat wolln Sie?! Sind Sie immer noch hier?!« Sagt sie: »Ich hab 'ne Bescheinigung, ich könnte meinen Enkel abholn. Den Willy Jans.« – »Was?! Das Schwein! Das Schwein! Den könn Se sich im KZ Dachau abholn, aber nich in Krefeld!«

In Dachau dann ham die Nazis meinem Willy jesagt, sie würden ihm verjeben, daß er in Spanien jekämpft hat, wenn er SS-Mann wird. Da hat er jesagt: »SS?! – Niemals! Niemals!« Ja, da mußte er sterben … Am 26. Oktober 43 ham die Nazis den Willy im KZ Dachau ermordet. Meine Mutter hat Bescheid jekriegt, der wär an Tuberkulose jestorben. Aber nein, daran is er nich jestorben …

Nun, Kindk, endlich kam denn der 8. Mai 45, der Tag, an dem die Nazis kapitulieren mußten. Da ham wir denn alle zusamm in de Kasern von de Gendarmerie in Bellac jefeiert. Also einer weinte, der andere freute sich. Drei Tage lang ham die Leute jetanzt, sin vor Freude rumjesprungen. Die mußten lachen und weinen in einem, 's war janz furchtbar. An diesem Friedenstag jab's schon viel Leid. Wir wußten ja, daß unser Willy tot war, das hatte mir meine Mutter über 'ne Deckadresse im Elsaß jeschrieben … Un die Franzosen ham mitjetrauert mit uns … Ich sag's dir ehrlich: Ich blieb den Tag in mein Zimmer un hab jeheult. Un der Peter war bei die Jungens in de Kasern. Am Abend kam denn 'n Soldat zu mir: »Madame Madeleine! Vous cherchez votre mari?«* – »Oui, oui«, sag ich; un jeh ich mit dem Jungen in die Kasern. Lag mein Mann mit

* frz., Frau Lena, suchen Sie Ihren Mann?

noch drei andern Kameraden fein sauber, auf trockenem Stroh, im Pferdestall. Warn die besoffen.

Ich wollte nich mehr weg aus Bellac. Trotzdem mußten mein Mann un ich wieder nach Deutschland hin, war 'n Parteibefehl. Ich wär so jern in Bellac jeblieben, die Franzosen sin so 'n liebes Volk! Ich kann dir jar nich sagen, wie gern ich bei denen jeblieben wär! Un die sagten auch: »Madeleine! Pierre! Bleibt bei uns!« Also sag ich zu meinem Mann: »Nee, ich mach nich mit nach Deutschland.« Sagt mein Peter: »Denkste nich an unse Mama?! Die braucht uns doch!« Ja, da war 't vorbei, bin ich mit 'm Peter nach Krefeld. Un wie wir hier anlang, erfahrn wir, daß meine Mama bei 'nem Bombardement umjekomm is ...

Ach, Kindk, wir ham uns denn wieder hier in Krefeld einjerichtet. Un einmal in den fünfziger Jahren sin mein Mann un ich mit de Jenossen von de VVN zum KZ Dachau jefahrn. Wurden uns auch die Öfen jezeigt, wo die Nazis die Jefangenen verbrannt ham. Da is mein Mann bald zusammenjebrochen. Sagt er: »Mama, hätten die Nazis nich mich umbring könn anstatt den Willy?« Ich sag: »Papa, ohne Opfer kein Sieg.« – »Der Junge hatte das janze Leben noch vor sich.« – »Du doch auch, Papa«, sag ich. Aber mein Mann is an dem Tod meines Sohnes richtig zugrunde jejangen. Als eine Mutter ein Kind verlieren, is janz furchtbar, der Schmerz is schon groß. Aber ich sag das jedem, der's hören will: Meine Freude is größer noch, daß mein Willy gesagt hat: »SS-Mann?! – Nee!« Ich sag das dem Bürgermeester, un ich sag das dem Pastor, un ich sag das dem Papst in Rom: Da bin ich stolz drüber! Jott sei Dank, daß mein Sohn nich SS-Mann wurde! Von meinem Willy hab ich dem Bürgermeester von Düsseldorf in 'nem Brief jeschrieben. Hab ich das schriftlich machen lassen mit de

Schreibmaschine: ›Ich hab genau im Gedächtnis, daß laut Paragraph sowieso, Bundesergänzungsgesetz vom 26. Juni 1956, mein Sohn Willy Ehre verdient hat, weil der gegen die Nazis gekämpft hat.‹ Hab ich nu den Bürgermeester jefragt, ob er denn das mit dem Bundesergänzungsgesetz auch wüßte? Er soll sich die Bücher mal aus 'm Rathauskeller holen, die liejen da. Un wenn er die jelesen hat, soll er eine Straße nach meinem Willy benennen, der hat des verdient. Un schreibt der Bürgermeester mir in 'nem Brief zurück, daß da leider nix zu machen sei. Neue Straßen könnten se nich bauen, und Jeld fürs Umbenennen einer Straße hätten se ooch nich ... Vor 'n paar Tagen hab ich nu in de Zeitung jelesen, daß unser Bürjemeester einem Karnevalsehepaar eine *goldene* Dachpfanne geschenkt hat! Ich hab jejen den Karneval nix, aber die Dachpfanne is ja sicher nich billig jewesen! Hab ich dem Bürjemeester jetzt wieder jeschrieben: ›Wenn Sie einem Karnevalsehepaar einen goldenen Dachziegel schenken können, müssen Sie auch Geld haben, um eine Straße nach meinem Willy zu benennen!‹ Un damit er Bescheid weiß, hab ich dem die Zeitung, wo das von die Dachpfanne drinstand, mitjeschickt. Dem hab ich aber Pfeffer jejebn! Nich zu knapp!

Warn mein Mann un ich mal einjeladen bei de Parteijenossen in de DDR. War 'ne große Feier für uns Widerstandskämpfer in de Werner-Seelenbinder-Halle. War jerade 'ne Pause. Sagt mein Mann: »Kindk, komm mal mit!« Ich geh mit ihm raus, zeigt er mir 'n Denkmal. Dat ließ de DDR-Regierung zu Ehren von unse Jenossen errichten, die im Widerstand umjekomm sin. War 'ne Tafel mit vielen, vielen Namen. Sagt mein Mann: »Merkste nix?« Sag ich: »Nee ...« Un plötzlich seh ich: Da steht auch der Name von unserm Willy mit drauf ... Ich konnte von dem Denkmal einfach nich weg. Sagt mein Mann: »Komm, Kindk, die Kameraden warten, wir müssen zur Feier zurück.« Un ich konnte von dem Denkmal nich weg, ich konnte da einfach nich weg ... Aber, Kindk: Tue recht und scheue niemand. Es *mußte* sein, wir mußten jejen die Faschisten losjehn. Des war unse Pflicht.

Nu, Kindk, jetzt hab ich neun Urenkelkinder un zwei Ururenkel. Un wenn ich fünfzig Jahre jünger wär, würde ich noch mal haarjenau dasselbe machen. – Trotzdem mein Junge umjekomm is. Kindk, ich hab's wirklich jut jehabt. Ich bin 'ne Arbeiterin, ich heb keen Reichtümer, aber die Leute hier in der Nachbarschaft ham mich jern. Die lieben mich alle nur wejen mein Mann. Weil der so 'ne lieber Kerl war. Jestern hab ich noch den Herrn Schmitz beim Metzger jetroffen. Sagt der: »Das vergeß ich niemals, was für 'n feiner Mensch der Peter war!« Sag ich: »Trotzdem er Kommunist war?« Sagt er: »Grade weil er Kommunist war.« Also siehste: Ich hab's wirklich jut jehabt.

Natürlich tu ich schon noch, was ich eben kann. Vorige Woche hab ich wieder Jeld auf 't Solidaritätskonto von unse Partei überwiesen, für die Kameraden in Vietnam un in Nikaragua. Vor 'n paar Tagen ham de Jenossen, die des Konto verwalten, anjerufen: »Also Magdalena, nu hör mal auf! Du hast uns jetzt schon so viel jeschickt, du bist über dein Soll!« Da sag ich: »Quatsch mit eurem Soll! Für mich is Solidarität wichtig, un was ich euch schicke, kommt von Herzen.« – Aus.

Aber Kindk, ich sage dir ehrlich: Mit meine siebenundachtzig Jahre bin ich nicht mehr viel wert. Meine Schnut, die hab ich noch, aber sojar auf unse Parteiversammlungen jeh ich nich mehr, das machen meine Beine nich mehr mit. Un ich kann nich für jedes bißchen 'ne Taxe nehmen, soviel Jeld hab ich nich. Außerdem hab ich immer mit unserem Kassierer Streit, weil der schreibt, ich bin 68 in de Kommunistische Partei einjetreten. Sag ich dem Kassierer: »Nee, dein Wisch reiß ich kaputt, die Zahl streich ich durch! Ich bin 1928 in die Partei jejangn!« Sagt er: »Lenchen, die DKP jibt's doch erst seit 68!«* Sag ich: »Nee, wenn ich in die Zeitung lese, daß ein alter Jenosse jestorben is, dann schreibt ihr ooch ›seit sechzig Jahren in der Partei‹ oder ›seit fünfzig Jahren in der Partei‹. Also is der Tote nich erst seit 1968 in de Partei drin – und ich ooch!«

Ach, wat hab ich alles erlebt! Ich hab so vieles erlebt! Aber ich bin stolz drauf, daß ich in Spanien war! Dat hab ich auch dem Bürjemeester jeschriebn. – Du, der kriegt langsam Respekt vor mir, der hat mich sogar einjeladen zu de Vierzig-Jahrfeier der Befreiung am 8. Mai! Hat der Bürjemeester 'n großen Saal im Seidenweberhaus mieten lassen, waren ja viele, viele Leute einjeladen. Kriegten wir was zu essen. Un 'ne Dame, 'ne Frau Doktor sowieso, hat eine Ansprache jehalten. Die Rede war ja nu Kokolores, aber auf einmal kamen fünf, sechs Kinner rein. Stelln die sich vorn aufs Podium un halten uns große Schilder vor die Näse: ›Wir wollen Frieden! Wir wolln keine Atombomben!‹ und so weiter. Da wollte doch de Bürjemeester die Kinner rausschmeiten laten! Ich sag: »Kinner, laßt euch nich anfassen!« Ich sag: »Ich help euch, ich hab zwei Krükken!« Ich sag zum Bürjemeester: »Wagen se sich nich an die Kinner ran! Sonst jeht es hier rund!«

* Die KPD (Kommunistische Partei Deutschlands) wurde am 30.12.1918 gegründet und am 17.8.1956 in der Bundesrepublik verboten. Am 25.9.1968 wurde in der Bundesrepublik die DKP (Deutsche Kommunistische Partei) gegründet.

Jeanne Stern,
Französin, lebt in Berlin,
DDR

Meine Mutter wurde in dem Dorf Bedous geboren. Es liegt in den Pyrenäen, nicht weit von der Grenze zu Spanien übrigens, vielleicht fünfundzwanzig Kilometer entfernt. Aber ich hatte damals gar keine Verbindung zu Spanien, obwohl mein Großvater Spanier war. In meiner Familie war man weder darüber glücklich noch unfroh. Es blieb einem vollkommen gleichgültig. Großvater war eben Spanier, wie die Großmutter Französin war. Meine Mutter stammte aus armen Verhältnissen, sie hatte keinen Beruf erlernt. Ihre Eltern hatten nicht die Möglichkeit, ihr in Bedous eine Anstellung zu verschaffen. So ist sie nach Paris gegangen und hat da angefangen als Reinemachefrau. Mein Vater war ein ungelernter Arbeiter. Er stammte aus einer kinderreichen Bauernfamilie. Weil er keinen Boden besaß, mußte er in die Hauptstadt ziehen. Und so haben meine Eltern sich zusammengefunden. Als meine Mutter schwanger war, ist sie nach Bedous zurückgekehrt, um niederzukommen. Sie hat mich bis zu meinem dritten Lebensjahr bei den Großeltern gelassen. Und manchmal wünsche ich mir etwas ... Was ich jetzt sage, das wird dich sicher erstaunen. Ich meine, das ist mir selbst ein bißchen erstaunlich. Aber es gibt Zeiten, in denen ich mir denke: ›Wie schön wäre es, wenn ich in meinem Dorf, in dem ich geboren bin, geblieben wär, dort ein volles Leben gelebt hätte. Also nicht mickrig und kleinlich, sondern ein normales Leben mit tiefreichenden Wurzeln. Und meine Kinder würden auch in diesem Dorf aufwachsen, zur Dorfschule gehen und würden nachher wie die meisten Leute in dieser Gegend ihre Weinberge bestellen.‹ Und dann aber denke ich mir: ›Das muß entsetzlich langweilig sein.‹ Und ein langweiliges Leben möchte ich auf keinen Fall.

Ich habe eine Kindheit gehabt, die nicht unglücklich war, keineswegs. Aber üppig war sie auch absolut nicht. Ich will es kurz machen: Zu Beginn meines vierten Lebensjahres hat meine Mutter mich nach Paris geholt. Ich habe erst einmal in der allgemeinen Schule gelernt. Und dann, als ich elf Jahre alt war, haben meine Lehrer gefunden, daß ich geeignet sei, ins Gymnasium zu gehen. Aber damals mußte man für eine höhere Schulbildung noch Geld bezahlen. Weißt du, in Frankreich gab es viel Wettbewerb, um ein Stipendium für's Gymnasium zu bekommen. Und in diesem Jahr habe ich x Wettbewerbe mitgemacht und erfolgreich abgeschlossen – eigentlich nicht mit der Absicht, im Gymnasium zu studieren. Es waren die Lehrer meiner allgemeinen Schule, die mich dorthin schickten. Und weil ich also wegen der Wettbewerbe kein Schulgeld zahlen mußte, haben es meine Eltern auf sich genommen, mich das Abitur machen zu lassen. Für sie war das ein großes Opfer. Aber sie haben es auf sich genommen, denn mein Vater und meine Mutter hatten nur eine Sehnsucht: daß ich nicht ein so schweres Leben habe wie sie. Also es war nicht ein Drang nach höherer Bildung, und sie meinten nicht, ich müßte hochkommen, nein gar nicht! Sondern sie betrachteten das Gymnasium als eine Lehrzeit, mit deren Hilfe ich später, als Erwachsene, ein menschenwürdiges Leben führen könnte. Und ich habe also meinen Eltern auf der Tasche gelegen bis zu meinem achtzehnten Lebensjahr.

Bei mir zu Hause hat man sehr wenig über Politik gesprochen. Mein Vater las ›L'Œuvre‹, eine vernünftige linksliberale Zeitung. Und mein Vater hat natürlich gewählt. Aber ich wußte zum Beispiel nicht, für welche Partei er stimmte, er hat darüber nicht gesprochen. Überhaupt hat man damals nicht sehr viel über Politik diskutiert. Die war eine Männersache, Frauen hatten noch gar kein Wahlrecht. Und obwohl meine Mutter sich dafür interessierte, hatte sie keine gültige Stimme für die Politik. Und sozusagen zum Ausgleich dafür war die Religion dann wieder Frauensache.

In unserer Gegend waren die meisten Leute katholisch. Oder, genauer gesagt, hatten die meisten kein Interesse für den katholischen Glauben. Wahrscheinlich ist das immer so in einem Lande, wo eine bestimmte Konfession unangefochten die Vorherrschaft hat. Da gibt es furchtbar viele Menschen, denen der Glaube im Grunde gleichgültig ist. Sie nehmen die Religion wie die Luft und die Zeit. Also ich weiß nicht, ob man sagen kann, daß ich religiös erzogen worden bin. Meiner Mutter war eine gewisse Tradition wichtig. Ich wurde getauft, und später habe ich meine Kommunion erhalten. 1905 war in Frankreich die Trennung von Staat und Kirche erfolgt, und somit wurde der Katechismus nicht mehr in der Schule gelehrt, sondern nur in der Kirche. In meiner Klasse gab es auch Schüler, von denen ich wußte: ›Die werden keine Erste Kommunion erhalten, die sind nicht gläubig.‹ Gut, ich habe niemals irgendeine Wertung damit verbunden. Aber ich war eben konformistisch in dem Sinne, daß ich doch zum Katechismusunterricht ging. Übrigens finde ich die biblischen Geschichten noch heute sehr schön. Das sind sehr schöne Märchen, wunderschöne Geschichten. Und ich habe diesen Unterricht sehr genossen. In meiner Kindheit gab es Phasen, in denen ich mich sehr, sehr stark religiös fühlte und andere, wo der ›Liebe Gott‹ abwesend war. Ja, das ist wahr: Ich erlebte diese Entwicklung nicht als eine große Krise, sondern ich habe mich nach und nach getrennt vom Katholizismus, ganz undramatisch. Und ich glaube, das war die Folge meiner Erziehung. Meine Mutter, wie gesagt, hing an der Religion. Mein Vater hat nicht dagegen angekämpft, aber er hat sich lustig gemacht darüber. Und er ging auch nie zur Messe, niemals. Nein, die Männer seiner Familie sind nur zur Kirche gegangen, wenn sie geheiratet haben. Und sonst, wenn ein anderer geheiratet hat und sie waren dazu eingeladen, haben sie vor der Kirche gewartet, bis die Trauungszeremonie vorbei war. Das ist doch komisch! Du mußt dir vorstellen: Erst zwanzig Jahre nach der Trennung von Kirche und Staat erlebte ich meine Jugend. Also zwanzig Jahre sind nicht viel, um so einen großen Sprung zu verdauen. Aber mein Vater hatte eine Auffassung, die sehr, sehr viele französische Arbeiter damals teilten. Sie hielten die Religion für Mummenschanz. Doch sie haben sich gesagt: ›Nun gut, die Frauen hängen dran ...‹

Als ich siebzehn Jahre alt war, hatte ich in dem Fach, das man auf französisch ›classe de philosophie‹ nennt, einen Lehrer namens Félicien Challaye. Er hatte als junger Mensch eine Reise um die Erde gemacht, er war also weltmännisch. Und er war Sozialist. 1926 konnte man natürlich nicht in einem Gymnasium den Sozialismus so direkt predigen. Aber er hatte ein paar Lehrbücher geschrieben über Psychologie und Soziologie. Und ich erinnere mich, wie ich in einem von diesen Lehrbüchern eine Bemerkung las, die mich damals merkwürdig berührt haben muß, denn ich habe sie nicht vergessen. Also, in diesem Lehrbuch über Soziologie von etwa zweihundert, dreihundert Seiten war eine Fußnote: ›Über dieses Thema wird man mit großem Gewinn eine Broschüre lesen: das ‚Kommunistische Manifest' von Karl Marx...‹

Ich glaube, ich habe das ›Kommunistische Manifest‹ erst zwei Jahre später gelesen. Mir ist auch nachher erst bewußt geworden, daß Félicien Challaye diese Notiz in unser Lehrbuch hineingeschmuggelt hat. Aber man hat in seinem Unterricht auch über andere Fragen geredet, beispielsweise den Kolonialismus. Du mußt dir vorstellen, 1926 war Frankreich noch ein großes Kolonialreich, die Entkolonialisierung hatte noch nicht einmal angefangen! Und dieser Lehrer sprach mit uns darüber, ob die Kolonialisierung von Vorteil für diejenigen wäre, die man kolonialisiert. Und ob die Franzosen, die in unsere Kolonien gingen, Missionäre wären oder etwa andere Absichten hätten. Challaye hat einen sehr großen Einfluß gehabt auf seine Schüler, auch weil er über die verschiedensten Themen, die damals tabu waren, frei seine Meinung äußerte. Man wußte zum Beispiel von ihm: ›Er hatte eine Frau geheiratet, die geschieden ist und in die zweite Ehe zwei Kinder brachte.‹ Damals war es etwas Besonderes, wenn ein Mann eine geschiedene Frau heiratete, und dann noch eine geschiedene Frau mit zwei Kindern! Das hat mir gefallen, das hat mir sehr gefallen. Und Challaye hat zum Beispiel mit uns auch ganz normal über freie Liebe gesprochen. Und früher redete man über solche Dinge überhaupt nicht so offen, und schon gar nicht in den katholischen Gegenden. Also er hat in seinem Unterricht immer Fragen gestellt, Probleme gezeigt, er hat nichts dekretiert. Und ich fand das sehr gut, ich habe sehr gute Erinnerung an diese Philosophiestunden. Und noch etwas: Wir hatten in diesem Fach einen zweiten Lehrer: Und diese beiden Männer waren vollkommen entgegengesetzt. Der Challaye war ganz liberal, weltoffen. Und der andere war sehr dogmatisch. Aber das hat uns Schülern nicht geschadet, weil wir natürlich vergleichen konnten. Und jeder von uns hat gewählt nach seiner eigenen ... eben nach seinem inneren Gesetz.

Bis zu meinem achtzehnten Lebensjahr war ich bei meinen Eltern. Nach dem Abitur beschloß ich, nach Deutschland zu fahren, um dort die deutsche Sprache zu erlernen. Und ich habe mich beworben beim Büro der ›Liga für Menschenrechte‹ in Paris, weil die den Schüleraustausch organisieren. Ich konnte eigentlich gar keinen Schüleraustausch mitmachen. Meine Familie lebte in einer viel zu engen Wohnung, wir konnten nicht einen fremden Menschen zu uns einladen. Ich habe das natürlich den Leuten in diesem Büro erklärt, und dort war man sehr aufgeschlossen. Man hat nach einer Möglichkeit gesucht, mich in einer deutschen Familie Französisch lehren zu lassen, damit ich dabei Deutsch lernen könnte. Ich bin zu dem Büro dieser Liga gegangen, weil ich nach Deutschland kommen wollte. Aber dann hat es angefangen mich zu interessieren, was die Mitglieder dieser Vereinigung eigentlich beabsichtigten, warum sie diesen Schüleraustausch organisierten. Und da habe ich verstanden: Denen geht es um die Völkerverständigung. Das war ein Gedanke, der mich schon beschäftigt hat durch diese Challaye – und durch meinen Vater.

Mein Vater war Soldat im Ersten Weltkrieg, und zwar in der Argonne, in der Champagne, in Verdun – also an nicht sehr komfortablen Stellen. Und er hatte daran eine sehr entsetzliche Erinnerung. Er hat mir davon wenig erzählt, weil er überhaupt wenig sprach. Aber jedes Mal, wenn er auf dieses Thema zu sprechen kam, da wußte ich: Krieg ist eine grauenhafte Sache und gar nicht heldenhaft. Das wußte ich von klein auf. Außerdem hatte ich ja als Kind den Ersten Weltkrieg miterlebt. 1914 war ich gerade sechs Jahre alt, und meine Mutter und ich wohnten damals in einem Dorf ungefähr fünfzig Kilometer von Paris entfernt bei meiner Tante. Die Deutschen haben Orly-sur-Morin zweimal besetzt. Der Mann meiner Tante war mobilisiert, folglich hat sie seine Nachfolge angetreten, meine Tante hat auf der Post von Orly-sur-Morin gearbeitet. Da sah ich – und ich ahnte nur die Hintergründe – wie sie und meine Mutter Telefonapparate kaputtmachten und die hineinschmissen in einen tiefen Brunnen im Garten. Wahrscheinlich, weil es damals eine Parole für alle Postbeamten gab, daß sie die Telefonapparate kaputtmachen sollten, wenn die Deutschen kommen. Ich erlebte auch die Marneschlacht im Keller eines Bauernhauses. Ich hatte einen Vetter, der war gerade drei Monate alt. Und er hat immer an der Brust der Mutter gelegen, er sollte nicht schreien da im Keller. Ich weiß nicht, warum man sich einbildete, das Geschrei eines Kindes wäre für die Deutschen aufregend. Denn die Schlacht ging sozusagen über das Dorf hinweg, von Hügel zu Hügel. Man hörte eigentlich nur unheimliche Geräusche, man hat nichts Schreckliches gesehen. Aber mir ist das Bild geblieben, wie mein Vetter ständig an der Brust meiner Tante lag. Und wie die Telefonapparate in den Brunnen geschmissen wurden. Lauter Geschehnisse, die mir klarmachten: Wir befinden uns in einer gefährlichen Situation.

Ich habe all diese Erlebnisse als Kind nicht voll und ganz erfassen können, gar nicht. Aber sie regten mich an, über den Krieg nachzudenken. Und die Erbfeinde wechseln ja in der Geschichte immer, nicht? Eine Zeitlang, unter Napoleon, galt England als unser Erbfeind. Später – klar! – war Deutschland der Erbfeind. Ich lernte in der Schule spanisch, außerdem konnte ich wählen zwischen Deutsch- und Englischunterricht. Mein Vater sagte: »Wähle ruhig Deutsch. Das ist schwieriger als Englisch, und du kannst vielleicht andere Sprachen leichter lernen danach. Aber abgesehen davon ist es auch gut, wenn man sich verstehen kann mit dem Erbfeind.« Also aus dieser Entwicklung erklärt sich, daß ich, als ich mein Abitur gemacht hatte, mit Hilfe der ›Liga für Menschenrechte‹ nach Deutschland gehen wollte. Ich hatte keinesfalls prodeutsche Gefühle, nein gar nicht! Aber ich war auch keinesfalls antideutsch!

Ich kam nach Bad Pyrmont. Das ist ein kleiner Kurort, der jetzt zur Bundesrepublik gehört. Und dort lebte ich bei einer Frau, vor der ich heute immer noch die größte Achtung habe. Sie hatte eine ›pension de famille‹, und im Sommer kriegte sie viele Gäste und somit ziemlich viel Geld. Aber im Winter war eine karge Zeit bei ihr, weil sie in finanzieller Hinsicht sehr leichtsinnig war. Ja, so ging das Jahr für Jahr. Und als ich zu ihr kam, war diese Frau sofort sehr, sehr nett zu mir. Erst mal hat sie zu meinem Erstaunen gesagt. »Wir wollen uns mit ›du‹ anreden, und du nennst mich ›Tante Raydt‹!« Ich fand das schon sehr, sehr merkwürdig, denn es war nicht üblich in Frankreich, sich zu duzen. Und Tante Raydt war eine ältere Dame. Also für mich war sie damals alt, aber ich schätze heute, daß sie vielleicht fünfundfünfzig Jahre alt gewesen ist. Und ich wollte natürlich mit ihr Französisch reden. Sie hat gesagt: »Ich denke nicht daran! Sieh mal, ich bin am Ende meines Lebens ...« Sie war nicht ganz am Ende ihres Lebens, aber sie meinte: »Ich bin am Ende meines Lebens. Was soll ich da Französisch lernen? Das hat keinen Sinn. Und für dich hat es sehr viel Sinn, wenn du richtig Deutsch lernst!« Niemals hat sie mit mir Französisch gesprochen, sie hat dafür gesorgt, daß ich Deutsch rede. Sie ließ mich auch nicht in ihrer Pension helfen. Sie hatte ja ein ziemlich großes Haus mit vielen Gästen. Und ich bot ihr zum Beispiel an, in der Küche das Gemüse zu putzen oder das Geschirr abzuwaschen. Und sie hat das nie erlaubt. Nicht weil sie irgendwelche Klassenvorurteile hatte, gar nicht, sondern weil sie meinte, ich solle meine Zeit nutzen, um die Sprache zu lernen – und auch, um Geld zu verdienen, damit ich mir nachher ein bißchen Deutschland ansehen könnte. Denn damals war noch gar nicht vorgesehen, daß ich hier studieren würde. Und Tante Raydt hatte natürlich sofort begriffen – und ich habe auch gar nicht versucht, es zu verheimlichen –, daß ich kein Geld hatte. Sie hat für mich annonciert in der Zeitung, und so habe ich gegen Bezahlung Französischstunden geben können. Es gab ja Leute in Bad Pyrmont, die wußten gar nicht, was sie mit ihrer Zeit anfangen sollten und haben gern Unterricht genommen. Und Tante Raydt, die absolut unfähig war, sich einen Notgroschen aufzubewahren, hat für mich sofort ein Konto aufgemacht und gesagt: »Das Geld, was du verdienst, kommt auf das Sparbuch.« Wir haben viel über Politik gesprochen – soweit Tante Raydt Zeit dazu hatte, denn sie mußte wirklich viel arbeiten. Sie war ein sehr aktives Mitglied der ›Liga für Menschenrechte‹. Und als der Sommer vorbei war, sagte Tante Raydt, sie wird nach Heidelberg fahren und mich mitnehmen zu einem Friedenskongreß. Und nach diesem Kongreß mußte sie wieder zurück nach Pyrmont. Doch sie hat dafür gesorgt, daß ich zum Beispiel nach Dortmund komme. Vielleicht war das nicht die interessanteste Stadt für ein junges Mädchen von achtzehn Jahren. Aber Leute, die in der ›pension de famille‹ zu Gast waren, hatten mich für vierzehn Tage bei sich in Dortmund aufgenommen. Und dann wurde ich nach Berlin eingeladen. Bestimmt hat Tante Raydt das auch organisiert, denn es konnte ja nicht so gut klappen, ohne daß jemand da dran drehte. Also sie hat mir ermöglicht, ein bißchen Deutschland kennenzulernen. Ja, sie war ein ganz fabelhafter Mensch.

In der Berliner Familie arbeitete ich als ›au pair‹.* Das war schon gut und sehr nett, aber ich lernte überhaupt nicht deutsch. Und ich hatte inzwischen den Wunsch – auch dank meines Sparkassenbuchs – hier mindestens ein Semester zu studieren. Ich dachte mir: ›Ich werde mal sehen, wie das geht.‹ Ich habe dieser Familie erklärt, weshalb ich ausziehen möchte. Und dann suchte ich mir ein sehr bescheidenes Zimmer. Ich gab weiter Französischunterricht, um meinen Lebensunterhalt zu verdienen. Ich bin an der Universität hier in die Vorlesungen gegangen. Aber zugleich habe ich mich in der Sorbonne eingeschrieben. Also habe ich eine bestimmte Summe bezahlt und Kollegien be-

---

* französischer Begriff für ein Kindermädchen, das einerseits in einer Familie lebt und deren Kinder versorgt, andererseits Zeit bekommt, um einem Studium nachzugehen.

legt sozusagen – was nicht heißt, daß ich auch die Vorlesungen besucht habe. Ich konnte in Berlin meine Examina für die Sorbonne vorbereiten, weil dort niemanden interessierte: ›Woher wissen Sie das?‹, sondern die Dozenten haben nur gefragt: ›Was wissen Sie?‹ Und ich habe auf diese Art und Weise meine ›licence d'allemand‹, mein Diplom in der deutschen Sprache, gemacht.

Ein Jahr lang kriegte ich von der französischen Regierung ein Stipendium. Aber ich hatte dadurch nicht die Möglichkeit, mir mein Leben so einzurichten, wie ich wollte. Man hat zum Beispiel von Paris aus bestimmt, daß ich in Bonn studiere. Außerdem wurde ich in einem katholischen Pensionat untergebracht. In diesem Heim gab es keinen Zwang zum Beten. Wir Gäste sollten nur zu bestimmten Zeiten zum Essen dasein, und auch sonst haben die Nonnen nicht irgendwie geschnüffelt oder uns kontrolliert, keineswegs. Und natürlich habe ich mich absolut nicht verstellt. Ich ging zum Beispiel weiter zu den Versammlungen der roten Studenten, und ob die Nonnen es gewußt haben oder nicht, interessierte mich überhaupt nicht. Aber trotzdem ist meine einzige, sehr nette Erinnerung an dieses Internat, wie eine Schwester in Tracht mir das Bügeln beibrachte. Also, ich hatte in diesem Heim einfach den Eindruck, daß meine Freiheit beschränkt ist. Ich fühlte mich da nicht zu Hause. Es war ein katholisches Internat. Und außerdem: Mein Mann war ja in Berlin.

Ich lernte meinen Mann durch eine gemeinsame Freundin kennen, die auch an der Berliner Universität studierte. Er konfrontierte mich mit einer ganz anderen Welt. Das heißt, meine Schüler hatten mich mit dieser Welt schon bekanntgemacht, aber ich lebte noch nicht drin, sagen wir es so. An der Familie meines Mannes hat mir sehr imponiert dieses Verhältnis zwischen den verschiedenen Generationen. Die Kinder waren schon erwachsen und lernten alle irgendeinen Beruf. Sie haben getan und gelassen, was sie wollten. Und vor allem die Söhne waren sehr rebellisch gegen ihre Eltern. Ich war nicht rebellisch gegen meinen Vater und meine Mutter. Wie hätte ich das auch sein können? Ich wußte, wieviel sie für mich auf sich nahmen. Aber diese Bürgerkinder waren rebellisch gegen ihre Eltern, weil die Geld hatten. Weil die – zum Beispiel nach Italien gefahren sind. Die Söhne hatten nichts gegen Italien, sie wären liebend gerne dorthin gefahren. Aber sie unterstellten dem Vater und der Mutter – was in meinen Augen nicht stimmte –, daß sie diese Reise nur aus Snobismus machten, um nachher den Verwandten und Bekannten erzählen zu können: ›Wir waren in Italien. Also, oh, ich sage euch ...!‹ Mein Mann wurde, nachdem er Anarchist gewesen war – und ein regelrechter! – Kommunist. Als ich ihn kennenlernte, studierte er nicht, sondern er war Kaufmann. Ich weiß, ›Kaufmann‹ hört sich komisch an, aber es wird noch komischer: Er arbeitete in einer Gesellschaft, die hieß ›Bode-Panzer‹. Und das war eine Geldschrankfabrik. – Der Kommunist in der Geldschrankfabrik! – Er hatte nur eine Sehnsucht: weg davon! Und er hatte beim Abendkurs das Abitur nachgeholt und dann an der Universität Berlin und an der Sorbonne Germanistik, Philosophie und Geschichte studiert. – Du siehst, die Frage des Gelderwerbs ist für uns vollkommen nebensächlich gewesen. Mein Mann stammte aus einer Bürgerfamilie und war Kommunist geworden. Ich kam aus einem proletarischen Milieu und hatte kleinbürgerliche, pazifistische Anwandlungen. Durch meinen Mann bekam ich allmählich eine andere Sicht auf die Welt. Aber ich bin viel später erst in die Partei gegangen, da waren wir schon in der Emigration. Es war nicht so, daß ich nicht einverstanden gewesen wäre mit den Kommunisten, sondern diese Idee der strikten Disziplin und des Gebundenseins an eine bestimmte Richtung, das widerstrebte mir. Und 1934 habe ich aber meine Zweifel über Bord geworfen. Nicht nur, weil Hitler in Deutschland an die Macht gekommen war. Es gab auch in Österreich damals heftige soziale Kämpfe. Und in Frankreich hatten die Faschisten 34 einen Putsch versucht. Die politische Lage hatte sich sehr, sehr zugespitzt, und schließlich habe ich mich entschlossen und bin der Kommunistischen Partei beigetreten. Also, das ging nicht mit fliegenden Fahnen, ich dachte vielmehr: ›Du gehörst zu dieser Partei, und alles andere ist nebensächlich.‹

Im Januar 33, als Hitler zur Macht kam, waren mein Mann und ich in Berlin. Damals spürte ich zum ersten Male in meinem Leben so richtige Wellen von Rassismus hochkommen. Ich hatte mich vorher damit nie beschäftigt. Ich glaube sogar, daß ich das Wort ›Antisemitismus‹ zum ersten Mal in Deutschland hörte. Während meiner Kindheit in Frankreich haben feindliche Gefühle den Juden gegenüber überhaupt keine Rolle gespielt. Es gab natürlich die Affäre Dreyfus,* doch die war damals schon ein Vierteljahrhundert her. Und meine Eltern sprachen nie darüber. Antisemitismus interessierte meinen Vater ebensowenig wie die Frage, ob nun ein Lieber Gott existiert oder

---

* Dreyfus, Alfred (1858–1935), Generalstabsoffizier jüdischer Herkunft, wurde 1894 wegen angeblichen Landesverrats zu lebenslanger Deportation verurteilt. Heftige Proteste der fortschrittlichen Kräfte Frankreichs erzwangen die Begnadigung und schließlich die Rehabilitation Dreyfus'. Diese Affäre spaltete Frankreich in zwei Lager. Sie endete mit dem Sieg der Republikaner über die antisemitische, klerikale Militärpartei.

nicht. Und wenn jemand Jude war, dann war das für meinen Vater nicht eine Frage der Rasse, sondern der Religion. Im Mai 1933 sind mein Mann und ich aus Deutschland weggegangen. Erstens, weil mein Mann zum Leiter der Kommunistischen Studentenfraktion des gesamten Reiches gewählt worden war, also war er schon bekannt als Kommunist. Außerdem ist er Jude, und er sieht prononciert jüdisch aus. Er sieht sehr, sehr jüdisch aus. Wenn ich darüber nachdenke – was mir nur sehr selten einfällt –, komme ich zu der Überzeugung, daß er die Hitlerdiktatur nicht überlebt hätte. Wir haben dann in Paris gelebt. Ich habe wieder zum Broterwerb Stunden gegeben, diesmal Deutsch an Franzosen. Und zum Teil habe ich auch deutschen Emigranten Französischunterricht erteilt. Mein Mann arbeitete in dem Verlag, der von Willi Münzenberg* gegründet worden ist, im ›Editions du Carrefour‹. Man kann da eigentlich nicht von einem Verlag sprechen, sondern es waren verschiedene Organisationen, die man zentralisierte, also alle in einem Haus unterbrachte, weil jede für sich einfach nicht genug Geld besaß, um ein eigenes Lokal zu mieten. Durch meinen Mann habe ich eigentlich alle deutschen Schriftsteller kennengelernt, die sich

* Münzenberg, Willi (1898–1940), vor dem 1. Weltkrieg hauptamtlich in der Sozialistischen Jugend der Schweiz, bis 1921 Sekretär der Sozialistischen bzw. Kommunistischen Jugendinternationale, Teilnahme am II. und III. Weltkongreß der Komintern, Organisator der Internationalen Arbeiterhilfe (IAH), Aufbau des sog. ›Münzenberg-Konzerns‹ (Zeitschriften- und Illustrierten-Verlage, Filmunternehmen, Buch-Verlage), 1933 Emigration nach Paris, hier einer der Initiatoren der Volksfront. 1937 Ausschluß aus der KPD. Im Juni 1940 Flucht aus dem französischen Internierungslager Chambarran bei Lyon. Münzenbergs Leiche wurde im Oktober 1940 im Wald bei Montagne nahe Grenoble gefunden. Die genaueren Umstände des Todes sind bis heute ungeklärt.

damals in Paris aufhielten. Zum Beispiel Gustav Regler, Anna Seghers und Egon Erwin Kisch, der als deutscher Schriftsteller galt, wenn er auch Tscheche von Geburt war. Und ich habe sein Buch ›La Chine secrète‹, ›China geheim‹, ins Französische übertragen. Die meisten politischen Flüchtlinge wohnten in der Nähe vom Senat, in der Rue de Tournon. Und diese Emigranten waren sehr rührig. Sie haben zum Beispiel einen Gegenprozeß zum Dimitroff-Prozeß gemacht und haben überhaupt sehr viel auf dem Gebiet der Propaganda getan. Aber viele fühlten sich doch sehr unglücklich, bestimmt!

Als Mussolini in Italien an die Macht kam, na, da war ich zu jung und nicht politisiert genug, um das tragisch zu nehmen. Aber was man von Italien hörte, war sehr unangenehm. Ich erinnere mich, damals haben die Mussolini-Anhänger die progressiven Leute damit erniedrigt, daß sie zum Beispiel gezwungen wurden, Rizinusöl zu trinken. So etwas war nicht ein Attentat gegen das Leben, aber es war ein Attentat gegen die Würde des Menschen. Man hatte keinen guten Eindruck von Mussolini, keineswegs. Und dann kamen die entsetzlichen Nachrichten aus Deutschland, nachdem Hitler gesiegt hatte. Und ein Jahr später, im Februar 34, wollten die Faschisten mit einem Putsch die Französische Republik stürzen. Und dieser Putschversuch wurde sofort, aber sofort, durch eine Massenbewegung niedergeschlagen. Die Linke hatte inzwischen gelernt: ›Achtung! Jetzt versuchen es die Faschisten in Frankreich. Wir müssen uns dagegenstemmen.‹ So ist die Volksfront, eine Aktionseinheit von Sozialisten, Kommunisten und Radikalsozialisten, entstanden. Und man muß sagen: Auch in der französischen Volksfront war der Kontakt zwischen Sozialisten und Kommunisten etwas schwierig. Aber man hatte von den deutschen Linken gelernt, weil die eine Politik geführt haben, die sehr verhängnisvoll war. Die Parole war damals: ›Klasse gegen Klasse‹. Und darunter verstand man: ›Die Kommunisten gegen alle anderen.‹ Ich weiß nicht, ob du den Ausdruck schon gehört hast: In Deutschland haben die Kommunisten die Sozialisten sogar als ›Sozialfaschisten‹* bezeichnet. Und natürlich waren die Kommunisten damals in der Minderheit, und es stimmte überhaupt nicht, daß die Sozialisten und die Nazis unter einer Decke steckten. Aber diese ganze irrtümliche Politik hat dazu beigetragen, in Deutschland die Reaktion siegen zu lassen, obwohl gerade hier die Arbeiterbewegung sehr, sehr kräftig war. Wegen dieser inneren Zänkereien und Streitereien wurde die Linke zur Ohnmacht verurteilt. Und in Frankreich, eben gewitzt durch das, was in Deutschland passiert war, hat man die Volksfront geschaffen. Und im Juli 36 brach dann der Spanienkrieg aus. Das war zuerst ein reiner Bürgerkrieg. Aber sofort haben Deutschland und Italien interveniert zugunsten der putschenden Generale. So hat dieser Krieg im Nu den Charakter einer internationalen Auseinandersetzung gehabt, wirklich im Nu. Und allen fortschrittlichen Leuten war klar: ›Man muß unbedingt etwas tun, um zu vermeiden, daß der Faschismus sich über ganz Europa ausbreitet.‹ Vor allem die Kommunisten und Sozialisten, die ins Exil getrieben worden waren, brannten darauf, endlich den Faschisten gegenüberzustehen und ihnen zu widerstehen. Als ich schon in Spanien war, habe ich einmal einen deutschen Interbrigadisten interviewt. Der sagte etwas, was mir sehr eingeleuchtet hat. Der sagte:

* Vgl. Ruge, Wolfgang: Deutschland 1917-1933, Deutscher Verlag der Wissenschaften, Berlin 1967; Ruge, Wolfgang: Weimar – Republik auf Zeit, Deutscher Verlag der Wissenschaften, Berlin 1982.

»Bis jetzt sind wir immer von den Faschisten verfolgt worden, und wir konnten ihnen nichts entgegensetzen. Jetzt in Spanien sind die Fronten ganz klar, jetzt können wir gegen die Faschisten kämpfen.« Dieser Interbrigadist hatte sogar das Gefühl, daß die Republikaner und die Putschisten mit gleichen Kräften gegeneinander antraten. – Was leider nicht stimmte. – Verstehst du, die vielen antifaschistischen Emigranten, die in die Interbrigaden gingen, kamen nicht aus Kriegslüsternheit nach Spanien, keineswegs! Sondern sie gewannen Kraft, weil sie endlich *handeln* konnten. Und das ist viel leichter zu ertragen, als wenn man den Eindruck hat, man wird immerzu geschlagen und geschlagen, aber man kann sich nicht gegen die Schläge zur Wehr setzen.

Mein Mann ist 1934 schon einmal in Spanien gewesen. Die Organisation ›Internationale Arbeiterhilfe‹ hatte ihn geschickt, um den Familien der Bergarbeiter zu helfen, die bei den Asturienkämpfen eingekerkert worden waren. Er blieb damals nur kurze Zeit dort, vielleicht zwei, drei Wochen. Als 36 der Bürgerkrieg ausbrach, ist er mit Gustav Regler und Louis Aragon nach Spanien gefahren und hat den republikanischen Intellektuellen einen Lastwagen samt Lautsprecher gebracht, mit dessen Hilfe sie Propaganda treiben konnten in die faschistischen Linien hinein. Als mein Mann nun einmal in Spanien war, hat er gesagt: »So, jetzt bin ich hier, jetzt bleibe ich hier und trete ein in die Brigada Internacional.« Und das hat er auf eigene Faust gemacht, so was gab's. Franz Dahlem, der damals der leitende KPD-Vertreter in Spanien war, hat ihm erst hinterher den Segen gegeben. Wir hatten vorher besprochen, daß mein Mann in Spanien bleiben würde. – ›Besprochen‹ ist eigentlich übertrieben: Wir waren einer Meinung. Und natürlich hatte ich Angst um ihn. Aber im Grunde glaubt man in solchen Momenten nicht an die Möglichkeit, jemanden verlieren zu können. Auch als ich selbst in Spanien war, dachte ich nicht daran, daß ich dort sterben konnte. Vielleicht hätte ich Todesangst bekommen, wenn ich einmal gesehen hätte, wie jemand zerfetzt wird von einer Bombe. Vielleicht hätte ich eine fürchterliche Todesangst bekommen. Ich sage das, weil ich mich an den Sommer 1940 erinnere, als die Nazis Frankreich überfallen hatten und es zum ersten Mal Fliegeralarm in Paris gab. Damals wohnte ich im Viertel Monrouge. Ich blieb während des Bombenangriffs in meiner Wohnung im fünften Stock und ließ mich überhaupt nicht stören. Die Deutschen haben nur ein paar Bomben, ein paar nicht sehr große Bomben, abgeworfen. Und als ich am nächsten Tag durch unsere Straße lief, kam ich an einem kleinen runden Platz vorbei, der ganz verwüstet war. Und die Normaluhr war stehengeblieben. Und obwohl ich nichts Schlimmeres gesehn hatte – ich hab keine Leichen, keine furchtbaren Zerstörungen gesehen – lief ich beim zweiten Bombenalarm im Nu in den Keller. Ich weiß nicht mal, wie ich dazu gekommen bin, so schnell ist das gegangen. Das war bestimmt so etwas wie Todesangst, denn man versucht sich nicht zu retten, wenn man nicht das Gefühl hat: ›Ich bin in einer unmittelbaren Gefahr.‹ Wirklich, ich hatte in diesem Moment nur einen Gedanken: mich zu retten. Das ist ulkig, aber es ist so. In solchen Situationen bleibt keine Zeit, um philosophische Betrachtungen anzustellen, sondern man hat nur eins im Auge: ›Wohin kann ich mich verkriechen?‹ Aber als wir nach Spanien gingen, da dachten wir nicht an den Tod. Du darfst nicht vergessen: In Deutschland hatte der Faschismus gesiegt, doch in Frankreich war die Volksfront an der

Macht. Wir Linken waren sozusagen in der Mehrheit, wir wurden getragen von der Woge und mußten nicht gegen den Strom schwimmen. Also, für meinen Mann und mich dominierte die Empfindung, daß es ganz selbstverständlich ist, sich für die Spanische Republik zu engagieren. Wir meinten, wir hätten gar keine andere Wahl. Und außerdem: Wir waren ja noch relativ jung.

In Paris gab es die ›Agence Espagne‹. Das war ein Nachrichtendienst der Spanischen Republik für die ausländische Presse. Büros der ›Agence Espagne‹ gab es in England, in den Vereinigten Staaten, aber Paris war das Zentrum damals. Im März 1937 habe ich angefangen, dort als Redakteurin zu arbeiten. Wir veröffentlichten Bulletins, die ich aus dem Spanischen ins Französische übersetzte. Otto Katz, der sich damals André Simone nannte, war Leiter unserer Nachrichtenagentur. Im Mai 37 hat er mir vorgeschlagen: »Willst du nicht nach Spanien als Korrespondentin?« – Also nichts lieber als das!

Mein Mann und ich haben eine Tochter. Sie wurde im Mai 1935 geboren. Natürlich mußte ich nachdenken, was mit ihr geschehen würde. Ich habe mit meinen Eltern gesprochen. Ich wußte, daß mein Kind bei ihnen sehr gut aufgehoben sein würde. Es war nämlich auch schon vorher bei ihnen, weil mein Mann und ich in Paris sehr beengt wohnten. Erst einmal hatten wir in einem kleinen Hotel gelebt, das ist übrigens sehr üblich in Paris. Später, als ich unser Baby erwartete, haben wir eine kleine Wohnung gemietet. Doch ich habe zum Beispiel in der ›Agence Espagne‹ nur nachts gearbeitet. Und es war völlig unmöglich, ein Kind in diesem Alter nachts allein zu lassen. Ich hätte ständig Angst um meine Tochter gehabt, sie wäre wahrscheinlich nervös geworden. Und bei meinen Eltern, die in der Bourgogne lebten, war sie sehr, sehr gut aufgehoben. Ich bin natürlich oft zu ihr hingefahren. Aber meine Eltern waren sehr, sehr lieb zu ihr und haben sie sehr verwöhnt – im guten Sinne! Sie haben ihr viel Zärtlichkeit gegeben. Mein Vater und meine Mutter fanden meine Entscheidung zum Glück sehr richtig, sie waren eben einverstanden mit der Spanischen Republik. Und weil sie für meine Tochter gesorgt haben, konnte ich mit ruhigem Gewissen wegfahren. Also, ich hatte ein großes Privileg! Denn viele andere Frauen wären natürlich auch gern nach Spanien gekommen, aber sie waren zum Beispiel durch ihre Kinder gebunden an das Land, in dem sie lebten.

Ich bin im Juni 37 von Paris nach Toulouse geflogen und von dort nach Barcelona. Ich weiß nicht mehr, warum ich diese Route wählte. Und wenn ich mich recht erinnere ... Doch, ich bin auch mit dem Flugzeug von Barcelona nach Valencia weitergereist. Damals flog ich zum ersten Mal, und ich fand das sehr aufregend. Vom Flugzeug aus habe ich auch zum ersten Mal das Mittelmeer gesehen. Das war sehr, sehr schön, ich habe das wirklich sehr genossen. Also, ich hatte nicht nur die Idee: ›Ich muß nach Spanien kommen‹, sondern guckte auch, was rechts und links von mir geschah. Aber weißt du, diese Zeit war für mich doch sehr wichtig und einschneidend. Wenn ich ehrlich bin, habe ich mich wahrscheinlich nie wieder für etwas mit so viel Begeisterung eingesetzt wie für die Spanische Republik. Wir waren absolut eins mit der Republik. Und das ist natürlich ein herrliches Gefühl. Das hat man selten. Ich war nur für befristete Zeit in Spanien – doch immerhin: sechs Monate! Und ich konnte nicht fahren, wohin ich wollte. Ich mußte da bleiben, wo die Regierung sich befand, also in Valencia. Am 31. Oktober 37 verlegte die Regierung ihren Sitz nach Barcelona. Und wir Berichterstatter folgten ihr natürlich.

Ich blieb bis zum Januar 1938 in Barcelona. Einmal durfte ich, zur Belohnung sozusagen, für zehn Tage nach Madrid fahren. Einmal war ich auch an der aragónesischen Front, als die republikanischen Truppen Quinto und Belchite genommen haben. Aber sonst habe ich nichts gesehn von Spanien, ich mußte ja immer in Valencia beziehungsweise in Barcelona bleiben, in dem ›Büro für die ausländische Presse‹.

Als ich nach Valencia kam, packte mich ein gewisses Erstaunen, weil ich immer geglaubt hatte, ganz Spanien wäre in heller Aufregung. Dabei verlief das tägliche Leben im allgemeinen – zumindest im Hinterland – sehr friedlich. In Valencia gab es natürlich viele Verwundete, die erst genesen mußten, bis sie wieder frontfähig waren – aber es gab auch viele Drückeberger! Und damit hatte ich überhaupt nicht gerechnet. Natürlich wußte ich, daß nicht wenige Spanier mit den Faschisten sympathisierten. Aber in meiner Vorstellung mußten alle Leute für oder gegen die Republik sein. Und dann war ich sehr erstaunt darüber, wie viele Menschen die politischen Ereignisse kaltließen. Wahrscheinlich habe ich damals einfach nicht verstanden, in welchem Maße die Energie der Leute sozusagen vom Alltag aufgeschluckt wurde. Es war damals außerordentlich schwierig, sich die primitivsten Sachen zu beschaffen, zum Beispiel etwas zu essen. Aber alles in allem enttäuschte mich das laue politische Klima des Hinterlandes. Natürlich war das ganz anders in Madrid! Als die Leiter des ›Büros für die ausländische Presse‹ in Valencia gesehen haben, wie sehr ich mich wirklich *verausgabte* für meine Arbeit, da sagten sie eines Tages: »Du kannst nach Madrid fahren. –

Möchtest du nach Madrid fahren für zehn Tage?« Selbstverständlich! Ich sollte dort Eindrücke sammeln und Berichte an das Pariser Büro der ›Agence Espagne‹ senden. Jedenfalls, in der Hauptstadt habe ich eine ganz andere Menschheit erlebt! Denn wer da nicht unbedingt nötig war oder wer nicht unbedingt bleiben wollte, den hatte man irgendwohin ins Hinterland geschickt. Ich sprach dort viel mit Vertretern der Brigada Internacional. Und bei denen – aber natürlich auch bei den Spaniern – spürte man einen heißen Willen, sich einzusetzen in aller Form. Madrid war die Front, das spürte man auf jedem Schritt und Tritt.

Das ›Büro für die ausländische Presse‹ unterstand dem Außenministerium und befand sich in einem alten, ziemlich verfallenen Haus. Ein großer Raum war den ausländischen Pressevertretern zugeteilt. Manche Journalisten verfaßten dort auch ihre Artikel. Ich habe nicht allzuoft etwas geschrieben, meine Hauptaufgabe bestand darin, jeden Tag zwei- oder auch dreimal mit unserem Büro in Paris zu telefonieren und Neuigkeiten schnell und möglichst sachlich durchzugeben. Und der Journalist, der sie bearbeitete, saß in Paris, also nicht so nahe dran am Geschehen wie ich. Diese Arbeitsteilung ist, glaube ich, ganz gut. Denn wenn man so nahe am Ort der Handlung ist, kann man nicht genau ermessen, welche Bedeutsamkeit eine Nachricht hat, ob sie sehr bedeutsam ist oder bloß mittelbedeutsam. Und wir Mitarbeiter der ›Agence Espagne‹ waren natürlich parteilich. Wir sahen es als eine wichtige Aufgabe, Meldungen zum Beispiel über die Schlacht bei Guadelajara so herauszubringen, daß sie in den Zeitungen mit großen Überschriften erschienen.

Du mußt dir nicht vorstellen, daß unsere Truppen damals jeden Tag gekämpft haben. Es gab Zeiten, in denen es sehr heiß zuging, zum Beispiel bei der Schlacht am Jamara oder bei Guadelajara. Oder bei Brunete, da gab es plötzlich ganz heftige Kämpfe. Und dann kamen Wochen, wo sozusagen nichts passierte. Also ich meine, es geschah genug im Hinterland, der Bürgerkrieg ging weiter im Hinterland. Aber an der Front passierte nicht unentwegt etwas. Und in diesen Pausen hat mein Mann mich immer mal besucht. Eine Zeitlang lag er sogar in einem Hospital von Valencia. Er hatte von der Ernährung Gelbsucht bekommen – eine sehr unangenehme Krankheit. Doch sonst war er hauptsächlich im Sektor von Madrid als Politkommissar, und er hat auch an der Front gekämpft.

Ich mußte also tagaus tagein im ›Büro für die ausländische Presse‹ bleiben und warten, ob irgendwelche wichtigen Nachrichten kamen. Unter den Korrespondenten, die in dem Büro arbeiteten, herrschte eine sehr, sehr freundschaftliche Atmosphäre. Du mußt dir vorstellen, daß die meisten von der Redaktion ihrer Zeitung nach Valencia geschickt worden waren, weil sie Affinitäten zur Spanischen Republik empfanden. Viele Journalisten hatten von Anfang an ihr politisches Lager gewählt. Nur arbeiteten einige auch für regelrechte kommerzielle Agenturen wie zum Beispiel ›Reuter‹ oder die ›Agence Havas‹. Und diese Leute engagierten sich oft nicht so. Aber auch sie waren beeinflußt von der Atmosphäre um sie herum. Also man kann sagen, daß es unter uns keine Gegner der Spanischen Republik gab. Wir haben alle sehr freundschaftlich miteinander verkehrt, wir waren nicht in zwei Lager geteilt, absolut nicht. Aber es sollte ja nicht vorkommen, daß die ›Agence Havas‹ zum Beispiel eine Meldung herausbrachte vor der ›Agence Espagne‹, weil das eben die Regierungsagentur war. Ich hatte die Pflicht, Neuigkeiten nicht zu verpassen und sie noch vor den bürgerlichen Agenturen weiterzugeben. Und immer hat das nicht geklappt, weil die Berichterstatter der bürgerlichen Medien sehr listig waren. Und außerdem haben die Regierungsstellen uns betrachtet als ihre Agentur. Wenn man im Außenministerium dachte, es wäre besser eine Nachricht bei ›Havas‹ herauskommen zu lassen, dann geschah das eben – zu unserem Ärger! Eine andere Sache war die, daß manche bürgerliche Agenturen zum Beispiel an der Front Leute hatten, die andere aushorchten und gewonnene Informationen auf nicht ganz offiziellen Wegen weiterleiteten. Und so kriegten diese bürgerlichen Agenturen manchmal eine Nachricht vielleicht eine halbe Stunde eher als die ›Agence Espagne‹. Für die Zeitungsjournalisten unter uns spielte das nicht so eine Rolle, weil ihr Blatt ja doch in der Regel erst am nächsten Morgen erschien. Aber für die Korrespondenten der Agenturen – also zum Beispiel für mich – war es sehr wichtig, eine Neuigkeit so schnell wie möglich zu erfahren und weiterzuleiten. Und leider Gottes haben uns die bürgerlichen Agenturen sehr oft den Scoop, den Sensationsmeldung, weggenommen. Denn unsere ›Agence Espagne‹ mußte sich unglücklicherweise auf die offiziellen Verlautbarungen berufen und beschränken. Ich durfte nicht sagen: ›Es wird gemunkelt‹, oder: ›Es wird behauptet‹. Ja, das durfte ich einfach nicht! Manchmal hat man uns auch gelenkt auf eine ziemlich undeutliche Information. Ich improvisiere jetzt, aber zum Beispiel hieß es: ›Ein Unterseeboot hat ein Schiff angegriffen.‹ Und man wußte weder den Namen des Schiffes noch – selbstverständlich – den des Unterseebootes. So eine Nachricht konnte man bürgerlichen Agenturen nicht anbieten. Die waren kommerziell und haben solche Berichte einfach nicht akzeptiert. Aber wir als ›Agence Espagne‹ mußten solche Informationen weitergeben mit diesen vagen Angaben. Und das fand ich nicht immer sehr befriedigend. Ich habe auch darunter gelitten, immer im Büro hocken zu müssen. Das war für mich zu sehr eine Arbeit im Hinterland. – Na, ›gelitten‹ ist übertrieben. Ich wäre auch nach Spanien gegangen, wenn man mir gesagt hätte: ›Du mußt den ganzen Tag Briefmarken kleben.‹ Ich war, wie gesagt, *engagiert*. Ich fand: ›Es ist egal, was man von dir verlangt, denn du bist der Republik verbunden.‹

Die Leiter des ›Büros für ausländische Journalisten‹ waren Rubio Hidalgo und Constancia de la Mora. Constancia war übrigens sehr, sehr freundlich. Ich habe eine gute Erinnerung an sie. – Nicht an ihr Amt, sondern an ihr Wesen. Constancia war eine durch und durch weibliche Frau und besaß dabei aber die Energie, die man Männern andichtet. Sie war klug und heiter und konnte uns Berichterstatter wirklich mitreißen. Sie hat nicht irgendwie versucht, auf uns propagandistisch zu wirken. Man kriegte einfach durch die Art und Weise, wie sie sich für die Republik einsetzte, Lust mitzumachen. Constancia war meiner Ansicht nach bestimmt eine sehr bedeutende Frau. Ich finde das Buch, das sie geschrieben hat, ›Doppelter Glanz‹, auch sehr gut. Ich habe es schon vor langer, langer Zeit gelesen, doch weiß ich noch, damals hatte ich das Gefühl: ›Dieses Buch ist nicht schönfärberisch, gar nicht! Das ist echt.‹ Constancia und Rubio waren auch verantwortlich für die Zensur, die nicht nur für die Journalisten der Regierungsagentur galt, sondern für alle Berichterstatter. Also, die verschiedenen Zensoren ›korrigierten‹ einen Artikel oder eine Nachricht, bevor man diese vom ›Büro für die ausländische Presse‹ aus telefonisch weiterleiten durfte. Und ein Zensor hörte auch mit, was man während des Telefonats sagte. Er hätte das Gespräch – wenn er meinte, daß das notwendig sei – abbrechen können. Und man konnte sich manches Mal sehr, sehr ärgern, weil eine Nachricht nicht durchgelassen wurde. Oft wurde eine Meldung einfach zurückgehalten, bis sie offiziell bestätigt wurde. Und das war natürlich sehr irritierend.

Constancia de la Mora hat uns überall hindirigiert, ohne ihre Vermittlung kam man einfach auf keinen grünen Zweig. Hin und wieder organisierte sie für uns Berichterstatter auch Begegnungen mit faschistischen Kriegsgefangenen. Ich erinnere mich außerordentlich genau, wie sie uns einmal zu einem Lager bei Valencia mitnahm, wo hunderte Italiener untergebracht waren. In der Schlacht bei Guadelajara hatten unsere Truppen besonders viele faschistische italienische Söldner gefangengenommen. Aber die Gespräche mit diesen Häftlingen waren nicht sehr ersprießlich. Wir Journalisten haben zum Beispiel einem Kommandanten Fragen gestellt. Und die Reaktion dieses Mannes war ... Ich möchte beinahe sagen, der war stolz. Ja, zwischen stolz und frech. Der sagte: »Jetzt gebe ich das neununddreißigste Interview innerhalb von acht Tagen.« Er hatte absolut das Gefühl: ›Wenn immer wieder Berichterstatter hierher zu mir kommen, bin ich in der Spanischen Republik ein einzigartiges Exemplar. Und deshalb bringt man mir immer wieder die Journalisten, und die stellen uns immer dieselben blöden Fragen, und ich gebe die gleiche Antwort.‹ Dabei hat Constancia uns nur zu ihm geführt, weil er bereit war, mit uns zu reden. Trotzdem hatte er ein Gefühl der Überlegenheit, er meinte: »Wir Faschisten werden triumphieren.« Dieser Mann, der ein Gefangener war!

Durch meinen Mann, oft auch durch andere Leute, wußten viele Interbrigadisten, daß ich im ›Büro für die ausländische Presse‹ saß. Nicht wenige haben mich dort besucht.

Manche mußten irgendeine Mission in Valencia erledigen und kamen hinterher bei mir vorbei. Wieder andere hatten einfach ein paar Tage frei und wußten nichts Besseres zu tun, als mich aufzusuchen. Ich muß sagen, daß ich zum größten Teil sogar ihre Namen vergessen habe, aber diese Interbrigadisten haben mir gewissermaßen aus erster Hand Informationen über die Frontlage verschafft. Sie konnten mir natürlich nicht irgendein Staatsgeheimnis verraten. – Und wenn sie eins gewußt hätten, dann hätten sie es nicht weitererzählt, selbstverständlich nicht. – Wir standen einfach in freundschaftlichem Kontakt. Und vielleicht war ich für manche meiner Gesprächspartner sozusagen eine Erinnerung an die Friedenszeit, denn es gab wenige Interbrigadistinnen in Spanien.

Ich kann mich noch ganz genau erinnern, daß ich mich zu dieser Zeit mal mit einem Mann unterhalten habe, der mit den Basken sympathisierte. Mit den Basken, nicht mit den Republikanern schlechthin. Und wir haben über den Sinn von Disziplin diskutiert. Also bitte, verstehe mich nicht falsch: Die Spanier haben natürlich viele großartige, gute Eigenschaften. Aber mir schienen die Interbrigadisten viel disziplinierter als viele der spanischen Soldaten. Die verteidigten meiner Ansicht nach die Republik natürlich auch mit Herz und Seele – und besonders in der ersten Zeit, als es in den Straßen von Barcelona und Madrid Straßenkämpfe gab. Aber ich fand, es mangelte vielen Spaniern an Disziplin. Sie konnten sich schwer Befehlen beugen. Und das etwa habe ich meinem Gesprächspartner gesagt. Und da entgegnete mir dieser Mann, der auch im Militärdienst war: »Also der Zweck der Disziplin ist ein absolut antinatürlicher. Man muß nämlich die Leute dahin bringen, dorthin zu marschieren, wo der Tod auf sie wartet.

Das ist sozusagen der Zweck der Übung.« Und dieser Mann hatte natürlich recht! Was er sagte, war absolut überlegenswert! Jedenfalls, diese Art militärische Disziplin ging vielen Spaniern gegen den Strich. Ich glaube, man kann nur durch politische Einsicht so eine Disziplin haben. Doch da gehört sehr, sehr viel dazu. Ansonsten erreicht man Disziplin nicht mit guten Worten – leider! In einer kritischen Lage kann man nicht versuchen, jemanden zu überzeugen, etwas Antinatürliches zu machen. Das geht eben nicht. Wenn man den Spanischen Bürgerkrieg unter diesem Aspekt betrachtet, dann hat die republikanische Regierung vielleicht einen Fehler gemacht, als sie dem Druck vor allem der englischen Regierung nachgab und die Interbrigaden abzog. Dazu kann man sehr schwer eine eindeutige Meinung äußern, aber vielleicht war es ein Fehler, die Interbrigaden abzuziehen.

Wir Journalisten durften nur sehr selten an die Front, einfach, weil es Probleme mit der Verproviantierung und der Übernachtung gab, also Probleme, mit denen sich die Spanier aus Zeitmangel nicht befassen konnten. Und deshalb haben sie das eben sein lassen. Damals habe ich gemeint, sie würden die propagandistische Wirkung solcher Fahrten an die Front unterschätzen. Jetzt bin ich nicht mehr so sicher. Denn schau mal: Wenn man zur Front ging, durfte man nicht bis in die ersten Linien, auf keinen Fall. Ich kenne auch nur ein Beispiel aus dem Spanienkrieg, wo Journalisten mitten in einen Kampf gerieten. Da war sogar eine Frau dabei, die Norwegerin Gerda Grepp. Sie und Arthur Koestler* sind in Málaga vom Vorwärts-

---

* Koestler, Arthur (1902–1982), ung.-tschechischer Herkunft. Schriftsteller, Publizist und Journalist; 1931 Mitglied der KPD; 1932 Aufenthalt in der SU; 1936/37 Korrespondent von ›News Chronicle‹ im Spanischen Bür-

marsch der Faschisten überrascht worden, und sie wurden beide gefangengenommen. Gerda Grepp konnte sich freihandeln, weil sie Bürgerin eines neutralen Landes war. Wahrscheinlich wollten die Faschisten es sich nicht verderben mit Norwegen. Koestler haben sie behalten, in seinem Buch ›Ein spanisches Testament‹ beschreibt er seine Erlebnisse aus dieser Zeit. Aber diese zwei waren eine Ausnahme, sonst gingen Journalisten nicht in die vordersten Linien. Und abgesehen davon: Als Berichterstatter kam man immer zu spät. Man durfte erst an die Front, *nachdem* dort Kämpfe stattgefunden hatten. Was man sah, war meistens wenig eindrucksvoll. Trotzdem war ich sehr glücklich, als ich und andere Korrespondenten die Gelegenheit bekamen, zur aragónesischen Front zu fahren.

Ende August 1937 hatten unsere Truppen gerade Belchite und Quinto genommen, und da hat man sich wohl im Außenministerium gedacht: ›Die Herren und Damen Journalisten können jetzt kein Unheil mehr anrichten, jetzt gibt's an der Front nichts mehr zu sehen. Bitteschön, laßt sie dorthin fahren!‹ Und so durften wir nach Belchite und Quinto. – Gott, man merkte natürlich, was für schwere Kämpfe es gegeben hatte, viele Häuser waren zerstört. Doch die Schlachtfelder waren schon gesäubert. Constancia de la Mora brachte uns zu Soldaten der Interbrigaden, die wir dann interviewten. Und wir sprachen auch mit spanischen Soldaten, weil wir ja nicht mit dem – natürlich fal-

gerkrieg, hier Gefangennahme durch franquistische Truppen; 1938 Austritt aus der KPD; im 2. Weltkrieg war er u. a. Mitglied der Fremdenlegion und der britischen Armee; lebte bis zum Freitod in London; das vornehmlich publizistische und wissenschaftliche Werk der späteren Jahre setzt sich analytisch mit den eigenen Lebenserfahrungen auseinander.

schen – Eindruck zurückkehren sollten: Es sind die Internationalen, die die Republik verteidigen, und die Einheimischen gucken zu.

Die einzige, wirklich tiefe Erinnerung, die mir von der Fahrt an die Front geblieben ist, das ist die Erinnerung an den Geruch, an den Leichengeruch in dieser Landschaft. Als wir mit dem Auto zurückfuhren, begegneten wir einem Lastwagen, und darauf lagen Uniformen, vielleicht von gefallenen Soldaten. Und diese Uniformen haben entsetzlich gestunken. Constancia und ich, wir saßen in unserem Auto, und wir haben kein Wort darüber gesprochen. Aber es war der Geruch des Krieges. Das war entsetzlich, es war ganz entsetzlich.

Weißt du, was mich im Nachhinein ein bißchen belustigt? – Als ich in Madrid war, hat sich nie jemand nach meinem Ausweis erkundigt. Und auch, als man uns nach Belchite und Quinto brachte, hatte Constancia de la Mora unsere Papiere in Obhut, weil sie die Repräsentantin der Presseabteilung war, und man kontrollierte uns Journalisten überhaupt nicht weiter. Also direkt an der Front fürchtete man nicht so, daß wir spionieren würden. Diese Angst spürte man in Valencia viel mehr, obwohl es meiner Ansicht nach da ziemlich wenig zu spionieren gab. – Vielleicht bin ich auch nicht gut genug informiert, mir fällt gerade ein: Dorthin kamen natürlich viele Schiffe, die Waffen für die Republik brachten. Vielleicht war gerade Valencia ein interessanter Ort für faschistische Spione. Jedenfalls war da die Staatssicherheit sehr wachsam. Wir haben ja im ›Büro für die ausländische Presse‹ meistens in der Nacht gearbeitet, damit die Zeitungen, die in der Regel vormittags herauskommen, noch vor Redaktionsschluß die neuesten Berichte kriegten. Und ich erinnere mich, wenn ich dann vom Pressebüro in mein Hotel ging, hat man mich oft kontrolliert. Aber an der Front überhaupt nicht.

Alles in allem fühlte ich mich als Korrespondentin der ›Agence Espagne‹ immer ein bißchen frustriert. Trotzdem, auch wenn ich an den Geschehnissen überwiegend als Betrachterin teilnahm, war es doch sehr gut für mich, in Spanien zu sein, weil ich damit immerhin zu dem beitrug, was mir wichtig war. Verstehst du: Ich hatte das Gefühl, ein für allemal engagiert zu sein. Heute kommt mir das auch ein bißchen primitiv vor – und vor allen Dingen: Ich kann diese Begeisterung, die in mir war, nicht mehr nachvollziehen. Ich weiß nur, sie war da, und sie fegte alles andere weg. Also, ich glaube nicht, daß ich diesen Abschnitt meines Lebens nachträglich idealisiere – nein, im Gegenteil! Wenn ich mich jetzt daran erinnere, denke ich mir: ›Na, vielleicht war es doch nicht so doll, wie du dir das vorstellst?‹ Aber damals war es eine ganz große, große Erschütterung. Ein großes Erlebnis. Und natürlich war man manchmal müde und fragte sich: ›Wie lange geht das noch?‹ Aber dann hat man doch immer gesagt: ›Wir versperren den Faschisten den Weg. Wir tun das nicht nur für Spanien, sondern auch für Frankreich. Auch in Deutschland, in Italien wird das seine Konsequenzen haben.‹ Ich muß den Spanienkrieg idealisiert erlebt haben. Bestimmt. Vielleicht empfinde ich das jetzt auch so, weil ich als Dreißigjährige noch nicht allzu kritisch eingestellt war. Ich glaube, es ist ein Privileg der Jugend, alles ein bißchen idealisiert zu sehen. Das ist eine beneidenswerte Fähigkeit! Die sollte man sich möglichst lange bewahren! Hast du mal von einem französischen Schriftsteller namens Francis Jourdain gehört? Der sagte: ›Jung sterben, aber so spät wie möglich.‹

Jeanne Stern

Am Anfang war die große Mehrheit der Spanier für die Republik, weil die ja angegriffen wurde und sich zur Wehr setzte. Das war sehr überzeugend für die Mehrheit des Volkes. Wir hatten die Parole: ›No pasarán!‹ also: ›Sie kommen nicht durch!‹ Und das haben wir nicht so nebenbei gesagt, wie man zum Beispiel jemandem einen ›Guten Tag‹ wünscht. Nein, wir haben es ernst gemeint damit. Wir haben gemeint: ›Wir lassen nicht zu, daß die Faschisten siegen!‹ Es war natürlich eine bittere Enttäuschung, als sie doch Sieg auf Sieg errungen haben. Eine sehr bittere Enttäuschung. Unsere Niederlage hatte bestimmt viele Gründe. Nicht nur, daß die Faschisten viel besser versorgt waren mit Waffen aus Deutschland und Italien. Leider gab es auch zwischen den verschiedenen politischen Gruppierungen der Republikaner Konflikte. Während des POUM-Aufstandes haben sich die Linken sogar gegenseitig vernichtet. Und diese Kämpfe zwischen Kommunisten, Anarchisten und Sozialisten schwächten natürlich die Moral der Leute. Und nach und nach verloren die Menschen die Energie. Es ist sehr schwer, die Begeisterung für eine Sache lange Zeit auf der Höhe zu halten – erst recht, wenn es Schwierigkeiten mit der Verproviantierung gibt. Das ist sehr schwer. Sehr, sehr schwer.

Im März 1939, als Madrid fiel, war ich inzwischen wieder in Paris. Weißt du, man fühlt sich bedrückt, wenn eine Sache, für die man sich mit ganzer Kraft einsetzt, Niederlage auf Niederlage erleidet. Aber zugleich denkt man immer: ›Das letzte Wort ist noch nicht gesprochen.‹ Erst nachdem Faschisten zum Mittelmeer vorstießen und auch den Norden Spaniens annektierten, habe ich wohl meine Zuversicht verloren. Aber es gab Leute, die weiter auf den Sieg der Republik gehofft haben, als unsere Truppen nur noch dieses kleine Zentrum Madrid zu halten versuchten. Bestimmt! Es gab ja auch Leute, die bis zuletzt gekämpft haben! Und sie haben nicht wie desperados, also wie Verzweifelte, gekämpft! Die haben sich nicht gesagt: ›Der Tod ist das letzte, was uns bleibt.‹ Nein, sie haben gekämpft, damit ihre Sache *siegt*. Und das ist, glaube ich, vital. Auch im normalen Leben gibt ein gesunder, kräftiger Mensch nicht so leicht auf – nicht wahr? In den letzten Wochen vor dem endgültigen Untergang der Republik gab es Nachhutgefechte, die allerletzten Versuche, das Rad noch einmal umzudrehen. Aber man wußte schon: ›Es wird nicht gut gehen.‹ Also die Niederlage war ein Prozeß, sie kam nicht von einem Tag zum anderen. Den meisten Leuten ist schrittweise bewußt geworden, daß die Republik scheitern würde. Trotzdem war es ein großer Schock, als sie dann tatsächlich untergegangen ist. Wir haben beobachtet, wie Frankreich und England die Spanische Republik nicht nur fallengelassen haben, sondern sie hatten es auch sehr eilig, dieses Kapitel abzuschließen und sich mit Franco zu liieren.

Als die Nazis 1939 dann in Polen einfielen, hat man sich gesagt: ›England und Frankreich werden nicht kämpfen, sie sind viel zu lahm und morsch!‹ – Es war auch so, in der Zeit des ›Komischen Krieges‹ dachte man in Frankreich überhaupt nicht ans Kämpfen. Ich weiß noch, im September/Oktober 1939 bekamen alle Franzosen eine Gasmaske. Ich habe nicht etwa an deren Nutzen geglaubt, und ich hatte auch kein Interesse an ihr, nein gar nicht! Aber die ›lästigen Ausländer‹ haben keine gekriegt! Ich erinnere mich genau, wie ich mich mit Anna Seghers darüber unterhielt, die mit ihrer Familie aus Deutschland emigriert war und zu dieser Zeit in Frankreich lebte. Und ich weiß noch, daß meine Tante und ich unsere Gasmasken den Kindern von Anna Seghers gegeben haben, weil wir uns sagten: ›Alle französischen Kinder besitzen Gasmasken. Und Annas Kinder sind Aussätzige, wenn sie keine haben.‹ Also, wir haben die Gasmasken den Kindern nicht gegeben, weil wir sie schützen wollten vor dem Gas, sondern weil wir sie schützen wollten gegen den Fremdenhaß. Und diese Begebenheit scheint mir typisch für diese Zeit. Verstehst du: Damals schienen nur ganz wenige Menschen zu spüren, daß wir gerade das Vorspiel von einem ganz schrecklichen Weltkrieg erlebten.

Mein Mann war im Winter 38 regulär aus Spanien nach Paris zurückgekehrt. Zu dieser Zeit hatte die republikanische Regierung noch ihren Sitz in Katalonien, und es gab an der Grenze keine sehr ernsthafte Kontrolle, man hat die Interbrigadisten noch ohne irgendwelche Schwierigkeiten durchgelassen. Schwierig wurde es erst einige Monate später, als Tausende Flüchtlinge über die Grenze gekommen sind. Da wurde es für manche sehr unangenehm. Sie wurden zum Beispiel ins Lager Saint Cyprien geschickt, das nur aus einer Stacheldrahtumzäunung bestand. Die Leute haben da wirklich im Sand leben müssen, ohne ein Dach über dem Kopf. Man hat ihnen nicht mal Decken gegeben. Also die Interbrigadisten, die in diesem Lager waren, hatten es zum Teil sehr schwer. Aber mein Mann wohnte bei uns in Paris. Er ist nicht von der Polizei belästigt worden. – Noch einmal: Als wir zurückkamen aus Spanien, war in Frankreich eine Volksfrontregierung an der Macht.

Im August 39 schlossen dann die Sowjetunion und Deutschland ihren Nichtangriffspakt ab. Der brachte bei den französischen Linken eine geistige Verwirrung mit sich, von der du keine Ahnung hast! Natürlich ist es im Nachhinein immer viel einfacher, zu erklären, warum es zu bestimmten historischen Geschehnissen kommen mußte. Auf jeden Fall ist es ein mächtiger Unterschied, ob man eine Situation als Außenstehender beurteilt oder ob man sich mittendrin befindet. Aber selbst wenn man, weil man mittendrin ist, eine Situation schlecht überschauen kann, nimmt man doch sofort eine gefühlsmäßige Haltung dazu ein. Und 1939 war ich einunddreißig Jahre alt, und ich war nicht abgebrüht. Ich erinnere mich, daß ich aus vollem Herzen heulte, als ich hörte von dem Deutsch-Sowjetischen Pakt. Denn das war für mich eine widernatürliche Allianz. Mehr habe ich damals nicht gesehen, ich fragte mich nur immer und immer wieder, wie es dazu kommen konnte. Man hat sich nicht überlegt, welche Konsequenzen es gehabt hätte, wenn die Sowjetunion sofort und unvorbereitet in den Krieg hineinginge. Und zudem war die Sowjetunion zwei Jahre später, als Hitler sie angriff, auch nicht vorbereitet! Erst einmal erlitt die Rote Armee eine fürchterliche Niederlage. Da mußten die armen Russen Hunderte von Kilometern zurückweichen und hatten entsetzliche Verluste! Dieses Bündnis wurde natürlich zu einem entsetzlichen, sehr wirksamen Vorwand für die Rechten, um die Kommunisten zu verfolgen! 1939 wurde die Kommunistische Partei verboten. Und so kam es auch, daß viele in Frankreich lebende kommunistische Flüchtlinge interniert wurden. Anna Seghers' Mann, der ein Ungar war, wurde zum Beispiel in das Straflager Le Vernet geschickt. Der dortige Kommandant soll den Häftlingen sogar Unterschriften gegen das deutsch-sowjetische Bündnis abverlangt haben. Und einige Gefangene, die dem Druck der Lagerleitung nachgegeben haben, sollen wieder freigekommen sein. Aber ich habe das nur gehört. Ich weiß nicht, ob das authentisch ist.

Im Herbst 39 wurde auch mein Mann interniert. Aber nicht für lange Zeit, denn die Behörden wußten sich einfach keinen Rat mit so vielen Gefangenen. – Manchmal hat es auch sein Gutes, wenn eine Regierung nicht gut vorbereitete Entscheidungen trifft. Mein Mann und seine Mitgefangenen mußten eine Zeitlang unter einem Zirkuszelt leben, in der Nähe von Blois. Und schließlich kamen sie in ein halb verlassenes Dorf mit vielen leerstehenden Häusern. Und da waren die Internierten Zwangsarbeiter sozusagen. Aber ich gebrauche dieses Wort nicht gern, weil es auch in Deutschland während des Zweiten Weltkrieges Zwangsarbeiter gegeben hat. Ich glaube, die waren weniger gemütlich dran als zum Beispiel mein Mann! Also, daß er in diesem Dorf bei Blois bleiben mußte, war eigentlich vollkommen sinnlos. Er hat ab und zu bei der Ernte geholfen, wenn es etwas zu ernten gab, und sonst hat er weiter nichts getan, sonst hat er da getrödelt. Ich versuchte, ihn freizubekommen, und das gelang mir auch. Seit Ende Dezember 1939 bis ungefähr Anfang Mai 1940 war er bei mir in Paris. Aber im Mai, als die deutsche Offensive gegen Frankreich begann, wurden die Ausländer wieder interniert. Man hat die Gefangenen von einem Ort zum anderen gefahren, eine Zeitlang wußte ich gar nicht, wo mein Mann steckte. Und dann hörte ich, daß Häftlinge, die französische Verwandte in der unbesetzten Zone hatten, befreit werden konnten. Gott sei Dank gab es unter meinen Angehörigen einen Onkel, der als Militär in den Kolonien gewesen war, mit dreißig oder vierzig Jahren den Dienst quittiert hatte und im Süden Frankreichs Weinbauer geworden war. Und dieser Onkel forderte meinen Mann – aus Familiensinn, nicht aus politischen Gründen – an und beherbergte ihn bei sich. Für einen eingefleischten Kommunisten muß es aber nicht leicht gewesen sein, dort zu leben; in diesem Teil meiner Verwandtschaft war man nämlich sehr konservativ, man ist zum Beispiel jeden Sonntag zur Messe gegangen. Und mein Onkel verstand es auch nicht, warum es seinem Gast nicht gelang, sich im Handumdrehen in einen Weinbauern zu verwandeln. Mein Mann konnte nur Kühe hüten – und wahrscheinlich auch nicht besonders gut. Aber mein Mann und ich konnten von Glück reden. Als die ›Agence Espagne‹ nicht mehr bestand, habe ich gleich wieder Arbeit gefunden in der Redaktion einer Zeitung, die ›L'Ordre‹ hieß. Wir waren wirklich sehr, sehr privilegiert dadurch, daß wir eine finanzielle Basis zum Leben hatten. Die anderen Emigranten waren – also wenn ich ›fast alle‹ sage, könnte ich beinahe sagen ›alle‹ – auf Unterstützungen von diesem oder jenem Komitee angewiesen. Sie hatten kein Recht und keine Möglichkeit zu arbeiten. Ein paar kriegten Jobs in einer Schokoladenfabrik. Aber die französische Polizei durfte nicht dahinterkommen, denn dann wurden sie – als ohnehin ungern geduldete Ausländer – ausgewiesen. Die meisten Flüchtlinge waren in einer sehr unangenehmen Lage. Mein Mann und ich hatten großes Glück. Im Sommer 1940, nach dem Einmarsch der Nazis in Frankreich, mußte ich mich nach einer anderen Stelle umsehen, weil ›L'Ordre‹ nicht mehr erschien. Ich muß noch hinzufügen, daß damals viele Männer in den deutschen Gefangenenlagern saßen. Und folglich gab es in Frankreich viele freie Stellen, die zu besetzen waren. Und ich hatte ja während meines Studiums alle erforderlichen Prüfungen absolviert, um an einer regulären Oberschule unterrichten zu dürfen. Also habe ich mein Diplom herausgekramt und bin damit zur Pariser Universität gegangen. Und dort erklärte ich meine Lage:

»Ich bin Kommunistin. Mein Mann ist ein deutscher Antifaschist und lebt jetzt in der ›freien Zone‹. Ich möchte auch dorthin.« Diesem Beamten war wohl sehr angenehm, daß ich nicht irgendeinen Blödsinn erzählte, den er mir doch nicht geglaubt hätte. Er sagte mir: »Wir haben in der unbesetzten Zone nur zwei Schulen, die der Pariser Akademie angeschlossen sind. In einer dieser Schulen können Sie arbeiten. Aber Sie müssen selbst sehen, wie Sie über die Demarkationslinie kommen; da können wir Ihnen nicht helfen.« Ich wußte nicht, wie ich die Demarkationslinie passieren würde. Ich wußte nur, ich würde alles versuchen, um zu meinem Mann zu gelangen; damit er nicht bei diesem Großonkel bleiben mußte, wo er nicht sehr glücklich war. Also, ich habe mich in den Zug gesetzt und bin nach Saint-Aignan-sur-Cher gefahren. Das ist eine Kleinstadt, die praktisch geteilt wird durch den Fluß Cher. Die eine Seite des Ortes war von den Deutschen besetzt und die andere nicht. Und vielleicht hast du Ähnliches schon von anderen Interbrigadisten gehört, aber unter den Menschen eines besetzten Landes herrscht im allgemeinen eine nationale Einigkeit, die keinen chauvinistischen Charakter hat. Sie ist eine Form der Solidarität. Alle, die zur unterdrückten Mehrheit gehören, halten zusammen. Also habe ich mich in irgendeine Gastwirtschaft von Saint-Aignan-sur-Cher hineingesetzt, und schon sehr bald ist ein Mann zu mir gekommen. Der hat irgend etwas bestellt und hat gefragt: »Möchten sie rüber, ja?« Wir haben uns für den nächsten Tag sehr früh am Morgen verabredet, vielleicht war es fünf Uhr. Zu dieser Zeit war es noch nicht ganz hell, vor allem waren die Straßen noch nicht so sehr bevölkert. Und da hat mich der Mann mit einem Boot über den Cher gebracht. Also, wir haben nicht angefangen zu singen, wir haben uns schon ein bißchen umgeguckt, weil ja die Deutschen patrouillierten. Doch ich hatte nicht den Eindruck, daß wir etwas außerordentlich Gefährliches machen, gar nicht.

Als ich in der unbesetzten Zone war, schrieb ich sofort meinem Mann, er möge zu mir kommen. Aber es gab noch eine andere Schwierigkeit: Meine Tochter Nadine war noch bei meinen Eltern in der Bourgogne, also in der besetzten Zone. Und wir wollten sie natürlich bei uns haben. Da geschah folgendes: Meine Mutter ist mit meiner Tochter bis zum Bahnhof von Saint-Aignan-sur-Cher gefahren. Dort wurde Nadine von einem vielleicht fünfzehn, sechzehn Jahre alten Jungen abgeholt. Und er hat sie mit dem Fahrrad über eine Brücke gebracht. Es war damals möglich, daß Schüler mit einer besonderen Erlaubnis die von den Deutschen bewachte Brücke über den Cher passierten, denn die Schule befand sich im unbesetzten Teil von Saint-Aignan. Auf jeden Fall hatten wir nun auch unsere Tochter bei uns, und wir waren sehr glücklich. Außerdem waren die Leute in diesem Städtchen sehr sympathisch, einfach, weil sie verstanden haben: Mein Mann ist zwar ein Deutscher, aber nicht von der schlechten Sorte. Sie haben uns sogar besonders gut behandelt. Zum Beispiel haben sie uns verraten, wo wir Milch für unsere Tochter bekommen können. Solche Details, weißt du. Kleinigkeiten, die uns zu spüren gaben, daß wir nicht allein waren in diesem wildfremden Ort. Und so haben wir in Saint-Aignan von Dezember 1940 bis zum Sommer 1942 gelebt.

Dir ist sicher bekannt, daß die Mexikaner jenen Leuten, die am Spanienkrieg teilgenommen haben, bevorzugt Einreisevisen erteilt haben. In Marseille gab es ja eine dichte Ansammlung von Emigranten. – Anna Seghers beschreibt das in ihrem Buch ›Transit‹. – Und unter diesen Flüchtlingen waren Leute, die für uns den Antrag gestellt haben, nach Mexiko zu emigrieren. Mit Hilfe eines Komitees in den Vereinigten Staaten, das sehr viel getan hat für die antifaschistischen Schriftsteller, kamen wir dann im Juni 1942 nach Mexiko. Weißt du, es war nicht so, daß mein Mann sich in Saint-Aignan besonders bedroht fühlte. Für ihn und für viele Emigranten war es einfach sehr lähmend, überhaupt nichts gegen den Faschismus tun zu können. Später, als der Widerstand organisiert wurde, konnten die Flüchtlinge in eine Résistancegruppe hineingehen, und da hatten sie nicht mehr das Gefühl, den Umständen ausgeliefert zu sein. Aber mein Mann wollte einfach in irgendein Land, wo er politisch aktiv sein konnte. In Mexiko wurde er auch Redakteur in der antifaschistischen Zeitschrift ›Freies Deutschland‹ und hat sehr viele Artikel geschrieben. Doch von dem Lohn, den er erhielt, konnten wir nicht leben. Und folglich habe ich unseren Lebensunterhalt verdient, indem ich Stunden gegeben habe, wirklich am laufenden Band. Ich bin viel durch die Stadt hin und her gefahren. – Na, auch wieder nicht *so* entsetzlich viel, meine Schüler wohnten fast alle in demselben Viertel, also es war zu ertragen. Und ich hatte auch das Gefühl, daß meiner Tochter der Aufenthalt in Mexiko sehr gut bekam. Sie ging in eine sehr gute Schule, die geleitet wurde von spanischen Emigranten. In der Schule hat Nadine also Spanisch gelernt, zu Hause haben wir miteinander französisch gesprochen, und deutsch hat sie einigermaßen verstanden. Also war es nicht so eine Erschütterung für meine Tochter, als wir nach Deutschland zurückkehrten. Sie ist dadurch nicht plötzlich taub und stumm geworden.

Nachdem der Krieg zu Ende war, wollte mein Mann absolut nach Deutschland zurück. – Nach Deutschland, damals gab es noch keine DDR, noch keine Bundesrepublik. Und er entschied sich selbstverständlich für die sowjetische Besatzungszone, weil er Kommunist war. Ja, ganz einfach. Also, für ihn stand das absolut fest, und ich hatte nichts dagegen. Ich war sogar sehr dafür, zumal ich Berlin ja kannte aus meiner Studienzeit. Vor dem Machtantritt Hitlers war Deutschland ein sehr lebendiges Land. Man war hier sehr aufgeschlossen für alle neuen Ideen und sehr neugierig, was es in der Welt an Erscheinungen gab. Nach unserer Rückkehr empfanden wir die Deutschen als sehr ausgehungert und dadurch sehr schlapp. Und nicht nur ihre physischen Kräfte waren aufgebraucht, sondern sie waren durch die Erschütterungen auch psychisch geschwächt. Die Nazi-Ideologie hatte unter den Deutschen natürlich sehr viele Anhänger. Und für die war die Kriegsniederlage auch der völlige Zusammenbruch ihrer Ideale. Und deshalb waren die allermeisten Menschen in einer furchtbaren Verfassung. Die Deutschen waren psychisch und physisch am Ende. Die Frauen hatten noch die Kraft, ein bißchen Nahrung zusammenzuraffen, aber zum Beispiel von einem geistigen Leben konnte keine Rede sein. Natürlich haben die Russen dafür gesorgt, daß im sowjetischen Sektor sehr bald wieder die Theater eröffnet wurden. Und es gab auch Leute, die ins Theater gingen, also ganz so schlimm war es auch wieder nicht. Aber trotzdem: Die Menschen waren am Ende mit ihrer Kraft, und sie brauchten ein paar Jahre, um wieder auf die Beine zu kommen.

Mein Mann hat natürlich auch diese Stimmung gespürt, und es hat ihn so tief getroffen, daß er prompt krank wurde. Ja, er ist ganz krank geworden. In dieser Zeit hatten wir oft das Gefühl: ›Es wird nicht mehr, es wird nicht mehr, die Leute sind zu kaputt.‹ Und natürlich geschieht immer dasselbe: Das Leben ist stärker!

Ich finde unsere Entscheidung, in der DDR zu leben, auch im Nachhinein absolut richtig, weil ich überzeugt bin, daß man in diesem Land alles getan hat und tut, um – sagen wir es elementar – den Rassismus und den Faschismus in ihren vielfältigen Formen auszuschalten. Ich finde das gravierend. Ich weiß nicht, ob du meine Argumentation nachvollziehen kannst, aber wenn man solch ein Leben hinter sich hat wie mein Mann und ich, dann hat man das Gefühl: ›Den Faschismus muß man auf jeden Fall eliminieren.‹ Und dann kommt wahrscheinlich hinzu: Ich bin ja auch Kommunistin. Natürlich ist der reale Sozialismus, in dem wir hier leben, bei weitem nicht der ideale Sozialismus. Das kann man auch gar nicht verlangen. Schau mal: Die kapitalistische Wirtschaft hat drei Jahrhunderte gebraucht, um sich zu etablieren. Also sollte man nicht meinen, man könnte in vierzig Jahren einen perfekten Sozialismus aufbauen. Nein, es wird noch ein paar Jahrhunderte brauchen, bis diese Gesellschaftsordnung nicht ideal sein wird, aber zumindest eine neue Qualität, ein neues Gesicht bekommt. Und wir müssen unser Bestes tun, damit dieser Prozeß mit möglichst wenig Fehlern und Irrtümern vermischt wird – oder sogar mit Verbrechen, wie es geschah unter Stalin.

Auch hier in der DDR waren mein Mann und ich immer mit Spanien verbunden. Wir haben auf diesem Gebiet auch gearbeitet. Zum Beispiel haben wir den Dokumentarfilm, den der holländische Regisseur Joris Ivens während des Bürgerkriegs gedreht hat, sozusagen mit einem historischen Rahmen versehen. Wir haben für die Filmzuschauer erklärt, wie es zum spanischen Bürgerkrieg kam und was nach dem Sieg der Faschisten in Spanien geschah. Und wir haben immer Kontakt gehabt mit spanischen Emigranten, die in der DDR leben, zum Beispiel mit der Malerin Nuria Quevedo. Aber das ist nicht eine Anhänglichkeit, die sozusagen historisch ist, sondern wir interessieren uns auch dafür, was heute in diesem Land geschieht. Nuria ist zum Beispiel zum neunzigsten Geburtstag der Pasionaria nach Madrid gefahren. Und diese Feier muß ja etwas ganz Überwältigendes gewesen sein. Denn es ist natürlich einmalig, daß eine Frau zur Vertreterin für eine ganze Epoche, für ein großes Stück Geschichte wird.

Ja, wenn du mich fragst, was ich mir heute vor allem wünsche, wird dir die Antwort sicher sehr stereotyp vorkommen, aber ich wünsche mir Frieden auf Erden. Nicht nur, weil wir bald Weihnachten haben, sondern ich denke wirklich, Krieg ist das Entsetzlichste, was es überhaupt gibt. Alle schlechten Instinkte der Menschheit kommen in ihm hoch. Und er bringt entsetzliche Verheerungen, die sehr, sehr lange nachwirken. Er bringt Wunden mit sich, die überhaupt nicht zu heilen sind. Ich möchte wirklich, daß die kommenden Generationen verschont werden von diesem Entsetzen. Und ich wünschte mir auch, es würde uns gelingen, den Hunger in Afrika zu beseitigen. Ich war nie in Afrika, aber in Mexiko habe ich eine Ahnung davon bekommen, was absolute Armut bedeutet. Also wünsche ich mir ein menschenwürdiges Leben nicht nur für die Menschen eines Erdteils, sondern – wenn ich schon beim Wünschen bin – für die Menschen in der ganzen Welt.

Weißt du, was ich mir noch wünsche? – Den Tod zu besiegen, scheint mir utopisch. Aber ich möchte, daß der Fortschritt dazu führt, den Menschen physisches Leiden zu ersparen. Die physischen Leiden möchte ich gerne ausschalten. Und daran arbeitet ja auch die Wissenschaft. Wahrscheinlich leiden wir heutzutage weniger als die Generationen vor uns – obwohl es natürlich immer noch entsetzliche Krankheiten gibt. Früher amputierte man ein Bein, indem man es einfach mit der Säge abschnitt, Anästhesie kannte man noch nicht. Also zumindest in dieser Hinsicht hat man schon allerhand erreicht. – Mißverstehe mich nicht: Ich rede nicht über die psychischen Leiden. Ich glaube nicht, daß man sie austilgen kann. Und wenn wir sie austilgen würden, wäre das eine große Verarmung. Ich glaube, die Menschen könnten sich nicht richtig freuen, wenn sie nicht auch richtig traurig sein könnten. Man muß in allem starke Gefühle haben!

Alles in allem habe ich mehr und mehr den Eindruck, jeder Mensch folgt einem ganz bestimmten Gesetz. Und je älter ich werde, desto mehr denke ich: ›Die anderen treten ihr Leben nach ihren eigenen Gesetzen an, laß sie gewähren.‹ Ich habe eine Enkelin, die ist vierundzwanzig Jahre alt. Manchmal, wenn die mir von ihren Plänen erzählt, denke ich: ›Tu das nicht, mein Kind! Du wirst entsetzliche Enttäuschungen erleben!‹ Aber ich sage das niemals, weil ich überzeugt bin, es ist vollkommen unnütz, meine Enkelin wird sich überhaupt nicht darum scheren. Und außerdem bin ich niemals sicher, daß das, was meiner Meinung nach zu einer Enttäuschung führen muß, nicht gerade ins Gegenteil umschlägt. Dieses Überraschungsmoment ist eigentlich das Spannende am Leben, nicht wahr?

Liza Hollender,
Polin, lebte in Berlin,
DDR

(Die Gespräche mit Liza wurden im Februar 1982 geführt.
Sie starb am 7. Oktober 1984.)

Ich bin am 28. Mai 1906 in Łódź geboren. Und Łódź war eine ausgesprochene Textilindustriestadt, eine echte Arbeiterstadt. Übrigens haben die Arbeiter von Łódź dieses Verdienst, daß die Revolution von 1905 begann in Łódź! Ja, und in Łódź sind zum ersten Mal in der Geschichte Arbeiterräte gegründet worden. Meine Mutter war Arbeiterin in einer Strickfabrik. Mein Vater war Lehrer und hatte den Ruf eines sehr, sehr guten Pädagogen. Aber er war ein sehr, sehr schlechter Pädagoge. Hat überhaupt nichts verstanden von Kindererziehung, Kinderpsychologie, gar nichts! Er war ›nur‹ ein guter Vater. Wir haben drei Jahre lang gelebt in Otwock, das ist ein Kurort bei Warszawa, weil meine Mutter war tuberkulosekrank. Und mein Vater hat in Łódź am Gymnasium gearbeitet. Er kam jede Woche, uns zu sehen. Aber der Erste Weltkrieg brach aus, und da gab es sehr bittere Zeiten. Der Papa hat verordnet, die Mama soll mit uns Kindern nach Weißrußland fahren. Er wollte uns den Krieg ersparen. Warszawa war belagert. Nu, und dann sind dort die Deutschen reingekommen. Bei meiner Großmutter in Weißrußland, wo wir gewohnt haben, waren noch die Russen und die Kosaken. Man konnte nicht fahren hin und her, und meine Mutter und wir Kinder waren getrennt von meinem Vater mehr wie zwei Jahre.

Meine Oma lebte in einem kleinen Städtchen bei Slonim, Nowogródek. Das ist für uns Polen eine berühmte Stadt, weil dort Adam Mickiewicz geboren war, unser größter Dichter. Von Mickiewicz hast du wahrscheinlich gehört und von seiner großen Freundschaft mit Puschkin. Daß Mickiewicz mit Puschkin befreundet war, hat mir immer sehr imponiert. Und in Nowogródek wohnte meine Großmutter mit meinem Großvater und mit meiner Tante. Ach, die Oma, die war wahrscheinlich nicht sehr begeistert: Mußte sie fünf Mäuler mehr füttern ... Mein Opa war Tischler, aber als wir kamen, hat er schon nicht mehr gearbeitet. Meine Großeltern haben nur gelebt davon, was sie sich früher erspart hatten. Renten gab es noch nicht. Meine Oma war im Städtchen eine der angesehensten Frauen. Schön war sie sehr! Eine sehr hübsche Frau war sie und sehr barmherzig. Jeden Sonnabend hat sie Päckchen den armen Leuten gegeben, Mehl und Eier und Butter dazu, daß sie einen Kuchen backen können. Meine Oma ist auch gottfürchtig gewesen. Aber, ach, die hat uns so mißhandelt! Sie hatte einen Komplex gehabt. Sie hatte sechs Kinder gehabt, und vier sind ihr gestorben. Und geblieben sind ihr nur mein Vater und eine Tochter. Außer meinem Vater hatte meine Großmutter keine Söhne mehr. Und bei den Juden gibt es einen Glauben, daß man muß haben einen Jungen, weil nur er ist berechtigt, nach dem Tode der Eltern das Todesgebet, Kaddisch, zu sprechen. Und ohne das Todesgebet des Sohnes kann die Seele der

Eltern keine Ruhe haben. Bei den Juden dürfen auch nur verheiratete Frauen ins Gebetshaus gehen. Und sitzen in der Synagoge oben auf dem Balkon, separiert von den Männern. Und es gibt ein Gebet: ›Gott, ich bin böse, daß ich nicht geboren bin als Mann, nur als Frau.‹ Also Frauen sind eine mindere Rasse sozusagen, die Männer haben viel mehr zu sagen als die Frauen. Und ein Sohn spricht Kaddisch, das Totengebet, für seine Eltern, und deshalb hütet man ihn wie den Augapfel, verstehst? Und deshalb war mein Vater für meine Oma ihr Äuglein im Kopf. Sie hat ihn gehegt und gepflegt und für ihn extra gekocht. Alles, was er wollte, hat sie für ihn getan. Und da kam eine fremde Frau, und die nahm meiner Oma den Kaddisch weg...

Mein Vater hat meine Mutter irgendwo kennengelernt, war zwischen ihnen eine Liebe auf den ersten Blick. Als mein Vater gesagt hat, er heiratet, hat meine Großmutter gefragt: »Wieviel Mitgift kriegst du?« Das war doch das Wichtigste! Hat er gesagt: »Gar keine.« Und sagt meine Oma: »Da bin ich dagegen, daß du diese Frau heiratest!« Sagt er: »Trotzdem heirate ich sie!« Und da war meine Großmutter unzufrieden, und sie mochte nicht meine Mutter, und sie hat sie nicht anerkannt wahrscheinlich die ganze Zeit. Und deshalb wollte unsere Mama zur Oma nicht: Es war kein gutes Verhältnis miteinander. Meine Mutter hat meine Schwester Rywa genommen und ist zu ihrer Freundin nach Kossowo gefahren. Und wir – das sind meine drei Brüder und meine ältere Schwester – sind gekommen zu der Großmutter. Und meine Oma, weil sie meine Mutter nicht mag, mochte sie auch die Kinder nicht. Also sie mochte die Mädchen nicht, die Jungs hat sie sehr gern gehabt. Und sie hat sich immer an uns Mädchen gerächt dafür, daß unsere Mutter unseren Vater geheiratet hat. Nun war meine Oma ein bißchen psychisch krank, denn ein komischer ... komisches Komplex war das, ja. – Der oder das Komplex? Ich bin noch immer nicht mit den Artikeln im Einklang. – Meine Großmutter hat uns Mädchen ... Also meine ältere Schwester hat die Oma nicht geschlagen, weil die Anna war uns jüngeren Geschwistern dann die Mutter eigentlich, Anna hat alles für uns getan: Uns gebadet, die Haare gewaschen, die Wäsche gewaschen, und sie hat später auch meine Mama gepflegt. War ja auch nicht leicht für die Anna, mit fünfzehn Jahren fünf Kinder erziehen. Sie hat sich totgearbeitet. Ach, 's war kein Leben für sie!

Meine Oma hat uns schrecklich schikaniert. Das heißt, mich und die R. später auch. Eben nur darum, weil wir Mädchen waren. Und sie hat uns fürchterlich geschlagen. Aber wie! Nicht so einfach mit der Hand! Was es gab! Hat sie einen Scheiten Holz gehabt, tat sie mit dem Holz. Hat sie einen Stock gehabt, mit dem Stock. Hatte sie Kotscherga,* hat sie mit Kotscherga geschlagen. – Und wohin die Oma geschlagen hat, da hat sie nicht geguckt! Ganz egal: auf den Kopf, auf die Hände, auf den Rücken, auf den Popo ... Und die Großmutter wollte uns sehn weinen. Tränen konnte sie nicht vertragen. – Ein komischer, interessanter Mensch war die Oma, wenn man das betrachtet! Die R. hat sofort angefangen zu weinen, und da hat die Oma sie in Ruhe gelassen. Aber der Dybuk, der böse Geist, saß in mir! Ich war ein sehr böses Kind. Also ich war eigentlich nicht ein böses Kind, mit einem guten Wort konnte man mich immer für sich gewinnen. Aber aus Pro-

* Gerät aus Eisen, mit dem man Töpfe in einen Kamin schieben bzw. herausholen kann.

test habe ich der Oma nicht gehorcht. Die Großmutter hat behauptet, ein Dybuk sei in mich hereingekommen, und sie muß ihn austreiben. Und das Zeichen, daß er ausgetrieben ist, wird sein, wenn ich weinen werde. Und dafür habe ich nicht geweint! Ich habe ihr diesen Gefallen nicht getan. Ich habe nie geweint. Ich empfinde das als meinen größten Sieg in meinem Leben, daß sie meine Tränen nicht erlebt hat. – Sie hat mich so geprügelt, du glaubst nicht! War immer blau, blau, blau. Aber sie hat meine Tränen nicht erlebt. Dabei konnte ich weinen! Bäche Tränen weinen! Aber nicht in ihrer Gegenwart! Hatten wir mit der R. ... Ich weiß nicht, kennst du weißrussische Städtchen? 's gibt eine Hauptgasse, man kann das nicht Straße nennen, und davon gehen kleine Gäßchen ab. Und in den Gäßchen wohnen die Menschen. Und am Ende des Gäßchens war ein Fluß, das war der Zufluß zum Nemen, und dorthin sind R. und ich immer gelaufen. Hatten wir eine Weide, ihre Zweige hingen ganz nach unten. Wir konnten uns darin verstecken, hat uns niemand gesehen. Und haben wir geweint: »Warum sind wir so unglücklich, warum?« – Also so viele Tränen, wie in den Nemen geflossen sind ... Weiß ich nicht, ob ein anderes Kind so viel im Leben geweint hat wie wir unter unserer Weide. Aber bei der Großmutter ... nie! Ja, es waren keine leichten Zeiten. Aber der Mensch kann alles überstehen. Oder beinahe alles.

Und mein Großvater ... So wie die Oma schlecht war, so war er gut! Der Opa war kein Goldstück, ein Brillant war er! Also solchem guten Menschen bin ich in meinem Leben noch nicht begegnet, wirklich nicht! Er war gutmütig, so herzlich, er hat uns schrecklich gern gehabt. Ist er oft gekommen vom Beten nach Hause. Sagt er zur Großmutter: »Man erzählt in der Stadt, daß du die Kinder schlägst!«

Und er fragt uns: »Ist es wahr, daß sie euch schlägt?« Haben wir laut geschrien »Nein«! im Chor. – Warum, verstehe ich heute auch nicht. Es hieß, man soll sich nicht beklagen! Es war bei uns Sitte, daß die Enkelkinder gehn schlafen mit der Oma. – Und wir wollten immer mit dem Opa schlafen. Mit ihr haben wir *nie* geschlafen. Wir haben festgelegt nach einer Reihenfolge, wer von uns mit dem Großvater schlafen darf. Er war ein breiter Mann, großer Mann, schöner Mann. Ach, war so angenehm zu liegen beim Opotschka! Mit der Oma schlafen? – Um Gottes willen! Also, das charakterisiert doch alles!

Mein älterer Bruder, der war damals ungefähr dreizehn Jahre alt. Der hat, wenn die Großmutter mich geschlagen hat, Hungerstreiks organisiert. Und hat nicht gegessen manchmal zwei Tage lang. Lag auf dem Bett und hat nicht gegessen. Und das war für meine Oma sehr schlimm, wenn wir Kinder nicht gegessen haben. Essen hat sie uns gegeben, so viel wie sie hatte. Also kann die Großmutter einen gesunden Verstand gehabt haben?! – Mir hat sie das ganze Leben kaputtgemacht. Ich fühlte mich immer wie ein Nichts. Es ist mir dieser Minderwertigkeitskomplex geblieben bis zum heutigen Tage, ich kann diesen Minderwertigkeitskomplex nicht loswerden – obwohl ich doch etwas geschafft habe im Leben, ja! Aber die Oma hat immer gesagt: »Das kannst du nicht, das darfst du nicht, das wirst du nicht schaffen ...« Und ist mir so eingegangen ins Unterbewußtsein, und ich hatte überhaupt nie Vertrauen zu mir. 's war nicht so ausgeprägt, daß andere das merkten, aber wenn ich mal was Schwieriges machen mußte, da zitterte ich immer am ganzen Körper: ›Du schaffst es nicht ...!‹ Dabei habe ich meistens alles geschafft, was ich wollte.

Der Zustand meiner Mutter war inzwischen sehr, sehr

schlecht geworden. Sie war sterbenskrank, hatte Schwindsucht. Und der Arzt hat gesagt: »Sie hat nur noch wenige Wochen oder Tage zu leben.« Und die Freundin von Mama wollte, daß sie ihre Kinder noch alle sieht, damit ihr nicht so schwer das Sterben fällt. Ist Mama zu uns gekommen auf dem Schlitten im Winter. Von Kossowo nach Nowogródek, das war ziemlich weit, ich weiß nicht, wieviel Werst, hundert oder zweihundert Werst. Und wir Kinder haben jeden Tag gesagt: »Mama kommt, Mama kommt, Mama kommt!« Wenn nur eine Fuhre vorbeifuhr, haben wir schon immer geschrien: »Die Mama kommt.« So haben wir monatelang geschrieen. Und eines schönen Tages erschien sie, eines schönen Tages öffnete sich das Tor, und es kommt mit dem Schlitten herein so ein dickes Mädchen eingehüllt in Mäntel und Schalyks, und hinter ihr sitzt die Mama. Sind die R. und die Mama gekommen. Es war so gegen zehn Uhr morgens. Nu, wir waren so glücklich: ›Mama ist da!‹ Und sie hat uns nur gefragt, wie geht es uns. Küssen ... hat sie uns nie geküßt, weil sie krank war und uns nicht anstecken wollte. Und wir sind reingelaufen so froh und glücklich ins Haus, rein zu der Tante und der Großmutter, haben gesagt: »Oma! Tante! Die Mama ist da!« Und die Großmutter ist nicht rausgegangen zu der Mutter. Haben wir sie hingelegt. Das Haus war ein Eigenhaus, weißt du, ein Bauernhaus, war geteilt in zwei Teile. Ein Teil hatte ein Zimmerchen und ein Vorzimmerchen, und dorthin haben wir die Mama gebracht. Sie hat sich ins Bett gelegt – und das war alles. Drei Monate lang lag sie krank und ist nicht mehr aufgestanden. Aber die Großmutter ist nicht zu ihr reingegangen! Sind wir mit der R. hingelaufen unter unsere Weide und haben geweint: ›Wie konnte die Oma unsere Mama so beleidigen!‹ Und Mama war drei Monate schwerkrank, und die Großmutter ist nicht zu ihr reingegangen, hat kein Wort zu ihr gesprochen. Und meine Tante ist ja mal auf Krankenbesuch gekommen. Hat sich weiß Gott wie lange geputzt, hat der Mama ›Guten Tag‹ gesagt und ist gleich wieder verschwunden ...

Der Zustand meiner Mutter wurde immer schlechter und schlechter, meine ältere Schwester hat sie gepflegt. Und nach drei Monaten ist die Mama gestorben. Es war im April 1915, ich weiß nicht mal mehr das genaue Datum. Ich weiß nur, es war am Vortage des Osterfestes, des jüdischen Osterfestes. Und Schnee ist gerade gefallen, daran erinnere ich mich ... Wenn man bedenkt, daß Mama unter solchen Umständen sterben mußte. Stell dir vor ihren psychischen Zustand! Sie muß sterben, läßt sechs Kinder zurück ... Obwohl sie nicht wußte, daß die Oma uns schlägt. Das haben wir der Mama verschwiegen, so viel Verstand und Gefühl hatten wir. Vielleicht hat sie geahnt, aber wir haben ihr nie gesagt. Und wenn wir blaue Flecken am Gesicht oder an den Händen hatten, sind wir zu ihr nicht gegangen.

Und ich wußte, daß sie stirbt, weil zwei Tage vor ihrem Tod war der Arzt da. Habe ich mich hinter dem Ofen versteckt und hab ich gehört, was er sagt. Bin gegangen zu Mama. Sagt sie: »Eine Mutter habt ihr nicht mehr. Wer weiß, ob ihr noch einen Vater habt.« Sie hat geglaubt vielleicht, daß ich nicht verstehe, was das bedeutet. Ich hab *ganz* gut verstanden! Und sobald sie gestorben war ... aja, ja ... Man hat mich weggeschickt, den älteren Bruder zu suchen. Denn die Mama hat uns noch verstanden alle, aber sie konnte schon nicht mehr sprechen. Sie hat nur noch mit den Augen gefragt nach meinem älteren Bruder, sie hat mit den Augen gesagt: ›Der fehlt! Wo ist er?‹ Sie ist aber gestorben ... und dann ... wurde ich weggeschickt, den älteren Bruder zu suchen. Und ich erinnere mich, ich bin durch das Städtchen gelaufen und hab bitter geweint, gejammert und endlich den Bruder gefunden. Und ich sag: »Komm mal schnell mit, der Mama ist schlecht!« Und er schlägt mich, er stoßt mich: »Was weinst du! Ich schäme mich, wenn du weinst!« Sag ich: »Der Mama ist schlecht geworden ...« Es war mir noch nicht zu Bewußtsein gekommen, daß sie schon tot ist.

Sei froh, daß du so was nicht erlebt hast! Sei froh! Ich hatte traurige Kindheit und traurige Jugend. In Kindheit war ich gesund, aber arm und traurig. Und jetzt bin ich zwar nicht mehr arm und nicht mehr so traurig – aber jetzt bin ich nicht mehr gesund. Und so ist das Leben. Wenn ich ein anderes Herz hätte, keine Schmerzen ... Ich würde viele Reisen machen. Was mich lockt, ist der weite Osten, die skandinavischen Länder. Ich möchte noch mal in Paris sein. Paris ist eine herrliche Stadt. Noch mal in Spanien sein. Wenn ich gesund wäre, könnten R. und ich nach Spanien fahren. Wir haben doch genug Geld! Aber so ist das Leben. Ich mein, mit sechsundsiebzig Jahren kann man wirklich keine Sprünge mehr über den Kopf machen – sagen wir's so. R. und ich, wir müssen froh sein, daß wir noch so viele schöne Bücher lesen können.

Nu, mein Bruder und ich sind gekommen nach Hause. Und alle weinen, weil meine Mutter tot ist. Und meine Oma ... Weißt du, was die ersten Trostworte waren, die sie gefunden hat für mich?! Sagt sie: »Du bist schuld, daß die Mama starb, weil du gestern Schiwe gesessen hast!« – Stell dir vor! – Weißt du, meine Oma hat noch eine Masche gehabt, das gehörte auch zu ihrer ›Guten Beziehung‹ zu uns Mädchen: Hat sie uns jeden Tag Wasser tragen lassen. Da stand eine große Tonne in der Küche. In die paßten mindestens zwanzig Eimer Wasser rein. Wir mußten beide – R. und ich, das war unsere Arbeit – jeden Tag zu der Krymnitza, zu der Quelle, um Wasser zu holen. Und das Gäßchen, das zum Fluß führte, ging etwas abwärts. Also mit leeren Eimern war es leicht, dorthin zu laufen. Aber zurückgehen war verdammt schwer, haben die R. und ich oft Wasser verschüttet. Und wenn wir mit halbvollen Eimern nach Hause kamen, da war die Oma immer sehr böse. Die R. erinnert sich daran nicht, aber ich weiß ganz genau, daß die Großmutter hat häufig das Wasser fortgegossen, weil die Eimer waren ihr nicht voll genug. Mußten wir wieder laufen zur Quelle ... Und am anderen Tag war das Wasser nicht mehr frisch. Mehr als einen Tag darf es doch nicht stehen, wenn man davon trinken will. Mußten R. und ich auf ein Bänkchen kriechen – weil wir waren doch klein, heute sind wir noch klein –, mußten wir leerschöpfen die Tonne. Also, das war eine Qual, ja! – Und wenn jemand im Städtchen starb, war es bei den Juden auch wieder Sitte: Mußte man alles Wasser, was sich befand in den Wohnungen, ausgießen und frisches holen. Und weißt du, Nowogródek war zwar nur ein kleines Städtchen, hatte nur fünftausend Einwohner, aber ab und zu ist doch jemand gestorben, und da mußten R. und ich wieder schleppen das Wasser. Und das war so eine Epopöe, wir holten *jeden* Tag Wasser, im Sommer und Winter. Wir sind jedenfalls Unmassen Male zur Quelle gegangen. Und ich kam einmal so vom Wassertragen zurück, es war schon dunkel draußen, und ich war so schrecklich müde, und es war mir schrecklich kalt, ich war ganz durchfroren. Ich ging rein ins Wohnzimmer, meine Großmutter schlief – das werde ich nie vergessen – auf dem Kanapee, und ich hab mich auf einem kleinen Bänklein gesetzt und mich am Ofen gekuschelt. Und ich hab mich so glücklich gefühlt! Weißt du, die Wärme ging mir in alle Glieder. Und plötzlich wurde die Oma wach. Und da hat sie geschrien: »Deine Mutter lebt noch, und du sitzt schon Schiwe?!« – ›Schiwe‹ bedeutet hebräisch ›sieben‹, das ist so eine Sitte bei den Juden: Wenn jemand stirbt, sitzen die Hinterbliebenen sieben Tage – damit es sehr unbequem ist – auf niedrigen Bänkchen oder auf dem Boden. Sitzen die Trauernden ohne Strümpfe, ohne Schuhe. Und da kommen Bekannte und Verwandte und bringen den Hinterbliebenen etwas zu essen und ... Weißt du, jedes Volk hat andere Formen von Trauer: Die Indianer trauern anders als die Polen, und die Polen trauern anders als die Juden und ... Also ›Schiwe sitzen‹ war so eine Sitte, von der die Juden nie abgingen. Die Hinterbliebenen mußten niedrig sitzen. Aber erst, wenn jemand gestorben war, früher nicht! Und als man festgestellt hat den Tod meiner Mutter, waren die ersten Trostwörter, die meine Oma gefunden hat für mich: ›Du bist schuld, daß deine Mama gestorben ist, weil du zu ihren Lebzeiten Schiwe gesessen hast!‹ – Kannst dir vorstellen meinen Zustand?! Ich habe mich jahrelang herumgetragen mit dem Gefühl, daß ich Schuld habe an Mamas Tod. Was versteht schon ein Kind von acht Jahren?! Und was kriegten wir schon für eine Erziehung in so begrenzten Verhältnissen! Die Menschen waren doch so abergläubisch! Natürlich habe ich meiner Großmutter geglaubt und war todunglücklich und hab immer geweint und geweint. Und R. und ich haben uns viel herumgetragen mit Selbstmordgedanken. Wir haben die unmöglichsten Selbstmordversuche unternommen. Wir haben zum Beispiel Steine geschluckt. Und einmal haben wir Glas zerschlagen und in Brot geknetet und wollten das runterschlucken. R. war immer die Vernünftige von uns beiden, sie hat gesagt: »Nein, davon stirbt man nicht gleich. Wenn man Glas schluckt, ist man sehr lange krank, und dann wird die Anna noch mehr Arbeit mit uns haben!« – Ja, so war unsere Kindheit. Wirklich, wir hatten keine Kindheit. Wer weiß, was aus uns geworden wäre, wenn wir eine normale Kindheit gehabt hätten.

Warszawa hatten die Deutschen annektiert, bei uns in Nowogródek waren die Russen und die Kosaken. Die Kosaken waren hohe, starke Männer. Was sie rauben wollten, das haben sie geraubt. Wenn sie töten wollten, haben sie getötet. Kein Mensch rief sie zur Verantwortung. Aber inzwischen gab es wieder Transportverbindungen bis fast nach Warszawa. Und wir hatten Verwandte, die waren auch Flüchtlinge und wollten zurück in die Hauptstadt. Haben sie vorgeschlagen, sie werden meinen ältesten Bruder mitnehmen, er soll suchen meinen Papa. Und mein Bruder war einverstanden, ist mitgefahren. Es vergeht eine Woche und zwei Wochen und drei Wochen und vier Wochen und fünf Wochen – wir haben keine Nachricht von ihm. Und wir haben auch vom Vater immer noch nichts gehört. Wir haben nur gehört von irgendwelchen Leuten, die Zeitung gelesen haben, daß die Straße, wo der Papa gelebt hat, total bombardiert war. Und da haben wir dem Bruder eine Karte nach Warszawa geschrieben: ›Wir haben dich geschickt, daß du den Vater suchst, und du, lieber Bruder, läßt gar nichts von dir hören. Der schlechteste Bescheid ist besser als gar kein Bescheid. Schreib uns, wie es dem Papa geht. Keine Mutter haben wir mehr, wir wollen wenigstens wissen, ob wir noch einen Papa haben.‹ – Und ausgerechnet diese Karte hat mein Vater bekommen! Stell dir vor, in was für einem Zustand er war! Erstens erfährt er, daß seine Frau gestorben ist, zweitens erfährt er, daß wir meinen Bruder suchen! Also, das ist schon ein Schicksal, weißt du ... Mein Vater hat einen Antrag gestellt, uns zu besuchen, und es wurde ihm wirklich erlaubt. Das war Ende des Jahres 1917. Und das Wiedersehen mit unserm Papa war furchtbar, das werde ich auch nie vergessen! Wir Kinder und der Papa saßen alle am Tisch und weinten. Die Mutter fehlte uns! Und der Vater wußte auch nicht, daß die Oma uns geschlagen hat! Das wußte er gar nicht! Und einmal hat er mich beim Waschen erwischt und sah meine blauen Flecken. Sagt er: »Woher hast du denn die Flecken?!« Hab ich angefangen zu lügen: »Ich hab mich mit den Jungen geschlagen, ich hab auf den Baum geklettert, bin runtergefallen ...« Vater hat geschimpft: »Es ist nicht wahr! Es ist nicht wahr! Du mußt die Wahrheit sagen!« So lange hat er mich gemartert – es hat gedauert vielleicht zwei Stunden! – bis meine ältere Schwester nicht mehr aushalten konnte und gesagt hat: »Die Flecken sind von den Schlägen der Großmutter ...« Meinen Vater habe ich in so einer Verfassung noch nie gesehen! Er ist mit erhobenen Fäusten reingestürzt in das Zimmer, wo die Oma war, wollte sie prügeln: »Mit welchem Recht hast du das Kind geschlagen?!« Und jetzt geschah etwas, was ich bis heute nicht verstehe: Ich hab mich zwischen beide gestellt und hab nicht erlaubt, daß der Papa die Oma anrührt. – Warum hab ich das gemacht? Warum? Wo ich die Großmutter doch so gehaßt habe, wie man nur einen Menschen hassen kann! Ich hätte doch mit Vergnügen zugucken können, wie der Vater sie verdrischt? – Aber wahrscheinlich habe ich die Oma verteidigt, weil ich überhaupt Angst hatte vor Prügel. Auch später konnte ich nicht zusehen, wenn jemand geschlagen wird, da bin ich immer dazwischengetreten. – Auch bei meinen Enkelkindern! Mein Sohn, der Julian, hat sie mal angebrüllt. Wie eine Furie bin ich auf ihn losgefahren. Sag ich: »Bist wohl verrückt?! Bei mir zu Hause darfst du die Kinder nicht anschreien!« – »Sie müssen gleich beim ersten Wort hören.« Sag ich: »Warum?! – Du benimmst dich wie ein preußischer General, wenn deine Kinder hören müssen gleich beim ersten Wort!« Ich hab den Julian auch nie verwamst. – Einmal nur, ja, ich hab ein einziges Mal nur dem Julian ins Gesicht gehaun. – Warum? Weil er ist von der Schule gekommen mal, wollte ins Kino gehen. Sag ich: »Bitte sehr, kannst ins Kino gehen. Aber mach deine Hausaufgaben zuerst.« – »Nein, ich will zuerst ins Kino gehen.« Sag ich: »Nein, du machst zuerst die Hausaufgaben, und dann gehst du ins Kino. Hier hast du Geld, kannst dir kaufen eine Kinokarte.« Plötzlich sagt er: »Du benimmst dich wie eine Jüdin!« Weißt du, und *mein* Sohn, der großgeworden war unter Menschen aus so vielen Nationalitäten! Und das war eine Schockreaktion von mir, habe ich ihn geohrfeigt. Später, als ich mich beruhigt hatte, sag ich: »Entschuldige, ich wollte dich nicht schlagen, die Hand ist mir so rausgerutscht.« Frag ich: »Warum redest du so schlecht über die Juden?« – »Ach, das hör ich bei den anderen Kindern ...« Hab ich lange mit ihm gesprochen. Sag ich: »Schau mal, du kennst doch den Genossen soundso. Ist er ein guter Mensch?« – »Ja!« Sag ich: »Er ist ein Jude.« Und ich hab dem Julian zehn, fünfzehn Personen aufgezählt, das waren seine Lieblingsmenschen. Frag ich: »Sind sie schlecht?« Hab ich gesagt: »Wenn du so schlecht über die Juden sprichst, beleidigst du nicht nur mich, sondern alle Menschen.«

Mein Vater hat nach dem Tod meiner Mutter nicht wieder geheiratet. Weißt du, ich habe sehr viele Märchen gelesen früher, und in allen Märchen sind Stiefmütter sehr böse. Ich bin nach dem Tode meiner Mama jede Nacht aufgewacht, gebadet in Schweiß, weil ich geträumt habe, ich hätte eine schlechte Stiefmutter. Und die Lehre, die ich gezogen habe: Ich habe kein einziges Greuelmärchen meinem Sohn vorgelesen. Julian kannte nicht die Grimm-Märchen. Ich verstehe heute, daß das deutsche Volk so viel Grausamkeiten begehen konnte nur auf Grund dessen, daß es aufgewachsen ist mit den Grimm-Märchen. Denn darin müssen tanzen die Hexen, bis sie tot umfallen. Oder den Teufeln werden die Glieder gedreht im Kreis, bis sie gebrochen sind ... Die Märchen sind doch furchtbar grausig! Und mein Sohn war ganz ruhig die ganze Kindheit. Wenn man mit ihm gesprochen hat und ihn gefragt hat: »Wer bist du?« hat er geantwortet: »Soy un gato feliz. – Ich bin ein glücklicher Kater.« Julien war so friedlich, hat nie Angst gehabt, nie irgendwelche grausigen Einfälle. Und es ist sehr leicht, ein Kind einzuschüchtern ...

Und Papa hat Rücksicht genommen darauf, daß wir Kinder Angst hatten vor einer Stiefmutter. Aber für uns war das schlecht! Denn wenn Papa wieder geheiratet hätte, wäre eine Frau zu uns gekommen, hätte uns geholfen. Vielleicht wäre sie ein guter Mensch gewesen? Meine ältere Schwester hätte vielleicht sogar einen Beruf lernen können ... Oder vielleicht hätte die Stiefmutter uns aus dem Haus gejagt, dann wären wir Kinder doch auch groß geworden. Und mein Vater hatte doch nach dem Tode meiner Mutter kein Leben mehr! Er war sehr jung, als meine Mama starb! Zweiundvierzig Jahre ist doch kein Alter!

Später, als wir erwachsen waren, haben wir Papa noch zugeredet, zu heiraten – er wollte nicht mehr.

Anfang 1918 hat der Papa uns Kinder mitgenommen nach Łódź. Er hat sehr, sehr gesorgt für uns. Es war die Inflationszeit. Nach dem Krieg war bei uns auch eine sehr schwere Hungersnot. Mein Vater – wieder seine ›pädagogischen Fähigkeiten‹ – hat uns zu dem Gymnasium geschickt, wo die reichsten Bourgeoiskinder gelernt haben. Die konnten uns gar nicht verstehen. Wir haben gehungert, furchtbar, ganze drei Jahre, und die hatten alles in Hülle und Fülle und konnten uns nicht verstehen. Statt uns in eine Volksschule zu schicken! Aber weil mein Vater Lehrer war, mußte er kein Schulgeld zahlen. Hat er uns in die beste Schule der Stadt geschickt. Und da waren wir auch nicht glücklich.

Es war Inflation, und wenn mein Vater am Ende des Monats den Lohn abgeholt hat, war er nichts wert, konnte man kaum Brot davon kaufen. Ich will dir eine Episode erzählen, an die ich mich nicht ohne Tränen erinnern kann: Mein Vater hat gearbeitet den ganzen Tag im Gymnasium, und danach hat er noch Privatunterricht gegeben. Und die letzte Stunde hat er neun oder zehn Uhr abends gegeben. Und einmal hat er wieder einen Schüler unterrichtet, und als er weggehen wollte, sagte ihm die Mutter von seinem Schüler: »Herr Namiot, ich kann leider nicht bezahlen. Mein Mann ist nicht hier, ich habe kein Geld.« Mein Papa ... stieß es aus: »O Gott, dann kann ich kein Brot kaufen für die Kinder!« Sagt die Frau: »Brot kann ich Ihnen geben!« Und hat ihm einen großen Laib Brot geschenkt. Papa war glücklich! Kam nach Hause, wir schliefen schon alle ... Und hat aufgeweckt die Kinder. Hat jedem ein Stück in die Hand gedrückt. Und ich war wahrscheinlich so müde, daß ich eingeschlafen bin, ohne gegessen zu haben. Und ich werde früh wach und fang an, furchtbar zu weinen. Außer sich, ist mein Papa gekommen. Ein guter Mensch war er! Er hat uns sehr gern gehabt und sich sehr sorgfältig um uns gesorgt! Fragt er, was ich habe, und ich konnte und konnte ihm nicht sagen. Und endlich sag ich: »Ich hab geträumt, daß ich Brot geschenkt bekommen habe.« Und da sagt er: »Doch, du hattest Brot! War kein Traum, du hast Brot gegessen!« Sag ich: »Nein!« Und hat mein Vater gesucht im Bett und gefunden ein Stück Brot. Ich hab es gegessen ... zusammen mit den Tränen habe ich es runtergegessen. Es hat mir nie im Leben Brot so geschmeckt wie damals, mit den Tränen zusammen. Und als ich diese Episode nach sehr vielen Jahren meinem Papa erzählt habe, hat er geweint wie ein kleines Kind. Bitter geweint. Und da war er siebenundachtzig Jahre alt! Aber er hat sich erinnert an diese schrecklichen Zeiten. Natürlich hat er geweint! Denn es ist bitter für einen Vater, wenn er hat sechs Kinder und kann ihnen nichts zu essen geben! Weißt du, ich hab doch später auch gehungert: im Gefängnis gehungert, im Lager in Frankreich gehungert. Aber das war alles nicht so schlimm wie in meiner Kindheit. Oh das ... furchtbar! Hunger ist eine furchtbare Angelegenheit. Wenn ich denke: Noch heute müssen so viele Menschen verhungern in der Welt. Ist das nicht grausig?! Wo doch Mittel genug sind, um allen zu essen zu geben. Aber das Geld wird rausgeschmissen nur für die Rüstung, für die Vernichtung der Menschheit! Also, wer niemals Hunger gehabt hat, der kann nicht wissen, was für ein furchtbares Gefühl das ist. Wirklich!

Als kleines Kind war ich sehr religiös, hab geglaubt an Gott. Aber mein Gott wurde zerstört im Ersten Weltkrieg, als meine Mutter starb. Hab ich gesagt: »Wenn der Gott das zulassen kann, daß sechs Kinder bleiben zurück ohne Mutter, dann gibt es für mich keinen Gott mehr.« Ohne Komplikationen, ich war fertig mit dem Gott. Daß es ihn nicht gibt, habe ich gleich entschieden nach dem Tod meiner Mutter. Und zu meinem vierzehnten Geburtstag habe ich geschenkt bekommen von R. ein Buch von August Bebel, ›Die Frau und der Sozialismus‹. Und da habe ich gelernt, daß die Arbeit für die Frau sehr wichtig ist, damit sie unabhängig sein kann vom Mann. Aber als ich das Gymnasium absolviert hatte, konnte ich nicht studieren, weil ich als Jüdin dem Numerus clausus unterworfen war. In Łódź habe ich gelernt Krankenschwester, das war für mich die einzige Möglichkeit, einen Beruf zu lernen. Und in dieser Zeit habe ich auch im Hospital tagtäglich gesehen die Ungerechtigkeit, den krassen Unterschied zwischen Armen und Reichen. Du mußt dir vorstellen: Die Lage in Polen war furchtbar. Es gab ein faschistisches Regime, 1926 war Piłsudski zum zweiten Mal an die Macht gekommen. Die Arbeiter haben sehr schlecht gelebt, eine Familie wohnte höchstens in einer Stube. Viele Menschen waren arbeitslos. Unter Piłsudskis Regime wurde der Achtstundentag abgeschafft, und die Löhne der Arbeiter wurden gesenkt und gesenkt. Und die Bourgeoisie hat spekuliert. Na, da gab es natürlich viele Streiks. Und die Polizei hat immer die Menschen angegriffen bei den Straßendemonstrationen und oft geschossen. Weißt du, ich habe bewundert den Mut der Arbeiterfrauen! Glaubst nicht, wie die sich mit der Polizei herumgeprügelt haben! Oder demonstriert vor dem Gefängnisgebäude für die Freilassung ihrer Männer. Haben sich auch quer auf die Straßenbahngeleise gelegt, um aufzuhalten den Verkehr! Damals habe ich mich einer Gruppe der Internationalen Roten Hilfe angeschlossen, weil ich nicht mehr tatenlos zusehen wollte. Und da wurde ich zum ersten Mal verhaftet.

Kannst dir vorstellen, wie ich mich gefühlt habe, als ich im Büro von Lech Wałesa ein Porträt von Piłsudski gesehen hab?! Kannst dir vorstellen?! Noch heute, 1982, sieht man Bilder von Faschisten im Büro eines sogenannten Arbeiterführers?! Und die wichtigste Sache: Die Genossen haben gewußt ganz genau, daß die Konterrevolution in Polen wächst. Sie haben sich sozusagen selbst hochgepäppelt die Reaktion. Sie haben die Konterrevolutionäre verhaftet und wieder freigelassen, verhaftet und wieder freigelassen. Man soll nicht – Gott bewahre! – sagen, daß es in Polen Terror gibt! Und jetzt sitzen die Parteigenossen in der Patsche. Und Gott sei Dank haben sie eingeführt das Kriegsrecht. Aber trotzdem gibt es immer noch Demonstrationen und immer noch Versuche, Streiks zu organisieren. Hier in der DDR sagen manche: ›Die polnischen Arbeiter wollen nicht arbeiten.‹ Zufälligerweise kenne ich besser die Zustände in Polen. Ich lese die polnische Presse, ich höre polnischen Funk, ich bin gut informiert. Es ist nicht so, daß die Arbeiter nicht arbeiten wollen! Die Partei hat die Beziehung zur Arbeiterklasse verspielt! Die Partei hat schuld! Und was für eine Politik haben die leitenden Genossen geführt! Erstens ... die ganze Wirtschaft. Die polnische Regierung hat in viel zuviel großangelegte Projekte investiert, sie hat sich verschuldet bis über den Kopf. Die Schulden können jetzt nicht abgezahlt werden. Und die Projekte, in die investiert wurde, können nicht zu Ende gebracht werden. Also das, was halb aufgebaut ist, das verfällt, bringt keine Profite. Der Jaruzelski scheint nun ein sehr passabler Bursche zu sein. Ich weiß nicht, ob man auf längere

Zeit einen Ausnahmezustand beibehalten kann. Und wenn die Regierung jetzt den Ausnahmezustand wegschafft, dann hat sie wieder die ganze Reaktion auf dem Hals. Ich habe immer gesagt: Das polnische Volk ist ein Rebellenvolk, es läßt sich nichts befehlen. Und mit Recht! Ich bin 1947 aus Mexiko nach Polen gekommen, da war ich entsetzt! Da war kein Nagel zu finden im ganzen Lande. Gar nichts! Und unsere Menschen haben es fertiggebracht, Polen aufzubauen zu einem wichtigen Industrieland in Europa. Und nun ist alles verpfuscht! Wie konnte die Partei das Land bringen zu so einer Ruine! Und die Leidtragenden sind wie immer die einfachen Menschen. Jetzt ist Polen ein Bettlervolk! Naja, ich hoffe, es wird besser werden. Aber ehrlich gesagt, weiß ich nicht wie! Nicht für alle Menschen ist Arbeit da! Und die Wohnungsnot und die vielen anderen Probleme gehen nicht zu lösen mit einem Schlag. Und ob sich mit dem Ausnahmezustand die Lage verbessern wird – und auch danach? Also ich zittre Gott weiß wie!

1927 wurde ich zum ersten Mal verhaftet. Und auch später wurde ich mehrmals verhaftet. Und das Gefängnis war meine erste politische Schule. Ich saß zusammen mit ganz jungen Mädchen, die verurteilt waren zu zwei bis vier Jahren Zuchthaus, nur weil sie Flugblätter verteilt hatten oder Plakate an die Mauer geklebt. Ich saß zusammen zweimal mit Wlada Bytomska. Das war eine wunderbare Frau. Wunderbar! Sie war Weberin, Kommunistin und bei den Arbeitern sehr beliebt. An einem Abend, als sie ging zur Nachtschicht, wurde sie überfallen von Polizeispitzeln. Die haben sie gefesselt an eine Laterne, übergossen mit Benzin und in Brand gesteckt. Stellst dir vor?! Also, stellst dir vor?!

Zur Zeit des Reichstagsbrandes war ich auch verhaftet. Es war gerade eine neue faschistische Gefängnisordnung erlassen, der zunach man den politischen Gefangenen ihren politischen Status genommen hat. Und man hat uns plötzlich nicht mehr erlaubt, Bücher zu lesen und Zeitungen. Und wir durften auch nicht schreiben und keinen Besuch empfangen. Aber während des Dimitroff-Prozesses wollte uns der Gefängnisdirektor zeigen, wie es Kommunisten ergeht, er schickte uns die Prozeßberichte in die Zellen. Das war das einzige, wofür wir ihm dankbar waren!

Und auf diese Weise bin ich drauf gekommen: Ich bin Mitglied der Polnischen Kommunistischen Partei geworden. Ist gar nicht so schwierig unter solchen Verhältnissen, in so einem Land! Mein Vater war ein Liberaler. Ganz unglücklich war er über mich! Ich hab mich ihm gegenüber auch sehr schlecht benommen. Ich werde nie vergessen ... Am 1. Mai haben meine Brüder und wir Schwestern uns vorbereitet alle, um mit den Arbeitern zu demonstrieren. Und Papa hat geschimpft: »Ist doch gefährlich! Ihr sollt nicht demonstrieren, die Polizei kann auf euch schießen!« Und da hab ich gesagt: »Papa, schimpf nicht! In zwei Stunden kann man dir sechs Leichen nach Hause bringen.« War das nicht blöd und ohne Herz?! Unmenschlich war ich! Er ist ... plötzlich hat er aufgehört zu reden und ging aus dem Zimmer. Aber mußte ich das sagen?! Ich war blöde! Blöd, ja! – Als ich in Spanien war, hat mein Vater mir viele Briefe geschickt! Die habe ich im ›Frente Rojo‹* immer veröffentlichen lassen. Man hat mir gesagt, daß sie auch in der ›Prawda‹ abgedruckt wurden. Hat mein Papa geschrieben: ›Ich bin glücklich, daß wenigstens meine

* ›Frente Rojo‹ war die Tageszeitung der Spanischen Kommunistischen Partei.

Tochter in einem Land ist, wo für die Freiheit gekämpft wird.‹ – Weißt du, ich habe ihm nicht gesagt, daß ich nach Spanien fahre, ich wollte ihn nicht beunruhigen. Ich habe ihm aus Paris einen Brief geschickt: ›Ich bin nach Frankreich emigriert, weil ich der Gefängnishaft in Polen entgehen wollte.‹ Das war alles, mehr habe ich meinem Vater nicht geschrieben. Und dann erfuhr er, daß ich in Spanien bin. Von wem er das gehört hat, weiß ich nicht. Und er hat mir geschrieben so in dieser Stimmung: Tolko ne plakatch – nur nicht weinen. – Hast du von Leonid Andrejew gelesen die Erzählung ›Die zwölf Gehenkten‹? Er schildert dort ein altes Ehepaar, die gekommen sind, Abschied zu nehmen von einem Sohn, der zum Tode verurteilt war; der Sohn sollte gehenkt werden. Und man hat erlaubt den Eltern, ihn noch einmal zu sehen ... Zwei Alte sitzen nebeneinander, und der Vater sagt zu der Mutter, daß sie nur nicht weinen soll, nur nicht weinen, nur nicht weinen, damit das Kind es nicht so schwer hat. Und selbst laufen dem Vater die Tränen unaufhörlich, ja. – Und in diesem Ton hat mein Papa zuerst an mich geschrieben: ›Nur nicht weinen ...‹ Das heißt, für ihn war ich verloren. Aber später hat er solche stolzen Briefe geschrieben! War er sehr stolz, daß er eine fortschrittliche Tochter hat! Warum bin ich gegangen nach Spanien? Ich war Mitglied der Kommunistischen Partei. Ich war der Meinung, ich muß dort sein, wo gekämpft wird. Und da habe ich alles in Bewegung gesetzt, um nach Spanien zu kommen.

Unsere Partei war in Polen zu dieser Zeit verboten, und die illegale Arbeit ist nicht, wie du dir vorstellst, die ist ganz anders. Wir Genossen trafen uns an geheimen Stellen und besprachen alle Aufträge und Probleme. Und wir bekamen Adressen, wo wir unterschlüpfen konnten. Es war nicht einfach! Büros hatten wir keine, auch keine Parteibücher! Ich war erst im Łódźer Komitee der KPP für Frauenarbeit verantwortlich, und dann wurde ich Mitglied vom Militärausschuß unseres Zentralkomitees. Ich hab im Militär Antibourgeoispropaganda gemacht, weil das Piłsudski-Regime schon den nächsten Krieg vorbereitet hat. Warszawa, Wrocławek, Plock, Kraków, Dabrowa, Gornica, Katowice – ganz Oberschlesien habe ich durchstreift. Ich hab Flugblätter verteilt an die Soldaten und hab sie aufgeklärt. Hab ich ihnen gesagt: »Ihr werdet gedrillt zum Krieg, und ihr werdet schließlich Menschen töten müssen. Die Regierung beutet euch aus. Wenn ihr jetzt entlassen werdet und kommt nach Hause, werdet ihr keine Arbeit finden oder nur Arbeit zu äußerst geringen Löhnen. Eure Eltern, euer Volk und eure Brüder hungern. Und ihr habt auch nichts vom Soldatendienst.« – Sie haben doch einen lächerlichen Sold gekriegt, wirklich! Hat nicht mal gereicht für Zigaretten. – So ungefähr war das, ich war in Antibourgeoispropaganda ... wie sagt man das? – verwickelt. Und da hat man im Januar 1936 eines schönen Abends um zehn Uhr sämtliche Mitarbeiter unserer Militärabteilung verhaftet. Ich wurde durch Zufall nicht geschnappt, weil ich bin gefahren von Warszawa nach Slonsk zu dieser Zeit. Und derjenige, der von Slonsk nach Warszawa fuhr, wurde auch nicht geschnappt. Und sonst hat man hundertzehn Genossen verhaftet, alle auf einen Schlag. Das geschah natürlich auf Grund langer, langer Untersuchungen. Spione vom Sicherheitsdienst haben uns nachgespürt und sämtliche Menschen, mit denen wir in Kontakt gekommen waren, verhaftet. Mußte ich für gewisse Zeit die Parteiarbeit aufgeben. Und weil ich keine legalen Papiere hatte, konnte ich gar keine Arbeitsstelle suchen. Mußte ich immer Angst haben vor der Polizei. Verbrachte ich mehr als eine Nacht wandernd durch die Wälder. Es war eine sehr schwierige Zeit. Hungernd, ohne Wohnung, immer auf den Zufall angewiesen, daß ich irgendwo übernachten konnte. Da konnte ich nicht mehr viel ausrichten, hab ich beschlossen, nach Spanien zu gehen. Mein polnischer Innenpaß war das einzige Dokument, was ich hatte. Einen Auslandspaß hätte ich sowieso nicht gekriegt, man hätte mich sofort eingesperrt, wenn ich den beantragt hätte. Mußte ich illegal über alle Grenzen. Ein Schmuggler war bereit, mich und noch ein paar andere Leute nach Frankreich zu bringen. Er hat dafür viel Geld verlangt, und in dieser Zeit hatte ich überhaupt kein Geld, und niemand von meinen Freunden hatte Geld. Aber unter den Genossen wurde Geld gesammelt. Ihnen wurde gesagt, eine Gruppe sanitäres Personal fährt nach Spanien. Man konnte doch nicht sagen, daß ich fahre, weil das war zu gefährlich. Der Schmuggler verlangte eine große Summe. Fünfhundertsiebzig Złoty waren zu dieser Zeit eine kolossale Summe! Ein Arbeiter hat in der Woche verdient etwa dreißig Złoty. In der Woche, ja! Wenn er die ganze Woche gearbeitet hat! Denn kaum jemand durfte arbeiten die ganze Woche, die meisten durften nur drei Tage arbeiten. Und trotzdem haben die Freunde und Genossen sehr schnell, also in paar Tagen, zusammengesammelt fünfhundertsiebzig Złoty! – Weißt du, das Schöne war ... Damals war man jung, konnte man noch viel zuwege bringen!

Die anderen Mitglieder der Gruppe wußten nicht, daß ich nach Spanien will. Das durfte keiner wissen. Also, wir sind mit dem Zug nach Katowice gefahren. Von dort sind wir zu Fuß gegangen bis über die polnisch-deutsche Grenze. In Gleiwitz haben wir übernachtet in so einer Unterkunft für Schmuggler. Sie haben uns verpflegt, und ich erinnere mich, zum ersten Mal nach einer langen Zeit habe ich solche belegte Brötchen gegessen ... Am nächsten Tag sind wir mit dem Zug gefahren von Gleiwitz direkt über Berlin nach Köln. Ich hatte kein Visum, ich hatte keinen Paß, gar keine Papiere. Es hat uns niemand kontrolliert. Also in Polen wäre es nicht möglich gewesen zu dieser Zeit, so eine lange Strecke mit dem Zug zu fahren, ohne kontrolliert zu werden! Ich habe natürlich eine wahnsinnige Angst gehabt in Berlin auf dem Bahnhof, wo die Gestapo herumlief. Aber es ging alles glatt. Und dann sind wir gelaufen von Aachen über die Grenze bis Valenciennes. Und da hat sich der Schmuggler von mir und den anderen Flüchtlingen verabschiedet. Es war ausgemacht, er würde sein Geld bekommen, wenn ich von Frankreich aus eine Karte an meine Freunde in Polen geschrieben habe. Ein jüdischer Junge hat mich und zwei andere Frauen aus unserer Gruppe genommen zu seiner Mutter, und wir haben bei ihr übernachtet. Er hat uns geholfen, weil er war ein jüdischer Patriot wahrscheinlich. Wir haben ihm gesagt, wir flüchten vorm Antisemitismus in Polen. Und Antisemitismus war damals sehr stark in Polen, ja. Die Mutter dieses Jungen war sehr lieb! Ach, sie hat uns ein Bad eingelassen, und wir haben uns gewaschen. Und sie hat uns zu essen auch gegeben. Wir konnten das Essen ja nicht bezahlen, wir hatten kein Geld! Am nächsten Tag hat der Junge uns gebracht mit seinem Wagen nach Lille. Dort sind wir zu dem Vorstand der jüdischen Gemeinde gegangen. Und die Mitglieder des Vorstandes haben uns versprochen, sie besorgen uns eine Wohnung und Arbeit, wir sollen nur bleiben in Lille ... Es war sehr schwierig, sie wollten sich so gern verdient machen! Also jedenfalls, ich konnte nicht bleiben, auch die zwei anderen Frauen nicht. Die jüdische Gemeinde hat uns Fahrkarten geschenkt bis Paris, und dann sind wir nach Paris gefahren. Und morgens früh sind wir dort angekommen, und ich wollte zu meiner Freundin Natal gehen. Natal hatte einen Italiener geheiratet und hieß ›Fantauzzo‹. Aber die Franzosen sprechen den Namen als ›Fantuso‹ aus. Und ich habe viele, viele Leute in Natals Wohnviertel nach einer Familie ›Fantauzzo‹ gefragt und niemand wußte. Und ich hab gesagt: »Die Adresse stimmt doch! Natal muß hier wohnen!« Und diese Worte hat sie gehört, hat geöffnet die Tür und gefragt: »Was geht hier vor?« Und gerade in dem Moment, wie ich sage: »Was mache ich denn jetzt? Jetzt bin ich ganz verloren«, hat Natal mich an der Stimme erkannt und fragt sie: »Liza?!« Da war alles in Ordnung.

Meine Freundin hat mich mitgenommen zu ihrer Parteizelle, und sie hat erzählt den Genossen dort, daß ich nach Spanien gehe. Alle waren toll begeistert, und auf einmal drückten mir die Genossen Geld in die Hand. Das hab ich gleich abgeliefert im Komitee der Interbrigaden in Paris. Und ich hab darum gebeten, mich nach Spanien weiterzuschicken. Und plötzlich fingen die Komplikationen an. Wahrscheinlich hat man mir nicht vertraut, weil es innerhalb der Komintern Auseinandersetzungen mit der polnischen Sektion gab.* Da haben mich die Genossen schon ausgefragt. Und endlich haben sie gesagt: »Also fahr zurück nach Hause.« Hab ich gesagt: »Kann ich gleich ins polnische Konsulat gehen und mich dort festnehmen las-

---

* Im Juni 1938 beschloß das Präsidium des Exekutivkomitees der Komintern, die KP Polens aufzulösen. Dies geschah auf Grund der ungerechtfertigten Beschuldigung, daß feindliche Kräfte in die Führung der Partei eingedrungen seien.

sen. Wenn ich gekommen bin bis Paris, komme ich auch bis Spanien. Und soll das spanische Volk bestimmen, ob ich in Spanien bleiben kann oder nicht. Wenn die Spanier beschließen, sie brauchen mich nicht, dann füge ich mich.« Naja, da haben sich die Genossen besonnen. Und nach zehn Tagen hieß es plötzlich: »Abends fährst du los nach Spanien.« Ich bin im Dezember 1936 mit verschiedenen anderen Interbrigadisten nach Toulouse gefahren. Das war die schönste Reise, die ich je in meinem Leben gemacht habe. Ich schwärme für Vanilleeis, und wir haben unterwegs wunderbares Speiseeis gekriegt. Ach, das war ganz phantastisch! Kombiniertes Eis! Das habe ich nicht vergessen, solche Kleinigkeiten bleiben manchmal haften. In Toulouse hab ich auf meinen polnischen Innenpaß einen Stempel bekommen, und ... fertig war die Sache! Ich konnte nach Spanien! Und dann sind wir geflogen mit einem Flugzeug, das die französischen Piloten sich ›ausgeliehen‹ haben – wie das so schön heißt in Gänsefüßchen. Die Piloten haben das Flugzeug einfach gestohlen von einem Hangar, und sie haben uns – wir waren elf oder zwölf Personen – nach Spanien gebracht. Natürlich war unser Flugzeug furchtbar alt. Wir wurden beim Fliegen Gott weiß wie hin und her geworfen, und ich dachte, ich komme nicht lebend in Spanien an. Doktor Hart – er hat unsere Gruppe geleitet – wollte mir eine Spritze geben, so schlimm sah ich aus. Grün und gelb, es war mir elendlich. Und wenn ich jetzt fliege, fühle ich mich ausgezeichnet! Dann sind wir gelandet in Barcelona, das war schön. Haben wir gesehen gleich die Arbeiter bewaffnet, die milicianos. Und Volksmassen unter Waffen, das war unser *Traum*. In Polen waren doch unsere einzigen Waffen gegen die Polizei die Steine, die wir erst aus dem Pflaster reißen mußten!

Also in Barcelona wurde es mir warm um's Herz. Man war plötzlich bei den Genossen, bei der Arbeitermacht. Hat man gemeint, man ist über den Berg. – Glaubst nicht, was das für ein Gefühl ist, wenn man in der Illegalität ist und hat Angst vor jedem Polizisten! Wieviel Nächte habe ich in meinem Leben im Wald verbracht, weil es war zu gefährlich, bei Leuten zu schlafen. Und wie oft habe ich gezittert vor Angst! Schließlich war ich auch noch jung, ja! Und plötzlich kam ich an in Spanien und hatte keine Angst vor Polizisten, gar nicht! Nee, schon gleich als wir ausstiegen aus dem Flugzeug, gleich der erste Blick: bewaffnete Arbeiter! An demselben Tag hat man unsere Gruppe nach Albacete gebracht, weil da war das Zentrum der Interbrigaden. Dort waren wir nur ganz kurz. Ich wurde vorgestellt dem Genossen Dahlem. Er hat mir natürlich auf den Zahn gefühlt und mich dann offiziell aufgenommen in die Interbrigaden. – Ja, der Dahlem lebt auch nicht mehr. Wenn ich denke an die vielen Interbrigadisten, die schon tot sind ... Schade! Trotzdem, unser Kampf in Spanien war eine schöne Epopöe! Natürlich hat es in der Geschichte auch vorher schon große Solidaritätsaktionen gegeben. Zum Beispiel, in der Pariser Kommune haben Vertreter anderer Nationen mitgekämpft. Aber nicht in solchem Umfange wie in Spanien! Ja, nu gut, ich hab nichts gegen den General Wróblewski. Oder den General Dabrowski, der die Pariser Kommunarden geleitet hat. Auch an der Oktoberrevolution hatten sehr viele Polen Anteil! Aber das waren zumeist Intellektuelle. Und nach Spanien kamen vor allem Vertreter des *Volks*, die einfachen Menschen. In den Interbrigaden waren Leute aus Gott weiß wieviel Ländern. Nicht nur Europäer, sondern Afrikaner, Asiaten, Amerikaner ...

Am 3. Januar 37 war ich schon in Murcia. Und dann begann die harte Arbeit im Krankenhaus. Das heißt, wir haben eine Schule zur Verfügung gestellt bekommen, und die mußten wir erst als Hospital einrichten. Kannst dir vorstellen: Noch nicht mal fließendes Wasser war da! Man hat erst die Wasserleitungen legen müssen, und wir haben erst die Säle für die Kranken einrichten müssen, und das ging erstaunlich schnell. Unser Hospital nannten wir zu Ehren von Dolores Ibárruri ›Pasionaria‹. Bei uns arbeiteten zwei deutsche Schwestern, eine Amerikanerin, zwei Holländerinnen, eine Litauerin, zwei Polinnen, eine rumänische Hebamme, ein deutscher Arzt und ein belgischer Arzt ... Catalotte hieß er, seinen Namen hab ich behalten. Der war wunderbar, also wunderbar! Er war ruhig, gelassen, gütig. Hat gearbeitet wie ein Wilder Tag und Nacht. Man konnte mit allen Schwierigkeiten zu ihm kommen, nichts wurde ihm zuviel. Ja, und später kriegten wir den Professor Diaz mit seiner faschistischen Equipe. Das war ... weniger schön. Und wer war noch in Murcia ...?

In unserem Krankenhaus hatten wir zuerst dreihundert und dann fünfhundert Betten. Da lagen Patienten aus einundzwanzig Nationen drin, die Anzahl Nationen hab ich mal gezählt. Also kannst dir ja vorstellen, wie schwierig die Verständigung manchmal war! Wir versuchten, die Kranken einer Sprachgruppe in einem Saal zusammenzulegen, damit sie sich unterhalten konnten. Aber es war äußerst schwierig, unser Hospital war immer voll. Kamen immer mehr Patienten, mußten wir ein schönes, neugebautes Hotel als Spital einrichten. Und dann machten wir noch aus dem Universitätsgebäude ein Krankenhaus. Ich hab den Kranken zu essen gegeben, ihre Betten gemacht, sie gewaschen, ihnen Medikamente gegeben, ihnen Verbände angelegt, Briefe geschrieben für sie. Und wenn die Patienten Zuspruch brauchten, hab ich ihnen einen Rat gegeben. Verstehst: Wir waren uns nicht fremd, und besonders vielleicht die Schwerkranken waren mir sehr ans Herz gewachsen. Ich hab viel erlebt bei dieser Arbeit. Ich hab wunderbare Menschen gesehen, die beim Sterben sogar tapfer gewesen sind. Es gab auch andere, die egoistisch waren. Aber das kann man verzeihen, wenn man einen Patienten hilflos im Bett liegen sieht. Ein Held sein im Feld ist schwer. Aber es ist noch viel schwerer, ein Held zu sein, wenn man schwerkrank ist und furchtbar sich quälen muß. War einer unserer Patienten, ein französischer Arbeiter, der eine Kieferverletzung hatte. Kieferverletzungen sind furchtbar, weil an den Wangen laufen ja wichtige Nervenverbindungen. Och, der war so unglücklich! Weißt du, ich hatte die Schmerzen zusammen mit ihm. Wenn ich in seinen Saal kam – ich hab einen schweren Gang – hat ihm das weh getan. Mußte der Ärmste mal schimpfen mit mir, hat mir sogar mal ein Glas an den Kopf geworfen. – Und hinterher sich entschuldigt, daß er das gemacht hat. Sag ich: »Macht doch nichts aus. Hätte ich auch ein Glas geschmissen, wenn ich in deiner Haut stecken würde ...« Er ist gestorben, sehr schnell gestorben. Ja, er hat sehr gelitten. Ach Gott ... Schrecklich war auch ... Ich hatte einen Patienten, der war Morphinist. Ein spanischer Berufssoldat, war nicht mehr jung. Ich kam zum Nachtdienst, und der Arzt sagte mir: »Also paß auf, dieser Mann hat eine Bauchverletzung, bei dem ist Verblutungsgefahr. Darfst ihm aber kein Morphium mehr geben, er hat genug Morphium schon gekriegt.« Nu, wenn der Arzt mir so nachdrücklich sagt ... Ich wußte doch nicht, daß der Spanier süchtig war! Ach, das war eine Nacht! Der Ärmste hat *so* gebeten und *so* gefleht: »Gib mir Morphium!« Hab ich ihm Wasser gespritzt. War er eine halbe Stunde ruhiger. Aber weil er Morphinist war, wußte er ganz genau, daß ich ihn betrüge. Also er hat mich so angefleht: »Gib mir noch eine Spritze!« War furchtbar! Wenn ich gewußt hätte, daß er gewöhnt ist, hätte ich ihm einfach Morphium gegeben. Aber er hat dann eine Blutung bekommen, war sein ganzes Bett voll Blut. Ich hab die Ärzte geholt ... und ach, am Morgen ist er gestorben. Und mit solchen entsetzlichen Schmerzen! Als ich später ausräumte sein Nachttischchen, habe ich gefunden Morphium und Spritzen, also da verstand ich ... Wenn ich eher gewußt hätte, hätte ich ihm Morphium gegeben! Er wäre sowieso gestorben, er wäre sowieso gestorben – aber ohne Qualen! Und später habe ich – obwohl ich doch nicht schuldig bin – Gewissensbisse gehabt, weil ich ihn so schrecklich leiden ließ ...

Manchmal lief es auch vergnüglich ab: Es war uns ein Russe gebracht worden. Er hatte eine schlimme Verletzung an der Kniekehle, hat ihm furchtbar geschmerzt. Und er rief mich, ich soll ihm eine Spritze geben. Wenn einer schreit: »Eine Spritze!« dann weiß ich schon, daß er gewöhnt ist. Es war auch einer der Sabotageakte der Reaktion, den Kranken zuviel Morphium zu geben, damit sie süchtig wurden. – Eben, der Russe schrie: »Schwester, eine Spritze!« Sag ich: »Gut, du kriegst eine, wenn der Arzt weggeht.« Der Arzt ist weggegangen, hab ich diesem Russen eine Wasserspritze gegeben, wurde er ruhig für eine halbe Stunde. Also, die Illusion kann Kranken eine große Hilfe sein! Und ich bin immer durch alle Säle gelaufen, und ich kam zu ihm zurück. Sagt er: »Gib mir noch Morphium, ich kann nicht schlafen.« Hab ich ihm wieder Wasser gespritzt. Dann hat er wieder Morphium verlangt. Sag ich: »Nein, so viel Morphium kann ich dir nicht geben! Du mußt das doch verstehen! Du bist ein Erwachsener!« – »Ich kann nicht aushalten die Schmerzen ...« Hab ich dem Russen einen Einlauf gemacht und Pillen gegen die Schmerzen gegeben. Nichts hat geholfen. Und endlich am Morgen schlief er doch ein. Hat fest geschlafen. Da war ich glücklich! Und als er wach wurde, es war vielleicht gegen acht Uhr, sag ich zu ihm: »Siehst du, du bist doch eingeschlafen.« Sagt er: »Ja, aber ich mußte erst eine Flasche Kognak austrinken!« Hatte er unter dem Bett eine Flasche Kognak stehen, und die hat er ausgetrunken. Hat er mich überlistet.

Die Arbeit im Krankenhaus war für uns Schwestern und die Ärzte sehr schwierig: Wir haben immer viele Stunden hintereinander Dienst gehabt und mußten hungern dazu. Und – das ist das Wichtigste – wir wurden ewig konfrontiert mit den Leiden der Kameraden. Und ich bewundere noch bis heute, wie geduldig sie ihre Schmerzen ertragen haben bis ... bis zum Tod. Weißt du, der Spanienkrieg ist schon so lange her, aber wenn ich an manche Kameraden mich erinnere, tut mir immer noch weh das Herz.

Habe ich auch Patienten mit Lungenschüssen betreut. Ja, das war furchtbar, weil ... Die Wunden haben alle geeitert. Es stank gar furchtbar in dem Saal, wir ließen immer offen alle Fenster. Und zweimal am Tag habe ich die Kranken verbunden. Kannst dir nicht vorstellen, wie viele Liter Eiter ich rausgeholt habe aus den Wunden! Das war schrecklich. Und ein Patient ... Woher kam der? Ich glaube, er war Norweger. Und der hatte immer Hunger. Aber es gab damals nur noch ganz wenig Lebensmittel, ich konnte ihm kaum etwas zu essen geben. Und eines Tages bekam ich ein Paket aus Amerika. Hab ich einen Brei dem

Norweger kochen können. Er hat gegessen. Sagt er: »Jetzt bin ich satt und zufrieden.« Und das waren seine letzten Worte ... Dann wurde uns ein junger Franzose gebracht, der eine schlimme Wunde am Bein hatte. Und er ließ nicht zu, daß wir das Bein amputierten. Er wollte das Bein nicht amputieren lassen, er wollte sterben mit beiden Beinen. Natürlich haben wir ihm gut zugeredet. – Nein, er wollte sich nicht amputieren lassen! Andererseits wurde manchen Verwundeten ein Bein amputiert, und sie merkten es nicht. Man hat doch nach der Operation die Gliederschmerzen noch, die Phantomschmerzen. Mußten wir eine gewisse Zeit verrinnen lassen, bis wir den Kranken sagten, daß wir ihnen ein Bein abgenommen haben. Es ist nicht einfach für einen Menschen, ein Bein zu verlieren, aber ... Dieser Franzose ist elend zugrunde gegangen. Also, das war ganz furchtbar! Er hatte ein Gangrän, und es dauerte ein ganzes Jahr, bis er starb. Und hat uns so leid getan, ihn sterben zu sehen! Er hätte doch am Leben bleiben können, sich bewegen können mit einer Prothese! Seine Mutter kam eine Woche, bevor er starb. Und sie hat verlangt sogar, daß man ihm das Bein amputieren soll, damit er nicht länger leiden muß. Nur deshalb. Denn wir haben ihm keine Chancen mehr gegeben, also wir haben der Mutter gesagt: »Wir können ihn nicht mehr amputieren, es ist zu spät.« Aber wir haben ihn dann doch operiert, und er ist gestorben. Ja, den kann ich nicht vergessen. War ein *schöner* Bursche.

Und oft geschah es, daß ein Patient starb, und wir wußten sogar seinen Namen nicht, Ja, das ist einmal passiert ... War ein Verletzter mit einem neuen Transport gebracht worden. Er sah ganz munter aus, hat sich noch mit seinen Schuhen ins Bett gelegt. Sagte ich: »Warum legst du dich mit den Schuhen ins Bett? Ist doch eigentlich eine Schwei-

nerei. Wir plagen uns ab, daß es sauber ist im Hospital ...«
Sagte er: »Weißt du, ich war *so* müde, ich konnte nicht ...«
Sag ich: »Hättest du uns doch gesagt! Wir hätten dir ausgezogen die Schuhe.« Und ich mußte die Patienten im Nachbarsaal verbinden. Komm ich zurück nach einer halben Stunde: Ist er tot. Hat er eine Gewehrkugel im Kopf gehabt. Wußten wir nicht. War an seinem Kopf nur ein Kratzer zu sehn, ein Einschuß von einer Gewehrkugel verwächst ganz schnell ... War dieser Bursche ein Pole? – Nein, 's war kein Pole. Ein Belgier vielleicht – oder ein Deutscher? Ich wußte nicht mal seinen Namen. Hab ich nicht geschafft, ihn zu fragen ...

Wir waren gezwungen dann, die Sachen, die der Verstorbene hinterlassen hat, zu notieren. Aber was besaßen unsere Patienten schon?! Manche hatten ein paar Fotos bei sich, ein Taschenmesser oder eine Uhr, ein Wörterbuch, Bleistift, Kugelschreiber und ... nichts mehr. Wenn wir wußten, wem wir diese Sachen schicken konnten, haben wir sie weggeschickt. Das hat unsere Administration gemacht. Und sonst mußten wir die Leitung der Interbrigaden benachrichtigen. Ach, ein Elend! So viele junge Menschen mußten in Spanien sterben! Also schrecklich! Stell dir vor: Mehr als ein Drittel der Interbrigadisten sind doch gefallen! Aber die wußten, wofür sie gestorben sind. Wenn ich denke an die vielen Opfer des Zweiten Weltkrieges ... Furchtbar! Und das Morden geht jeden Tag weiter! Die internationale Lage ist sehr mies jetzt! Ich weiß nicht: Werden die Menschen nie zur Vernunft kommen?!

Ich habe auch die Typhuskranken betreut. Waren nicht viel, zehn oder zwölf Patienten vielleicht. Ich bin gekommen in den Typhussaal, ein Norweger lag im Sterben und konnte schon nicht mehr sprechen, war bewußtlos. Und ...

der war nicht zu retten. Der ist gleich gestorben. Und wir wußten nicht mal seinen Namen ... Und auf einen Spanier – Juan hieß er – hat der Tod dieses Norwegers einen entsetzlichen Eindruck gemacht. Und alle möglichen Komplikationen, die Typhus nur mit sich bringen kann, hat Juan gehabt: also Blutungen, ganz furchtbaren Durchfall und auch noch Delirium. Juan stand immer auf aus dem Bett. Und er war auch noch am Kniegelenk und am Fußgelenk verletzt. Und sein Bett war wirklich alle fünf Minuten ... Ich schaffte nichts anderes, ich mußte ihm immer und immer wieder die Bettwäsche wechseln. Mir hat eine alte spanische Frau geholfen. Maria hieß sie. Die war so lieb und ruhig. Haben Maria und ich ein leeres Bett neu bezogen. Und bevor wir damit fertig waren, war Juans Bett schon wieder ... Und er hat immer nur gesagt, daß ich ihn töten wolle. Sagt er: »Ich sterbe, und du bist schuld.« Ja, und wenn ich ihm kalte Umschläge machte, wiederholte er zehn bis fünfzehn Mal: »Du bist schuld! Du bist schuld, daß ich sterbe!« Verstehst du, wie man sich fühlt, wenn ein Mensch dich Tag für Tag mit den Augen, mit den Blicken verfolgt. Und immer stand er auf aus dem Bett. Ich konnte ihn ja schlecht ans Bett binden, er hatte ja diese Verwundung am Knie. War furchtbar! Der hat so gelitten! Und endlich sagt er: »Ich weiß, du bist schuld, daß ich sterbe! Warum bist du so schlecht? Warum bist du so böse?!« Und die Ärzte haben mir immer gesagt: »Bei guter Pflege kann Juan durchkommen, bei guter Pflege kann er überleben.« Ach, das war wirklich ein Sorgenkind! Sah so schrecklich aus mit diesem Haß in den Augen! Weißt du, es hat mich *geschaudert* jedesmal, wenn ich Juan angeblickt hab. Und wo ich ging, wo ich stand, hab ich überall seine hassenden Augen gefühlt. Das ist so ein Gefühl, als ob jemand dich mit dem Messer durchbohrt. Und ... einmal ... das ist immer für mich so ... eine Schande. Ich kam früh zur Arbeit, und die Nachtschwester hat mir gesagt: »Im Typhussaal ist ein Patient gestorben.« Na, ich war sicher, daß Juan das war, weil es den anderen Patienten einigermaßen ging. Und ich hatte Angst, in den Saal zu gehen. Denk ich: ›Hab ich mir soviel Mühe gegeben, und das hat nicht geholfen! War alles umsonst!‹ Und da kommt die Nachtschwester vorbei, fragt sie: »Willst nicht reingehen heute?« Sag ich: »Ich kann nicht! Ich kann nicht ertragen, Juan tot zu sehen!« Sagt sie: »Der ist schon rausgeholt aus dem Saal.« Bin ich reingegangen und ... da war Juan! Ich hab gedacht: ›Juan?!‹ Ich dachte, daß ich einen Geist sehe! War nicht Juan gestorben, sondern ein anderer Patient! Im ersten Augenblick war das eine Freude für mich! Also ich kann dir gar nicht sagen, wie ich mich gefreut habe! Und da sehe ich, wie schlecht der Mensch ist: Mein erster Eindruck war ein Freudegefühl! Und das ist doch eine Schlechtigkeit, wirklich! Wenn ich mich daran erinnere, habe ich immer ein Schandegefühl! Ich war nämlich so eingestellt, daß meine Arbeit Erfolg haben *muß*, ja! Diese Freude dauerte natürlich einen Augenblick nur. Aber sich freuen, daß ... Ist doch eine Schlechtigkeit! Wirklich! Und von diesem Moment ging es Juan besser. Er war dann natürlich sehr lieb. Er hat endlich verstanden, daß ich ihm nur helfen will. Aber seinen haßerfüllten Blick werde ich nie im Leben vergessen. Sein Haß hat mich *sehr* getroffen. Ich glaube, in meiner Todesstunde wird er mich noch verfolgen ...

Zu uns ins Krankenhaus ist mal eine kleine Spanierin gekommen. War abgemagert, blaß und kränklich – nu, wie die ganze spanische Bevölkerung damals. Die Kleine war sechzehn Jahre alt, hat uns gebeten um etwas zu essen. Sagt sie: »Ich will das Essen nicht für mich, für meinen Bruder. Unsere Mama ist krank, Papa ist im Feld, wir haben lange nichts von ihm gehört. Ich bin groß, aber mein Bruder ist noch klein, er weint vor Hunger.« Natürlich haben wir etwas zu essen gegeben. Und die kleine Spanierin kam immer wieder zu uns. Und dann hat sie in unserem Hospital gearbeitet. Wir haben angefangen, ihr Lesen beizubringen. Und sie hat erstaunlich schnell gelernt, wirklich! War so fleißig und gutmütig und hat auch sehr schnell gelernt, wie man die Kranken betreut, ihre Betten macht, die Mahlzeiten vorbereitet und so weiter. Und sie hat immer gesorgt für ihren Bruder. »Ich bin groß«, sagte sie, »er ist noch klein.« Für sich selbst wollte sie nie etwas haben, also nie! Wir mußten sie *zwingen* zu essen! Und sie kam jeden Tag zu uns, und wir hatten viel Freude an ihr. Und einmal hat es an der Front ein großes Gefecht gegeben. Hat man uns Verwundete gebracht, und da wurde auch ein Pole eingeliefert. Er war schwerverwundet, die Hauptschlagader war durchschossen, er hat geblutet fürchterlich. Und wir haben alles versucht, um ihn zu retten. Ich erinnere mich, die polnische Ärztin Rosa Coutelle hat etwas gemacht, was ich bis dahin noch nicht gesehen habe. Sie hat kochendes Wasser auf die Ader gegossen, damit sie sich zusammenzieht. Und trotzdem ging es diesem Polen immer schlechter, und es schien, daß nur eine Bluttransfusion ihn vielleicht noch retten konnte. Die Transfusion mußte aber sofort geschehen. Und die kleine Spanierin hatte als einzige unter uns die universelle Null-Blutgruppe. Und der Arzt hat sich geweigert, der Kleinen Blut abzunehmen, weil sie kurz davor krank gewesen war. Sie hat geweint und gebeten und gefleht, ihr Blut abzunehmen und es dem Polen zu geben. Sagte sie: »Denkt doch an seine Kinder!« Er hatte sechs

Kinder, ein polnischer Bergarbeiter war er. Und ... sie ist zu den Ärzten im oberen Stock des Krankenhauses gegangen und hat denen erzählt, wir haben entschieden, daß man darf ihr Blut abnehmen. Und tatsächlich haben die ihr Blut abgenommen, zwei große Spritzen voll und ... Sie konnte diesen Blutverlust nicht verkraften, und sie ist daran gestorben. Sechzehn Jahre alt war sie! Und hatte so einen starken Willen, ja? Sie war doch noch ein Kind, aber sie hat nur immer gesagt: »Denkt an seine Kinder, die dort geblieben sind in Polen und warten auf ihren Papa!« Und sie lag bei mir im Zimmer. Sie hat gesagt: »Ich weiß, daß ich sterbe, aber ich bin froh, einem Vater von sechs Kindern das Leben gerettet zu haben.« Dabei war er schon tot, gleich nach der Bluttransfusion ist er gestorben. Natürlich haben wir der Kleinen das nicht erzählt! Nein, wir haben uns gehütet, ihr den einzigen Trost zu nehmen! So wunderbar sind die Spanier! So viel Größe in so einem kleinen Mädchen! So viel Willenskraft! Ja, die ist gestorben, unsere kleine Josefina. Der polnische Bergarbeiter und sie wurden in einem Grab begraben – zum Entsetzen der Spanier ... Und das gehört zu meinen Erlebnissen, schweren, die ich nie vergessen kann ...

Es gab auch weniger gute Beispiele! Bei uns arbeitete ein argentinischer Arzt, der war höchst verdächtig. Wahrscheinlich war der ein Faschist. Eines Tages wurde uns ein spanischer Kapitän gebracht. Man hatte ihn zu uns geschickt aus Valencia, wohl um ihn zu schützen. Und der hat ein sehr krankes Herz gehabt und außerdem einen entzündeten Blinddarm. Und unsere Internistin hat gesagt, sie erlaubt nicht, den Kapitän am Blinddarm zu operieren, weil der Patient wird nicht überleben den Eingriff. Der argentinische Arzt hat doch die Operation durchgesetzt, und der Kapitän ist am Tisch gestorben. Am Operationstisch. Und da hat die Operationsschwester geweint. Sagte der Arzt: »Eine Schwester weint nicht, wenn ein Kranker stirbt.« – »Aber wenn ein Kranker geschlachtet, ermordet wird, dann darf sie weinen«, hat sie ihm gleich geantwortet. Man hat den Argentinier nach Albacete, zum Zentrum der Interbrigaden, geschickt. Er sollte sich dort rechtfertigen. Und er ist nach einer gewissen Zeit zurückgekommen zu uns. Er war ein ekelhafter Kerl. Ich erinnere mich nicht mehr an alle Einzelheiten. Ich weiß nur noch, er war höchst verdächtig. Der berühmte spanische Neurologe Professor Diaz hat auch bei uns gearbeitet, und seine Assistenzärzte waren Faschisten. Stell's dir vor: Wir hatten im Krankenhaus eine falangistische Equipe! Und diese Ärzte haben uns geschadet, wo sie nur konnten. Eines Tages fuhr der Professor zu einer Konferenz, und seine Assistenzärzte haben sieben leichte Operationen durchgeführt, also aseptische Operationen. Und einem Spanier haben diese Ärzte Mitrailleusesplitter aus dem Bein entfernt. Und als ich paar Stunden später ihm einen neuen Verband anlegen wollte, war der Patient ganz grau im Gesicht. Nicht gelb, nicht gläsern, aber grau, richtig grau. Und nicht lange danach lag er in der Agonie, hat schon nach seiner Mutter gerufen. Wirklich, wenn ein Spanier ›madre mia‹ schreit, ist es ihm sehr bitter zumute. Wenn ein Spanier im Sterben liegt, ruft er seine Mutter, nur die Mutter. Fragte ich die Gala, eine rumänische Krankenschwester: »Was machen wir?« Sagt sie: »Man muß wieder öffnen die Wunde.« Ich hab geholt einen bulgarischen Arzt. Er wollte die Operation nicht ausführen, aber Gala und ich haben ihn einfach gezwungen dazu. Wir haben wieder geöffnet die Wunde ... haben wir gefunden einen Tampon eingenäht! Stell dir vor?! Wir haben den Tampon natürlich rausgenommen, haben Antiseptikum auf die Verletzung gegeben, und am nächsten Morgen hat unser Patient das Bewußtsein wiedererobert. Und er ist durchgekommen! Gala und ich haben gleich am nächsten Tag der Hospitalleitung diesen Vorfall berichtet. Die falangistische Equipe wurde gebracht mit einem Auto nach Albacete ... Und nach drei Tagen kamen diese Ärzte zu uns zurück und haben uns frech angegrinst. Also für die ›Fünfte Kolonne‹* haben viele, viele Leute gearbeitet. Sehr viele. Ja, und so frech waren sie! Haben uns ins Gesicht gegrinst. Wie konnte man da noch Vertrauen haben, daß sie gut für die Patienten sorgen?!

Sie haben dann auch nach mir geschossen. Das geschah eines Abends, ich hatte gerade Dienstschluß und lief zu meiner Wohnung. Plötzlich wurde nach mir geschossen. Ich konnte den Schützen nicht sehen, weil die Salve wurde abgefeuert von einem Hauseingang. Nu, ich bin natürlich ... gegangen nach Hause, es war nicht mehr weit. Angst hatte ich nicht, nein. Vielleicht ist mir die Gefahr gar nicht so sehr zu Bewußtsein gekommen. Ich weiß nicht, ich hab später nicht mehr dran gedacht ...

In Murcia habe ich auch den Hein kennengelernt. Mein Hein mußte 1934 flüchten aus Deutschland, weil er Mitglied der Kommunistischen Partei war. Er hatte seitdem in Frankreich in der Emigration gelebt. Und als der Spanienkrieg ausbrach, hat die Partei die Genossen angefeuert, sich für die Interbrigaden zu melden. Und Hein befand sich in der ersten Gruppe von Deutschen, die nach Spa-

---

* Bezeichnung für faschistische Geheimorganisationen bzw. -gruppen. Diese Bezeichnung hatte ihren Ursprung in den Kämpfen um Madrid. Dort unterstützte eine faschistische fünfte Kolonne innerhalb Madrids die vier von außen operierenden Kolonnen.

nien kamen. Schon am 15. August 36 war er in Albacete. Und im Januar 37 wurde er bei uns im Hospital eingeliefert. Er war nicht schlimm verwundet, aber er hatte eine Begabung dafür, in Katastrophen zu geraten. Ist einmal so im Bogen geflogen vom Lastwagen auf die Straße und hat eine leichte Gehirnerschütterung gekriegt. Und außerdem hatte er einen Durchschuß am Arm. Und so ist er nach Murcia ins Krankenhaus gekommen, und er war einer meiner Patienten. – Nicht lange, zwei Wochen ungefähr oder drei. Und dann wurde er zum Politkommissar für Murcia ernannt. Und er war viel bei uns im Hospital, er mußte doch mit den Kranken sprechen und für sie dasein, ja. Wir haben uns ... »Die ›Inprekorr‹* ist schuld daran«, hat der Hein immer gesagt. Ach, ich werde dir erzählen die Geschichte: Ich hatte gerade im Nachtdienst gearbeitet und war sehr müde und wollte nach Hause gehen. Da traf ich den Hein, und der hatte die ›Inprekorr‹ bei sich. – Weißt du, die ›Inprekorr‹ war eine Zeitschrift der Dritten Internationale, sie wurde in der Sowjetunion herausgegeben. Und die ›Inprekorr‹ war für uns eine sehr große Rarität, und wir haben an das, was da geschrieben stand, doch geglaubt damals wie an die Evangelie. Und da hab ich den Hein gefragt, ob er mir die Zeitschrift leihen könnte, ich möchte

---

* ›Inprekorr‹ ist das Kurzwort für ›Internationale Pressekorrespondenz‹ und ist der Titel des Mitteilungsblattes der Kommunistischen Internationale. Sie erschien zwischen 1921–1939 in achtzehn Jahrgängen als Wochenblatt, zeitweilig in acht Sprachen und in legalen und illegalen Ausgaben. Die zentrale Redaktion befand sich in Paris, Telegrafenagenturen hatten ihren Sitz ebenfalls in Paris und in der Schweiz, Chefredakteur war der Ungar Julius Alpári. Die ›Inprekorr‹ bot Informationen über die Tätigkeit der führenden Organe der Kommunistischen Internationale, über die Entwicklungen und Probleme in den Kommunistischen Parteien und in der Weltgewerkschaftsbewegung.

doch gern lesen. Haben Hein und ich zuerst spanisch gesprochen? – Er konnte nur schlecht spanisch, mein Spanisch war auch nicht viel besser. – Oder wir haben deutsch geredet? – Nein, deutsch konnte ich nicht, nur sehr schlecht. Aber dadurch, daß ich jiddisch konnte, weißt du, habe ich immer deutsch verstehen können ... Und Hein konnte mir die ›Inprekorr‹ nur für kurze Zeit leihen, mußte er schnell zurückhaben. Sagt er: »Wenn du sie liest, wirst du doch nicht schlafen können!« Sag ich: »Macht nichts aus, ich werd's lesen«. Und ich hab die Zeitschrift gelesen, und gerade wurde darin ein Streik in Polen geschildert, den ich mitorganisiert hatte. Und der Artikel über diesen Streik war ganz verlogen. Und seitdem habe ich aufgehört zu glauben an die Heiligkeit der Kommunisten. Wirklich, der Streik war ganz anders, als er dort beschrieben wurde! Die Berichterstatter haben den Ablauf des Streiks sehr, sehr verschönert. Sie haben behauptet, daß alle beteiligten Arbeiter waren einverstanden mit dem Streik. Dabei gab es ganz große Konflikte! Also den Arbeitern kann man natürlich keinen Vorwurf wegen diesem Artikel machen, aber den Reportern schon! Sie haben einen ganz verlogenen, falschen Bericht geschrieben. Und du weißt doch, wie oft bei uns in den Zeitungen Lügen stehen! Ich meine, wir haben keine Ursache, unsere Menschen zu belügen! Wir haben doch wirklich große Erfolge zu verzeichnen. Ist mir schon der Westen lieber! Da werden die Leute natürlich auch von der Presse belogen! Aber wir Kommunisten sind doch andere Menschen! Wir sollten doch nicht lügen! Ja, und hat der Hein sich bei mir abgeholt die ›Inprekorr‹, und da kam er immer wieder und wieder und wieder bis ... der Groschen ist gefallen.

Mir war sympathisch am Hein von Anfang an: Er hat so

gut von seiner Mutter gesprochen! Er stammte aus einer Arbeiterfamilie, sein Vater war Ackerknecht. Nach dem Tode ihres Mannes mußte Heins Mutter arbeiten als Dienstmädchen und Wäscherin. Sie hatte ein sehr schweres Leben, und sie hat nur deshalb zum zweiten Mal geheiratet, damit ihr Sohn nicht so viel hungern muß, damit sie ihn großziehen kann. Aber der Hein hat über seine Kindheit immer so humorvoll erzählt, daß man gar nicht merkte, wie tragisch sie war. Er sprach mit *ungeheurer* Liebe über seine Mama. Und das hat mich immer so gepackt, ja! Und wie er sie betreut hat! Sie war sehr schwer herzkrank, kriegte dann auch Wasser, den ganzen Körper voll Wasser. War eine große, schwere Frau. Und Hein hat sie gepflegt, Tag und Nacht bei ihr gesessen und sie keinen Augenblick allein gelassen, als sie todkrank war ... Und weißt du, ich war immer der Meinung: ›Ein Mensch, der so gut von seiner Mutter spricht, muß ...‹ Vielleicht hat mich das so gepackt, weil ich schon als kleines Kind die Mutter verloren hatte? Ich würde auch alles für eine Mutter hergeben! Und da hat es mich gepackt.

Hein war ja auch sehr hilfsbereit! Sehr hilfsbereit! Also das wird dir jeder bestätigen, der ihn kannte! Er hätte für seine Gefährten wirklich *alles* geopfert. Hat mir mal jemand erzählt: Heins Kompanie war an der Front bei Las Rozas. Und als die Faschisten mit großer Übermacht angriffen, mußte seine Kompanie ihre Stellung verlassen und fliehen. Und dabei mußten unsere Soldaten einen tiefen Graben überqueren, überspringen. Und es war ein Kamerad aus Heins Kompanie, der ist einfach zusammengebrochen und konnte über den Graben nicht springen. Weißt du, ganz total die Nerven versagt. Und Hein hat ihm dreimal vorgemacht, wie zu springen ist. Sagte er: »Siehst du, es ist ganz einfach!« Und Hein ist dreimal hin und her gesprungen, und Hagelkugeln flogen rings um ihn her. Und der Kamerad ... der konnte nicht über den Graben springen. Und die anderen Kameraden haben gesagt: »Es hat keinen Zweck! Du siehst doch, der Kamerad schafft es nicht zu springen ...« Und im allerletzten Moment haben sie den Hein weggezogen von dem Graben. Und der Kamerad ist zurückgeblieben, hat den Sprung nicht machen können. Wie jemand so die Nerven verlieren kann! Und am anderen Tag hat die Kompanie wieder den Platz erobert ... Haben sie gefunden den Kameraden ganz zerstümmelt und zerstückelt ... Und weißt du, wenn ein Mensch dreimal ...! Dreimal ist der Hein hin und her gesprungen. Und Soldaten aus seiner Kompanie haben mir davon erzählt, gar nicht er selbst. Und als ich mit ihm reden wollte darüber, sagte er: »Ach, ich will gar nicht sprechen davon ...« War ein guter Mensch und sehr solidarisch. Sogar meine polnischen Genossinnen haben gesagt: »Das muß ein Irrtum sein, Hein ist bestimmt kein Deutscher.« Ja, aber war doch einer!

Er war nicht so hitzig wie ich, ein bißchen besonnener. Und gutmütig war er, sehr fröhlich, sehr witzig. Er hatte nicht so einen Schablonenwitz! Hein hat keine Witze erzählt, die er irgendwo aufgeschnappt hat. Er hat seine eigenen Witze erfunden. Er war ein sehr guter Erzähler und ein ausgezeichneter Redner. Nicht ein Redner wie die Genossen, die mit politischen Phrasen ihre Laufbahn beginnen und mit politischen Phrasen ihre Laufbahn beenden! Hein konnte viel bessere kommunistische Propaganda machen als viele andere Redner mit ihren Gott weiß wie langen Ansprachen. Er konnte in ein paar Sätzen die Zuhörer so packen, daß die ganz vergaßen, wo sie waren. Sehr oft besuchte Hein und mich Egon Erwin Kisch, weil er hat meinem Mann gern zugehört. Der Kisch war genauso freundlich und witzig wie seine Bücher. Und ich hatte vor allem in Mexiko sehr viele Schriftsteller näher gekannt. Ihre Bücher waren alle viel besser wie ... ihre Charaktere. Und der Kisch war ein wunderbarer Mensch. Sagte er: »Hein, warum schreibst du eigentlich nicht? Schreib doch alles auf, was du mir erzählst!« Sagte mein Mann: »Ich werde dir sagen, warum ich nicht schreibe: Wenn *ich* schreibe, wird *deine* Bücher niemand mehr lesen. Und du bist mir ein zu guter Freund, als daß ich dir das antun kann.« Da hast du eine Probe von Heins Humor. Mein Mann hat so schrecklich gern Kinder gehabt, oh! Und die Kinder klebten an ihm, och, sie hingen an ihm wie die Trauben am Weinstock! Und auf seine Enkelkinder war der Hein stolz! Mein Gott! Ooch, die hat er vergöttert! Und meine Enkel ihn! Weißt du, wenn sie uns besuchen kamen, haben sie geläutet immer Alarm. Und wenn ununterbrochen die Klingel ging, konnten wir sicher sein, daß unsere Enkelkinder uns besuchen, ja. Und ich habe ihnen aufgemacht, und meine jüngste Enkeltochter hat mich so an der Tür zur Seite geschoben und ist gelaufen ins Wohnzimmer: »Opa! Opa!« Und dann erst fiel sie mir in die Arme: »Oma, wie geht es dir?« Aber zuerst hat meine Enkeltochter den Hein begrüßt, zuerst ihn ... Und sie hat am meisten gelitten, als der Hein gestorben war. Hat sie mal meine Schwester gefragt: »Tante R., kann man sich nicht einen neuen Großvater ausleihen?« Und als sie schon ziemlich erwachsen war, sagte sie: »Oma, warum heiratest du nicht noch einmal? Ich möchte doch so gerne einen Opa haben.« Sag ich: »Wenn ich noch einmal geheiratet hätte, wäre dir dieser Mann doch kein Opa ...«

Ich gucke auf die Bilder, ach Gott ... Hein war ein gutmütiger und sehr hilfsbereiter Mensch. Er konnte niemandem etwas abschlagen. Siehst du, auf allen Fotobildern lächelt er. Er hat ein sehr schönes Lächeln gehabt. Ja, es war einmal ...

Ende April 38 wurde unser Krankenhaus evakuiert, weil man befürchtete, daß die Faschisten zum Mittelmeer durchstoßen. Und dann wäre der Weg nach Valencia für uns abgeschnitten. Unsere Fahrt nach Barcelona hat gedauert drei Tage ungefähr. Ich hab noch betreut die Patienten während der Evakuierung, und ich habe immer gefürchtet, daß ich unterwegs entbinden würde, weil ich war hochschwanger inzwischen. Aber ich habe mir gesagt: »Mein Sohn wird mir das nicht antun!« Ich machte mir große Sorgen, ich hatte Angst davor, ein Kind zu kriegen. Ich befand mich doch mitten in einem Krieg. Zu unserem Alltag gehörten die Bomben, der Hunger, die Ungewißheit, ob man den nächsten Tag noch erlebt. Trotzdem habe ich mir gesagt: ›Nein, ich lasse mein Baby nicht wegnehmen. Nein, das mache ich nicht!‹ Weil ... ich wollte so gern ein Kind haben. Und die Ärzte haben immer behauptet, ich werde nie eins bekommen. Und von der ersten normalen Liebesbeziehung wurde ich schwanger. Weiß nicht, das war ein Wunder ... Hein war schon früher als ich von Murcia weggefahren, er mußte wieder zur Front. Und als unser Zug bei der Evakuierung anhielt auf einem Bahnhof, stand auf dem gegenüberliegenden Gleis noch ein anderer Zug mit Soldaten. Frag ich: »Was seid ihr für eine Einheit?« Sagten sie: »Batterie Anna Pauker.« Sag ich: »Muß mein Mann bei euch sein. Könnt ihr ihn suchen?« – »Hein, Hein! Hollender, Hein!« riefen alle, und da kam er schon angerannt ... Hat er geschafft, mich zu umarmen, und plötzlich ruckte der Zug, mußte er mich schnell tragen zum Zug, mich da auf dem Trittbrett absetzen. Fuhren wir weg nach Barcelona ... Ich wurde in Barcelona gleich eingeliefert in ein Entbindungsheim für ›gefallene Mädchen‹. Dort haben die unehelich geborenen Kinder ein schwarzes Bändchen gekriegt um den Arm, und die anderen Kinder ein weißes. Solche Zustände gab es in Spanien damals noch! Und Julian war das erste und einzige Baby in diesem Heim, das ein weißes Bändchen am Arm hatte. Dabei war er genauso unehelich geboren wie die anderen Kinder. Am 2. Mai 1938 ist der Julian auf die Welt gekommen. Daran werde ich ewig – solange mein Kopf noch arbeitet – mich erinnern. Ich bin zehn vor halb acht in den Kreißsaal gebracht worden, um zehn nach halb acht war der Julian da. Also die Entbindung dauerte genau eine halbe Stunde – mit den Wehen, mit dem Einlauf, mit allem, was zu einer Geburt gehört. Ich habe auch sehr geübt vorher, sehr fleißig die Schwangerschaftsgymnastik gemacht dreimal am Tag. Es war eine sehr leichte Entbindung, ich hab keine Schmerzen gehabt. – Och, ich hatte doch keine Zeit für eine schwere Geburt! Aber Julian war sehr klein, er wog zwei Kilo. Also ... eine Ratte. Und nach der Entbindung wollten die Hebammen wissen den Namen des Kindes, und ich hatte keinen Jungennamen vorbereitet. Weißt du, ich war so erpicht auf eine Tochter, weil alle meine Geschwister hatten Söhne, und mein Vater wollte so schrecklich gern eine Enkelin haben. Hab ich ihm geschrieben: ›Papa, ich werde dir eine Enkelin bringen.‹ Ich war so sicher, daß ich eine Tochter bekomme! Nu ja, und jetzt heißt mein Kind Julian Victor ... Und da sagten die Hebammen: »Nennen Sie uns den Namen der Eltern des Vaters.« Und ich habe Heins Eltern nie gekannt, sie waren schon längst tot. Hab ich geantwortet: »Keine Idee ...« Nein, ich mußte nennen die Namen der Eltern des Vaters! Sag ich: »Ach, schreiben Sie doch beliebige Namen auf. Schreiben Sie ›Juan‹ und ›Maria‹, ist mir ganz egal.« Und tatsächlich haben die Hebammen ›Juan‹ und ›Maria‹ notiert, aber sie haben mir gesagt: »Wenn du stirbst bei der Geburt oder danach und die Namen der Eltern deines Mannes in unseren Akten nicht übereinstimmen mit den echten Namen der Eltern deines Mannes, wird man ihm das Kind nicht rausgeben.« Und da hab ich schlagfertig erwidert: »Wenn ich sterbe, und mein Mann kommt mit seiner ametralladora (das heißt mit seinem Maschinengewehr), dann werdet ihr das Kind schon rausrücken!« Und als die Hebammen weg waren aus dem Zimmer, ist es mir eingefallen: Jede Frau fürchtet sich vor der Entbindung. Nu gut, ich hatte keine Angst, aber normalerweise hat doch jede Schwangere Angst vor der Geburt ihres Kindes. Und eine Frau dabei sterben zu lassen, das ist die leichteste Sache von der Welt. Man muß die Kreißende nur infizieren oder nicht richtig verbinden ihre Wunde. Und ... habe ich angerufen die Genossen: »Hört mal, die Hebammen hier haben geredet davon, daß ich bei der Entbindung sterben könnte. Das ist eigentlich nicht üblich. Wißt, falls wirklich mit mir etwas passiert, ist das kein Zufall, sondern die Hebammen haben es mit Absicht gemacht.« Sind die Genossen hingegangen zur Direktion des Heims für ›gefallene Mädchen‹ und haben gesagt: »Wenn der Frau Namiot-Hollender etwas passiert, schießen wir die ganze Anstalt auseinander.« Und ... da war es gut. Hat sich niemand getraut, mir ein Haar zu krümmen. Ich hatte aber mein Kind bei mir im Bett, ich wollte es nicht an die Schwestern geben. Ich hatte Angst.

Weißt du, der Julian war winzig klein, als er geboren

wurde. In den ersten Wochen, wenn ich ihn mit dem Kinderwagen ausgefahren habe, und ich habe ihn den Kameraden gezeigt, konnte keiner zurückhalten ein Ekelgefühl. Alle haben sich geschüttelt, weil der Junge so schrecklich häßlich war! Hatte langes schwarzes Haar, war mager und seine Haut ganz faltig. Ja, wie ein verschrumpelter Greis sah er aus, also wirklich furchtbar! Und die Fingerchen ... Ich habe meinen Sohn in einem Teller, in so einem einfachen Teller gebadet die ganzen ersten vier Wochen. – Und jetzt ist er ganz schön groß. Mein Mann hat Julian zum ersten Mal gesehen, als er fünf Tage alt war. Hein diente inzwischen wieder an der Front, und er hat sich mit seinem Bataillonskommandeur unterhalten. Der fragte, ob er verheiratet ist. Sagt Hein: »Ja, meine Frau erwartet gerade ein Kind.« Sagte sein Vorgesetzter: »Ich hatte, als ich im Hospital lag, eine wunderbare Krankenschwester. Die ist auch schwanger, und die müßte bald entbinden.« Und es stellte sich heraus, er hatte mich mit gemeint! Hat er dem Hein einen Tag Urlaub gegeben und ihn nach Barcelona geschickt, um mich zu suchen. Und mein Mann hat mich auch gefunden in dem Heim für ›gefallene Mädchen‹. Und da frag ich ihn: »Na, was sagst du zum Julian, zu diesem ›Versehemich‹!?« ›Versehemich‹ ist ein jiddisches Wort. So nennt man etwas, das man gar nicht anschaun kann, weil es so häßlich ist ... »Och«, sagte mein Mann *sofort*, »in zwanzig Jahren wird der Julian schöner sein.« Ich hab genau entbunden zu der Zeit, als das Personal von unserem Krankenhaus doch nicht gearbeitet hat, weil die Leitung der Interbrigaden noch nicht wußte, wo sie uns von Barcelona aus hinschicken würde. Also ich hab nichts von der Arbeit verloren. Eine Woche nach der Geburt vom Julian habe ich schon wieder Kranke betreut im Hospital von Mataró.

Spanier haben mich aufgenommen zu sich in die Wohnung. Haben mir und dem Julian ein Zimmer gegeben in ihrem Haus. Das war sehr bequem, wohnte ich ganz nah vom Hospital. Der Julian stand im Wagen im Garten, und ich bin zum Dienst gegangen. Ich habe ihm ganze neun Monate die Brust gegeben, ich hatte ja nichts anderes, was ich ihm füttern konnte. Und im Krankenhaus bin ich wieder von Zimmer zu Zimmer gelaufen, von Bett zu Bett. Ein Patient hatte Kopfschmerzen, der andere hatte Bauchschmerzen. Einem ist der Verband abgegangen, dem nächsten mußte man Spritzen geben ... Weißt du, vor einigen Jahren hatten wir ein Treffen von ehemaligen Spanienkämpfern in Warszawa. Und ein einfacher Arbeiter ist auf die Bühne gekommen und gesagt über mich: »Sie hat mich wie eine Mutter betreut, als ich im Hospital von Mataró lag. Sie hat mir Mut zugesprochen, mich gewaschen, die Läuse entfernt ...« Hat mir gutgetan. Hat mir wirklich gutgetan. Auch ich denke aber voller Bewunderung daran zurück, was die Interbrigadisten in Spanien alles geopfert haben. Die Freiwilligen sind gekommen von allen Erdteilen, wirklich *nur*, um zu helfen. Haben nichts dafür verlangt, waren nur bereit, ihr Blut wegzugeben. Und haben auch ihr Blut massenweise in Spanien gelassen ...

Die Lage wurde immer mieser. Durch die ›Nichtinterventionspolitik‹ kriegte die Republik keine Waffen mehr, keine Medizin, keine Lebensmittel. Es kamen schwere Zeiten, wir haben viel Hunger gelitten. Wir Krankenschwestern haben eine Portion Brot pro Tag erhalten und zweimal am Tag wenig Bohnen. Und meistens haben wir unsere Rationen noch geteilt mit den Spaniern, weil sie hatten noch weniger zu essen als wir. Natürlich war der Hunger sehr bedrückend, aber wir haben trotz allem immer versucht, den Patienten Zuversicht zu geben. Ich erinnere mich ... Wir haben im Krankenhaus gewöhnlich die revolutionären Feste gefeiert: den 1. Mai, den 7. November, den 14. April. Da haben wir Schwestern und Ärzte immer eine kleine Feier für die Kranken organisiert. Haben wir Kartoffelpuffer gebacken oder Pudding gekocht. Manchmal sind Filme vorgeführt worden, manchmal haben spanische Sänger und Komiker ein künstlerisches Programm geboten. Egon Erwin Kisch war auch sehr oft bei uns und hat den Kranken vorgelesen aus seinen Büchern. Aber einmal sind amerikanische Tap-Tänzer eingetroffen. Zwei. Die haben getanzt ... Also meine Worte reichen nicht, um dir zu sagen, wie gut diese Amerikaner getanzt haben! Und die haben getanzt ... gerade in dem Saal, wo die Amputierten lagen! Und ich dachte mir noch: ›Mein Gott! Warum läßt man das zu?! Die Kranken werden doch ganz traurig sein! Sie werden doch denken, daß sie sich nie bewegen können wie diese amerikanischen Tänzer!‹ Und als die Vorstellung zu Ende war ... haben die Amerikaner abgenommen die Prothesen! Hatten sie beide Prothesen! Und das war natürlich den Patienten eine große Hilfe. Das hat wirklich sehr den Mut gehoben bei unseren Kranken. Von Anfang an war die Frontlage für die Republik sehr ungünstig, aber im Sommer 38 wurde die Frontlage ganz zum Verzweifeln. Und uns kamen immer mehr Gerüchte zu Ohren, denen zufolge alle Interbrigadisten sehr bald schon aus Spanien abgezogen werden sollten. Nuja, eines Tages – es war im August 38 – ist der Hein unverhofft für einen Tag von der Front nach Mataró gekommen. Sag ich: »Jetzt müssen wir heiraten, damit wir uns leichter zurückfinden können, wenn wir Spanien verlassen müssen.« Und da bin ich gegangen zum Direktor unseres Hospitals. Sag ich: »Gib mir mal einen halben Tag frei, ich will heiraten.« Sagt er: »Was?! – Wen heiratest du denn.« – »Nu, den Hein.« »Ach«, sagt er, »es ist doch uninteressant, den eigenen Mann zu heiraten.« Sag ich: »Doch, doch, ich will den Hein heiraten. Und schick mir alle Polen mit als Trauzeugen.« Ich wollte, daß die Jungs mal rauskommen aus dem Krankenhaus, es war zu dieser Zeit Ausgangssperre. Und sind wir alle hingelaufen zum Standesamt von Mataró. Der Julian war schon fünf Monate alt, den trug ich auf dem Arm. Und auf dem Standesamt war ein alter, alter Richter mit ganz verknorrtem Gesicht. Und gerade war aus Albacete eine Freundin von mir gekommen. Die war so elegant gekleidet in einem blauen Samtkleid, ihr Haar war in tausend Löckchen gewickelt. Sie war ein bildhübsches Mädchen. Und ich hatte nur meinen Kittel ausgezogen, lief in einem einfachen Sommerkleid, hatte nicht mal Strümpfe an. Und der Richter fragte: »Wer ist die Braut?« – Sag ich: »Also Jungs, ich hab sogar schon ein Kind gekriegt – aber eine Braut war ich bisher noch nie!« Und der Richter war ganz erstaunt, er wollte partout meine Freundin verheiraten, weil sie so viel schöner aussah als ich. Oh, wir haben alle sehr gelacht, wir waren so gut gelaunt! Und Hein und ich haben aber nicht alle erforderlichen Dokumente besessen! Hat mein Mann seinen Militärausweis gezeigt und ich meinen polnischen Paß. Sagt der Richter: »Noch Dokumente, noch Dokumente, noch Dokumente!« Nu, Hein hat getan, als ob er noch mehr Ausweise sucht, hat eine Schachtel Zigaretten rausgeholt aus seinen Taschen, hat seine Pistole auf den Tisch des Richters gelegt ... Und der hat die Pistole gesehn – und hat keine Dokumente mehr verlangt, hat uns so verheiratet. Und schrieb die Eheurkunde aus mit so vielen Fehlern!

Aber Hein und ich waren verheiratet. Die Eheurkunde war gültig. Und später ist sie uns von großem Nutzen gewesen. Ohne diese Urkunde hätten Hein und ich nach Mexiko zum Beispiel nicht zusammen fahren können! Und nachdem die Formalitäten erledigt waren, sagte ich: »Hein, geh mit den polnischen Jungs ins Restaurant und lade sie zu einem Schnaps ein.« Das war unsere Hochzeit. Ich bin zurück ins Hospital gegangen und hab gearbeitet, mein Mann mußte in der Nacht wieder zurück an die Front fahren.

Weißt du, wenn Verwundete im Hospital eingeliefert wurden, gaben wir ihnen zuerst immer eine Kalziumspritze. Und ich hatte mal eine Urtikaria, plötzlich so einen Hautausschlag. Da sagte ich zu einer Ärztin: »Och, gib mir schnell eine Kalziumspritze, ich halte das Jucken nicht mehr aus.« Hat die Ärztin mir Kalzium gespritzt, und während des Injizierens habe ich einen furchtbaren Schmerz empfunden. Sag ich: »Zieh heraus die Spritze, du bist nicht mehr in der Vene!« und hab instinktiv vom Arm weggerissen die Kanüle. Sagt die Ärztin: »Warte mal, ich suche die Vene.« Sag ich: »Nein! Ich will dich nicht erschrecken, aber ich habe Schmerzen im Arm!« Und deshalb hat mir die Ärztin nur ganz wenig Kalzium gegeben, dabei war in der Ampulle viel mehr Kalzium drin. Wir mußten aber auch sehr sparen mit dem Material. Wir haben meistens nur einen Teil vom Kalzium für einen Patienten benutzt, und der Rest blieb stehen für andere Kranke. Und meine Spritze habe ich gekriegt genau um zwölf Uhr. An diesem Tag bekam ich ein paar Stunden frei, und ich konnte mich so mit George, dem Chauffeur von unserem Hospital, in der Stadt verabreden. Ich hatte bei einem Tischler bestellt ein Bettchen für den Julian, und ich habe den Fahrer gebeten, es abzuholen mit dem Auto. Und im Zentrum von Mataró lud ich George ein ins Café. Und haben wir getrunken einen Wermut. Aber ich habe ihn noch verdünnt mit Wasser. Ich steh auf, da geht es mir im Kopf so rings und rund. Sag ich: »Ach Gott, ich bin betrunken.« Lacht George: »So?! Von diesem einen Wermut, der verdünnt ist mit so viel Wasser?!« Sag ich: »In meinem Kopf dreht sich alles.« Fragt George: »Soll ich dich nach Hause fahren?« Er mußte noch Einkäufe erledigen und wollte mir dann erst das Bettchen bringen. Sag ich: »Nein, das fehlt mir noch, daß die Kollegen im Hospital sagen: ›Die Liza gebraucht den Dienstwagen für private Reisen‹.« Hab ich noch versucht, witzig zu sein. Nu, bin ich losgelaufen nach Hause, und was soll ich dir sagen: Ich habe mich an den Mauern festgehalten. Vom Café bis zu mir nach Hause war es nur eine ganz kurze Strecke, aber ich bin gegangen vielleicht eineinhalb Stunden. Und ich hatte einen so schweren Kopf! Hab ich mich schlafengelegt. Und hab ich Alpträume, furchtbare, gehabt. Ich träumte, daß George, der Chauffeur, zu mir sagt: »Liza komm schnell mit zum Bahnhof! Gerade ist ein Transport mit Verwundeten gekommen, und der Hein ist dabei.« Und durch die Stirn hin und zurück fahren mir Züge, schrecklich lange Züge mit hundert Waggons. Und George und ich steigen von einem Waggon auf den anderen, vom zweiten auf den dritten, vom dritten Waggon zum vierten – und wir können den Hein nicht finden. Und so träumte ich die ganze Nacht. Ich wurde paarmal wach, dann bin ich wieder eingeschlafen und hatte wieder denselben Traum: Mein Mann ist verwundet, und ich suche ihn ... Und am nächsten Morgen höre ich den Julian weinen. Früh um halb sechs habe ich ihn immer genährt. Ich will ihn stillen, er beißt mich und trinkt nicht, fängt an zu heulen. Ich wollte aufstehen vom Bett, aber das gelingt mir nicht. Und ein spanisches Mädchen, das den Jungen betreut hat tagsüber, sagte: »Oh, senora, Sie liegen noch im Bett?! Sie müssen doch zur Arbeit gehn!« Sag ich: »Lauf bitte ins Hospital und hole einen Arzt, ich bin krank.« Da sind gekommen gleich drei Ärzte. Und sie messen mir die Temperatur: schon über vierzig. Und der Julian schreit, weil er Hunger hat, und ich werde immer wieder bewußtlos, ich bin immer weg. Haben mir die Ärzte gegeben sofort einen Dauertropf und große Dosen Sulfa. Und ständig war eine Schwester bei mir, man hat mich nicht allein gelassen. Und nachts hat George aufgepaßt, unser Chauffeur. Er kam aus Weißrußland, war 1920 nach Frankreich emigriert. Er hatte sich als Vierzehnjähriger der Denikin-Armee in der Südukraine angeschlossen. Aber damals war er vierzehn Jahre, also, was konnte er da verstehen?! Er war ein wunderbarer Mensch, also ein wunderbarer Mensch! Und George holte sich seine Matratze aus dem Krankenhaus und schlief bei mir. Und ich wurde wach, fragte ich: »George, wie spät ist es?« – »Ein Uhr!« – »George, wie spät ist es?« – »Zwei Uhr.« Und es war zwei Uhr – aber zwei Nächte später. Nur hat George mir das *nicht* erzählt. Was soll ich dir sagen: Es war wirklich etwas Kalzium außerhalb der Vene gekommen, und das ist sehr gefährlich. Habe ich eine Thrombose, eine Venenentzündung gekriegt. Trotzdem wunderten die Ärzte sich, daß ich so schnell so krank davon geworden war. Sag ich: »Es steht noch die Ampulle mit dem Rest Kalzium im Hospital.« Und dann haben die Apotheker das Kalzium untersucht und was hat sich herausgestellt? Es war verseucht mit Streptokokken, nicht mehr und nicht weniger. Streptokokken sind die giftigsten Bakterien, die es gibt. Also viele

Patienten, die bei uns im Hospital eingeliefert wurden, sind nach drei, vier Tagen gestorben. Wir Schwestern haben uns das so erklärt: Die Burschen waren verwundet an der Front, hatten viel Blut verloren, einen Schock bekommen, mußten noch den Transport überstehen und dann ... Exitus. Aber durch meine Krankheit hat sich gelüftet das Geheimnis: Die deutsche Fabrik ›Bayer‹ hat verseuchtes Kalzium produziert! Wir haben die ganze Kalzium-Sendung, eine Ampulle nach der anderen, zerschlagen und kontrolliert. Und alle Ampullen waren mit Streptokokken vergiftet! Nun konnte man unsere Entdeckung nicht publik machen, weil kein Mensch hätte sich mehr spritzen lassen von uns. Wir haben stillschweigend aufgehört, den Verletzten dieses Kalzium zu geben. Wir haben nur noch das Kalzium von der schweizerischen Firma ›Sandoz‹ verwendet. Und plötzlich starben viel weniger Patienten in unserem Krankenhaus. Eine klare Sache! Nun war es nur die Frage: Handelte es sich bei den vergifteten Ampullen um einen Sabotageakt? Wahrscheinlich. Nuja, es ist wiederum schwer zu sagen, daß es ein Sabotageakt war. – Trotzdem, für mich war das eindeutig. Ich mein, jetzt kannst du rufen: ›Liefere mir die Beweise!‹ Und Beweise kann ich dir wirklich schwer liefern. Aber es handelte sich bestimmt um eine Sabotage, weil damals jeder Verwundete Kalzium gespritzt bekam. Und ob man wegen dieser Ampullen jemanden bestraft hat, das weiß ich nicht. Nur wurden während des Spanienkrieges viele Saboteure verhaftet – und gleich wieder freigelassen! Es gab viele Komplizen der ›Fünften Kolonne!‹ Und man kann einen Verletzten sehr leicht vergiften. Aber es ist fast unmöglich zu beweisen, daß ein Verwundeter absichtlich vergiftet wurde. Also der Kampf gegen die ›Fünfte Kolonne‹ war das Allerschlimmste.

War noch ein Glück, daß Julian nicht mehr getrunken hat meine vergiftete Milch! Der Junge hat sofort gespürt: Die Milch schmeckt nicht. Und hat gebissen meine Brust und geweint und nicht mehr getrunken. Womit meine spanische Wirtin den Julian genährt hat, als ich bewußtlos war, das weiß ich nicht. Sie hat sich um ihn gekümmert. Aber als ich wieder gesund war, hatte ich keine Milch mehr, und das war eine Katastrophe! Ich konnte doch dem Kind nichts anderes füttern, es gab doch nichts! Und da hat meine Wirtin mir gesagt, wenn ich frische Mandeln esse, bekomme ich wieder Milch. Hab ich den Julian behalten bei mir im Bett, aber er wollte nicht mehr trinken von meiner Brust! Und ich wußte, wenn er die Milch nicht nimmt, muß er verhungern. Und da hab ich ihn bei mir im Bett behalten, und ich habe ihm immer wieder die Brust gegeben, und er wollte nicht trinken. Und er hat geheult, und ich hab geheult, und ich hab mir gedacht: ›Und wenn er schon sterben muß, soll er wenigstens sterben bei mir im Bett!‹ Und dann hat der Julian erst nach drei Tagen genommen meine Milch. Drei Tage lang hat er sich gewehrt, von meiner Brust zu trinken! Er hat geweint und geweint. Ich war so verzweifelt! Nuja, er ist durchgekommen...

Ich habe in Mataró als Krankenschwester gearbeitet bis Ende des Jahres 38 oder Anfang des Jahres 39, ich weiß schon nicht mehr genau das Datum. Aber im Herbst 38 wurde der Beschluß bekanntgegeben, daß die Interbrigaden abgezogen werden aus Spanien. Und Hein war unter den ersten Freiwilligen, die Spanien verlassen mußten. Ich fuhr erst im Februar 39 nach Frankreich. Aber vorher wurde ich noch nach Sagaró geschickt. Dort mußte ich nicht viel arbeiten, weil dort sehr viel sanitäres Personal stationiert war.

Weißt du, ich hatte in Spanien nie Angst. Wirlich nicht! In Barcelona habe ich immer beobachtet den Kampf der republikanischen Flugzeuge gegen die faschistischen Bomber. Nicht, daß ich besonders tapfer gewesen wäre! War doch ein Blödsinn, zu verfolgen den Kampf der Flugzeuge! Ja, aber ich hatte wirklich keine Angst. Nur ein einziges Mal habe ich einen ganz furchtbaren Schreck gekriegt, und das war in Sagaró ... Einmal bin ich gefahren ins Städtchen. Ich wollte den Julian wiegen lassen, weil ich wußte, daß er unterernährt ist. Und als ich reinkam ins Zentrum von Sagaró, begannen gerade zu heulen die Sirenen. War Fliegeralarm. Und da denk ich: ›Schnell, schnell, raus aus der Stadt!‹ Bin ich sofort weggerannt vom Stadtzentrum. Und unterwegs traf ich Mütter mit ihren Kindern, die waren ganz verrückt vor Angst und schrecklich undiszipliniert. Sag ich: »Lauft nicht weiter, legt euch lieber hin auf die Erde!« Und ich wollte den Julian rausnehmen aus dem Wagen und mich und ihn legen in einen Graben. Aber das hab ich schon nicht mehr geschafft, fielen rings um uns Bomben. Und wenn du mit den Augen verfolgst, wie eine Bombe fliegt, hast du immer den Eindruck, daß sie dir direkt auf die Nase fällt. Und hab ich mich rübergebeugt über den Wagen, über den Julian. Denk ich: ›Wenn die Bombe kommt, dann soll sie uns beide zusammen treffen.‹ Ja, daß Julian nicht allein bleibt oder ich nicht allein bleibe. Denn ich schaffte es schon nicht mehr, ihn aus dem Wagen zu nehmen, da begannen die Bomben zu fallen ... Zum ersten Mal in meinem Leben war ich so erschrocken, daß ich völlig gelähmt war. Es kam ein Spanier zu mir, der hat mich geschüttelt und gerüttelt: »Señora! Señora!« Er war sicher, daß ich tot bin. Und der Julian hat geweint ... Es hat sehr lange gedauert, bis ich wieder zu mir kam, und der Mann hat nur immer geschrien: »Señora, señora, qué le pasa«, also: »Was hast du? Was hast du?« Und ich war ganz gelähmt, ich war nicht in der Lage, auch nur einen Finger zu bewegen. Ich blieb ganz starr über dem Kinderwagen liegen. Und als ich endlich zurückkehrte zu den Häusern am Strand, wo wir Interbrigadisten alle untergebracht waren, lief mir unsere Oberschwester entgegen. Machte sie einen schrecklichen Skandal: »Wie konntest du so leichtfertig sein, mit dem Kind in die Stadt zu gehen?!« Und im selben Moment fällt ins Wasser nicht weit von uns eine Bombe. Wir wurden alle naß. Sag ich: »Eva, ist es denn hier ungefährlicher als in der Stadt?«

Ja, in Sagaró habe ich erfahren, was es heißt, ›gelähmt von Schreck‹ zu sein. Das hat mir gereicht für alle, alle Jahre meines Lebens. Diese Angst werde ich nie vergessen. Und ich kann mir vorstellen, wie ängstliche Leute sich damals gefühlt haben müssen! Denn es gab Interbrigadisten, die *immer* Angst hatten! Wie denen zumute gewesen sein muß!

Und dann mußten wir Spanien endgültig verlassen. Bis Fortia sind wir mit einem Lastwagen gefahren. Wir haben auch Verwundete mitgenommen. Es gab einen Gußregen, und die Kranken wurden naß. Aber der Regen war ein Glück für uns, weil deshalb die Bomber nicht fliegen konnten. In Fortia haben wir sofort die Verwundeten auf Stroh gebettet. – Und dort gab es Lebensmittel in Massen! Alles war da in Hülle und Fülle: Butter, Kakao, Schokolade, Milch, Zucker. – Und ich hatte bis dahin doch – außer natürlich der Milch in meiner Brust – nie auch nur einen Tropfen Milch für meinen Julian bekommen! Das bißchen Milchpulver, das ich geschickt kriegte aus Frankreich, habe ich den Patienten gegeben. In Spanien konnte ich nichts,

nichts, keinen Tropfen Milch für meinen Jungen erhalten! Und an der Grenze gab es Lebensmittel in Massen. Von Fortia aus sind wir mit Autos nach Frankreich gefahren. Julian und ich saßen im Wagen von André Marty. Als wir ankamen auf dem französischen Bahnhof, haben die Frauen hysterisch geschrien: »Macht die Lichter aus! Macht die Lichter aus!« Ich sagte: »Beruhigt euch! Wir sind jetzt in Frankreich, wir sind nicht mehr in Spanien!« Und die Frauen haben geschrien wie besessen, sie haben wirklich geglaubt, die Lichter wären an, damit die faschistischen Flieger uns finden und bombardieren können. Eine Massenpsychose, weißt du. Und der Bahnsteig war voll mit Menschen! Furchtbar war das! Vom Hein habe ich sehr lange nichts mehr gehört. Nein, es war noch viel schlimmer: Kameraden haben mir gesagt, er ist gefallen. Die haben es gesehn angeblich. Ich bin hingefahren, wo sein Bataillon stationiert war, aber ich konnte niemanden finden, der im Bilde war, was mit meinem Mann geschehen ist. Und erst in Frankreich habe ich erfahren, daß er sich in Agen aufhielt. Weil er da vor dem Spanienkrieg gelebt hatte, durfte er dort wieder hin. Ich war inzwischen in Brive la Gaillarde in der Corrèze gelandet, und ich habe alles Mögliche versucht, um zum Hein zu kommen, aber man ließ mich nicht zu ihm, weil in Frankreich ist jeder Präfekt ein König in seinem Königreich, und der Präfekt von Brive la Gaillarde wollte mir nicht erlauben, nach Agen zu fahren. Im Mai 1940, als die Deutschen Frankreich überfielen, steckten mich die Franzosen in das Konzentrationslager Rieucros bei Mende, mein Sohn wurde mir weggenommen durch die Polizei. Er wurde in ein Krankenhaus gebracht, weil es im Ort kein Kinderheim gab. Und da hat man ihn elendiglich hungern lassen. Nicht aus Boshaftigkeit, sondern weil die Schwestern nicht wußten, wie man ein kleines Kind ernährt. Und als ich erfahren habe, wie mein Sohn da behandelt wurde, habe ich an meine Freundin Natal in Paris geschrieben. Sie hat den Julian sofort weggeholt aus diesem Krankenhaus, sie hat ihm das Leben gerettet. Sie hat ihn aufgepäppelt, bis er wieder laufen konnte – er hatte inzwischen aufgehört zu laufen! Und dann hat sie ihn in ein französisches Kinderheim gebracht, das von schweizerischen Schwestern geleitet wurde. Es war ein gutes Kinderheim. Aber es befand sich in Limoges, und bei Limoges befand sich die Demarkationslinie. Und bis ich wußte, ob mein Julian bei mir in Frankreich oder bei den Deutschen ist, da war mir sehr schön mies zumute, sag ich dir!

Ich war dann im Konzentrationslager Rieucros und hab vom Sowjetkonsulat in Frankreich eine Bestätigung gekriegt, daß mir die Sowjetbürgerschaft zuerkannt wurde. Und deshalb entließ man mich aus dem Konzentrationslager nach Bompard, weil dort das Ausreiselager war. Und Hein, Julian und ich sollten am 23. Juni 1941 in die Sowjetunion fahren. Aber mein Sohn war noch im Kinderheim von Limoges. Eine Schweizerin und eine Österreicherin haben sich *sehr* um ihn gekümmert. Und nicht nur um ihn, sondern auch um mich! Sie haben mir ins Konzentrationslager Pakete geschickt in Julians Namen. Also sehr rührend! Wirklich wunderbare Menschen! Und die Österreicherin hat mir den Jungen gebracht nach Bompard. War ja auch eine Tragödie für den kleinen Burschen! Er kannte mich nicht mehr, er hat geheult, als die Österreicherin Abschied von ihm nehmen wollte. Julian hat so geheult, daß die Lagerverwaltung der Frau erlaubt hat, zu bleiben für eine Nacht. Ach, das war furchtbar! Und wenn ich mal böse war mit dem Jungen, sagte er noch viele Jahre später:

»Ich will zu meinen Mamas!« Die beiden Frauen waren auch seine Mamas, ja. Wir sollten am 23. Juni 41 nach Moskau fahren. Ich weiß noch, wir sollten durch Deutschland fahren, wir hatten schon Durchreisevisa, damals galt ja noch der Nichtangriffspakt der Sowjetunion mit Deutschland. Und am 22. Juni brach der Krieg zwischen diesen Ländern aus. Aber ich erinnere mich, als ich sah die Meldung davon mit großen Lettern in der Zeitung, da dachte ich: ›Das ist der Beginn vom Ende des deutschen Faschismus.‹ Und es war ein großes Glück, daß wir gerade noch nicht abgereist waren, weil wir wären direkt in einem deutschen Konzentrationslager gelandet. – Wie sich doch die große Politik auf kleine Schicksale auswirkt!

Wir durften am Tage das Ausreiselager in Bompard verlassen. Und da bin ich gleich in die mexikanische Botschaft gegangen. Es gab damals ein Abkommen zwischen der mexikanischen Regierung und Pétain, daß alle Spanier das Recht haben, nach Mexiko zu kommen. Und die spanische, die republikanische Regierung hat ja allen Interbrigadisten die spanische Staatsbürgerschaft zuerkannt. Aber ich hatte keine Beweise dafür, Mitglied der Interbrigaden gewesen zu sein. Ich hab im Konzentrationslager alle meine Dokumente vernichtet, die bewiesen, daß ich in den Interbrigaden war! Und da bin ich früh gelaufen in die mexikanische Botschaft ... Ich war sehr krank gerade, ich hatte einen Abszeß im Mittelohr, hohes Fieber. Und ich saß im Empfangsraum der mexikanischen Botschaft und wartete. Ich hatte am Morgen nichts gegessen, ich war halb ohne Bewußtsein. Und endlich kam der Botschafter. Sag ich: »Ich kann fünfzig Mann bringen, die bestätigen werden, daß ich Mitglied der Interbrigaden war.« Sagte er: »Ja, aber ich muß für die Vichy-Regierung Beweise haben.« Und er liest mein Dossier, und er blättert und blättert und blättert. Und plötzlich erhellt sich sein Gesicht: »Ja, ich hab's! Du kannst nach Mexiko fahren! Dein Sohn ist geboren in Spanien, also ist er nach unseren Gesetzen Spanier. Und weil er minderjährig ist, müssen du und dein Mann ihn begleiten.« Und der Botschafter hat sofort ein Radiotelegramm an die Vichy-Regierung geschickt, und in neun Tagen haben wir unser Visum gekriegt. In neun Tagen! Und dann ist – wie vom Himmel geschickt – ein portugiesisches Schiff gekommen, die ›Serpa Pinto‹. Und damit konnten die letzten Emigranten, wirklich die letzten, aus Europa nach Amerika fahren, weg von den Deutschen. Och, wenn ich ›die Deutschen‹ sage ... Kann ich kaum aussprechen dieses Wort! Denn weißt du, ich hatte drei Brüder. Und mein jüngster Bruder hatte eine Freundin, die war keine Jüdin. 1939, als der Krieg begann und die Deutschen angefangen haben, die Juden zu verfolgen, hat die Freundin sofort abgebrochen die Beziehung zu meinem Bruder. Vielleicht hätte sie ihm helfen können! Aber so ... Sie hat gleich mit ihm gebrochen. Und ich hab nachgeforscht und nachgeforscht. Man hat mir gesagt, daß er wahrscheinlich nach Lwow gefahren ist. Ich hab dort nachgeforscht und kein Mensch ... Von ihm wissen wir gar nicht, wie und wo er umgekommen ist. Wir wissen nur, daß er nicht mehr da ist. Er war ein bildhübscher Junge. War mein jüngster Bruder.

Mein ältester Bruder war in Łódź Prokurent in einer Bank. Bei Ausbruch des Krieges hat der Direktor sofort das ganze Geld, das in der Bank war, verteilt unter allen Mitarbeitern, und so hatten sie sehr viel Geld, alle Mitarbeiter. Kannst dir vorstellen: eine sehr reiche Bank. Und die Gestapo hat meinen Bruder beauftragt, die Bank zu liquidieren und ... und der Blöde hat geglaubt wahrscheinlich, daß er überleben wird, wenn er den Befehl ausführt. Meine Schwägerin hat gefordert von meinem Bruder, er soll sofort wegfahren von Łódź nach Warszawa mit ihr. Ihre ganze Familie wohnte dort. Meine Schwägerin ist allein weggefahren nach Warszawa mit dem Kind ... und mein Bruder ist verschollen.

Meine Schwester, die in Israel lebte, bekam mal eine Nachricht, daß sie soll erwarten meinen Bruder, er kommt nach Israel. Vielleicht ist es ihm gelungen, aus Polen herauszukommen? Vielleicht war er auf einem der Schiffe, die nach Israel fuhren und die dann von den Engländern versenkt wurden? Weiß ich nicht. Er ist einfach verschollen.

Aber was mit meinem dritten Bruder geschah, das weiß ich! Der war im September 1939, als der Krieg begann, sofort geflüchtet in die Sowjetunion, nach Weißrußland. Ist auch angekommen in Zelba bei Zlonim, hat sofort dort Arbeit gekriegt in einer Bank. Und meine Schwägerin konnte als leitende Schwester arbeiten im Hospital. Dann haben die Deutschen Zelba annektiert. Haben verlangt, daß alle Juden kommen zu einem Treffpunkt. Eine Nachbarin, eine Russin, hat meine Schwägerin auf den Knien angefleht: »Geh nicht hin! Die Deutschen werden euch doch alle umbringen!« Und da hat meine Schwägerin gesagt: »Was mit allen Juden geschieht, das wird auch mit uns geschehen.« Hat ihren Jungen auf den Arm genommen und ... Wie alt konnte der Junge sein? Fünf oder sechs Jahre war er alt. Und sie ist weggegangen mit ihrem Kind zu diesem Treffpunkt, und dort wurden alle Juden erschossen. Aber die Deutschen haben doch ... nur fünftausend Juden pro Tag erschossen. Das war die Norm pro Tag. Und meine Schwägerin war in der letzten Gruppe. Und ... man hat auf meine Schwägerin geschossen, sie hatte einen Beindurchschuß bekommen. Nur einen Durchschuß durch das Fleisch, der Knochen war nicht verletzt. Aber ... es war schon dunkel, und die Deutschen haben das Grab nicht verschüttet. Und meine Schwägerin, sie ist rausgegangen, hat sich rausgekrabbelt. Ihr Mann, ihr Kind und ihr Bruder sind erschossen worden, lagen im Grabe, und sie ist rausgekrabbelt. Stell dir vor die Verfassung eines Menschen, der stand am Grabe und alles, was er am liebsten hatte, zurücklassen mußte? Und sie ist ins Krankenhaus gegangen. Dort hat man sie verbunden, und sie ist in den Wald gelaufen und ist im Wald geirrt eine ganz Woche. Und nach einer Woche haben Partisanen meine Schwägerin ohnmächtig im Wald gefunden. Die Partisanen haben ihr natürlich geholfen. Und sie ist geblieben in der Partisanenabteilung und war eine der tapfersten Kämpferinnen dort und hat auch die gefährlichsten Aufträge immer übernommen. Und von solch einer Aktion ist sie nicht mehr zurückgekommen ... Nun weiß man nicht, ob sie während der Kämpfe gefallen ist, ob sie wieder mal erschossen wurde, ob ... Wenn man mich fragt, ob ich Angst vor dem Tod habe, sag ich: »Was ist schon der Tod?! In normalen Zeiten stirbt man nur einmal. Aber meine Schwägerin mußte zweimal sterben.« Und wenn du wüßtest, was für ein guter Mensch sie war! Eine *Fliege* konnte sie nicht töten! Also, so einen guten Menschen habe ich nie wieder in meinem Leben gesehn! Ich hab immer zu meinem Bruder gesagt: »Verdienst du denn, so eine gute Frau zu haben?« Sagt er: »Wahrscheinlich. Sie hat mich doch gewählt, ich habe sie doch nicht gezwungen, meine Frau zu werden ...«

Und weißt du, das war für mich so schrecklich: Im August 1947, als ich aus dem Exil zurück nach Polen kam ...

Gerade am ersten Tag war ich zu einem Genossen gegangen. Und mein Koffer stand da, hatte ich mitgenommen. Und sind noch andere Gäste gekommen, und wir saßen so am Tisch und erzählten. Und da sah einer der Genossen den Koffer, und mein Mädchenname stand noch darauf. Und sagte er: »Namiot? – Wer war das? – Namiot!« Und begann sofort zu erzählen von meiner Schwägerin, ohne zu merken, daß er über ein Mitglied meiner Familie erzählt. Und vom Tod meiner Schwägerin habe ich erfahren am *ersten* Tag, als ich zurückgekommen bin aus dem Exil nach Polen. Stell dir vor, wie mir zumute war?! Und was für ein Zufall, daß ich diesen Mann habe getroffen! Aber wenn ich mir vorstelle, wie viele tausende Male die Deutschen haben je fünftausend Menschen erschossen ... In Polen triffst du auf jedem Schritt und Tritt solche Menschen, die das mitgemacht haben. Und weißt du, das beschwert mich so: Daß meine Schwägerin zweimal sterben mußte! Das muß doch furchtbar sein! Mich schaudert jedesmal, wenn ich ›die Deutschen‹ sage, obwohl ich doch schon mehr wie dreißig Jahre in der DDR lebe! Aber stell dir vor: dreiundzwanzig von meinen Familienangehörigen wurden von den Deutschen im Zweiten Weltkrieg ausgerottet. Wie soll man da loswerden den Gedanken, wenn man einen Deutschen sieht, der über fünfzig Jahre alt ist: ›Was hast du getan während der Nazi-Zeit?‹ Ich kann diesen Gedanken nicht unterdrücken, er ist stärker als ich selbst! Ich konnte mich auch nach dem Zweiten Weltkrieg nicht überwinden, in Deutschland zu leben. Ich konnte es einfach nicht. – Und Hein wollte nach dem Krieg unbedingt in seine Heimat zurück, Hein wollte nicht in Polen wohnen. Sagte er: »Jeder Junge wird das Recht haben, mir ins Gesicht zu spucken!« Hatte mein Mann auch seine Hemmungen. Haben wir beide uns getrennt für beinahe zwei Jahre. Ich bin vom Exil, von Mexiko aus, mit unserem Sohn gefahren nach Warszawa; und der Hein ist gefahren nach Berlin. Die Trennung von meinem Mann war eine schwere Zeit, ich war in einer furchtbaren Verfassung. Und Julian ist mir immer von zu Hause weggelaufen. Ich hatte große Angst, daß er auf die schiefe Bahn kommt! Und ich hatte einen guten Freund, auch ein ehemaliger Spanienkämpfer, der mir immer geholfen hat, den Julian zu suchen in ganz Warszawa. Einmal mußten wir in sämtlichen Polizeikommissariaten fragen nach dem Jungen. Wir haben ihn am Bahnhof gefunden, im Zug nach Berlin. Julian hat gefordert: »Ich will zu meinem Papa!« – Er war bitterböse mit mir. Ich glaube, er hat mir bis zum heutigen Tage die Trennung vom Hein nicht verzeihen können. Julian hat mir gesagt: »Ihr habt getan, als ob ihr euch so liebt, und dann fährst du so einfach weg vom Papa!« Aber wie konnte ich einem Kind deutlich machen ...! Ich bin erst nach Deutschland gekommen, nachdem die polnischen Genossen mich geschickt haben zur Arbeit in die Polnische Militärmission in Berlin. Und später, als die DDR gegründet wurde, war ich beschäftigt in der Presseabteilung unserer Botschaft. Habe ich sozusagen in der DDR für Polen gearbeitet. Aber nach all den Greueltaten der Deutschen hier einfach ein neues Leben beginnen, das konnte ich nicht.

Heute bin ich alt und müde, und ich habe schon sehr oft nachgedacht, ob mein Leben sinnvoll war oder nicht. Das ist eine schwierige Frage, ich könnte wirklich nicht eindeutig darauf antworten. Ich weiß nicht ... Ich glaube nicht, daß ich ein anderes Leben wählen *konnte*. – Zu helfen der Spanischen Republik war insofern sinnvoll, weil wir Interbrigadisten ein Beweis waren dafür, daß internationale Solidarität möglich ist. Und wie verbunden wir alle waren! Einer wie der andere war bereit, sein Leben für die Kameraden wegzugeben. – Sogar die Deutschen!

Weißt du, ich als Polin habe keinen Grund, die Sowjetmenschen zu hassen. Wenn nicht die Rote Armee gewesen wäre, dann hätte von uns Polen niemand am Leben bleiben können. Die Rote Armee hat unser Land vom Faschismus befreit. Und in meiner Heimat liegen Millionen sowjetischer Menschen beerdigt. So viele Sowjetsoldaten sind in Polen beerdigt! – Sie waren doch nicht verpflichtet, Polen auch noch zu befreien! Die Rote Armee hätte doch stehenbleiben können an der Grenze und die Polen selbst den Dreck aufräumen lassen! Und das dürfen wir Polen nie vergessen, das dürfen wir nie vergessen. Wir sind zu Dank verpflichtet für Ewigkeiten den sowjetischen Menschen. Und trotzdem muß ich dir sagen: Ich hatte gute Absichten, aber ich wurde mißbraucht. Und zwar mißbraucht von meinen besten Freunden. Schau mal: Wir Kommunisten haben in Polen gegen die Faschisten gekämpft, waren eingesperrt in den Gefängnissen. Und was geschah inzwischen in der Sowjetunion!? – Hat man unsere besten Genossen vernichtet! Ist das unsere Schuld?! Meine Schwester mußte auch zehn Jahre sitzen in einem Lager in der Sowjetunion. Frage, wofür! Frag, wofür! Die R. hat nicht gern, wenn ich von der Stalin-Zeit spreche. Ihr Mann ist ja umgekommen, und sie hat selbst sehr gelitten, sie hört es nicht gern. Aber, weißt du, mich packt richtig die Wut, wenn ich daran denke! Wenn man bei Feiern zu Ehren der Antifaschisten redet von den Opfern des Faschismus, dann denke ich: ›*Unserer* Opfer, die der Sozialismus gefordert hat, erinnert sich kein Mensch! Da spricht kein Mensch davon!‹

Weißt du, da kann man doch wütend werden! – Aber sie ist ein gequälter Mensch, die R., wirklich! Och, und ihr Mann war so ein gläubiger Kommunist. Und R. – na gut, sie wurde aus dem Lager befreit. Aber wie viele mußten sterben einen sinnlosen Tod! Und das hätte nicht sein dürfen. Das ist ein Fleck auf der Geschichte unserer Bewegung, der nie auszuradieren sein wird!

Ich weiß nicht, wenn wir gewußt hätten, was während der Stalin-Zeit passiert ist in der Sowjetunion, wären wir wahrscheinlich nicht mehr Kommunisten geblieben. Man hat uns so viele Opfer bringen lassen – unnötige! In den kapitalistischen Ländern haben wir doch schon genug Opfer bringen müssen! Zur Genüge, ja, zum Überfluß! Und wir haben doch nicht geduldet, daß jemand auch nur ein böses Wort über die Sowjetunion sagt. Sie war ein Heiligtum für uns! Nee, wahrscheinlich wären wir nicht Kommunisten geblieben, wenn wir gewußt hätten ... Oder doch? – Doch, ich bin immer noch Kommunist. Wer einmal Kommunist ist, bleibt immer Kommunist. – Aber schau mal: War es sinnvoll, daß der sowjetische Schriftsteller Michail Kolzow nach Spanien gefahren ist, da ein wunderbares Buch über den Spanienkrieg geschrieben hat – und dann hat man ihn in der Sowjetunion dafür erschossen?! Ist das auch meine Schuld? Ist deshalb mein Kampf nicht sinnvoll gewesen? Ich glaube, diese Tat, die Ermordung Kolzows, war sinnlos ... Was bestimmt nicht sinnvoll war, das war der ganze Kult um Stalin! Ganze Völker, Millionen Menschen haben sich an der Nase führen lassen und geglaubt an ihn. Hitler hat eigentlich seine *Feinde* umgebracht, aber Stalin hat seine Freunde, seine Anhänger ermordet ... Wie weit wären wir heute, wenn es diese Exzesse nicht gegeben hätte! Wir hätten vielleicht heute schon eine sozialistische

Welt – mindestens ein sozialistisches Europa. Das glaube ich schon! Aber die Leute haben doch jetzt eine tolle Angst vor dem Sozialismus! Und kein Wunder! Weil, jetzt weiß man schon, was Stalin angerichtet hat!

Und den Hein hat man entlassen! Er hat gearbeitet im Zentralvorstand des Gewerkschaftsbundes der DDR. Und in den fünfziger Jahren hat man den Hein plötzlich entlassen. Ohne Begründung. Und er hat drei Jahre lang nirgendwo Arbeit finden können. Hat er freiberuflich als Übersetzer gearbeitet, als Dolmetscher. Ich hab in der polnischen Botschaft sehr gut verdient, also ... Aber in moralischer Hinsicht war das für uns eine sehr schwere Zeit. Für Hein war das furchtbar. Wir hatten immer sehr viele Bekannte und Freunde – und dann plötzlich gar keine mehr. Und ich war wütend! Ich hab sogar meinem Mann gesagt, er soll verklagen den Gewerkschaftsbund, weil es ist gegen alle Gesetze der DDR, daß man so einfach einen Menschen von der Arbeit entläßt. Aber Hein wollte den Gewerkschaftsbund nicht verklagen, er wollte es nicht. Und da lag er ... Er war sehr schwer krank, er hatte einen Herzinfarkt. Ich weiß nicht, ob vor Kummer oder nicht vor Kummer: Er hatte einen Herzinfarkt. Und kein Mensch hat sich um ihn gekümmert, kein Mensch hat ein gutes Wort gesagt. Und einmal ist doch ein deutscher Genosse gekommen zum Hein ins Krankenhaus. Hat er zu mir gesagt: »Ich hab dich so lange nicht gesehen ...« Sag ich: »Warum hast du nicht mal angerufen. Du hast doch ein Telefon. Hättest uns doch anrufen können.« Sagt er: »Weißt du, wir haben Zeiten hinter uns, in denen man nicht wußte, wer Freund ist und wer Feind ist.« Hab ich ihn rausgeschmissen. Sag ich: »Bitteschön, hier ist die Tür! – Ich weiß immer, wer mein Freund und wer mein Feind ist!« Na, mein Mann war böse mit mir, daß ich das getan habe. Aber ich konnte nicht anders. Weißt du, wenn dieser Genosse so direkt sagt, er wußte nicht, ob ich Feind war oder nicht. – Nee, das war mir doch zu stark!

Es ist eine schwierige Frage ... Was denkst du: War mein Leben sinnvoll oder war es nicht sinnvoll? – Ich glaube schon, jedenfalls in den Intentionen. In den Ergebnissen vielleicht – schließlich auch. Schau mal, zum Beispiel in Spanien: Wir haben den Menschen dort wirklich sehr viel geholfen. Wir konnten sie nicht retten vor dem Faschismus, aber geholfen haben wir ihnen sehr viel mit unserer Arbeit, mit unserem Blut, mit unserer Aufklärung. Du kannst dir nicht vorstellen, wie arm und unwissend das spanische Volk noch war! Und was für Schwierigkeiten wir überwinden mußten! Unser Kampf in Spanien war nicht einfach, gar nicht einfach! Der Klassenkampf ist überhaupt sehr ... nicht einfach! Sogar unter den Bedingungen des Sozialismus! Ist bei uns in der DDR das Leben etwa unkompliziert?!

Weißt du, mein Kampf war insofern sinnvoll, weil schließlich ist das Leben in den sozialistischen Ländern doch besser geworden, doch leichter. Das ist der Witz, daß im sozialistischen Lager leben alle Menschen einigermaßen gut oder auch schlechter, aber sie leiden keinen Hunger, keine Arbeitslosigkeit, keine Not. Und wenn ich im Westen sehe die vielen Arbeitslosen ... In den USA müssen Leute wieder hungern! Furchtbar! Daß im reichsten Land der Welt die Menschen anstehen müssen für einen Teller Suppe! Als die R. und ich dort waren, haben alle unsere Bekannten schreckliche Angst gehabt, krank zu werden, weil sie den Arzt nicht bezahlen konnten. Und das gibt es bei uns schon lange nicht mehr. Aber vieles ist faul bei uns.

Erstens der Drill, zweitens die Engstirnigkeit, die Begrenztheit. Das sind Sachen, die keine Freude machen ...

Ich weiß nicht, war es sinnvoll oder nicht? – Wie gesagt, jetzt, wo ich an der Grenze stehe: Es tut mir um nichts leid! Ich hab mein Leben gelebt, ich kann nicht mehr viel erwarten. Aber eins steht fest: Die Zeit in Spanien war sehr glücklich und sehr schwierig. In Spanien habe ich endlich das gemacht, was ich machen wollte: Ich konnte gegen den Faschismus kämpfen. Nuja, ich bin freiwillig dorthin gegangen, niemand hat mich gezwungen dazu. Im Gegenteil! Ich mußte noch kämpfen, daß ich die Erlaubnis bekomme, Mitglied der Interbrigaden zu werden! Vielleicht war Spanien die schönste Zeit in meinem Leben. Weißt du, ich hatte die Sicherheit, daß ich tue das Richtige, verstehst?! Nur aus diesem Grunde war die Spanienzeit so schön. Alles sonst war schwierig. Das Hungern war schwer, und jeden Tag anschaun die Leiden der Menschen war schwer. Ich habe dir ja von dem Typhuspatienten erzählt, von Juan. Ich könnte dir noch von vielen, vielen anderen Kranken erzählen. Ich habe sie alle im Gedächtnis, und sehr oft sehe ich sie im Traum. Sehr oft bin ich im Traum im Krankenzimmer, und ich sehe alle meine Patienten, und ich sage zu ihnen: »Es hat sich doch gelohnt.«

Petronille Sarolea,
*Belgierin, lebt in Trembleur (bei Luik),
Belgien*

Eigentlich rede ich nicht gern über mich. Ich habe schon sehr früh gelernt zu schweigen.

Ich bin am 18. September 1909 hier in Trembleur geboren – nicht in diesem Häusele, das gehörte meinen Großeltern. Mein Vater hat es noch vor 1900 für sie gebaut. Aber ich bin in diesem Dorf zur Welt gekommen. Ich habe 'nen typisch belgischen Namen, es gibt viele Saroleas in Belgien. Zum Beispiel in Gent und Antwerpen. Da sind Reiche und Arme drunter, Landstreicher und Lehrer – alles. Aber von meiner Familie sind nur wir zwei übrig, meine Schwester und ich. Und mein Sohn natürlich. Meine Mutter war 'ne Bauerntochter, Tochter eines Pächters. Sie wurde Hausfrau. Mein Vater konnte bis zu seinem neunten Lebensjahr in die Schule gehen. Dann mußte er Geld verdienen. Der Lehrer war fuchtig, daß mein Vater nicht weiterlernen durfte. Er wurde Maurer. Vater nahm selbst Aufträge an, er verdingte sich nicht bei einem Bauunternehmer. Sonst arbeiteten fast alle Männer unseres Dorfes in den Zechen.

Manche arbeiteten über Tage, die andern unter Tage. Diejenigen, die keine Anstellung in den Bergwerken fanden, mußten sich im Sommer bei Bauunternehmern als Maurer verdingen. Und im Winter stellten sie Teile her für die staatliche Waffenfabrik, die Cockerill-Fabrik. Jedes Haus hier im Dorf hatte dafür 'ne Werkbank. Einer machte dies Unterteil und der andere das, die Arbeiter wurden pro Stück bezahlt. Am Wochenende holte ein Fabrikangestellter mit 'ner Karre die Teile ab. Nach und nach wurden nicht nur in Trembleur, sondern auch in der Borinage, in Bergen und Charleroi immer mehr Bergwerke stillgelegt. Die belgischen Kohle-Konzerne kamen gegen die Konkurrenz aus dem Ausland nicht an. Dabei gab es in einigen von unsren Zechen immer noch hochwertige Steinkohle. Viele Männer von Trembleur wurden durch die Stillegungen arbeitslos. Um aus der Mine hier im Dorf noch ein bissel Geld rauszuschlagen, hat man sogar versucht, aus ihr 'ne Touristenattraktion zu machen. Aber Maas-Wasser ist in die Stollen gedrungen, man mußte die Zeche endgültig schließen. Trotzdem heize ich mein Häusel immer noch mit Kohlen, hier in dieser Gegend gibt's kein Erdgas. Die Regierung importiert nun große Mengen Kohle, die 'nen geringen Heizwert hat, von sonstwo.

Vor dem ersten Weltkrieg hatte so gut wie niemand genug Geld, beinahe alle hungerten. Vater war zwar nicht arbeitslos, aber er verdiente fast nichts: dreißig Centimes die Stunde. Ich erinnere mich noch an ein Dorffest, das fand am zweiten Sonntag des Juli 1914 statt. Da stand auf dem Rathausplatz ein kleines Karussell. Für 'ne halbe Centime konnte man zwei Runden fahren. Vater erlaubte meinem Bruder, meiner Schwester und mir, einmal zwei Runden auf dem Karussell zu fahren ...

Dann im ersten Weltkrieg ist 's halbe Dorf abgebrannt. Vater kriegte viele Bauaufträge – und ging trotzdem pleite, weil die Leute ihn nicht immer für seine Arbeit bezahlten. Sie gaben ihm Aufträge, und wenn Vater sie erledigt hatte, bezahlten ihn die Auftraggeber nicht. Als ich größer wurde, begriff ich, was eigentlich in unsrer Gemeinde los war: Jeder dachte nur an sich selbst, nicht an den Mitmenschen.

Also, unsere Familie war katholisch wie alle Leute hier in dieser Gegend, ich lernte in der katholischen Schule, ich habe den Religionsunterricht mitgemacht und meine Erste Kommunion gekriegt. Aber Leute, die sich ›gute Katholiken‹ nannten, haben meinen Vater nicht für seine Arbeit bezahlt! Und wie viele gingen am Wochenende in die Kirche und hatten hinterher nichts Besseres zu tun, als anderen das Leben schwer zu machen! Ach, es ist immer dasselbe! Ich weiß, die Protestanten sind um keinen Deut besser. Man darf den Wert von 'ner Religion nicht an ihren Anhängern messen. Aber daß ›gute Katholiken‹ ihren Mitmenschen schaden konnten, das ging mir doch an die Nieren! Nee, ich will mit der Kirche nichts mehr zu tun haben! Ich will nichts mehr damit zu tun haben!

Unsere Eltern waren sehr weitherzig, sehr offen. Sie haben wirklich alles für uns getan, was in ihren Kräften stand. Vater hat uns Kinder immer verstanden. Er hat viel gelesen. Und wir wollten das auch gern können. Da brachten die Eltern uns das bei – zumindest mir. Als ich zur Schule kam – man kommt hier mit sechs Jahren in die erste Klasse –, konnte ich schon lesen und schreiben. Und gleich am ersten Schultag kriegte ich eins auf den Deckel, weil ich die letzten Seiten im Lesebüchel gelesen habe, anstatt der Lehrerin zuzuhören. Weil wir sehr gern gelernt haben, schickten uns unsere Eltern sogar auf die höhere Schule. Hier in Trembleur gibt es keine höhere Schule. Meine Geschwister und ich mußten zum Unterricht in die Stadt laufen, nach Luik. Damals durfte man in der Schule nicht Wallonisch reden, nur Französisch. Wir sprachen zu Hause Wallonisch, noch dazu mit einem Dialekt. Diese Mundart sprechen alle Leute in unsrem Dorf. Jetzt wird sie kultiviert, es wird auch Unterricht gegeben in unserer Mundart. Aber damals durfte man in der höheren Schule nur Französisch reden. Außerdem hatten mein Bruder, meine Schwester und ich immer Holzschuhe an. Wir trugen die alten Sachen unsrer Eltern ab. Unsre Mitschüler konnten sich Lederschuhe kaufen, sie waren viel besser gekleidet als wir. Sie nannten uns ›die Bauern‹. Sie lachten uns aus. Zum Glück gab es Lehrer, die unsern Mitschülern sagten: »Die Sarolea-Kinder laufen zwar in Holzschuhen rum, aber sie haben auch Grips im Kopf. Und die Sarolea-Kinder können hart arbeiten – ihr nicht.«

Weil die meisten Leute von Trembleur in elenden Verhältnissen lebten, gab es hier viele Kranke. Als ich noch Schülerin war, leistete ich Kindern, die im Hospital lagen, Gesellschaft. Ich probierte, sie aufzumuntern, ich hätte nur zu gern gewußt, wie man Kranken genesen helfen kann. Unser Nachbar war ein Arzt. Ich hab mich mit ihm über Heilmethoden unterhalten. Er hat meinen Eltern Kenntnisse über Heilpflanzele beigebracht. Mein Vater sammelte sie auf Wiesen hier rings um das Dorf. Manche Kräuter gebrauchte er selbst, und er schenkte sie auch den älteren Leuten im Dorf, die wollten solche Pflanzen gern haben. Vaters Fuß war mal von 'ner Schubkarre mit eisernen Rädern zerquetscht worden. Er arbeitete im Staub und im Schmutz, die Wunden hätten sich sehr leicht infizieren können. Doch mein Vater hat Kräuter auf seinen Fuß gelegt, und der ist ganz schnell wieder geheilt, obwohl mein Vater ja als Maurer arbeitete. Ich hätte die Wirkung von Heilpflanzen eigentlich besser studieren müssen. Aber damals waren die meisten Ärzte der Ansicht, daß Heilkräuter nichts wert sind. Und dadurch wurde ich skeptisch, ich habe nichts über die Heilwirkung von Pflanzen gelernt. Und nun besinnen sich die Mediziner wieder auf die Natur. Nun beginnt man wieder, Patienten mit den althergebrachten Hausmitteln zu behandeln. Und jetzt wachsen hier viele Pflanzen, die mein Vater früher gesammelt hat, nicht mehr. Aber vielleicht bin ich durch ihn auf die Idee gekommen, Krankenschwester zu werden. Eigentlich wollte ich sehr gern Medizin studieren. Ich wollte Arzt werden, um meinen Mitmenschen helfen zu können. Nur hatte meine Familie nicht das Geld, um mir ein Studium zu finanzieren. – Ob mir das weh getan hat ...? – Och, war natürlich schade. Aber man muß sich anpassen an die Situation, in der man lebt. Was nicht geht, geht eben nicht.

Ich habe drei Jahre in 'ner staatlichen Schwesternschule gelernt, die war in Luik. Nach dem Ersten Weltkrieg gab es drei staatliche Schwesternschulen in Belgien. Zwei waren in Brüssel, die dritte in Luik. Wir Lehrlinge kriegten theoretischen Unterricht in der Schule, den praktischen Unterricht kriegten wir im Hospital. Wir mußten in allen Abteilungen Dienst tun, um praktische Erfahrungen zu sammeln. Während meiner Lehre habe ich noch nebenbei gearbeitet. Auch in den Ferien. So konnte ich die Schulden, die ich wegen meiner Ausbildung machen mußte, abbezahlen. – Noch was anderes: In den letzten Monaten meiner Lehrzeit habe ich einen Patienten, der hundertzwanzig Kilo wog, ganz allein aus seinem Bett rausgehoben und auf 'ne Bahre gelegt. Puh, da hatte ich das Gefühl, daß mir jemand einen gewaltigen Schlag in den Rücken gibt. Ich arbeitete damals gerade in der Station für Knochenkrankheiten. Die Leiterin der Abteilung hat gesagt: »Laß dich mal untersuchen.« Der Arzt stellte dann fest, daß zwei Wirbel verletzt waren. Er sagte: »Sieh dir mal 's Röntgenfoto an. – Was siehst du?« – »Ich sehe nichts«, sagte ich, »aber was muß ich tun?« Er sagte: »Du mußt ein Korsett tragen dein ganzes Leben oder dich an der Wirbelsäule operieren lassen.« – »Dann will ich lieber operiert werden. Aber ich weiß nicht, ob mein Vater einen Eingriff bezahlen kann.« Der Chirurg verlangte zum Glück kein Geld für die Operation, weil ich im selben Krankenhaus arbeitete wie er. Er hat ein Stück aus meinem Schienbein genommen und das in meine Wirbelsäule eingesetzt. Danach mußte ich sechs Monate auf 'm Bauch liegen. Die Direktorin unsres Krankenhauses hat mir Geld geliehen, damit ich mich im Hospital pflegen lassen konnte. Meine Schulden zahlte ich später mit kostenloser Arbeit im Krankenhaus ab. Alle meine schriftlichen Prüfungen für das Schwesternexamen hatte ich vor dem Unfall schon abgelegt. Aber ich mußte noch mein Praktikum abschließen. Tat ich nach meiner Genesung. Damals war ich einundzwanzig Jahre alt. Und nach dem Abschluß der Lehre habe ich in verschiedenen Hospitälern gearbeitet. In Sanatorien von Eupen, La Hest ... Denn es gab nicht nur in Luik Krankenhäuser, ich wollte mir auch ansehen, wie anderswo gearbeitet wird.

1935 kam ich in der Klinik der Sozialistischen Krankenkasse in Waremme als Operationsschwester unter. Bei uns im Hospital arbeiteten viele polnische und bulgarische Flüchtlinge. Nach und nach wurden auch immer mehr deutsche Emigranten in unsrem Hospital angestellt. Wir wußten von ihren Papieren her nur, daß sie in Deutschland 'ne medizinische Ausbildung absolviert hatten. Höchstwahrscheinlich waren sie Kommunisten oder Sozialisten. Wir haben sie nicht danach gefragt. Übrigens waren die meisten Flüchtlinge auch Juden, aber bei uns im Krankenhaus spielte es keine Rolle, ob jemand Jude war oder nicht, bei uns wurden alle gleich behandelt. Die Emigranten haben ›frische Luft‹ in unser Hospital gebracht. Ich habe gern mit ihnen zusammengearbeitet. – Sieh mal: Bei uns in Belgien haben immer Menschen aus vielen Nationen gelebt. Und nicht nur Flüchtlinge! Als es hier nicht genug Arbeitskräfte gab, hat man Leute aus anderen Ländern geholt, aus unsren Kolonien. Die Schwarzen aus dem Kongo zum Beispiel wurden mit Gewalt hierher gebracht. Und jetzt gibt es viele Arbeitslose. Und da finden sich wieder Leute, die Haß gegen Ausländer propagieren, nur weil sie keine weiße Hautfarbe haben. Aber ich bin gegen Fremdenhaß, ich ging immer schon gern mit Menschen aus fremden Ländern um. 1936 sollte es hier wieder Wahlen geben. Und da diskutierte die Belegschaft unseres Krankenhauses, für wen man stimmen sollte. Eines Tages, während der Wahlkampagne, hörten wir, daß die Sozialisten Pot und Grijp von 'nem belgischen Faschisten erschossen worden waren. Kam das ganze Land in Aufruhr. Erst streikten die Antwerpener Hafenarbeiter. Dann gab es im ganzen Land Streiks. Die Hafenarbeiter, die Arbeiter aus den Kohlenminen protestierten gegen die Faschisten. Die Arbeiter forderten auch höhere Löhne, bessere Arbeitsbedingungen.

Meine Eltern, meine Geschwister und ich, wir fühlten uns den streikenden Arbeitern verbunden, der Sozialistischen Partei. Wir waren ja selbst eine Arbeiterfamilie. Wir wollten den Sozialismus – wie die meisten Leute von Trembleur. Und im Krankenhaus von Waremme war's nicht anders. Die Belegschaft und die Patienten sammelten Geld für die Streikkasse ein; fast das ganze Personal, sogar die Ärzte stammten ja aus Arbeiterfamilien. Dann kamen die Wahlen. Die allermeisten Belgier stimmten gegen die Faschisten. Sehr viele Leute, die sich sonst für rechte Parteien entschieden hatten, wählten diesmal Sozialisten und Kommunisten. Unsre Regierung mußte die Vierzig-Stunden-Arbeitswoche einführen, die Löhne der Arbeiter erhöhen. Jeder Arbeiter bekam sechs Tage bezahlten Urlaub im Jahr. Alle Belgier wurden verpflichtet, in die Sozialversicherung einzutreten. Von da an kriegten auch die einfachen Leute ärztliche Hilfe, wenn sie krank wurden.

Es stand hier groß in allen Zeitungen, als die faschistischen Generale den Krieg gegen die Spanische Republik begannen. Die ganze Belegschaft, sämtliche Patienten unseres Krankenhauses waren gegen Franco. Hier in Belgien waren überhaupt alle Leute gegen Franco. Beinahe alle. – Warum? – Na, weil diejenigen, die für die Spanische Republik kämpften, doch Menschen wie wir waren! Sie waren doch auch Menschen aus dem Volk – nicht die Reichen, die Mächtigen! Gleich im Sommer 1936 hat René Dumont angefangen, die Hilfe für die Spanische Republik zu organisieren. Dumont arbeitete als Arzt im Akademischen Krankenhaus von Brüssel, von daher kannte ich ihn. Er hat sehr viel dafür getan, daß in Belgien die Siedlungen für spanische Flüchtlingskinder eingerichtet worden sind. Dumont hat mich beauftragt, in meiner Freizeit die Emigranten medizinisch zu betreuen. Ich habe hier in Trembleur, in den Nachbardörfern und in Luik auch Geld gesammelt für die spanischen Kinder. In den umliegenden Dörfern wohnten die Bergarbeiter, in der Stadt die Metallarbeiter. War'n alle arm. Trotzdem gaben die Armen immer das meiste Geld. – Und weißt du, daß viele von diesen Flüchtlingskindern hiergeblieben sind!? Ja, viele von ihnen sind in Belgien großgeworden, wohnen immer noch hier. Während des Zweiten Weltkrieges haben wir sie bei belgischen Familien untergebracht, auch in Trembleur konnten wir einige spanische Kinder verstecken. Manche, die schon größer waren, halfen unsren Widerstandsgruppen.

Im Frühjahr 37 hatten die Faschisten mehrere Hospitäler der Interbrigaden bombardiert. Viele Patienten, Ärzte und Krankenschwestern sind dabei umgekommen. Die Internationale Rote Hilfe forderte die belgischen Mediziner auf, in den Kliniken der Interbrigaden zu arbeiten. Dort brauchte man dringend medizinisches Personal. Mehrere Chirurgen und praktische Ärzte aus Luik haben sich gemeldet. Ich auch. Nee, der Entschluß, in die Interbrigaden zu gehen, fiel mir überhaupt nicht schwer. Und als ich mich entschied, nach Spanien zu fahren, wußte ich, was mich dort erwartete. Ich hatte ja hier schon als Kind einen Krieg miterlebt. Aber ich bin den Republikanern *gern* beigesprungen. Ich habe mir gesagt: ›Man muß seinen Mitmenschen beistehen, so viel man kann. Hier gibt's genug Krankenschwestern, die sich um die Flüchtlingskinderle kümmern. Warum soll ich mich nicht mal in Spanien umgucken?‹ Und meine Eltern fanden richtig, daß ich den Republikanern helfen wollte. Mein Vater hat immer gesagt: »Ein Kranker ist ein Kranker, ein Verwundeter ein Verwundeter. Ob er nun rot ist oder nicht – du als Krankenschwester mußt ihm helfen.« Wir wurden von unseren Eltern eben mit dem Prinzip erzogen, alle Menschen zu respektieren. – 'nen Franco natürlich nie, nein! Und es sind Belgier in die Franco-Armee gegangen! Sogar ein paar Belgier*innen*! Alles Leute mit Geld. Aber ich hätte nie als Krankenschwester für die Franco-Armee gearbeitet. Ich habe Dumont gesagt, daß ich nach Spanien fahren will. Er hat mich eigentlich in die Interbrigaden ›verladen‹. Später ist Dumont auch selbst nach Spanien gekommen, wurde Arzt an der Front. Ich hatte noch keinen Paß, ich mußte erst einen beantragen. Ich habe ihn gekriegt ohne Schwierigkeiten. Und vom spanischen Konsul in Brüssel habe ich mir ein Visum in den Paß stempeln lassen. Als ich wegfuhr, sagten manche Leute hier im Dorf: »Die Republikaner dort in Spanien sind doch Kommunisten!« Dummes Getratsche! Um Getratsche habe ich mich nie geschert. Darum schert sich meine Schwester! Die Fahrt nach Spanien, mein Aufenthalt dort, meine Evakuierung – alles wurde legal abgewickelt. Die Spanische Regierung ist ja auch auf legale Weise an die Macht gekommen.

Im April 37 bin ich mit dem Zug nach Paris und dann nach Barcelona gefahren, der Bürgerkrieg war damals schon ungefähr ein Jahr im Gange. Während meines Aufenthalts in Spanien mußte ich mich aller sechs Monate beim belgischen Konsul in Barcelona melden. Er war sehr sympathisch. Er war für die Republik und interessierte sich für die Arbeit von uns Interbrigadisten. Ich bin später eigentlich durch halb Spanien gezogen, aber nach meiner Ankunft in Barcelona fuhr ich erst mal kurz nach Albacete, zum Stützpunkt der Interbrigaden. Von dort wurde ich zu 'nem anderen Ort geschickt. Den Namen dieses Ortes habe ich vergessen. Da lernte ich Doktor Blank kennen. Er war ein deutscher Arzt, der vor den Nazis nach Belgien geflüchtet war. Er hatte seine Frau und seine Kinder in Antwerpen zurückgelassen, und zusammen mit seinem ältesten Sohn ist er in die Interbrigaden eingetreten. Der Sohn hatte deshalb sogar sein Medizinstudium abgebrochen. Doktor Blank und ich mußten zwei, drei Tage warten, bis wir Bescheid kriegten, daß wir in einem der Hospitäler von Murcia arbeiten sollten. Dort gab es drei Krankenhäuser: Eins mit englischem Personal, das Akademische und das ›Pasionaria‹. Und ein Erholungsheim, das ›Rote Haus‹, gab's da auch. Als Doktor Blank und ich in Murcia ankamen, wollten wir uns erst mal den Operationsraum im ›Pasionaria‹ angucken. Wir kamen rein in den OP ... Sahen einen toten Mann auf dem Operationstisch ... Dieser Interbrigadist sollte am Kopf operiert werden ... Man benutzte damals zur Anästhesie kleine Masken mit Äther und Chloroform. Den Patienten hatte man betäubt mit Chloroform, das nicht mehr in Ordnung war. Ja, da kamen wir zu spät. Manchmal möchte man so gern seinen Mitmenschen beistehen, aber jede Hilfe kommt zu spät. Doktor Blank und ich konnten nur noch den Inhalt der Ätherflaschen kontrollieren lassen. Wir haben sofort sämtliche Medikamente, die es in der Apotheke gab, kontrollieren lassen. Aber wir kamen zu spät.

Doktor Blank und ich sollten im ›Pasionaria‹ und im ›Akademischen‹ arbeiten. Er wurde einer der leitenden Chirurgen. Ich hatte in beiden Hospitälern die Aufsicht über die Sterilisierung. Wir sterilisierten die Verbandsmittel, indem wir sie in 'nem Dampfkessel mit luftdichtem Verschluß auf hundertfünfzig Grad erhitzten. Ich war auch verantwortlich für die Anästhesie. In den Pausen zwischen den Operationen versorgten und verbanden wir Schwestern gemeinsam mit den Ärzten die Kranken. Ich glaube, daß wir in Murcia beinahe ununterbrochen gearbeitet haben. Im ›Akademischen‹ hatte jedes Mitglied unsres Personals ein Zimmer zur Verfügung. Da konnten wir schlafen, uns erholen. Aber wir haben nicht viel geschlafen. Wir waren beinahe immer müde. Die Spanier haben überhaupt 'nen anderen Tagesrhythmus als wir Belgier, sie stehn früher auf als wir. Na, damals waren wir noch jung. Da brauchte man es mit dem Ausruhn nicht so genau zu nehmen.

Zweimal ist Negrín, der Ministerpräsident, zu Besuch gekommen in unser Krankenhaus. Aber die meisten Schwestern und Ärzte hatten keine Zeit, ihn zu begrüßen, wir haben weitergearbeitet. Was sonst? Wir wußten ja nie genau, wann Negrín kommen würde. Wenn wir gerade operierten oder wenn wir mit dem Sterilisieren der Verbände beschäftigt waren, konnten wir doch nicht einfach aufhören mit der Arbeit!

Nein, wir hatten überhaupt keine Freizeit in Murcia, wir schliefen oder waren im Dienst. Nee, war auch keine Zeit, um Liebesbeziehungen anzuknüpfen. Wir hatten einfach keine Zeit für Verliebtheiten! Wenn wir mal ein paar Minuten pausieren konnten, lernten wir Spanisch. Oder wir unterhielten uns mit den Patienten. War nicht schwierig, mit ihnen zu reden. Wenn sie 'ne Sprache sprachen, die wir Schwestern nicht beherrschten, fand sich immer jemand, der übersetzen konnte. Und sonst redeten wir eben mit Händen und Füßen. Ich brachte den Reinemachefrauen, überhaupt dem spanischen Personal und den spanischen Patienten, Lesen und Schreiben bei. Die meisten Spanier konnten keinen Buchstaben lesen. Wir haben im Hospital eine Klasse für Kinder gebildet und eine für Erwachsene. Denn zu uns kamen auch oft herumstromernde Waisenkinder. Sie wußten, daß sie bei uns zu essen kriegten. Wir haben sie bei uns oder bei Pflegefamilien untergebracht. Und wir haben die Kinder unterrichtet. Die Kinderklasse und die Erwachsenenklasse kriegten immer abwechselnd im selben Raum Unterricht. Wenn wir Kreide hatten, dann beschafften wir uns ein Brett und schrieben da drauf. Nee, wir hatten keine Lehrbücher, manchmal schnitten wir Buchstaben aus Zeitungen aus. Oder wir lehrten bei schönem Wetter im Freien und schrieben die Worte einfach in den Sand. Es war phantastisch, wie gern die Spanier lernten! Sie wollten mehr lernen, sie stellten auch andauernd Fragen. Sie fragten uns, wo wir vor dem Bürgerkrieg gewohnt hatten, wie unser Heimatland aussieht. Man sah, daß die Spanier sehr hungrig auf Wissen waren, aber daß sie niemals die Gelegenheit hatten zu lernen. Leider konnten wir aus Zeitmangel nur 'ne Stunde pro Tag unterrichten. Wegen der Hektik war es überhaupt sehr schwierig, 'nen Unterrichtsrhythmus einzuhalten. Aber eins steht fest: Die Leute, die an unserem Kursus teilnahmen, haben doch gelernt, ihren Namen zu schreiben.

Die Spanier und wir Interbrigadisten, wir saßen im selben Boot. Und das Personal und die Kranken auch. Wir Schwestern und Ärzte taten immer unser Bestes, um die Patienten, die den größten Gefahren ausgesetzt waren, zu beschützen. Bei uns im ›Pasionaria‹ lag ein spanisches Mädele, dem ein Stück Schädel weggeschossen worden war. Ja, eine spanische Freiwillige. Ihre Wunde ist sehr gut verheilt, aber wir hatten keine Platte, um die ungeschützte Stelle zu bedecken. Sie sah tatsächlich aus wie die Fontanelle bei Babys, aber bei dieser Spanierin war die Lücke viel breiter, so ... Man konnte das Blut in den Adern pulsieren sehen. Wir sagten dem Mädel, daß sie sich sehr vorsehen müsse. Weil wir nicht die nötigen Mittel hatten, um die offene Stelle zu bedecken, war es besser, sie unberührt zu lassen. Wir wollten die Spanierin nach dem Krieg operieren. Sie lief herum, sie verrichtete leichte Arbeiten, es ging ihr also ziemlich gut. Als unser Hospital evakuiert wurde, blieb Doktor Diaz mit seinem Team in Murcia zurück. In dem Team arbeiteten weniger gute Ärzte mit. Die anderen Krankenschwestern haben mir erzählt, daß diese Ärzte sehr oft betrunken waren. Ich frage mich so oft, was mit dem spanischen Mädchen geschehen ist ... Ich erinnere mich auch an einen belgischen Freiwilligen, der an der Front schwerverwundet worden war. Er starb in unserem Krankenhaus. Wir haben ihn feierlich, mit militärischen Ehren begraben ... Seine Mutter hat mir später, als ich wieder in Belgien war, sein Foto geschickt ... Er starb in unserm Krankenhaus, ich war bis zuletzt bei ihm. − Ach, weißt du, ich rede nicht gern von unseren Patienten! Ich rede nicht gern von ihnen! Schluß damit! Schluß! Trotzdem ... Ach, trotzdem: Unter den Patienten war eigentlich immer jemand, der die anderen ablenken konnte. Wirklich, es kam sehr selten vor, daß unsre Kranken niedergeschlagen waren. Alle probierten immer, diejenigen, denen es schlecht ging, aufzumuntern. Auch die Schwerverletzten probierten noch, den anderen Mut zu machen. Manchmal lachten die Schwerverwundeten über ihr Unglück. Das war großartig, immer gab es Hoffnung. Ja, natürlich haben wir auch viel gelacht in Spanien! Aber ja! Wir organisierten sogar Feste für die Kranken. Wir haben viel gesungen. Ich kann nicht schön singen. Wenn ich singe, fängt es an zu regnen. Doch die Männer haben Chöre gebildet und gemeinsam gesungen. Wir hatten sogar Instrumentalgruppen! − Wo die Verwundeten die Instrumente herholten? − Weiß ich beim besten Willen nicht! Und manchmal hielten die Männer uns Frauen zum besten. Verwundete, die laufen konnten, sammelten für unser Hospital frisches Obst, meist Feigele. Wenn man frische Feigele ißt, krieg man 'nen harten, dicken Bauch. Sagten die Patienten: »Jetzt wirst du schwanger.« Solche gewagten Bemerkungen wie die mußte man mit 'nem Scherz auffangen.

Murcia lag im Süden, da lebten vor dem Bürgerkrieg viele Faschisten, die Reichen. Nicht alle Vertreter des alten Regimes waren nach Marokko geflüchtet! Zum Beispiel die meisten reichen Frauen nicht. Und viele junge Leute stellten nicht zur Schau, daß sie Faschisten waren. Dazu hatten sie viel zu große Angst. Aber an ihrer Haltung merkte man schon, daß sie nicht dieselben Ideen hatten wie wir. Ganz Spanien war scheinbar eine Republik, doch in der Nacht kamen junge Männer auf die Straße: Das waren die Faschisten. Sie kamen nachts aus ihrem Unterschlupf, manche sogar am Tage. Sie hätten eigentlich in der Armee sein müssen, entweder bei den Faschisten oder bei uns. Niemand kümmerte sich um die jungen Männer. Die Polizei oder die Miliz verhaftete keinen von ihnen. Man kann nicht sagen, daß Leute, die mit der Republik nicht einverstanden waren, es schwer hatten! Wenn sie zu uns ins Krankenhaus kamen, versorgten wir sie natürlich. Die Ethik verlangt ja, daß ein Mediziner jedem Kranken hilft. Und unser Personal hatte den Auftrag, Konflikte mit den Faschisten zu vermeiden. Wir fragten die Patienten nicht nach ihren politischen Ansichten. Übrigens sollten wir die Verwundeten auch nicht darüber ausfragen, was sie mitgemacht hatten. Selbst wir Schwestern mußten immer aufpassen, daß wir nicht zuviel erzählten. Aber natürlich haben wir zugehört, wenn die Kranken was auf dem Herzen hatten.

Murcia wurde nicht von den Faschisten bombardiert, weil Ihre Majestät, die Mutter von Franco, in Murcia wohnte. Und Francos jüngere Brüder, die sich nur nachts auf die Straße trauten. Ihnen ist niemals auch nur ein Haar gekrümmt worden. Die Familie Franco war sehr katholisch – wie die meisten Spanier, die im Süden wohnten. Man ließ die Katholiken in Ruhe. Professor Diaz brachte zum Beispiel Krankenschwestern mit, die vor dem Krieg Nonnen gewesen waren. Hat uns nicht weiter gestört. Ich weiß noch, daß in Murcia immer ein Pfarrer im Hospital rumlief. Ich hab nie mit ihm gesprochen, wir grüßten uns nur. Unser Personal fragte niemanden: »Bist du Katholik – oder hast du etwa einen anderen Glauben?« Unsre Belegschaft hat sich überhaupt nie mit Kirchenangelegenheiten beschäftigt. Wenn Patienten um die Sakramente baten, konnten sie die kriegen. Ich wurde nie von einem Kranken drum gebeten, 'nen Pfarrer zu holen. Aber ich habe wohl gesehen, wie spanische Patienten gebetet haben. Und ich selbst bin in Murcia nie in die Kirche gegangen, ich habe da nie gebetet. Hatte überhaupt keine Zeit dazu. In Spanien interessierte es eben niemanden, was für 'nen Glauben man hatte. Und 's war ganz schnuppe, aus was für einem Land man kam. In den Interbrigaden kämpften ja Leute aus ganz vielen Ländern mit: Polen, Amerikaner, Deutsche, Russen, Holländer ... Es gab sogar Vietnamesen! Das war so großartig: Wir verstanden uns alle so großartig! Jeder hatte natürlich mal seinen schlechten Tag, auch wir Krankenschwestern, aber die allermeisten Verwundeten waren sehr tapfer, sehr herzlich. Die Beziehungen zwischen uns und den Patienten waren sehr gut. Wenn ich mich an Spanien erinnere, erinnere ich mich besonders an das Gefühl der Zusammengehörigkeit, der Solidarität, die uns alle verband. Diese Zeit war für uns 'ne Periode tiefer Kameradschaft. Das bedeutet viel.

Ja, und die Kameradschaft setzte sich fort, weil wir Interbrigadisten uns nach dem Spanischen Bürgerkrieg in Belgien wiederfanden und auch im Widerstand zusammenarbeiteten. – Ich meine: Besonders in Brüssel, hier in Trembleur gibt's nicht so viele ehemalige Interbrigadisten. Aber wenn ich über die ehemaligen Spanienkämpfer rede, muß ich immer an den Kameraden Angelow denken. Das war ein guter Kamerad! Ich hatte ihn schon kennengelernt, bevor ich nach Spanien fuhr. Er mußte, weil er Kommunist war, aus Bulgarien nach Belgien flüchten. Als der Spanienkrieg ausbrach, trat Angelow in die Interbrigaden ein. Er wurde an der Front verwundet. Ich besuchte ihn, als er im Krankenhaus lag. Nach seiner Genesung wurde er Leiter der Administration des ›Roten Hauses‹, des Erholungsheims von Murcia. Und nach dem Spanischen Bürgerkrieg, als wir Interbrigadisten wieder nach Belgien zurückgekehrt waren, ging Angelow mit uns in den Widerstand. Angelow und ich waren in derselben Widerstandsgruppe ... Die Nazis schnappten ihn ... Er wurde furchtbar gefoltert, aber er hat keinen von unseren Kameraden verraten. Er kannte doch fast alle Mitglieder unserer Widerstandsorganisation! Er kannte so gut wie alle belgischen Interbrigadisten, aber er hat nicht einen von uns verraten! Ja, er war ein guter Kamerad ... Die Deutschen richteten ihn in Breedonk hin ... Nach dem Krieg hat die bulgarische Regierung ihm in Brüssel ein Denkmal errichten lassen. Ich habe gehört, daß es zu Ehren Angelows in Brüssel eine Gedenkfeier gegeben hat. Seine Tochter soll deshalb aus Sofia gekommen sein.

Während des Zweiten Weltkrieges haben beinahe ausnahmslos alle Spanienkämpfer dicht gehalten. Von unsren

mehr als hundert belgischen Interbrigadisten sind sehr viele im Krieg umgekommen, viele sind nicht aus den Konzentrationslagern zurückgekehrt. Ja, und von den wenigen, die den Zweiten Weltkrieg überlebt haben, ist einer nach dem anderen gestorben ...
Weil die meisten Interbrigadisten Mitglieder der Kommunistischen Partei waren, standen hier in Belgien alle Spanienkämpfer im Ruf, Kommunisten zu sein. Das ist in unsrem Land seit Urzeiten so: Wenn man nicht dieselben Ideen hat wie die Zeitungen, wird man zum Kommunisten abgestempelt. Ist mir schnuppe. Ich sage immer: »Ich bin stolz, daß man mich ›zur Kommunistin ernennt‹!« Es ist wahr: Wenn man sich dafür einsetzt, daß jeder Mensch zu essen und zu trinken haben muß und jeder Mensch sich selbst ernähren können muß, dann ist man ein Sozialist. Natürlich ist es schwer, die Ideen der Sozialisten zu verwirklichen. Doch ich bin dafür, daß niemand Hunger leiden muß. Darum bin ich für den Sozialismus. Und wenn Gläubige sich an die Religion von Jesus Christus halten, gelten für sie dieselben Gesetze wie für die Kommunisten. Nee, im Gegenteil: Der Kommunismus ist der Kern des Glaubens! Ein guter Katholik muß zuallererst Sozialist sein. Wenn man sich an den Glauben hält, dann ist das so. – Und was bist du?
Eines Tages wurde in unser Hospital ein amerikanischer Verwundeter eingeliefert. Er mußte an der Wirbelsäule operiert werden. Aber es gab unter unseren Chirurgen niemanden, der so 'nen Eingriff ausführen konnte. Da ist ein amerikanischer Chirurg gekommen und hat seinen Landsmann operiert. Ich habe bei diesem Eingriff assistiert. Der Patient war gelähmt am Becken und an beiden Beinen, und nachdem er operiert worden war, konnte er

seine Gliedmaßen wieder spüren ... Zwei oder drei Tage später kam der Befehl zur sofortigen Evakuierung unseres Hospitals. Ich kann nicht mehr sagen, wann das war, aber von einem Tag auf den anderen mußten wir Murcia verlassen, weil die Faschisten im Norden aufgerückt waren. Alle Patienten, die nicht bettlägerig waren, sind mit uns mitgekommen. Wir hatten keine Krankenwagen, die waren an der Front. Uns standen auch keine anderen Autos zu Verfügung – nichts. Wir erkundigten uns, was mit den Kranken passieren sollte, die frisch operiert waren. Mußten wir in Murcia zurücklassen, wir konnten sie nicht mitnehmen ... Dann wurde noch eine Gruppe spanischer Mediziner nach Murcia geschickt. Sie sollten die Patienten, die zurückbleiben mußten, betreuen. Ich habe mit diesen Ärzten nicht über ihren politischen Standpunkt gesprochen, aber ich hatte eher den Eindruck, daß sie Faschisten waren. Auf jeden Fall vertraute ich ihnen kaum. Der Verband des Amerikaners, der an der Wirbelsäule operiert worden war, durfte nicht berührt werden in den ersten Tagen. Wir hatten die Doktoren, die uns ablösen sollten, gebeten, den Verband nicht zu berühren. Ich habe gesehen, wie die spanischen Ärzte den Krankensaal betraten, auf den amerikanischen Interbrigadisten zusteuerten ... Ich habe gesehen ... Ich habe gesehn, wie sie den Verband abrissen. Ja, manchmal war es sehr traurig.

Am Anfang, als wir in Murcia waren, hörten wir noch ab und zu was über die Kämpfe an der Front. Aber später gar nicht mehr. Und wenn uns immer mal irgendwelche Nachrichten zu Ohren kamen, dann hatten wir keine Zeit, uns Gedanken darüber zu machen. Wir waren doch ununterbrochen damit beschäftigt, die Kranken zu versorgen. Wir folgten eben den Befehlen der Leitung der Interbrigaden, als wir Murcia verließen. Wir *mußten* weg. Wir konnten nur die Taschen mit den Gerätschaften für die Nothilfe mitnehmen. Natürlich begriffen wir schon, daß unsere Truppen eine Schlacht nach der anderen verloren. Es tat uns schon weh, daß die Kämpfe an der Front nicht so ausgingen, wie sie hätten ausgehen müssen. Aber wir *mußten* das Hospital evakuieren, die Kranken weiter versorgen. Wir mußten tun, was nötig war. Wenn man immer nur Tote sieht, Tote und Verwundete, dann ... Tat schon weh am Ende. Wenn man immer nur Elend sieht, Menschen immer nur Hunger und Schmerzen leiden sieht, Menschen klagen hört, dann fragt man sich eines Tages: ›Wie ist es möglich, daß es so viel Leid auf der Welt gibt? Wir sind doch alle Menschen! Wie können Unschuldige durch so viel Leid getroffen werden?‹

Beim Rückzug kamen wir erst nach Valencia, dann nach Castellon de la Plana, dann nach Barcelona. Dort kamen wir als letzter Konvoi an. Niemand erwartete uns, wir fühlten uns ganz verloren. Wir stanken, so schmutzig waren wir von der langen Reise. Bin ich in eins der besten Hotels von Barcelona gegangen und hab um ein Zimmer mit Bad gebeten. »Du bist sicher 'ne Kommunistin, he?« fragte der Mann an der Rezeption. Aber ich kriegte doch ein Zimmer mit Bad, und in dem Bad haben sich alle, die sich in unsrem Konvoi befanden, gewaschen. Einer nach dem andren, und ich als erste. – Sag mal, jetzt denkst du dir doch nicht sonstwas?

In Barcelona blieben wir nur ganz kurz, dann wurden wir nach Vich geschickt. Dort haben wir in 'nem alten Kloster ein Hospital eingerichtet. Die Säle des Klosters desinfizierten wir, indem wir die Wände tünchten und den Fußboden mit Bleichwasser abschrubbten. Die Patienten halfen uns bei der Arbeit. Im Hof des Klosters stand 'ne Fontäne. In deren Wasser schwammen Goldfische. Es war heiß, und die Kranken und auch das Personal haben sich auf das frische Wasser gestürzt. Wegen der Hitze tranken wir alle sehr viel Wasser aus dem Springbrunnen. Zwei Tage nach unsrer Ankunft waren die Goldfische tot. Und die ersten Patienten kriegten Magenbeschwerden. Nach ein paar Tagen brach eine Dysenterieepidemie in unserem Hospital aus. Wir entdeckten, daß jemand von 'ner Senkgrube eine Leitung zu dem Springbrunnen gelegt hatte. Man vermutete, daß das Wasser des Springbrunnens absichtlich vergiftet worden war. Beinahe alle unsere Patienten, beinahe die gesamte Belegschaft kriegte Ruhr. Die wenigen, die gesund blieben, konnten unmöglich so viele Kranke versorgen. Wir mußten ein amerikanisches Team um Hilfe bitten. Die Amerikaner brachten Flaschen mit physiologischer Kochsalzlösung mit. Wir hatten keine mehr. Die Epidemie war kaum ganz abgeklungen, da wurden wir mitsamt den Kranken weiter nach Norden geschickt. Doktor Blank konnte noch die Patienten betreuen, dann ist er selbst krank geworden. Sein Sohn Ernst, der wie sein Vater Interbrigadist war, hatte ihn gerade besucht und war wieder zurück an die Front gegangen. Wenig später hörten wir, daß die Faschisten zum Mittelmeer durchgebrochen waren ... Dann starb Doktor Blank ... Ja, ich hatte ihn gern. Er war ein feiner Mensch. Sehr fein.

Ein Dorf direkt an der französischen Grenze war unser letzter Zufluchtsort. Da haben wir zum letzten Mal ein Krankenhaus eingerichtet. Feliú de Guixols war, als wir da ankamen, ein unbewohnter Villenort. Wir sind ziemlich lange dort geblieben. – Wie lange genau? – Weiß nicht mehr. Vor allem in Feliú de Guixols hatten wir viel zuwenig Medikamente und medizinische Gerätschaften. Eigentlich standen uns während des ganzen Spanienkrieges viel zuwenig Heilmittel zur Verfügung – oder sie wurden schlecht verteilt. Wir wußten uns trotzdem zu helfen mit dem, was wir eben hatten. Außerdem kriegten einige Patienten von ihrer Familie immer mal ein Paket mit Medikamenten geschickt. Die verteilten wir. Wir gaben sie den Kranken, die sie am nötigsten hatten. Die Pakete wurden uns aus Belgien, Frankreich, Holland geschickt. Viele wurden unterwegs geklaut, nur wenige kamen bei uns an. Oft waren Zigarettele drin. Die Absender wußten genau, wofür wir Interbrigadisten eine Schwäche hatten! Aber Zigaretten, die uns geschickt wurden, rauchten wir nicht. Wir rauchten Heu, denn Zigaretten konnten wir manchmal auf dem Schwarzmarkt gegen Medikamente eintauschen. Weil wir hungern mußten, hatten die Patienten keine Widerstandskraft mehr, auch kleinere Wunden konnten sich entzünden und lebensgefährlich werden. Zum Beispiel zogen sich Leute, die sich den Arm oder das Bein gebrochen hatten, oft noch 'ne Infektion zu. Wir legten die Verletzten in die Sonne, da heilten ihre Wunden besser. Aber ihren Hunger konnten wir nicht stillen. Zum Glück kriegten wir ab und zu Obst. Sonst gab es getrockneten Fisch: Kabeljau, Kabeljau, Kabeljau. Wir gaben den Kranken und Verwundeten immer zuerst das Essen. Dann kriegten die Hospitalangestellten ihre Mahlzeit.

Kurz vor dem Abendbrot sind ein Arzt und ich mal gerufen worden zu einer Frau, die mitten auf 'nem Feld niederkam. Als ich wieder zurückkehrte ins Hospital, sah ich, wie die holländischen und die belgischen Interbrigadisten tuschelten, sie taten merkwürdig. Sie riefen mich: »Petro, Petra ...« – Das war für sie dasselbe. – »Komm mal her, wir haben ein leckeres Beefsteak für dich.« Ich fragte, ob die anderen Verwundeten auch davon gegessen hatten. Denn seit Valencia hatten wir für die Kranken kein Fleisch mehr bekommen. Und wenn sie kein Fleisch kriegten, kriegte die Belegschaft erst recht keins. »Wir haben das Beefsteak für dich aufgehoben«, sagten die Patienten. »Wir sind schon fertig mit essen.« Ich fragte: »Haben die anderen Schwestern schon was abgekriegt?« – »Ja, wir haben alle gegessen.« Und ich aß mit großem Appetit, der Koch hatte das Fleisch so gut gebraten! Es schmeckte wie Karbonade! Es schmeckte mir so gut! Wir hatten so lange kein Fleisch gegessen! Aber wenn ich zum Fenster guckte, sah ich immer Köpfe hochkommen und wieder wegtauchen. Ich merkte, daß irgendwas nicht stimmte, und ich sagte: »Ich habe herrlich gegessen! Was ihr mir auch vorgesetzt habt, es hat mir herrlich geschmeckt.« Da begannen die Kranken zu bellen: »Wau! Wau! Wau!« Die Verwundeten, die laufen konnten, streunten oft durch die Felder rings ums Dorf. Sie sammelten Obst und fingen wilde Tiere. Einmal gelang es 'nem Verwundeten eben, 'nen Hund zu fangen. Ich sagte den Patienten: »Was wollt ihr? Ich bin nicht von dem Essen gestorben, also war es gut.« – Und siehst du: Ich lebe immer noch!

Es sind Krankenschwestern in Spanien umgekommen! Ich habe es selbst erlebt: Nicht weit von Feliú de Guixols sollte ein Lager für die spanischen Waisenkinder eingerichtet werden. Für das Lager waren Krankenschwestern vom Schweizer Roten Kreuz verantwortlich. Sie bereiteten gerade Villen auf die Ankunft der Kinderle vor. Eine dieser Krankenschwestern besuchte unser Hospital. Es ähnelte 'nem gewöhnlichen Bauernhof in 'nem gewöhnlichen Dorf. Die Schweizerin fragte, warum wir kein rotes Kreuz auf das

Dach unsrer Klinik gemalt hatten. Ich sagte: »Machen wir niemals mehr. Denn wenn wir ein rotes Kreuz anbringen, werden wir zwei Stunden später von den Faschisten bombardiert.« Tatsächlich kam auch ein kleines Aufklärungsflugzeug. Ich warnte die Schweizerin: »Paß auf! In zwei Stunden werden die Faschisten das Lager bombardieren!« Sie ist ganz schnell in ihr Dorf zurückgelaufen ... Sie ist zurückgelaufen ... Sie kam zu spät. Die Faschisten hatten das Kinderheim schon bombardiert. Die Schufte! Zum Glück waren in dem Haus noch keine Kinder untergebracht, sie sollten erst am nächsten Tag kommen. Eine Krankenschwester kam um ... Eine andere wurde verwundet ... Das Bein wurde ihr abgerissen.

Die Faschisten hatten wirklich vor nichts Respekt! Vor nichts! Die Deutschen haben ihre Flugzeuge, die Messerschmitts, in Spanien getestet. Sie tankten in Marignane, einem französischen Flugplatz bei Marseille. Und von dort kamen sie mit ihren Flugzeugen nach Spanien und bombardierten unsere Hospitäler. Die Faschisten hatten es gerade auf unsere Krankenhäuser abgesehen, die sind viele, viele Male bombardiert worden! Das machten unsre Leute, die Republikaner, nicht! Aber die Faschisten schossen auf alles, was sich bewegte. An manchen Tagen gab es in den Städten Lebensmittelzuteilungen. Dann standen die Menschen Schlange. Das nutzten die Faschisten aus. Gleich am ersten Tag, als wir in Vich ankamen, habe ich gesehen, wie die Bevölkerung, als sie auf Lebensmittel wartete, mit Maschinengewehren beschossen wurde. Ein sechsjähriges kleines Mädchen wurde in tausend Stücke geschossen. Sie wurde feierlich, mit vielen Blumen, beerdigt ... Wenn man sah, wie Kinder und alte Menschen auf den Straßen niedergemetzelt wurden, das tat weh. In den Städten wohnten doch nur noch Kinder, Frauen und alte Menschen. Und hilflose Kinder wurden von den Faschisten einfach so niedergemetzelt! Also ich habe mein Leben lang jedem helfen wollen, ich bin gegen Gewalt. Ich bin absolut gegen Gewalt. Doch ist es manchmal in der Praxis so, daß man sich gegen die Stärkeren nur noch mit Gewalt verteidigen kann. Wie denn sonst hätte die Spanische Republik sich verteidigen können? Wie denn sonst?!

Für uns Interbrigadisten war der Krieg noch am wenigsten schlimm. Wer kämpft und arbeitet, der denkt nicht nach. Der sieht wohl, wie die Menschen neben ihm fallen, einer nach dem anderen. Aber er hat keine Zeit zum Nachdenken. Glaube mir: Krieg ist etwas Furchtbares. Ich spreche aus Erfahrung, ich habe schon in meiner Kindheit 'nen Krieg mitgemacht. 1914 ist die Kirche von Trembleur in Flammen aufgegangen, das ganze Dorf ist verbrannt. Die Deutschen haben am anderen Ende des Dorfes angefangen, die Häuser in Brand zu stecken und in die Luft zu jagen. Und meine Familie blieb hier in diesem Haus, wir sind nicht geflüchtet. Deutsche Soldaten kamen in unsern Garten und aßen die Erdbeeren auf. Einen von denen schimpfte mein Vater aus. Er wurde mit dem Bajonett bedroht. Der Deutsche hielt meinen Vater mit dem Bajonett gegen diese Mauer dort gepreßt. Beinahe hätte der Soldat meinen Vater aufgespießt. Da kam ein Elsässer hinzu, der Kommandeur. Dieser Elsässer sprach Französisch, er hat im letzten Moment noch gerufen: »Die schmecken aber gut, Ihre Erdbeeren!« Und so ließ der Soldat das Bajonett sinken. Mein Vater hatte Glück, die Deutschen ließen ihn frei. Aber sie haben den Bürgermeister, den Pastor und ein paar Stadträte umgebracht. Die Deutschen haben die Männer von Trembleur zusammengetrieben, sie mitgenommen auf ein Feld und da erschossen. Ja, das geschah 1914 in diesem Dorf. – Seltsam. Ich habe das noch nie jemandem erzählt. Ist das erste Mal. Was ich dir heute erzählt habe, habe ich noch nie jemandem erzählt. Was? – Nein, natürlich habe ich die Deutschen nie gehaßt! Nicht im Ersten Weltkrieg, als sie Trembleur in Brand steckten, nicht, als sie die spanischen Kinder umbrachten. Und auch nicht im Zweiten Weltkrieg. Nein, ich habe niemals jemanden gehaßt. Hör mal, es war die Maschinerie, in die diese Menschen reingeraten sind. Gegen diese Maschinerie waren wir, gegen die unmenschlichen Ideen der Nazis – nicht gegen die Deutschen! Diese Menschen wurden einfach irregeführt. Was sonst?!

Ich blieb in Spanien bis fast zum endgültigen Ende des Krieges, ich glaube bis zum Januar 39. Ich gehörte zu den letzten Interbrigadistinnen, die evakuiert wurden. Wir wollten die Republik nicht verlassen. Wir fragten uns mit Angst und Sorge ab, wie es den Spaniern nach Francos Sieg ergehen würde. Ach, die Spanier waren ein so gutes, mutiges Volk! – Zumindest gilt das für die Spanier, die ich kennengelernt habe. Bei uns im Hospital arbeitete auch ein spanischer Arzt. Ich fragte ihn, was er nun machen würde. »Ich bleibe hier. Das Volk braucht mich als Arzt«, sagte er. Er ist in seiner Heimat geblieben, er wollte nicht ins Ausland flüchten – obwohl er damit riskierte, ins Gefängnis geworfen zu werden. Ich habe ihn bewundert, denn niemand wußte, was Leuten wie ihm zustoßen würde.

Als Barcelona gefallen war und die Franco-Truppen schnell nach Norden vorrückten, sind wir per Frachtauto mit den letzten Verwundeten über Figueras nach Port Bou gefahren. Wegen dem schnellen Vormarsch der Faschisten in Katalonien begriffen wir, daß die Republik unterging ...

In Frankreich wurden wir Interbrigadisten getrennt von den Spaniern, die mit uns die Grenze passiert hatten. Unter ihnen befanden sich auch Vertreter der republikanischen Regierung. Die Verletzten wurden von da an von französischen Medizinern betreut. Und die ehemaligen Spanienkämpfer wurden sofort mit dem Zug nach Paris geschickt. Es war damals eisig kalt. Wir Krankenschwestern zitterten vor Kälte, wir hatten nur unsere Kittel an. Weil die Freiwilligen in Spanien nichts verdienten, hatte ich keinen einzigen Franken in der Tasche, als ich in Paris ankam. Die englische Krankenschwester Angela Guest war auch pleite. Sie hatte im englischen Hospital von Murcia gearbeitet. Wir halfen uns gegenseitig, wir kamen sehr gut miteinander aus. Angela und ich besaßen kein Geld – aber wir hatten beide ein goldenes Ringele. Die Ringe verkauften wir, um die Zugreise nach London und Brüssel bezahlen zu können.

Nach meiner Rückkehr aus Spanien konnte ich hier erst keine Arbeit finden. Ich habe mich beworben in verschiedenen katholischen Krankenhäusern. Wenn die Oberin mich fragte, wo ich gearbeitet hatte, und ich antwortete ihr: »Bei den Interbrigaden«, dann sah ich, wie ihr Gesicht sich verzog. Und plötzlich waren alle Stellen im Hospital besetzt, obwohl die Oberin doch zwei Minuten vorher noch Personal suchte. Niemand sagte es mir ins Gesicht hinein, aber ich wurde nicht angenommen, weil ich in Spanien gewesen war. Schließlich kriegte ich 'ne Stelle in einem Sanatorium der Sozialdemokratischen Partei in Tonbeek, dort wurde ich doch angenommen. Und einige Monate später habe ich angefangen zu arbeiten im Brüsseler Akademischen Krankenhaus.

Inzwischen kamen die Berichte vom endgültigen Zusammenbruch der Spanischen Republik. Wir durften hier in Belgien nicht laut sagen, daß deutsche Flugzeuge in Frankreich tankten, um hinterher nach Spanien zu fliegen und die spanischen Städte zu bombardieren, um Menschen zu ermorden. Die Interbrigadisten und die Kommunisten wußten spätestens nach dem Münchner Abkommen, was auch auf Belgien zukommen würde. Wir wußten, daß unser Land bald von den Deutschen überfallen werden würde. Doch wer das laut sagte ... kam ins Gefängnis. War uns aber schnuppe. Gleich nach unsrer Rückkehr aus Spanien haben wir eine Widerstandsgruppe geformt, die aus ehemaligen Interbrigadisten bestand. Die meisten Mitglieder unsrer Gruppe hatten mal im Hospital von Murcia oder in Vich gelegen, und ich hatte sie da gepflegt. Sie wußten, daß ich Belgierin war. Und da sagten sie: »Ach, da ist ja unsere Belgierin!« Sie kannten meinen Namen nicht. Denn die meisten Interbrigadisten hatten während des Spanienkrieges Decknamen.

Ich habe dann noch 'ne Hebammenausbildung absolviert, um mich im Krieg, wenn es Ausgangssperren geben würde, frei bewegen zu können. Gleich von meinem ersten Lohn nach meiner Rückkehr aus Spanien kaufte ich auch 'ne Schreibmaschine. Ich brauchte die Schreibmaschine für unsere Widerstandgruppe, damit wir Pamphlete gegen die Faschisten schreiben konnten. Und weil ich aus Erfahrung wußte, daß im Krieg die Seife knapp wird, schaffte ich mir ganze Vorräte davon an.

Ganz kurz vor dem Zweiten Weltkrieg habe ich noch meinen Freund kennengelernt. Wir beide waren nicht offiziell verheiratet, weil er nicht heiraten konnte. Mein Freund war zehn Jahre älter als ich. Er war nach dem Ersten Weltkrieg in Deutschland als Besatzungssoldat gewesen.* Er hatte dort 'ne deutsche Frau kennengelernt und geheiratet und ist mit ihr nach Belgien zurückgekehrt. Aber sie war für die Nazis, deshalb gab es Krach in der Ehe meines Freundes. Eines Tages, als er von der Arbeit nach Hause kam, stand nur noch der Ofen in der Wohnung, seine Kleider lagen auf dem Fußboden. Die Frau meines Freundes hatte sich abgesetzt mit sämtlichen Möbeln. Sie war nach Deutschland zurückgegangen. Mein Freund hat später probiert, zu erfahren, wo sie lebt. Aber er kriegte keine Antwort auf seine Briefe, er hat nie wieder was von seiner Frau gehört ... Das war also der Grund, warum wir zusammengelebt haben, ohne verheiratet zu sein.

Mein Freund arbeitete vor dem Zweiten Weltkrieg bei der Sozialversicherung. Er war während des Spanienkrieges dafür verantwortlich gewesen, daß uns von Belgien aus die Medikamente geschickt wurden, die wir in unseren Hospitälern am dringendsten brauchten. Und als ich zurückgekehrt bin nach Brüssel, ging ich zu ihm, um mit ihm über die Arbeit der Interbrigaden zu sprechen. So haben wir beide uns kennengelernt. Und bald darauf hat er mir den Vorschlag gemacht, mit ihm zusammenzuleben. Da habe ich ihm gesagt: »Hör mal, mein Lieber, wenn du mit mir zusammenleben willst, wirst du mit mir in den Widerstand gehen müssen.« Und mein Freund kam auch tatsächlich zu den Versammlungen unsrer Widerstandsgruppe.

Dann kam der Mai 1940 ... Ich frag mich oft, wie die Mächtigen es schaffen, die einfachen Menschen so weit zu bringen, daß sie freiwillig in den Krieg ziehen?! Wie schaffen die Mächtigen das nur?! Na, jedenfalls, im Mai 1940

---

* 1923 besetzten französische und belgische Truppen zusammen das Ruhrgebiet als Reaktion darauf, daß Deutschland seine Kriegsschulden nicht abzahlte.

überfielen die Deutschen unser Land mit Segelflugzeugen und mit motorisierten Truppen – nicht mehr zu Fuß wie 1914. Hatten wir wieder Krieg. Ich weiß noch, im April 1940, kurz vor dem Krieg, wurde mein Bruder einberufen. Den Deutschen gelang es innerhalb von zwei Wochen, Belgien zu besetzen. Kurz nach der Kapitulation unsrer Armee sah ich meinen Bruder und die andren Soldaten seines Bataillons auf dem Gare du Nord in Brüssel. Ich habe ihm gesagt: »Hau doch ab! Du und deine Kameraden, ihr müßt das Weite suchen! Ihr werdet doch nach Deutschland deportiert!« Sie haben nicht auf mich hören wollen. Auf dem Gare du Nord hat mein Bruder nicht auf mich hören wollen! Dabei sind viele belgische Soldaten geflüchtet! – Naja, viele ... Ich kenne ein paar Männer aus unsrem Dorf, die aus dem Zug, der sie nach Deutschland bringen sollte, geflüchtet sind und zu Fuß zurück nach Hause kamen. Sie hatten keine Centime bei sich, nur ein großes Zwei-Kilo-Brot. Aber mein Bruder und seine Kameraden wollten nicht flüchten, sie wollten sich ihren Sold abholen. Am nächsten Tag bin ich zu der Kaserne gegangen, wo das Bataillon interniert worden war. Traf ich keine Menschenseele mehr, morgens um fünf Uhr waren die Soldaten in Richtung Deutschland abgefahren. Sie wurden gebracht nach ... Ich weiß nicht mehr, wohin ... Mein Bruder und seine Kameraden waren – wie so viele belgische Männer – fünf Jahre lang in Kriegsgefangenschaft. Als mein Bruder aus Deutschland zurückkam, ging es ihm gesundheitlich und psychisch sehr schlecht. Zum Glück habe ich ihm helfen können.

Während des Krieges haben mein Freund und ich gemeinsam für den Widerstand gearbeitet. War selbstverständlich. Wenn man jung ist, geht das. In unserer Widerstandsgruppe arbeiteten ganz verschiedene Leute mit: Kommunisten, Katholiken, Sozialisten. Und in beinahe allen belgischen Widerstandsgruppen waren ehemalige Spanienkämpfer. Durch meinen Hebammenberuf hatte ich freies Geleit, ich durfte zu jeder Zeit überallhin. War mir eine große Hilfe. Denn so konnte ich Botendienste zwischen den einzelnen Widerstandsgruppen leisten. Die Hausmeisterin vom Saint-Pieter-Krankenhaus in Brüssel hatte ein jüdisches Kind versteckt, dessen Eltern geschnappt worden waren. Wenn 'ne Razzia stattfinden sollte, haben wir die Hausmeisterin gewarnt. Es gab ein ganzes Netz von Leuten, die einander auf dem laufenden hielten. Es ging natürlich vor allem darum, Menschenleben zu retten. Also mußten wir für Untertauchadressen sorgen. Ich hatte verschiedene Wohnadressen in Brüssel. Nicht registriert bei der Gemeindeadministration, denn wir kannten die Beamten, die mit dem Widerstand sympathisierten. Manchmal hatte ich drei, manchmal sogar vier Wohnungen. Da drin haben wir Juden versteckt, Widerstandskämpfer und ausländische Flüchtlinge. Menschen untertauchen zu lassen, das war in der Stadt leichter als auf dem Land. Mein Freund und ich haben verschiedene Leute von verschiedenen Nationen gerettet. In diesem Haus hier haben wir auch ausländische Flüchtlinge versteckt, sie wurden von meinen Eltern versorgt. Zum Beispiel war hier Doktor Guellipter, eine Polin mit 'nem Weinfleck im Gesicht.

Meine Kollegin, mit der ich in einer meiner Wohnungen zusammen wohnte, wurde gefaßt. Sie war eine Polin. Wie hieß sie auch gleich …? Sie hat drei Jahre im Konzentrationslager gesessen, in Ravensbrück. Ja, sie hat das Lager überlebt, sie hatte Glück. Aber als sie von Ravensbrück zurückkam, sah sie aus wie eine Leiche.

In unsrer Widerstandsgruppe war auch ein Arzt. Wir wußten nicht, wie er hieß. Er wurde geschnappt, in ein Lager deportiert. Er ist nie wieder zurückgekehrt ... Ich hatte Glück, die Deutschen haben mich nicht gesucht. Ich habe wirklich Glück gehabt. Viele Widerstandskämpfer sind umgekommen, leider sind viele von uns von den Deutschen erwischt und hingerichtet worden. Ja, die meisten Kameraden leben nicht mehr. Ich sehe sie noch vor mir, aber ich weiß ihre Namen nicht mehr. Ich denke an sie.

1944, kurz vor der Befreiung, fuhr ich mit dem Zug von Brüssel nach Luik. Luik liegt ganz nah an der deutschen und holländischen Grenze, und damals zogen die Deutschen sich schon zurück. Bewaffnete Widerstandskämpfer kämmten den Zug durch. Sie fischten mich raus. Sie hielten mich für 'ne Faschistin, die mit den Deutschen auf die Flucht gehen wollte. Wie konnte ich die Kameraden in so 'ner Situation überzeugen, daß ich eine von ihnen war?! Sie wollten mich erschießen ... Im letzten Moment kamen Leute aus einer andren Widerstandsgruppe, die mich erkannten ...

Sieh dir mal meine Hände an: Sie zittern so, daß ich jetzt nicht mehr schreiben kann. Im Zweiten Weltkrieg und in Spanien haben meine Hände nicht gezittert. Die Spannung, unter der man damals stand, die ständige Angst fühlt man erst jetzt. Ich hatte mir auch immer so große Sorgen um meine Eltern gemacht. Schade, daß ich so wenig für sie tun konnte. – Nee, du verstehst mich falsch: Ich hatte Angst um die *andren*, nicht um mich selbst! Angst um mich selbst hatte ich nie. Ich habe auch jetzt keine Angst vor dem Tod. Der kommt, wenn es sein muß.

Im September 1944 war unser Land endlich befreit. Nach dem Krieg habe ich vom Verteidigungsminister verschiedene Auszeichnungen gekriegt für meine Arbeit im Widerstand. Ach, diese vielen Medaillen! Sind nur dazu gut, daß man sie in eine Schublade steckt. – Aber 1948 ist noch was Wichtiges passiert: Da war ich schon neununddreißig Jahre alt, aber ich habe doch noch einen Sohn gekriegt. Mein Freund und ich, wir waren ja nicht offiziell verheiratet, trotzdem habe ich einen Sohn von ihm gekriegt. Unsre Familie hatte es gut miteinander. Als mein Mann starb, war mein Sohn elf, beinahe zwölf Jahre alt. Ich habe für ihn weitergearbeitet bis zu meiner Pension, bis ich fünfundsechzig war. Ich wollte, daß er 'ne gute Ausbildung bekommt. Er ist Lehrer geworden – ein sehr schöner Beruf. Mein Sohn hat zwei Kinderle und wohnt bei Hanut. – Sag mal, hab ich dir jetzt nicht schon genug erzählt? Ich kann mir überhaupt nicht vorstellen, daß jemand mein Leben interessiert. – Ja, manchmal sehe ich noch Gaston Marais, der wohnt jetzt in Brüssel. Er erzählt mir immer mal am Telefon von den Treffen der ehemaligen Spanienkämpfer. Im vorigen Jahr sind wir auch zusammen mit dem Auto nach Paris gefahren, zum Begräbnis eines Interbrigadisten. In Paris haben wir bei Kameraden gewohnt – wie damals, als wir nach Spanien fuhren. Da wurden wir auch bei Kameraden in Paris untergebracht. Aber ich fahre nicht mehr zu den Spanienkämpfer-Treffen nach Brüssel. Ich fahre nicht mal mehr nach Luik. Ich habe kein Auto. Ich muß alle Reisen mit dem Bus und mit dem Zug machen. Das ist mir zu anstrengend. Außerdem sind in bestimmten ehemaligen Widerstandsgruppen Streitereien entstanden, als wir uns nach dem Krieg wieder zusammenfanden. In Spanien haben wir uns gut verstanden, im Widerstand auch – aber danach nicht mehr.

Politisch bin ich nun nicht mehr aktiv. Der Bürgermeister und verschiedene Stadträte von Trembleur sind Sozialisten. Ab und zu gehe ich zu den Versammlungen der Sozialistischen Partei – das ist alles. Ich habe ein paar Jahre lang für die Rentner der Partei Ausflüge organisiert. Jetzt habe ich damit aufgehört, weil mich das zu sehr anstrengt und weil ich sehr vergeßlich werde. In meinem Alter kann man nicht mehr viel tun! Die jungen Leute müssen meine Arbeit übernehmen!

Alles in allem bin ich zufrieden damit, wie ich mein Leben verbracht habe. Ich bin glücklich, weil mein Sohn 'nen schönen Beruf hat. Das ist das wichtigste. Daß unsere kleine Familie richtig gesund bleibt, das ist eigentlich das Allerwichtigste. Ja, und ich möchte gesund bleiben bis zu meinem letzten Tag. Und wenn ich etwas mehr Geld hätte, würde ich mein Häusele gern in Schuß bringen, es ist ziemlich baufällig. Ich habe noch Glück gehabt, mein Sohn hat es vor ein paar Jahren renoviert. Im ganzen Haus gab's nur einen Wasserhahn. Zwar Licht, aber kein Bad. Und das WC war draußen im Garten. Sieh mal, dieses Fenster da: 1940 haben die Deutschen die Kirche in die Luft gejagt. Meine Schwester kochte gerade Kaffee für die Flüchtlinge, die bei uns untergetaucht waren. Mein Vater und die Untergetauchten saßen am Tisch. Ein großer Stein kam durch das Fenster geflogen. Er hat diesen Eichentisch hier genau in der Mitte gespalten. Aber niemand wurde verletzt. Jetzt sieht man keine Spur mehr von diesem Stein, das Fenster hat mein Sohn erneuert kurz vor meiner Pension. Und auf den Tisch hat mein Sohn 'ne neue Platte gesetzt. – Ach, ich wünschte mir, daß es keinen Krieg mehr geben wird. Die heutigen Waffen werden nicht nur Eichentische zertrümmern, sondern die ganze Welt. Ich bin auch gegen die Atomraketen! – Aber was kann man schon dagegen tun, daß sie hier stationiert werden?! Die Amerikaner benehmen sich, als ob wir ein von ihnen erobertes Land wären! Und die westeuropäischen Länder scheinen Untertanen der USA zu sein. Für alles, was die Regierung tun will, muß sie die Amerikaner um Erlaubnis bitten. Als belgische Betriebe Erdgasleitungen an die Sowjetunion verkaufen wollten, mußten die Betriebsdirektoren erst die Amerikaner fragen, ›ob das erlaubt ist‹. Dasselbe geschah mit den Fräsmaschinen, die Belgien an die Sowjetunion verkaufen wollte. Haben die Amerikaner unsrer Regierung verboten. Und nun ist die Fräsmaschinenfabrik pleite gegangen, weil sie nicht genug Aufträge gekriegt hat. Die Fachleute sind arbeitslos, das Geld für den Aufbau der Maschinenfabrik ist vergeudet. So ist es immer! Die Jugend wird aufgeopfert für die autoritären Regierungen, die die Arbeit der Mitmenschen nicht achten! Ich bin sehr enttäuscht vom Ergebnis der Wahlen! Obwohl wir uns in einer Krise befinden, obwohl es uns einfachen Leuten immer schlechter geht, wählen die meisten doch wieder die rechten Parteien, die für die Misere in unserem Land gesorgt haben. Ach, unsere Politiker sind fast alle korrupt. Hier dreht sich alles nur um's Geld! – Na, bist du jetzt zufrieden? Hab ich dir jetzt genug erzählt? – Ja, man müßte 'ne Menge verändern, wenn man das könnte!

Ruth Davidow,
Amerikanerin, lebt in San Francisco,
USA

Ich bin am 11. September 1911 geboren in Volkavisk. Dieses Städtchen gehörte, als ich geboren wurde, zu Rußland. Dann wurde es von den Polen annektiert, und jetzt gehört es wieder zur Sowjetunion. Und mein Bruder fuhr mal dorthin nach dem Zweiten Weltkrieg: Volkavisk war vollständig zerstört von den Nazis. Sie haben keinen am Leben gelassen in dieser Stadt. Es gibt noch eine Liste von all den Menschen, die ermordet worden sind. Das war eins der Verbrechen, die die Nazis begingen. In dieser Gegend richteten sie viele Massaker an!

Ich hatte einen Bruder und zwei Schwestern. Eine Schwester starb, als wir noch in Rußland wohnten. Die andere lebt jetzt in New York, sie ist älter als ich. Und mein Bruder ist jünger, er ist Korrespondent für ›Daily World‹ in Moskau. Mein Vater war ein Künstler, meine Mutter eine Musikerin, und sie hatte eine sehr, sehr schöne Stimme. Sie konnte wunderbar singen. Sie hat manchmal im Gymnasium unterrichtet in einer Zeit, in der es für eine junge, jüdische Frau überhaupt nicht üblich war, als Lehrerin zu arbeiten. Sie war ein fortschrittlicher Mensch! Mein Vater fotografierte, malte und machte Grafiken. Er hatte in Paris studiert, er galt als ziemlich guter Maler. Kurz vor Beginn des Ersten Weltkrieges kam er in die Vereinigten Staaten, weil seine Schwester hier lebte. Und meine Mutter blieb mit uns vier Kindern in Rußland zurück und versuchte dann, mit uns ihrem Mann zu folgen. So war das.

An die Zeit in Rußland kann ich mich gar nicht mehr erinnern. Nur an Züge, viele Züge. Ich weiß noch, daß ich schrie beim Abschied von Nadja, unserem Kindermädchen. Ich weiß nicht mehr, wie sie aussah, aber ich erinnere mich an ihren Namen und daran, wie sie mit mir sprach. In den sechziger Jahren, als ich in die Sowjetunion fuhr, hörte ich einer jungen Frau zu, die sich mit ihrer Tochter unterhielt. Ich verstand alles, was sie sagte. Das ist lustig. Während unserer Reise nach Amerika brach der Erste Weltkrieg aus. Deshalb fuhren wir durch Sibirien und China. Ich weiß noch, daß wir auf einen Bahnhof in Shanghai kamen, wo alle Leute sich verbeugten. Und sie trugen alle so lustige Kleidung, sie waren gekleidet wie ... Und ich erinnere mich an das Schiff, mit dem wir hierher kamen. Und an Zuru, der uns begleitete. Er war ein Freund meiner Mutter. Sie war eine sehr schöne Frau. Extrem schön, ja!

Wir wohnten in New York, in Brooklyn. Mein Vater arbeitete als Fotograf, und dann kriegte er Tuberkulose. Damals träumte man nicht mal von Sozialhilfe. Mutter wurde von niemandem unterstützt, und sie mußte arbeiten gehen, obwohl sie kleine Kinder hatte. Sie konnte hier keinen Unterricht geben, weil sie nicht englisch sprach. Eine Zeitlang arbeitete sie sogar als Reinemachefrau! Später begann sie, Kleidung zu nähen. Mein Vater war meistens in irgendwelchen Sanatorien, und meine Mutter sorgte für unseren Lebensunterhalt durch das Nähen. Aber sie sprach nie mit uns darüber, sie beklagte sich nie. Sie war ein besonderer Mensch! Sie setzte sich sehr für die Gewerkschaft ein. Sie nahm uns, wenn die Arbeiter streikten, immer mit zu den Streikposten. Ein Mitglied der Kleidungsindustriegewerkschaft sagte zu mir: »Deine Mutter ist eine der mutigsten Frauen, die ich kenne.« Er sagte: »Hätten wir mehr Menschen wie sie, dann hätten wir eine andere Welt.« Weißt du, die Frauen dieser Gewerkschaft hatten meine Mutter zu ihrer Vorsitzenden gewählt. Und diese Gewerkschaft war sehr gemischt! Da waren Schwarze drin, da waren Spanier – alle Rassen! Alle liebten sie Mama, und deshalb sollte sie sie repräsentieren. Meine Mutter legte immer die Stückpreise fest. Und natürlich wollte der Boß die so niedrig wie möglich haben. Und Mama guckte den Arbeitern zu, um rauszufinden, wieviel Zeit man für ein Kleidungsstück brauchte. Und dann legte sie einen Preis fest. Und der Chef diskutierte mit ihr. Wenn er sie nicht kleinkriegte, sagte er zu ihr: »Du bist unmöglich, ich schmeiße dich die Treppe runter!« Und dann sagte sie sehr ruhig: »Das wird am Preis nichts ändern.« So hat ein Gewerkschaftsführer mir mal beschrieben, wie meine Mutter mit dem Chef umging.

In unserer Gegend kannte sie jeder. Sie verkaufte immer den ›Daily Worker‹ in unserem Viertel. Sie ging dafür nicht zwanzig Meilen weit. Sie verkaufte den ›Worker‹ da, wo wir wohnten. Und wenn ich Leute auf dem Markt traf, fragten sie: »Deine Mutter ist letztens nicht vorbeigekommen. Ist sie etwa krank?« Mama wurde geachtet, niemand tratschte über sie. Die Leute wußten immer, wer sie war. Sie wußten immer, wer ich war. Ich fand unser Leben sehr angenehm, sehr harmonisch. Ich brauchte mir keine grauen Haare wachsen zu lassen. Ich hatte großes Glück!

Meine Mutter beschäftigte sich viel mit Politik. Sie war dabei, als die Kommunistische Partei und die Kommunistische Arbeiterpartei sich vereinigten. Meine Mama sprach mit mir darüber, wie wichtig Frieden ist, wie wichtig es ist, daß die progressiven Kräfte eines Landes sich organisieren. Sie sagte: »Es ist nicht wichtig, wo du geboren bist, ob du viel oder wenig Geld hast, welche Hautfarbe du hast. Aber es ist wichtig, daß du ein anständiger, aufrechter Mensch bist.« Sie sprach mit uns über Politik, solange ich mich erinnern kann.

Mein Vater war nicht so wie sie, er war mehr ... konservativ, in gewissem Sinne. Er tat nichts *gegen* die Arbeiter, er dachte nur, man müsse sich nicht so einsetzen für sie. Und er achtete meine Mama sehr. Die meisten Männer werden sauer, wenn ihre Frauen sich zu Aktivisten entwickeln. Aber mein Vater nicht, er hänselte meine Mutter nur manchmal. Er hatte sehr großen Respekt vor ihr. Ich fand's sehr schön, das zu beobachten, denn meine Eltern waren sehr verschieden. Gut, ich meine, Mama war eine Aktivistin und mein Vater nicht! Das ist so gegensätzlich, wie's nur möglich ist!

Ich ging in die Schule und mein Bruder in einen Kindergarten. Und der machte um drei Uhr zu. Meine Eltern wollten nicht, daß wir rumlungern. Also mußten mein Bruder und ich danach in einen Hort. Ungefähr um fünf Uhr brachte ich meinen Bruder heim, ich war verantwortlich für ihn. Ich hatte einen Schlüssel, ich öffnete die Tür, und dann warteten wir auf Mama. Weißt du, wir lebten in einem jüdischen Viertel eine Zeitlang, wo jeder religiös war. Und unsere Familie war nicht religiös! Mein Bruder schrieb eine Erzählung darüber, über seine schreckliche Schwester. – Ich. Mein Bruder sollte am jüdischen Osterfest Brot kaufen gehen. Aber die Juden essen doch zu Ostern kein normales Brot, nur Matze!* Und mein Bruder schlich durch alle Gäßchen in unserem Viertel, damit niemand ihn mit dem Brot sehen würde, das er gekauft hatte. Und als er in meine Nähe kam, sagte ich vor den anderen Kindern: »Was hast du da in der Tasche. – Brot?« Und ich verpatzte ihm das ganze Versteckspiel, weil ich fand, daß es nichts zu verstecken gab. Also diese Episode zeigt dir, wie verschieden mein Bruder und ich damals waren. Ich habe ihm alle solche Manöver verpatzt. Siehst du, meine Mutter hätte das Brot auch nicht versteckt.

Ich finde zuallererst, daß meine Mutter extrem gebildet war. Sie sprach viele Sprachen. Sie hatte viele Erfahrungen gewonnen aus den sozialen Kämpfen ihrer Zeit. Sie war eine besondere Frau, weil sie eine große Liebe für alle Menschen hatte, die sie auf uns wirklich sehr früh schon übertrug. Sie war ein sehr optimistischer, in die Zukunft gerichteter Mensch. Sie war niemals alt. Meine Mutter sagte immer, daß die Zukunft strahlend sein müsse für die Jugend; daß die Jugend die Zukunft erobern müsse. Und ich erinnere mich, Mama ging sehr gut gekleidet, sie hatte einen sehr europäischen Geschmack. Ihre Kleidung paßte immer zueinander. Jetzt tragen Frauen rote Socken, wenn sie rote Röcke tragen und einen schwarzen Schal dazu. Aber Mama kleidete sich immer so. Sie war eine besondere Frau, was den Stil anbetrifft, was die Musik anbetrifft. Sie sang für uns all die Lieder, die ich später in den russischen Filmen hörte. Und kleine Stücke aus Opern. Und als wir

* Matze ist ungesäuertes Brot, das die jüdischen Gläubigen zu Ostern essen.

Kinder klein waren, besaß unsere Familie einen Victrola-Plattenspieler. Wir hatten nur sehr wenig Gebrauchsgegenstände in der Wohnung, auch keine schönen Möbel. Aber wir hatten einen Plattenspieler! Am Sonntag hockten wir alle auf dem Fußboden und hörten unsere Lieblingsoper oder unsere Lieblingssinfonie. Und wir hörten Caruso und Kathleen Ferrier und alles von diesem Schaljapin. Für uns war das eine ganz alltägliche Sache. Weißt du, weil unsere Eltern uns nicht ins Konzert mitnehmen konnten, veranstalteten sie Konzerte für uns im Haus. Also in diesem Sinne waren sie außergewöhnlich. Ich würde sagen, meine Mutter mehr als mein Vater, weil viel mehr davon von ihr kam als von ihm.

Wir hatten ein ganz schön hartes Leben, aber uns kam gar nicht zum Bewußtsein, wie hart es war, denn meine Mutter nahm uns oft mit ins Freie, sonnabends, zum Vergnügen. Zu den großartigsten Erlebnissen für uns Kinder gehörten die Spaziergänge nach Coney Island.* Und wenn wir dorthin kamen ... Wir wollten immer Puffmais, der da verkauft wurde oder heiße Würstchen. Und egal, was das für sie bedeutete, Mama kaufte etwas für uns. Vielleicht aß sie selbst kein Mittagessen. Doch sie sagte nie: »Ich kann es mir nicht leisten.« Weißt du, viele Eltern ängstigen ihre Kinder. Meine Mutter nicht, sie war zu gebildet und ein zu feiner Mensch. Sie meinte, daß Kinder nicht gezeichnet werden sollten durch Armut. Und ich finde das auch. Wir hatten sehr viel gemeinsam, meine Mutter und ich. Wir standen uns sehr, sehr nahe. Meine Auffassung über das Leben und die Jugend gleicht sehr der ihren. Ich glaube auch nicht, daß Kinder unter Armut leiden sollten. Ich finde, sie müssen lernen, aufrecht durch's Leben zu gehen.

* Vergnügungsinsel in New York.

Ohne Angst. Und man beginnt am Tag ihrer Geburt, ihnen Mut zu machen. Und man raubt ihnen den Mut, wenn man selbst verängstigt ist, wenn man Angst zeigt. Kinder schnappen alles von der Mutter oder vom Vater auf. Und bei denen kann sich Angst sehr verschieden äußern: Sie kann enden in Wut und Zerstörung und Haß. Oder daß man einfach träge ist, weißt du, sich weigert, weiterzukommen. Es gibt viele Arten Angst! Aber die Eltern prägen ihre Kinder vom ersten Tag an. Und ich glaube, wenn die Eltern eine Philosophie haben, für die sie sich wirklich einsetzen, gibt das ihren Kindern etwas sehr Besonderes, einen Glauben an sich selbst. Das ist das Wichtigste, was du haben mußt in dieser Welt: daß du an dich selbst glaubst. Und meine Mutter schenkte uns diesen Glauben an uns selbst: Welche Tragödie uns auch heimsuchen würde ... Wir werden damit fertig! Ein paar Freunde von meiner Mutter hatten ein kleines Restaurant aufgemacht für sie. ›Riesen-Mary‹ nannten die Gäste meine Mama, weil sie immer solche großen belegten Brote machte. Die Leute liebten sie, aber sie ging pleite. Sie fütterte alle, aber sie war keine Geschäftsfrau. Und wir hatten eine Wohnung mit sechs Zimmern. Die Miete war zu hoch für Mama, denn sie verdiente sehr wenig. Also vermietete sie zwei Zimmer an eine Familie mit Kindern. Das waren auch sehr arme Leute. Wenn der Mann seiner Frau kein Geld zum Leben gab, bezahlte meine Mutter ihr die Milch. Sie bezahlte nicht nur die Miete, sie bezahlte auch die Milch für die Kinder! Meine Mutter konnte nie Geld verdienen! Wirklich an nichts! – Und alle meine Studenten liebten sie! Sie hatte, bis sie Rentnerin wurde, als Näherin gearbeitet. Eigentlich wohnte sie allein, aber am Ende ... Ich wollte sie nicht in ein Altersheim stecken, sie lebte hier bei mir in San Francisco. Ich nannte sie Mamele, also nannten sie meine Studenten auch Mamele. Sie schrieben mir immer: ›Wie geht's Mamele?‹ Denn meine Mutter sagte ihnen sehr oft: »Euch gehört die Zukunft, ihr müßt vorbereitet sein ...«

Während meiner Kindheit und bis zu der Zeit, in der ich meine Lehre begann, wohnten wir in Vierteln für arme Leute. Aber wir fanden das nicht wirklich ... wir fanden das nicht belastend. Weil meine Mutter nicht fand, daß das belastend sei. Sie dachte nicht: ›Uns geht es furchtbar mies.‹ Und es war auch nicht so! Das ist sehr lustig. Wir wohnten in Brooklyn, in einer Gegend, wo die Jugendlichen eine Menge Verbrechen begingen. Und wir nicht. Wir hatten einen stabilen Punkt, im Zentrum unseres Lebens stand unsere Mama und ihre Wertmaßstäbe. Und sie war unser Zuhause. Darum hatte ich auch nicht das Gefühl, in ärmlichen Verhältnissen aufgewachsen zu sein. – Lustig, nicht? – Bis meine Studenten mir das später klarmachten. Soll ich dir erzählen, wie sie dahinterkamen? Wir hatten ein Projekt für die medizinische Aufklärung der Bevölkerung eingefädelt. Innerhalb eines speziellen, eines Armen-Programms arbeiteten wir mit Jugendlichen aus Elendsvierteln zusammen. Und wir Dozenten, die Medizinstudenten und die Krankenschwesternlehrlinge, wir brachten diese Teenager zu einem Camp, um sie dort zu unterrichten. Und als wir dorthin kamen, wollten wir die Eröffnung des Kurses feiern. Aber unglücklicherweise verschwanden unsere Medizinstudenten nach und nach mit ihrem Freund oder ihrer Freundin oder was auch immer. Und sie ließen diese jungen Leute aus den Armenvierteln zurück mit einer Menge miesem Wein. Und die Teenager betranken sich sehr, und sie wurden sehr krank. Weißt du, ich verbrachte die halbe Nacht damit, halbnackte Kinder aufzulesen und sie wie die Heringe in den Aufenthaltsraum zu legen. Und ich war wütend, stinkwütend, daß die Studenten und Lehrlinge sich derart verantwortungslos benommen hatten. So machten wir am nächsten Tag eine Versammlung. Und ein Medizinstudent stand auf und sagte: »Wir hatten eine großartige Fete gestern. Alles lief wunderbar, bis eine kleine, alte Dame anfing sich aufzuregen.« Und er erzählte und erzählte, was für eine tolle Fete sie gehabt hätten. Also stand ich auf, und ich sagte: »Ich bin die kleine, alte Dame, über die er spricht. Und ich glaube nicht, daß ihr's schön hattet letzte Nacht. Ihr seid weggelaufen. Ihr habt eine Menge junger Leute eingeladen, die nicht so viel Glück hatten wie ihr. Und ihr habt sie in neues Elend gestürzt, ihr habt sie im Stich gelassen! – Dieser Scheißwein! Erstensmal gab es zuviel Wein. Zweitens war es kein guter Wein. Und ihr habt zugesehen, wie sich die Jugendlichen betrunken haben und seid mit euren Freundinnen in den Büschen verschwunden ...« Alle schnappten nach Luft, als ich ›Büsche‹ sagte. »Dazu haben wir unser Camp nicht organisiert. Ich finde, daß ihr euch wirklich nicht um eure Gäste gekümmert habt, daß sie euch schnurz waren. Und ich persönlich lehne dieses Verhalten ab. Wenn ich die Mutter wäre von einem dieser Teenager, würde ich sehr wütend sein auf euch, weil ihr neues Elend über sie gebracht habt. Und ich würde gern wissen: Meint ihr, sie können nicht ohne Elend leben?« Also stand einer der Verantwortlichen von der schwarzen Gemeinschaft auf ... Er war besoffen wie ein Stinktier in dieser Nacht, furchtbar! Er stand auf, und er sagte: »Ich glaube, du bist zu hart. Diese jungen Leute ...« Blablabla, weißt du, er redete und redete. »Sie hatten eine schöne

Fete, es war nicht ganz so schlimm.« Und da stand einer von den Leitern des Armuts-Programms auf. Kurz vor der Versammlung hatte ich ihn noch getroffen, er war einer von denen, die so besoffen gewesen waren in dieser Nacht. Und als er mir am nächsten Morgen ›Hallo‹ zurief, antwortete ich: »Sage nicht ›hallo‹ zu mir und sprich mich nicht an, denn ich bin sehr böse auf dich. Gestern hast du erzählt, wie sehr du jeden unsrer Gäste liebst, und in der letzten Nacht hast du dich benommen wie ihr Feind. Und ich kann das nicht gutheißen.« Also ... er stand auf, und er sagte: »Ich bin mit Ruth einer Meinung. Ich glaube, daß sie in einem Elendsviertel aufgewachsen ist, weil sie wirklich weiß, wo's langläuft.« Und eine junge Ärztin, die uns alle betreute, fragte die Teenager: »Findet ihr, daß man euch mies behandelt hat in der letzten Nacht?« Und da sagte eins der jungen Mädchen, sie war fünfzehn: »Als ich so krank und betrunken war, wollte ich zu meiner Mutter, nur zu meiner Mutter.« – Da kriegten die Studenten ihr Fett von den jungen Leuten, von den forschen, jungen Leuten! Aber weißt du, als dieser Leiter sagte, ich müsse in einem Armenviertel groß geworden sein, da erwiderte ich: »Ich bin wirklich nicht in so einer Gegend aufgewachsen! Wo wir wohnten, gab es viele unbemittelte Leute und hauptsächlich Schwarze, aber es war kein Elendsviertel.« – Ich habe es einfach nicht für ein Elendsviertel gehalten! Meine Mutter schuf für uns ein Leben, das Kultur hatte. Und für mich war Brooklyn kein Viertel für Arme. Aber es war eins! Es war eins!

Ich hatte die Oberschule abgebrochen, weil mein Vater sehr krank war und meine Mutter hart arbeiten mußte. Ich fand, daß ich mir mein Brot selbst verdienen mußte. Nur hatte ich keine Ausbildung. So wurde ich Kellnerin, ich machte eine ganz schöne Stange Geld damit. Und weißt du, in New York gab es Agenturen, die gegen Bezahlung Stellen vermittelten. Einmal ging ich in so ein Büro, und der Chef dieses Büros fragte: »Kannst du Schreibmaschine schreiben?« Und ich sagte: »Ja.« Er sagte: »Ich brauche jemanden, der mir Adressen auf Kuverts tippt, ich will ein Rundschreiben losschicken. Warum machst du mir das nicht? Ich beschaffe dir dann eine Stelle, und du brauchst mir nichts dafür zu zahlen.« So sagte ich: »Okay.« – Er hatte mich gern, er war ein sehr netter Mann. Erstensmal fand er, daß ich nicht in einer Kneipe arbeiten sollte. Ich war gerade siebzehn, ich war noch ein Kind, und er fühlte ... Er wollte wirklich rauskriegen, warum ich Kellnerin geworden bin. Er fragte mich: »Was willst du tun? Willst du dein Leben lang Kellnerin bleiben?« Er sagte: »Du solltest wirklich zurück zur Schule gehen, du solltest wirklich zurück zur Schule gehen.« Also sagte ich: »Nein, ich kann nicht. Ich muß meinen Lebensunterhalt verdienen, um meiner Mutter zu helfen.« – Ich war ein drolliges Kind, weißt du, ich nahm meine Lohntüte immer ungeöffnet mit nach Hause und gab sie meiner Mutter. Und er antwortete: »Ich finde, du solltest noch einmal darüber nachdenken.« Ich sagte: »Ich wäre gern Anwalt wie Clarence Darrow.« Während meiner Schulzeit hatte ich auch einen Job im Büro der Sozialistischen Partei. Nach der Schule ging ich dorthin und verdiente mir etwas Geld als Bote. Und ich dachte immer an Scoopes,* der damals von

---

* In den 20er Jahren kam es in den USA zu einem Wiederaufleben des Fundamentalismus. In einigen Staaten wurden Gesetze erlassen, die es verboten, an Schulen die Darwinsche Selektionstheorie zu unterrichten, weil diese der biblischen Lehre widersprach. Darrow verteidigte 1925 den Lehrer Scoopes, der die Rechtsgültigkeit dieser Gesetze anzweifelte.

Clarence Darrow verteidigt wurde, und ich las in den Zeitungen, die im Büro rumlagen, alles über diesen Fall. Clarence Darrow war ein großartiger Verteidiger, er war ein Sozialist und vertrat die Armen. Und natürlich bewunderte ich ihn sehr. Also, das wollte ich eigentlich werden: Rechtsanwalt. Aber für ein Studium brauchte man eine Menge Geld, und meine Familie war absolut nicht imstande, mich finanziell zu unterstützen. Außerdem war ich ja auch die mittlere Tochter, ich hatte einen jüngeren Bruder und eine ältere Schwester. Jedenfalls wußte ich, daß ich beinahe keine Chance hatte zu studieren, und ich sagte: »Es wird mich Jahre kosten, um Rechtsanwalt zu werden. Ich muß Geld verdienen, was soll ich denn sonst machen? Meine Eltern können sich's nicht leisten, mich zur Universität zu schicken, und ich muß arbeiten und Geld sparen und mein Studium auf diese Weise finanzieren ...«

Und da sagte dieser Mann zu mir: »Du mußt ja nicht für jede Ausbildung zahlen. Ich weiß, wenn du Krankenschwester werden willst, brauchst du kein Geld.« – Damals gab es einen großen Mangel an medizinischem Personal, deshalb wurden die Lehrlinge umsonst ausgebildet. Der Mann sagte: »Später, als Krankenschwester, könntest du genug Geld verdienen, um Anwalt zu werden oder irgend etwas anderes, weil du dann wirklich unabhängig bist.« Also, das war Musik in meinen Ohren, ich dachte darüber nach. Ich ging nach Hause, ich dachte darüber nach. Und dann ... Ich bin ein Dickschädel, ich rief alle Krankenhäuser in New York an. Und ich fand heraus, daß nur das Jüdische Hospital noch mit der Ausbildung beginnen würde, die anderen hatten alle schon damit angefangen. So ging ich zu der Oberin vom Jüdischen Krankenhaus. Ich ging dorthin mit dem Gedanken: ›Niemand wird mich davon abhalten,

Schwester zu werden. Ich *muß* einfach Schwester werden.‹ Aber so war das immer mit mir, wenn ich mich einmal entscheide. – So war meine Mutter auch! Weißt du, sie hat immer darauf gepocht, daß wir uns entscheiden. Ja, sicher zählt das zum Großartigsten, was sie für uns getan hat: Wir waren fähig, Entscheidungen zu treffen. Und das ist schwierig! Besonders, wenn man jung ist. Zum allerschwierigsten im Leben gehört, sich auf einen Beruf festzulegen. So ging ich hin zu der Oberin des Jüdischen Hospitals. Und ich log sie an. Ich mußte achtzehn sein, ich war erst siebzehn. Ich machte mich einfach ein Jahr älter. Und diese Frau fand, daß ich genügend motiviert sei und die Lehre schon schaffen würde. Sie nahm mich wirklich sehr spät an, weil die Ausbildung innerhalb von zwei Wochen beginnen sollte. Die anderen Mädchen waren schon lange vor mir angenommen worden. Und die Oberin war sehr beeindruckt von mir, als sie mit mir sprach. Sie sagte: »Eigentlich ist es schon ein bißchen spät, aber wenn du fünfundvierzig Dollar für die Schwesternkittel mitbringst, nehme ich dich an. Ich glaube, aus dir wird eine großartige Krankenschwester.« Also ging ich zurück zu diesem Mann, dem die Agentur gehörte. Ich hatte ihn ganz zufällig kennengelernt, ganz zufällig. Ich sah ihn später nie wieder. Er war ein guter Freund, glaube mir! Er beschaffte mir einen sehr gut bezahlten Job, und in zwei Nächten verdiente ich so viel Geld, daß ich die Schwesternkittel kaufen konnte. Und ich begann die Lehre.

Ich sagte meinem Vater, daß ich Krankenschwester werden wolle. Und er war rasend! Die Arbeit sei zu schwer für mich, sie würde mir das Herz brechen, weil ich nicht hart genug sei. Er redete und redete und redete. Er war ein schwerkranker Mann, und es war schwierig, mit ihm zu diskutieren. Weißt du, er konnte mich nicht überzeugen. Ich hatte mich schon entschlossen. Ich habe unten bei den Nachbarn meine Sachen gepackt und ging ins Hospital. Doch das Furchtbare war, daß ich nicht mehr zu meiner Familie durfte! Mein Vater hat gesagt: »Sie darf nie wieder in dieses Haus kommen!« Und er starb drei Monate später. Und ich war ... Ich hatte das Gefühl, ich habe ihn auf dem Gewissen. Das war schrecklich! Ich war so traurig! Aber ich hatte eine sehr kluge Direktorin. Meine Mutter sprach mit ihr, oder meine Schwester sprach mit ihr, irgend jemand sprach mit ihr. Und sie sagte: »Du darfst zur Beerdigung gehen, aber ich erlaube dir nicht, über Nacht zu Hause zu bleiben. Du mußt sofort zurückkommen.« Und ich sagte: »Ich glaube nicht, daß ich zurückkomme.« Sie sagte: »Du kommst noch in derselben Nacht zurück. Alles andere entscheiden wir später, du kommst noch in derselben Nacht zurück.« Und so kam ich zurück, und ich blieb. Obwohl ich sehr romantisch war und sehr kindlich!

Ich fand, daß ich für das, was ich getan hatte, bestraft werden mußte. Aber ich war zu geschockt, um mich selbst zu etwas entschließen zu können. Ich war zu geschockt. Was geschehen war, haute mich völlig um. Es dauerte sehr lange, bis ich darüber hinwegkam. Es war richtig für mich, die Lehre abzuschließen, weil ich selbständig werden mußte. Und die Tatsache, daß mein Vater meinen Berufswunsch nicht billigte, änderte nichts an der Lage, in der ich mich befand. Es war richtig, im Hospital zu bleiben. Auch meine Mutter fand das. Sie unterstützte mich in allem, was ich tat. Sie war sehr verständnisvoll, ja! Sie befürwortete meine Entscheidung, weil meine Familie kein Geld hatte, um eine Ausbildung zu bezahlen. Nach meiner Lehre würde ich mein Leben lang unabhängig sein. Es war richtig, die Lehre abzuschließen, glaube mir! In dieser Zeit waren viele Männer arbeitslos, beinahe alle waren arbeitslos. Aber Krankenschwesternarbeit war immer essentiell. Krankenschwestern wurden immer gebraucht. Wenn niemand sonst Geld verdiente – ich schon! Ich konnte meine Mutter unterstützen, ich konnte meinen Lebensunterhalt verdienen. Ich hatte immer genug Geld, um meiner Mutter zu helfen. – Siehst du, meine Entscheidung war richtig!

Die Lehre war sehr hart, wir arbeiteten sieben Tage in der Woche. Pro Woche bekamen wir einen halben Tag frei, einen halben Sonntag. Wir schufteten in Zehn-Stunden-Schichten, wir mußten zehn Stunden arbeiten und hatten danach zwei oder vielleicht vier Stunden Theorieunterricht. Also wir wurden hart rangenommen. Im Hospital gab's nur sehr wenig ausgelernte Kräfte, dafür um so mehr Lehrlingsschwestern. Denn man brauchte uns keinen Lohn zahlen, wir kriegten nur eine kleine Unterstützung. Wir versorgten die Kranken auf allen Stockwerken. Nach dem ersten Lehrjahr waren ich und eine Kollegin mal verantwortlich für sechsundfünfzig Patienten in einer Abteilung. Sehr, sehr kranke Männer. Wir schufteten wie verrückt, wir rannten die ganze Nacht, wir *mußten* einfach! Aber wir wurden natürlich sehr ausgebeutet, die Hälfte der Mädchen aus meiner Klasse wurde krank und bekam nie das Diplom. Es war zu schwer für sie. Wir hatten ein paar Lehrlinge, die Tuberkulose kriegten, weil sie so erschöpft waren. Davon kriegt man Tb! Weißt du, man ist erledigt und hat keine Widerstandskraft mehr. Es war sehr schwer durchzuhalten. Ja, physisch. Man hatte keine Energie, um neben der Ausbildung noch was anderes zu machen. Eine Lehre ist heute vergleichsweise ein Kinderspiel. Kinderspiel! Die Lehrlinge haben viel mehr Freizeit und Urlaub, legal dürfen sie bestimmt nicht mal zehn Stunden hintereinander arbeiten. Doch ich sage dir: Wenn man so eine Zeit überstanden hat, guckt man wirklich um sich rum!

Ich wurde ausgebildet in der Kinderheilkunde, Krankenpflege, als Hebamme, in der Pharmazie und in der Operationstechnik – von allem ein bißchen. Und später, als ich mein Diplom in der Tasche hatte, arbeitete ich in allen diesen Bereichen. Aber ich lernte allmählich auch, wie wichtig es ist, sich politisch zu engagieren. Es war die Zeit der Weltwirtschaftskrise, vergiß das nicht! Eine Menge Leute begingen Selbstmord. In den Hospitälern lagen viele, die aus dem Fenster gesprungen waren oder sich aufgehängt hatten, weil sie finanziell am Ende waren. Das war ein sehr großer Schock für mich. Und ich begann zu begreifen, daß die meisten Leute sehr verworrene Vorstellungen von ihrem Leben haben. Sie wissen oft nicht, was wesentlich ist und wertvoll. Und ich lernte, wie wichtig es ist, daß jeder das für sich entscheidet. Sonst lebt man ständig mit dem Gefühl, was zu verpassen. Oder man hält alles für unwichtig – besonders dann, wenn man keinen starken religiösen Hintergrund hat, so wie ich. Damals wollte ich rauskriegen, wo mein Platz in der Welt ist, wo ich historisch gesehen hingehöre. Und ich glaube, ich begann mir in der Zeit nach meiner Lehre eine Meinung darüber zu formen. Ich empfand es als großes Glück, daß es so viele Menschen gab, die dachten wie meine Mutter und wie ich. Ich empfand mich als Teil einer langen Kette, als Teil dessen, was jeden Tag geschieht. Und man braucht diesen Hintergrund, dieses Gefühl, mit jemandem verbunden zu sein. Und ich glaube, die Erziehung durch meine Mutter half mir dabei – sogar im Hospital.

Weißt du, ich habe eine Menge Science-Fiction-Literatur gelesen. Viele von diesen Science-Fiction-Schriftstellern sind große Propheten, wenn sie fragen, was mit der Welt passiert, falls bestimmte Gruppen sie kontrollieren. Diese Autoren sind wissenschaftlich oft sehr, sehr clever. Eine Sache zeigen sie immer in allen diesen Kämpfen, die sie darstellen: Kriege haben keinen anderen Sinn außer dem, daß zwei führende Gruppen um ihren Besitz kämpfen. Meistens. Immer. Und alle anderen Leute werden gebraucht als Pfand. Weggeworfen. Die großen Armeen waren immer blind. Also in Wirklichkeit zeigen die Schriftsteller dem Leser, wie die Habsucht – das Bedürfnis, alles zu haben und alles zu kontrollieren – auch alles zerstört. Und mir gefällt, was in manchen dieser Stories passiert. Wenn Leute zum Beispiel zu einem anderen Planeten fliegen, und dort gibt es nur eine kleine Menge Rohstoffe. Und derjenige, der versucht, die Rohstoffe zu stehlen, wird als ein schlimmer Schurke beschrieben, weil er das Leben der anderen bedroht. Eigentlich ist das genauso auf unserem Planeten. Derjenige, der darauf besteht, die Rohstoffe zu kontrollieren, ist die größte Bedrohung für die Menschheit. Und die Autoren projizieren diese Tatsache in eine andere Welt. Aber *unsere* Welt meinen sie! Natürlich! Ich finde das sehr amüsant, und wenn ich in dieser Welt keine Lösung für ein Problem finde, tue ich es in Science Fiction. Das ist einer der Gründe, warum ich gern Science-Fiction-Literatur lese. Ich lese sie wirklich sehr gern, weil sie sehr ernsthaft die politischen Probleme unserer Zeit projiziert.

Seit meiner Lehre habe ich meine Arbeit immer mit Politik verbunden. Immer, denn das ist unvermeidlich. Oder wie hätte ich sonst die Probleme von Leuten verstehen können, die vor der Krise sehr reich waren, dann pleite machten und sich das Leben nahmen? Auch das Problem der Ernährung ist verknüpft mit Politik: Wenn man nicht dafür sorgt, daß Kinder etwas Ordentliches zu essen haben, können sie sich nicht richtig entwickeln. Selbst später, Jahre später, schon nach dem Krieg fragten mich meine Studenten: »Frau Davidow, glauben Sie, daß die Gesundheitsfürsorge eine ökonomische Grundlage hat?« Und ich sagte zu ihnen: »Gut, was meint ihr: Was würde geschehen, wenn ihr keinen Job hättet? Was würde geschehen, wenn ihr euch keine Wohnung leisten könntet? Oder wenn ihr euch nicht ernähren könntet?« Ich sagte: »Wie kann man leben ohne ökonomische Basis? Ich weiß nicht, wie man ohne eine ökonomische Basis gesund sein kann! Wenn die Leute keine Nahrung haben, wenn sie kein Dach über dem Kopf haben, werden sie psychisch und physisch zerstört. Und wenn wir über Ernährung sprechen, müssen wir darüber sprechen, wie die Menschen Lebensmittel bekommen. Wer kontrolliert die Lebensmittel, wer kontrolliert die Lebensmittelpreise? Deshalb ist die Gesundheitsfürsorge immer mit Politik verbunden, das ist so.« Alle meine Studenten waren politisch interessiert, sie haben diesen Zusammenhang verstanden. Sieh mal, eine der großen Diskussionen an der Universität war, warum ich meine Studenten rausschicke, um Unterschriften zu sammeln für die Aktion ›Ältere Bürger fordern Wohnungen‹. Eine Dozentin sagte: »Ich begreife nicht, was Wohnungsprobleme mit Krankenpflege zu tun haben.« Also antwortete ich: »Willst du nicht auch für die Obdachlosen sorgen? Sie schlafen auf Parkbänken, weil sie kein Dach über dem Kopf haben. Diese Menschen können nicht überleben, wenn sie draußen auf der Straße bleiben müssen. Findest du, Krankenschwestern sollten sich darüber keinen Kopf machen? Ich meine, sie sollten sich damit beschäftigen. Wenn ältere Patienten darüber reden, daß sie keine Bleibe finden können, sollten meine Studenten das dann etwa ignorieren? Wir müssen mit den älteren Leuten auch über das Obdachlosenproblem sprechen. Wie sonst können diese Menschen uns Krankenschwestern vertrauen? Also sehe ich keine andere Lösung als die, auch die politische Seite der Gesundheitsfürsorge in die Ausbildung einzubeziehen.«

Als ich die Lehre abgeschlossen hatte, habe ich in New York gelebt und in vielen Bereichen der Krankenpflege gearbeitet. Ich wurde später, nach dem Zweiten Weltkrieg, auch Dozentin. Aber meistens war ich Haus-Krankenschwester. Das machte mir viel mehr Spaß als zum Beispiel die Arbeit im Hospital. Sieh mal, wenn du zu einem Patienten nach Hause kommst, mußt du nicht nur für ihn sorgen, sondern der ganzen Familie ›Gesundheitsunterricht‹ geben. Meiner Ansicht nach ist das viel kreativer als der Dienst im Krankenhaus. Und ich fand es auch immer wichtiger, mit Menschen zu arbeiten als mit Institutionen. Und dann kam ich von New York hierher nach Californien für ungefähr ein Jahr. Und ich ging wieder zuruck nach New York, das muß 1935 oder 36 gewesen sein ... Was machte ich dann? – Das nächste war Spanien.

Ich konnte später oft bei Teenagern dasselbe wie bei mir beobachten, scheinbar war ich da keine Ausnahme: Ich hatte eine Mutter, die sich in politischer Hinsicht sehr engagierte – und ich wollte im Grunde nichts mit Politik zu tun haben, solange sie nicht direkt in meine Arbeit im Krankenhaus eingriff. 1935, als die Italiener in Äthiopien einmarschierten, fand ich, Äthiopien ist sehr weit weg von meiner Haustür. Und als Hitler zur Macht kam, dachte ich, daß wir doch nichts tun können für die Juden in

Deutschland. Ich begriff nicht, daß das, was in Deutschland und in Italien geschah, in einem Zusammenhang stand. Meiner Ansicht nach war der Faschismus etwas typisch Europäisches. Es gab ihn nicht in den Vereinigten Staaten, also wollte ich nichts damit zu tun haben. Ich kann mich erinnern, wie ich mit Freunden darüber diskutierte. Mein politisches Urteilsvermögen war sehr beschränkt damals, ich war vor allem humanistisch gesonnen. Aber dann ... als der Faschismus sich immer breiter machte, als schließlich auch der Spanienkrieg ausbrach, konnte ich nicht länger passiv bleiben. Du darfst nicht vergessen: Der Franco-Putsch verursachte einen enormen Meinungsstreit in den Medien hier! Ich würde sagen, ungefähr sechzig Prozent der Menschen unseres Landes unterstützten das loyalistische Spanien – wenn nicht mehr! Mir schien, daß die faschistische Pest uns alle ausmerzen würde, falls wir nichts gegen sie unternahmen. Ich dachte nicht länger, man könne den deutschen Juden und den Äthiopiern nicht helfen. Mir war klar, daß es zu einem großen Weltkrieg kommen würde, Faschisten und Antifaschisten gegeneinander. Und ich fühlte mich sehr mies, ich mußte etwas tun. – Wenn man sich mies fühlt, muß man was gegen die Ursache des sich Mies-Fühlens tun, stimmt's? – Und so trat ich ein in das nordamerikanische Komitee ›Hilfe für die Spanische Republik‹. Die meisten meiner Freunde engagierten sich für die Republik, und ich besuchte oft Partys, die von Mitgliedern unseres Komitees organisiert wurden. Weißt du, alle Welt war zu diesen Festen eingeladen! Es gab mehr Gesellschaften für Spanien als für irgendwelche anderen guten Zwecke. Und bei solchen Partys wurden die Gäste um Geld gebeten. Eine Menge sehr wichtiger, reicher Leute schenkten nicht selten tausend, zweitausend Dollar. – Sieh dir die vielen Krankenwagen an, die unser Komitee der Republik übergeben konnte! Wir sammelten wirklich eine Masse Geld. Und auf solchen Gesellschaften sagten manche Gäste zu mir: »Mensch, du hast Glück! Du bist Krankenschwester, du könntest ja nach Spanien. Aber mich würden sie nicht nehmen«, und so weiter und so weiter. Und irgendwann wollte ich nicht mehr darüber nachdenken. Ich habe mir immer gesagt: ›Ich will nicht wirklich nach Spanien. – Doch, ich will. – Nein, ich will nicht.‹ Und schließlich habe ich mir gesagt: ›Zum Teufel, ich werde fahren! Denn wenn ich nicht fahre, mache ich mich selbst unglücklich!‹ Und ich bewarb mich bei dem Komitee in New York, das die medizinische Hilfe für Spanien organisierte. Dort wurden alle Kandidaten regelrecht examiniert! Trotzdem kamen ein paar Leute durch, die ziemlich ... mit denen man kaum zusammenarbeiten konnte. Verschiedene Leute nehmen verschiedene Wege. Und ich bewarb mich und fuhr einen Monat später los. *Alles* geht bei mir so: scht.

Und meine Mutter war einverstanden mit mir. Sie stand mir bei – was ich auch tat in dieser Welt. Mein bester Freund und mein bester Helfer war meine Mama. Immer. Sie ... es war furchtbar! Sie konnte sich nicht vorstellen, daß ich was Schlechtes machen könnte! Das konnte sie einfach nicht! Dabei hatte sie nicht immer recht! Ich war auch manchmal boshaft und gemein! Aber sie sagte: »Du wärst nicht fähig, was Schlechtes zu tun. Ich glaube es nicht.« Ich sagte zu ihr: »Mama, das stimmt nicht, es ist nicht wahr.« Sie sagte: »Es ist wahr ...« Und bevor sie starb, sagte sie zu mir: »Wenn die anderen nur wissen, wie wertvoll du bist.« Und sie war damals so krank ... Ich ging in mein Zimmer, und ich mußte wirklich über das, was sie gesagt hatte, weinen: ›Wenn die Leute nur wissen, wie wertvoll ...‹ Das Wort ›wertvoll‹ war für meine Mutter wichtiger als ›schön, geschmackvoll, reich‹. Wertvoll, man mußte wertvoll sein.

Ich hatte damals mehrere Freunde, nicht einen bestimmten. Ich glaube nicht, daß ich sie gefragt habe, ob sie mich nach Spanien lassen. Ich fragte niemanden. Auch meine Mutter nicht. Ich *erzählte* es ihr. Du mußt wissen, wenn ich mich einmal entschlossen habe, frage ich niemanden mehr. Das sitzt sehr tief in mir drin. Wie ich damals entschied, Krankenschwester zu werden, beschloß ich jetzt eben, nach Spanien zu gehen. Ich mußte meinem Herzen einen Stoß geben, weil ich mein gewohntes Leben aufgab und ein ganz neues anfing. Und das ist nicht leicht. Also mußte ich sehr überzeugt sein. Wenn ich eine schwierige Entscheidung zu treffen habe, dann frage ich niemanden um Rat, weil ich nicht beeinflußt werden will. Das ist verrückt, nicht? Weißt du, ich hatte immer große Angst, man könnte mir etwas aufschwatzen, was ich im Grunde gar nicht tun will. Und hinterher bin ich dann vielleicht unglücklich. Deshalb treffe ich wichtige Entscheidungen immer allein. Ich kann auch niemanden für Dummheiten beschuldigen, die ich begangen habe. Wenn ich Fehler mache, kann ich mich selbst nur bezichtigen. Ja, ich glaube, es ist wichtig, seine eigenen Fehler zu machen. Als kleines Kind war ich scheinbar auch schon dieser Meinung. Meine Mutter erzählte immer drollige Anekdoten darüber, wie entschieden ich auf ein Ziel lossteuerte, auf das ich mich festgelegt hatte. Sie fand das sehr lustig.

Oh, die Reise nach Spanien war toll! Für mich hatte man eine Privatkabine reserviert. Ich weiß nicht, warum, aber ich sollte wohl nicht mit dem ersten besten zusammenwohnen. Wir fuhren mit einem großen englischen Schiff, der ›Aquatania‹, und ich glaube, wir waren sechs Tage unterwegs. Nur Doktor Busch und Georgie Straper und ich, wir befanden uns legal auf dem Weg nach Spanien. Auf dem Schiff waren viele Passagiere, die auch dorthin wollten. Aber wenn sich Amerikaner ohne Zustimmung unserer Regierung in einer ausländischen Armee verdingen, verlieren sie ihre Staatsbürgerschaft. Deshalb durfte niemand erfahren, daß diese jungen Männer in die Interbrigaden eintreten wollten. Und weißt du, die Männer tanzten alle mit mir. Wir tanzten so: ›Balabala ...‹ Alle wollten sich mit mir verabreden! Du darfst nicht vergessen, daß wir jung waren! Und ich war sehr attraktiv! Sehr attraktiv! Die Überfahrt hat mich begeistert, ich stand immer im Mittelpunkt. Ich fand das sehr romantisch. Ich lernte einen jungen Mann kennen, einen Australier, und wir hatten eine Menge Rendezvous. Er wollte mich überreden, mit ihm nach Australien zu fahren. Das war sehr lustig. Und Doktor Busch kam zu mir um elf Uhr und sagte: »Ich denke, du solltest jetzt ins Bett!« Weißt du was? – Ich ging ins Bett! Einige der jungen Männer sagten zu mir: »Wie kannst du ihm erlauben, dich so zu tyrannisieren!« Und ich sagte: »Ich glaube, ihm ist klar, was er tut! Ich fand diesen Abend herrlich, aber ich verschwinde jetzt.« Gut, unser Spanienkomitee hatte Doktor Busch zum leitenden Offizier ernannt. Ich war seine Untergebene. Und ich bin sehr diszipliniert. Man *muß* diszipliniert sein. Ohne Disziplin arbeiten Menschen gegeneinander anstatt miteinander, und das galt natürlich besonders für die Interbrigaden, weil da ganz verschiedene Leute aus ganz verschiedenen Ländern am selben Strang ziehen mußten. Und schließlich bestand meine Hauptsorge nicht darin, mich zu amüsieren; ich war nicht im Urlaub. Ich sagte mir: ›Doktor Busch ist unser leitender Offizier. Er ist ein bißchen steif, aber vernünftig.‹ Ich fand, er hatte einen guten Grund, mich ins Bett zu schicken. Er wollte sicher sein, daß mir nichts passierte. Ich sagte: »Okay«, und wir hatten niemals Krach.

Von Le Havre sind Doktor Busch und ich nach Paris gereist. Georgie Straper kam mit uns mit. Er war in Spanien unser Krankenfahrer. Jetzt arbeitet er als Journalist. Meine Tochter hat ihn mal getroffen, aber ich habe nach dem Krieg nie wieder mit ihm gesprochen, obwohl er auch hier in San Francisco wohnt. Er kam nicht zu unseren Spanienkämpfertreffen, die wir einmal im Jahr organisieren. Georgie hat sich überhaupt nie besonders für Politik interessiert. Weißt du, er war lustig. Er weigerte sich, die spanische Flagge zu grüßen. Er war ein großartiger Kerl, er arbeitete hart – er wollte nur eben nicht die spanische Fahne grüßen. Jeder hat seine Macke. Ich fand Georgies Macke wirklich süß und lustig, er meinte: »Ich grüße nur die Fahne meines Heimatlandes. Die spanische Fahne ist nicht die Fahne meines Heimatlandes, also grüße ich sie nicht.« Niemand hat ihn dazu gezwungen. Ich glaube, so was ist wichtig. Die Qualität der spanischen Armee war eine solche, daß man Georgie lustig fand. Seine Vorgesetzten ließen ihn nicht einsperren, sie bestraften ihn nicht. In den Internationalen Brigaden hatte man dieses Gefühl für Humor, denn wir waren alle ein Haufen ... Wir waren anständige Leute, aber wir hatten alle unsere eigenen Gewohnheiten und unsere eigenen Ideen, und das brachte ein großes Tohuwabohu mit sich. Die allerkleinste Unternehmung war ein Riesenproblem, weil so viele Menschen aus verschiedenen Kulturen zusammenarbeiten mußten. Stell dir mal vor: Leute aus zweiundfünfzig Ländern kamen nach Spanien, um die Republik zu verteidigen! Vertreter von zweiundfünfzig Nationen in so einem kleinen Land! – Also Straper und ich und Busch, wir fuhren gemeinsam nach Paris. Wir hatten Hotelplätze für drei Personen reserviert. Und die Franzosen sind ein sehr praktisches Volk: ›Madame‹ und Mister Busch sollten in einem Zimmer schlafen! Er sagte: »Madame ist nicht meine Frau, sie muß ein anderes Zimmer kriegen!« Er wurde knallrot bis zum Scheitel. Nicht ich wurde rot, sondern er! Er genierte sich wirklich sehr, und Georgie und ich gingen lieber, Busch wäre sonst gestorben vor Scham. Aber die Franzosen dachten: ›Eine junge Frau? Die gehört ins Bett des Doktors, nicht wahr?‹ – Oh, ich in Buschs Zimmer! Er hätte mich auch nicht bei Georgie schlafen lassen! Er erlaubte mir nicht mal, mit Georgie nachts auszugehen! Ich lachte mich halbtot darüber, weißt du, ich fand das sehr lustig.

Doktor Busch war einer der besten Menschen, die ich jemals kennengelernt habe. Er war sehr scheu, aber sehr warmherzig. Ich hatte ihn sehr gern. Ich vertraute ihm und ich achtete ihn. Ich habe ihn nie über andere herziehen hören. Ich fühlte mich nicht nur sicher bei ihm, ich bewunderte ihn wirklich. Wir waren gute Freunde. – Oh nein, wir waren nicht ineinander verliebt! Ich fand, er ist ein alter Mann. Gut, ich war damals zweiundzwanzig Jahre alt, glaube ich, oder dreiundzwanzig. Und er in den Vierzigern. Ich dachte über ihn, wie ich über meinen Vater dachte. Ich konnte in ihm niemals mehr sehen als ... Ich habe mich nie in ältere Männer verliebt, ich war nicht so ... Ich mochte meinen Vater nicht sehr, er war zu hart. Ich brauchte keinen anderen Vater! Ich hatte mehr als genug an meinem Vater! Deshalb habe ich nie einen anderen Vater gesucht. Ich glaube, bei der Partnerwahl spielen Erfahrungen, die man im Elternhaus gemacht hat, eine große Rolle. Ich bin sicher, daß Frauen sich dann in einen älteren Mann verlieben, wenn ihr Vater schwächlich ist. Sie suchen nach einer Art Stütze. Aber ich hatte einen sturen Vater, er hatte eine sture Tochter. Wir stritten uns viel. Ich verkrachte mich immer mit älteren Männern, weil sie so verrückt waren nach mir. Und ich habe mich ihnen gegenüber meistens unmöglich benommen. Ja, das ist wahr! Mir wurde irgendwann klar, daß das eine tiefe Ursache hatte. Ich erinnere mich, als ich in einem Camp war mit einem Kommilitonen ... Er war ein Künstler, ein sehr guter Künstler, damals muß er ungefähr fünfunddreißig Jahre alt gewesen sein. Ich nannte ihn einen alten Mann. Er verknallte sich in mich, und ich versteckte mich immer vor ihm. Er ging mir auf die Nerven! Er wollte mich küssen und umarmen, und er ging mir so auf die Nerven! Aber ich verliebte mich in einen Kerl, der professionell Tischtennis spielte. Muß ich damals blöde gewesen sein! Er war sechs Fuß zwei oder sechs Fuß drei lang. – Larry! Und er konnte nicht mal ordentlich reden, er war stockdumm! Er war minderbemittelt. Ich habe mich so in ihn verliebt! Oh Larry ... Larry! Ich glaube, er muß ein Idiot gewesen sein. Aber mit meinen damals siebzehn Jahren fand ich ihn wunderbar! Und dieser andere ... Er war mir zu sehr auf Sex aus, ich konnte ihn nicht ertragen. Er wollte mich in die Oper einladen, und ich sagte: »Er ist ein alter Mann! Ich will nicht mit ihm ausgehn!« Und meine Schwester sagte: »Oh, mein Gott, du bist ein Kindskopf!« – Ich war ein Kindskopf! Sie sagte: »Sieh dir diesen Einfaltspinsel Larry an, mit dem du ausgehst!« Weißt du, es dauerte eine Weile, bis mich diese Art Männer nicht mehr interessierte.

Ich erinnere mich, wie ich mir einen rothaarigen Seemann angelte. Wir guckten uns gemeinsam ein U-Boot an. Und ich lud ihn ein zu einer Schulfete. Er war sehr attraktiv – aber er war im Nu besoffen! Er hat mich so blamiert! Meine Schwester sagte: »Gott, wie konntest du so jemanden einladen!« Ich sagte: »Er kann prima tanzen und sieht gut aus.« Als junges Mädchen hatte ich meine Probleme mit älteren Männern. Ich fand sie meistens zu brav, zu langweilig. Die Männer, die ich heiratete, waren absolut nicht brav! Sie waren robuste Kerle. Ich konnte diese feinen Pinkel nicht leiden. Ich hielt Höflichkeit für Heuchelei. Oh, ich war ein Dummkopf! Ich glaube, daß ich die Männer nur mit den Augen beurteilt habe – und so habe ich mir immer die falschen Kerle geangelt. Verrückt, ich muß ein verrücktes Kind gewesen sein. Ich war in vieler Hinsicht sehr diszipliniert, aber mir gingen überkorrekte Leute auf den Docht. Busch gehörte glücklicherweise zu einem anderen Menschenschlag.

Als wir in Paris waren, haben wir auch dieses berühmte Museum – heißt das nicht ›Louvre‹? – besichtigt. Aber daran erinnere ich mich nur noch schwach, es war mir ziemlich schnurz! Die Nachtklubs fand ich viel interessanter und den Eiffelturm. Sich die Geschäfte angucken, in den Cafés sitzen, das war interessanter. Oder der Gang zum Büro der Interbrigaden ... Doktor Busch hatte einen Freund in Paris, der ziemlich reich war. Und er und seine Frau nahmen uns mit zu einem von diesen ... Ich glaube, Busch begriff nicht, wo wir da hingingen. Es war ein Kabarett, ein Nachtklub, der ›Café de Paris‹ hieß oder so. Und die künstlerische Darbietung bestand vor allem darin, daß Frauen erotische Tänze vorführten und sich auf die Schöße der Männer setzten. Sie waren praktisch nackt! Und ich beobachtete Busch während der Vorstellung, und der war rot die ganze Zeit. Oh, ich dachte, er würde sterben vor Scham. Er konnte nicht stillsitzen, er rutschte – pschpschpsch – hin und her auf seinem Stuhl. Das hat mich am meisten amüsiert. Ich war davor schon mal in einem Nachtklub gewesen, ich war im ›Cotton-club‹ in New York. Und da konnte man auch halbnackte Frauen herumtanzen sehen. In den Pariser Nachtklubs hatten sie nur eben noch ein bißchen weniger an. Ich fand das nicht aufregend. Glaube mir, ich sage die Wahrheit. Ich bin doch Krankenschwester, ich hatte bei meiner Arbeit oft mit unbekleideten Leuten zu tun! Und mir macht das nichts aus. Aber Busch, obwohl er Arzt war ... Ich dachte: ›Mensch, der versinkt in Grund und Boden.‹ Es war wirklich toll, ihn zu beobachten! Er schämte sich, weil er mich in einen Nachtklub mitgenommen hatte. Ich weiß nicht, wie er auf die Idee kam, daß ich noch ein kleines Kind sei! Das war ich nicht! Ich war kein naiver Teenager mehr! Er hatte Glück, daß ich schon längst erwachsen war! Ich dachte: ›Na und? Was kratzen mich diese nackten Frauen!‹ Aber Busch wollte mich immer beschützen. Mich hatte noch nie in meinem Leben jemand so beschirmt wie er. Und weißt du, ich erzählte Georgie hinterher, was ich in diesem Nachtklub erlebt hatte. Wir beide lachten uns halbtot. Ich sagte: »Georgie, du hast die allergrößte Sehenswürdigkeit auf dieser Welt verpaßt! – Busch, als eine nackte Frau auf seinen Knien saß!« Wir blieben noch einige Zeit in Paris, weil ... Busch erklärte mir nicht wieso! Er sagte: »Wir fahren an diesem und diesem Tag los«, und ich fragte ihn niemals, wieso. Denn ich habe etwas entdeckt auf dieser Reise, und zwar folgendes: Es gibt Leute, die finden es nicht nötig, jede ihrer Handlungen der Umwelt zu erläutern. Ich vertraute Busch. Also scherte ich mich nicht um das, was er tat.

Und dann fuhren wir mit dem Zug nach Valencia, wir hatten in unserem Paß einen Stempel von unserem Außenministerium, der gültig war für Spanien. Wir blieben in Valencia ... Ich glaube einige Tage. Und alle sagten uns: »Trinkt um Gottes willen kein Wasser!« Später wurde mir klar, warum: Man kriegte Diarrhoe davon. Das Leitungswasser war verunreinigt, und nirgendwo konnte man Mineralwasser kaufen. So trank man Wein, alle tranken Wein. Ich war immer beschwipst! Und Busch sagte nach jedem Mittagessen: »Jetzt brauche ich ein Nickerchen.« Amerikaner trinken eben wenig Wein, wir waren so viel Alkohol einfach nicht gewöhnt. Und in Spanien wird man noch dazu schnell durstig, weil Gerichte dort sehr würzig zubereitet werden. Also das war sehr lustig. Später war es nicht mehr so schlimm, aber in den ersten Wochen begannen meine Kicheranfälle beim Frühstück, und sie hörten erst wieder in der Nacht auf, mit dem Einschlafen.

Ich glaube, Doktor Busch und ich fuhren dann nach Albacete. Und von dort wurden wir an die Cordoba-Front geschickt, und ich blieb, bis die Faschisten durch unsere Linien brachen.

Unser Krankenhaus befand sich in einer kleinen Stadt, in Bella Casa, ungefähr zehn oder zwanzig Kilometer von der Front entfernt. Ich erinnere mich, wie gleich in der ersten Nacht das Personal uns zu Ehren ein Essen in einer Garage gab. Weißt du, die ganze Belegschaft begrüßte mich! Und die Frauen wollten sich die Sachen ansehen, die ich mitgebracht hatte. Ich sage dir, fünf Minuten später liefen alle Krankenschwestern in meinen Klamotten rum. Ja, alle! Und wenn sie etwas nicht tragen konnten, weil es ihnen zu groß oder zu klein war, dann ließen sie es nachschneidern. Ich hatte eine Menge Wäsche mitgenommen, genug für zumindest ein Jahr, weil ich nicht wußte, wie lange ich in Spanien bleiben würde. Ich kam mit mehreren Koffern – und als ich wieder nach Amerika fuhr, hatte ich eine kleine Tasche bei mir. Eine sehr kleine Tasche. Aber ich hatte Glück! Ich konnte wieder nach Hause zurückkehren! Viele Interbrigadisten fanden in Spanien den Tod. Und das brach mir das Herz. Das Krankenhaus muß vor Ausbruch des Krieges eine Art Institut gewesen sein. Es war ein zweistöckiges Gebäude mit ein paar großen Sälen. Schon vor meiner Ankunft hatte man es zu einer Klinik mit vielleicht achtzig Betten umfunktioniert. Unsere Belegschaft bestand aus zwei Apothekern und zwei Ärzten, vier oder fünf Krankenschwestern. Einen Teil unseres Personals schickte man zur Front. So ernannte man mich zur Oberin. Wir behandelten Interbrigadisten, die an der Cordoba-Front verwundet worden waren. Und wir mußten schuften wie die Pferde. Vergiß nicht, daß wir nicht die Ausrüstung hatten, die wir eigentlich brauchten. Deshalb kostete jede Arbeit viel mehr Zeit als unter normalen Umständen. Abwaschen, die Verbandsmaterialien reinigen, Bettwäsche wechseln – alles wurde doppelt so kompliziert! Auch die Essenzubereitung war schwierig! Wir hatten nicht viel Fleisch. Manchmal konnten wir Bohnen beschaffen, mitunter Brot, Wein oder Obst. Und Gemüse und Früchte durften die Patienten nicht roh essen, weil das Wasser verseucht war. Später kamen wir auf die Idee, es in Zuber zu füllen und mit Chemikalien zu sterilisieren. Es roch nicht gut, und es schmeckte nicht gut, doch es war einigermaßen sicher. Und trotzdem dünsteten wir oft noch das Gemüse, bevor wir es den Patienten gaben. Ja, wir waren immer beschäftigt! Wirklich! Sieh mal, wenn man in einem hiesigen Hospital als Krankenschwester arbeitet, kommt man vielleicht um sieben Uhr zum Dienst und geht um drei Uhr wieder weg. Aber in Bella Casa schufteten wir so lange, wie es eben nötig war. Manchmal bis zum Umfallen. Die meisten unserer Krankenschwestern waren gerade erst aus New York gekommen. Und sie wollten einfach nicht verstehen, daß sie die Patienten jetzt nicht genauso behandeln konnten, wie sie es zu Hause gelernt hatten! Weißt du, sie waren an die Bedingungen in amerikanischen Kliniken gewöhnt. Und die hatten natürlich viel bessere medizinische Ausrüstungen als die spanischen Hospitäler. Unsere Belegschaft verbrauchte zum Beispiel Unmassen Laken. Aber die mußten gewaschen werden von Leuten aus dem Dorf. Und die Häuser in Bella Casa hatten nicht mal fließendes Wasser! Die Frauen mußten am Flußufer waschen. Auf den Knien! Gott, es war furchtbar schwer, unsere Krankenschwestern davon abzubringen, so viel Bettzeug zu benutzen. Sie hatten einen Hygiene-Tick: Jeder Patient mußte jeden Tag ein frisches Laken kriegen. Und das blieb eine Zeitlang so, bis wir eine Versammlung einberiefen, in der ›alcalde‹, der Bürgermeister uns zeigte: Die Knie, die Hände der Wäscherinnen bluteten! Wir überforderten sie ganz schrecklich! Ich sagte auf der Versammlung: »Wir hören auf damit! Sofort!« Und das machten wir auch. Der Wäscheverbrauch wurde radikal vermindert, ich schloß einfach sämtliche Laken ein. Wenn eine Krankenschwester neues Bettzeug brauchte, mußte sie das schmutzige zeigen, das sie abgenommen hatte. Nur in wirklich dringenden Fällen durften die Laken gewechselt werden. Und manche Schwestern waren sehr entsetzt darüber! Sie fanden mich diktatorisch. Aber unter solchen Umständen konnten wir nicht so viel Wäsche verbrauchen! Das mußten wir einfach lernen!

Wir hatten eine Menge Patienten mit einer Fiebererkrankung, die sich später als Malaria herausstellte. Nach einigen Wochen erwischte es mich auch. Mir ging es ziemlich dreckig – und wir wußten nicht, was ich hatte! Wir wußten nicht, daß wir uns in einer Malaria-Gegend befanden! Ich wußte nur, daß ich furchtbare Schüttelfrostanfälle kriegte. Und mein Fieber konnte ganz schnell steigen, dann schnell wieder sinken. Es ging runter und dann, scht, wieder rauf. Ich erinnere mich, wie einer der deutschen Doktoren sagte, er glaube, ich habe Typhus. Und Norman Rentz, der amerikanische Arzt, meinte, meine Krankheit sei wahrscheinlich kein Typhus. Sie sähe mehr aus wie eine Art Fieber. Und er machte im Laboratorium einen Bluttest, bei dem sich Malaria herausstellte. Also war ich das Versuchskaninchen. Aber weil wir feststellten, was ich hatte, fanden wir heraus, was auch viele andere Patienten hatten. Deren Krankheitssymptome waren ziemlich untypisch, deshalb kamen wir nicht auf die Idee, sie könnten Malaria haben! Dann kriegten wir Chinin. Wir behandelten mich und alle anderen damit, und das rettete uns.

Unser Laboratorium wurde von Dorothy Fontaine verwaltet. Wir hatten auch einen Apotheker in unserem Hospital, er war ein älterer Mann. Es stand ziemlich traurig um ihn. Er konnte die Maßeinheiten Grain* und Gramm nicht auseinanderhalten – ein Apotheker! Er sorgte für einen sehr interessanten Zwischenfall: Einer unserer Ärzte wurde an die Front geschickt. Und der andere, William Pike, blieb bei uns, im Hinterland. Er hatte immer mal ge-

* In England und in den Vereinigten Staaten verwenden die Apotheker das Gewichtsmaß Grain.

klagt, wie schlecht es ihm gehe. Er dachte, daß er Malaria kriegen würde. Aber er hatte auch Diarrhoe. Und um die Sekretion auszutrocknen, gaben wir den Diarrhoe-Patienten immer etwas Atropin, damit sie nicht zuviel Körperflüssigkeit verloren. Und eines schönen Tages stieg Bills Puls schlagartig. Bill war sofort in Panik, sofort. Ich fragte ihn: »Sag mal, was für Medikamente hast du heute eingenommen?« Und er antwortete: »Atropin.« Prompt dachte ich an unseren Apotheker, der Grain und Gramm nicht unterscheiden konnte. – »Kann sein, daß das Atropin mir so zusetzt ...« Ich rannte gleich zum Apotheker, und ich sprach mit ihm. Und ich sammelte das ganze Atropin ein und schloß es weg. Aber dann! Bill wurde fast verrückt, er raufte sich die Haare. Ich maß seinen Pulsschlag – der war fast zweihundert! Also, das Gegenmittel gegen eine Morphiumvergiftung ist Atropin. Ich dachte: ›Ich muß Bill Morphium spritzen, um ihn zu beruhigen. Vielleicht wird das der Atropinvergiftung entgegenwirken.‹ Es war doch kein Arzt da, den ich fragen konnte! Und dann hatte Bill immer noch diesen schrecklichen Puls, und ich gab ihm eine zweite Spritze, und die ließ ihn zur Ruhe kommen. Trotzdem war ich meiner Sache nicht sicher, ich wollte in der Fachliteratur nachlesen, ob ich Bill richtig behandelt hatte. Und schließlich fand ich ein Buch, in dem stand: ›Atropin ist zwar ein Gegengift für Morphium, aber Morphium ist kein Gegengift für Atropin.‹ Ich dachte: ›Ich habe das Falsche gemacht! Ich habe Bill umgebracht!‹ Ich wußte nicht mehr aus noch ein! Aber er schlief zwei Tage und fühlte sich danach prima. Er wäre vor Entkräftung gestorben, wenn ich ihm kein Morphium gespritzt hätte. Und ich habe es gespritzt, weil das schlicht die einzige Therapie war, die mir einfiel. Also aus purer Unwissenheit. Mir war nur klar, daß es mir gelingen mußte, Bill zu beruhigen. Er hätte sich sonst selbst in Stücke gerissen. – Sieh mal, hier handelte es sich um eine Notlage. Ich mußte mich einfach in kurzer Zeit für eine Heilmethode entscheiden. Und ich mußte aus den wenigen Medikamenten, die uns zur Verfügung standen, die effektivsten aussuchen. Manchmal geht's gut, und die ›Nottherapie‹ hilft. Manchmal auch nicht. Aber es war wirklich ... Danach machten wir immer Witze darüber, wie glücklich Bill sein konnte, noch auf dieser Welt zu sein. Wenn mir vorher etwas geschwant hätte, dann hätte ich den Apotheker natürlich davor gewarnt, Grain und Gramm nicht zu verwechseln! – Aber vielleicht zählt das zu den Wagnissen, die man eingeht, wenn man in der Fremde arbeitet: Andere Länder haben andere Maßsysteme. Na, Bill wurde gesund. Er lebt noch immer. Eines Tages wurde uns ein Amerikaner gebracht, der Typhus hatte. Er ist ganz schnell gestorben. Ich erinnere mich noch an die Trauerfeier. Er gehörte zu den ersten Patienten in unserem Hospital, für die unsere Hilfe zu spät kam. Wir konnten ihm nicht mehr helfen. Er war ein ganz junger Mann, ungefähr zwanzig Jahre alt ... Weißt du ... Mich beschäftigt eine Sache sehr: Als ich letztes Jahr wieder nach Spanien flog ... Wenn ich an die vielen Männer denke, die ich habe sterben sehen! Manchmal schickte eine Familie ihren letzten Sohn zur Armee, fünfzehn Jahre alt oder vierzehn Jahre alt. Und der kam an die Front. Alle wehrfähigen spanischen Jungs mußten zur Front. Alle! Die Spanier gaben wirklich alles, um ihr Land vor dem Faschismus zu bewahren. Und als ich nach Madrid und nach Barcelona flog letztes Jahr ... Ich fuhr in einem Taxi durch Madrid, und der Chauffeur erklärte mir, was für eine bedeutsame Persönlichkeit Franco gewesen sei, er wollte mir sogar die Franco-Denkmäler zeigen! Ich war ziemlich entsetzt! Und ich unterhielt mich mit Studenten in einem Café. Sie wußten überhaupt nichts über den Bürgerkrieg! Sie waren ... nette junge Leute! Sie meinten Madrid müsse einen sozialistischen Stadtrat kriegen. Sie waren dagegen, daß der Papst nach Spanien kommt, sie stimmten bei den Wahlen für die sozialistische Partei. Aber sie waren keine überzeugten Antifaschisten! Sie begriffen nicht, warum wir unter so großen Opfern gegen Franco gekämpft haben. Für sie waren die Faschisten und die Republikaner gleichermaßen schuldig an der Misere, die der Bürgerkrieg mit sich brachte. Und das ist für mich dasselbe, wie wenn man sagt, daß alles, woran ich glaube, eine Lüge ist. Ich kann den Faschismus in keiner Form tolerieren, nirgendwo in der Welt. Die heutige politische Lage ist deshalb so gefährlich, weil wir nicht genug gelernt haben aus der Geschichte. Von den Gefahren, die die faschistische Ideologie mit sich bringt. Wie das Kräftemessen zwischen Antifaschisten und Faschisten entschieden wird, davon hängt das Weiterbestehen oder die Vernichtung unseres Planeten ab! Oder etwa nicht?! – Ich kann dir gar nicht sagen, wie unglücklich ich bei meiner Reise durch Spanien war! Was ich erlebte, brach mir das Herz. Wirklich! Und weißt du, der eigentlich Schuldige ist meiner Meinung nach dieser Carillo, der Führer der spanischen Kommunisten. Ich finde, er spielt dieselbe Rolle, die die Sozialdemokraten gespielt haben, als sie aus Angst vor dem Kommunismus Hitler Deutschland überließen. Dieselbe Rolle. Carillos Partei hat im Eurokommunismus angeblich ›einen neuen Weg zum Sozialismus‹ entdeckt! Was für eine Scheiße! Ich sage dir ehrlich: Ich wurde krank, als ich in Spanien war. Ich kriegte eine Lungenentzündung. Ich fuhr in mein Zimmer in Madrid und blieb den größten Teil der Zeit im Bett. Ich glaube, wenn man sehr aus der Fassung gebracht wird, vermindert das die Widerstandskraft. Dann holt man sich einen Infekt. Ich war so entsetzt! Bestimmt bekam ich meine Lungenentzündung davon! Mir ging's so mies! Ich dachte an all die Menschen, die ich im Spanienkrieg sterben sah. Und ich sah so viele sterben, so viele ...

Ich blieb in Bella Casa ungefähr sechs Monate. Und dann ging ich an die Front. Unsere Truppen erwarteten einen Angriff der Faschisten, deshalb wurde ich zu einem medizinischen Hilfsposten in die vordersten Linien geschickt. Dort brauchte man dringend jemanden für die Anästhesie. Mich. In unserem Posten operierten wir nur Schwerverletzte, die ansonsten den Transport ins Hinterland nicht überlebt hätten. Alles, was wir taten, war, das Leben dieser Menschen zu retten. Und dann ließen wir sie sofort in Hospitäler bringen. Ja, glaube mir, wir waren *direkt* an der Front! Wir konnten die Moros singen hören in der Nacht. Sie sangen ... wie die Juden singen. Es klang ... orientalisch, so ›weiing‹ ... Man konnte die Moros hören! Und natürlich hörten wir den Gefechtslärm. Unsere Operationsausrüstung, die Sterilisierungsgeräte ... praktisch eine vollständige chirurgische Ausrüstung für Notoperationen befand sich in Bussen, wir nannten sie ›Auto-Chir‹. Sie waren immer getarnt, damit die Faschisten sie nicht gleich ausmachen konnten. Und natürlich haben wir auch bei Angriffen weitergearbeitet. Was hätten wir denn sonst tun sollen?! Aber unsere Busse waren gut getarnt, die Faschisten konnten sie nicht sehen. Und wir ließen uns sicherheitshalber draußen so wenig wie möglich blicken: Wenn ein Mensch sich bewegt, ist er auch aus großer Entfernung ziemlich leicht zu erkennen. Wir transportierten die Verwundeten nur in der Nacht ab, und das so schnell, wie's nur ging. Die Krankenautos kamen angerast und fuhren schnell wieder mit den Verletzten weg. Und natürlich hatte ich Angst! Wir hatten alle Angst! Selbstverständlich hatte ich immer Angst! Denn ich bin kein Idiot. Aber man hat in so einer Lage keine Alternative. Außerdem ist man beschäftigt. Man tut, was man kann. Ich glaube, wenn man Angst hat, ist das beste, was einem geschehen kann: beschäftigt sein.

Wir brachten unsere Kranken in hoyos unter, in Erdhöhlen, die wir ausgegraben hatten. Wir legten immer eine khakifarbene Decke über den Eingang, damit die Erkundungsflugzeuge uns nicht ausmachen konnten. In jede Höhle paßten zwei, drei kleine Feldbetten, also zwei, drei Patienten. Wir hatten nicht sehr viele von diesen hoyos, wir ließen die Verwundeten immer so schnell wie möglich ins Hinterland bringen. Unsere Equipe war ganz klein. Wir hatten eine Krankenschwester, die bei den Verletzten blieb, eine Schwester, die überall einsprang, wo's nötig war, eine Operationsschwester, eine Anästhesistin und einen Arzt, und die Bahrenträger und die Krankenfahrer. An manchen Tagen gab's wenig zu tun, aber bei Angriffen ging es heiß her. Dann mußten wir wirklich endlos viele Verletzte behandeln. Ich erinnere mich an einige von ihnen, ich erinnere mich an ihre Namen oder wie sie aussahen. Manche waren sehr schlimm dran, ein paar hatten ganz schreckliche abdominale Verwundungen. Einmal wurde uns ein Mann gebracht, dem sechs Granatsplitter im Bauch saßen. Wir schlossen die Einschüsse – und der Mann lebte immer noch. Und wir hatten einen sehr lustigen Fall ... Es war nicht lustig, aber dieser Mann hatte eine Kugel im Hintern. Und er schrie und schrie: »Ay, mi culo!«* Weißt du, wir hatten keine Zeit, ihn zu operieren. Weil er nicht in Lebensgefahr war, schickten wir ihn in ein Hospital im Hinterland.

Trotzdem hatten wir Glück: In unserer Auto-Chir an der Cordoba-Front ist niemand gestorben. Die Verletzten starben nicht bei uns. Wenn sie starben, starben sie später. Wir hatten großes Glück, die meisten Kranken wurden sofort wegtransportiert. Ich weiß nicht, ob sie überlebten, aber ... Wenn wir jemanden operiert hatten, mußten wir uns sofort um den nächsten kümmern. Die Patienten wurden zu uns gebracht, wir haben sie behandelt, und danach wurden sie ins Hinterland geschickt. Wir arbeiteten in einem mörderischen Tempo! Es war wirklich mörderisch! Glaube mir, wir hatten kaum Zeit zum Atmen. Wenn du ›Mash‹ gesehen hast, den Film ›Mash‹, dann weißt du, wie wir geschuftet haben. So war das. Unsere Arbeit war ein Wettkampf gegen die vielen Verheerungen, die ein Krieg mit sich bringt.

An der Cordoba-Front habe ich vor allem als Anästhesistin gearbeitet. Und ich will dir eine lustige Geschichte aus dieser Zeit erzählen. Was mir damals passiert ist, das macht sicher jeder meiner Kollegen mal mit. Da bin ich ganz sicher! Gut, durch meine Ausbildung hatte ich natürlich das Einmaleins der Narkosetechnik im Griff. Aber ich war wenig erfahren. Weißt du, während man jemanden betäubt, zieht man sein Augenlid zurück und kontrolliert an der Pupille, wie der Patient auf das Narkotikum reagiert. Und wenn der Augapfel sich öffnet, wenn er expandiert, hat der Kranke eine zu geringe Dosis, sein Körper ist noch nicht entspannt. Würde man ihn in diesem Zustand operieren, dann würde er Fußtritte austeilen oder Kinnhaken.

* span., Oh, mein Hintern!

Aber wenn die Pupille kontrahiert, heißt das, die Chirurgen können mit der Arbeit beginnen. Also die Ärzte warten immer, bis der Anästhesist sagt: »Okay, ihr könnt anfangen.« Und bei den ersten Operationen, in denen ich für die Narkose verantwortlich war, ging alles wie am Schnürchen. Ich beobachtete die Pupillen der Patienten – kein Problem. Aber ungefähr der fünfte Mann, den ich einschläfern mußte ... Ich guckte auf seinen Augapfel, und der wollte und wollte nicht kontrahieren. Der war absolut expandiert, weißt du. Und ich sagte es dem Chirurgen. Ich sagte ihm immer und immer wieder: »Irgendwie ist das komisch ...« Er antwortete: »Aber der Patient macht einen entspannten Eindruck.« – »Ja, aber seine Pupille ist immer noch expandiert, sie kontrahiert nicht.« Und ... plötzlich fällt Licht auf das Auge. Ich sage: »Oh mein Gott! Es ist ein Glasauge!« – Und deshalb kontrahierte die Pupille nicht! Na, einer der Ärzte sagte: »Jetzt bist du wirklich eine Anästhesistin. Das passiert jedem deiner Kollegen zumindest einmal.«

Ich schätze, wir blieben einige Monate an der Cordoba-Front, ungefähr zwei Monate. Das war eine sehr harte Zeit, denn die Faschisten griffen unsere Truppen sehr, sehr oft an. Und wir operierten die vielen Verwundeten und taten alles, um sie so schnell und sicher wie möglich ins Hinterland zu schaffen. Es war sehr schwierig für die Sanitätsfahrer, überhaupt zu uns durchzukommen und die Kranken abzutransportieren. Wir schufteten tagein tagaus in unserer Auto-Chir. Aber die Faschisten überrannten unsere Linie im Frühjahr 37. Und im Mai fand dann in Katalonien der POUM-Aufstand statt. Daß auch die Anarchisten der Spanischen Republik in den Rücken fielen, war ein doppelter Schlag für uns. Wir mußten weg von der Cordoba-

Front. Wir nahmen alle unsere Patienten und die gesamte Ausrüstung mit. Und wir fuhren in unseren Krankenautos bis nach Villa Paz und Castellejo, weil dort von amerikanischem Personal zwei Hospitäler eingerichtet worden waren. Die beiden Krankenhäuser lagen ungefähr zehn Kilometer voneinander entfernt, sie befanden sich in zwei riesigen Schlössern. Vor dem Bürgerkrieg waren sie Eigentum der spanischen Königin gewesen. Ein Schloß richteten wir für die akut Kranken ein und das andere für die Rekonvaleszenten. Patienten, die viel Pflege brauchten, blieben in Villa Paz. Wenn sie einigermaßen auf den Beinen waren, schickten wir sie nach Castellejo. Da wurden sie ausgeheilt, von dort gingen sie an die Front. In Villa Paz arbeitete ich zuerst im Nachtdienst, ich versorgte die Schwerverwundeten. Ich badete sie, fütterte sie, gab ihnen ihre Medizin – oder meine Zigaretten, wenn sie mich erpreßten! In meiner Abteilung lagen ein paar Franzosen, die richtige Teufel waren. Ich glaube, sie sind nach Spanien gekommen, weil sie dachten, die Internationalen Brigaden sind eine Fremdenlegion. Und diese Männer waren wirklich kaum zu bändigen. Einer von ihnen war sehr schwer verletzt, alle seine Knochen waren gebrochen. Und er machte seinem Ärger Luft, indem er Geschirr nach mir schmiß, indem er schrie, indem er fluchte. Und das ganze Personal hatte natürlich die Nase voll von ihm. Er sagte zu mir mitten in der Nacht: »Gib mir deine Zigaretten!« Er machte alle anderen Patienten wach. Ich jammerte, aber ich gab ihm meine Zigaretten. Gut, ich sprach mit unserem Politkommissar, und ich sagte ihm: »Ich mußte diesem französischen Raufbold meine Zigaretten geben, er machte einen Heidenlärm.« Der Kommissar sagte: »Okay, ich werde dir zwei neue Schachteln geben.« Das war's. Also, ich protestierte immer, ich jammerte: »Das ist nicht fair, du nimmst mir die letzten Zigaretten weg«, und dann gab ich sie diesem Franzosen. Und er fühlte sich ... Er hatte gewonnen! Und das genau meine ich: Jemand braucht nicht dein Lieblingspatient zu sein, man *muß* einfach mit ihm auskommen, egal, wie schwierig er ist. Oder man kriegt Anarchie. Weißt du, was ›Villa Paz‹ bedeutet? – ›Haus des Friedens‹. Und im Hospital von Villa Paz wurde ich nicht als Oberin eingesetzt. Ich fand das herrlich, ich war schlicht eine der Schwestern. Herrlich! Denn als Leiterin ist man sehr, sehr unbeliebt. Sicher! Man muß oft Entscheidungen treffen, die den Kollegen nicht passen. Und wer ist schon gern unbeliebt? – Ich nicht! Nein, ich wollte auch in Bella Casa nicht die Leitung übernehmen, aber ich hatte keine andere Wahl.

Rate mal, wie lange ich in Villa Paz blieb. – Weniger als zwei Wochen! Und dann wurde ich nach Castellejo geschickt. Und das ging folgendermaßen vor sich: Meine zwei Freundinnen, mit denen ich auch an der Cordoba-Front war, und ich, wir hatten uns gerade häuslich eingerichtet in einem kleinen Stall. Darin stand nur ein tolles, riesengroßes Bett für uns drei, das Bett der spanischen Königin. Für mehr Möbel gab es einfach keinen Platz in unserem Zimmerchen. Aber ich muß sagen, ich war sehr zufrieden mit meinem königlichen Nest. Ich war sehr froh, nicht als Oberin arbeiten zu müssen. Da kam eines Tages Doktor Busch zu mir, und er sagte: »Im Hospital von Castellejo gibt's großen Stunk. Das Personal soll die amerikanischen Patienten vorgezogen haben. Wir müssen es ablösen, weil die Kranken finden, daß es parteiisch ist. Und ich will dich dort als Oberin einsetzen. Ich will, daß du dort für Frieden sorgst.« Mir gefiel diese Idee wirklich nicht sehr. Ich war erst zwei Wochen in Villa Paz, ich hatte mich gerade auf meine neue Arbeit eingestellt, und da sagte Doktor Busch zu mir: »Ich würde dich gern ins Hospital von Castellejo schicken. Ich glaube, daß du dort alles wieder ins rechte Lot bringen kannst. Ich glaube, du kannst das schaffen.« – Ich sagte: »Sieh mal, ich kenne da keinen Menschen.« Busch sagte: »Das ist nicht nötig. Es ist besser, wenn du dort niemanden kennst. Du wirst ein neuer Besen sein, der den alten Dreck wegfegen kann. Aber ich werde dich nicht zwingen, nach Castellejo zu gehn«, sagte er, »du mußt dich selbst entscheiden. Ich werde dich zu nichts zwingen.« – Wie konnte ich ›nein‹ sagen nach so einer Predigt! Wie konnte ich da ›nein‹ sagen! Ich sagte: »Morgen fahre ich los.« Ich kam zurück in unsern Stall und erzählte meinen beiden Freundinnen, wie Busch mich überredet hatte, in dem anderen Krankenhaus zu arbeiten. Sie sagten: »Warum hast du dich breitschlagen lassen! Du bist ein Waschlappen!« Und ich antwortete ihnen: »Ich habe eine Menge Vertrauen zu Busch! Wenn er meint, daß man mich in Castellejo mehr braucht als in Villa Paz ... Ich bin schließlich nicht zu meinem Vergnügen in Spanien! Ich würde mich furchtbar schämen, wenn ich Buschs Bitte abgelehnt hätte. Ich würde mich schuldig fühlen.« Aber er hat sehr oft über mich entschieden. Er schickte mich überall dorthin, wo's Ärger gab, weil er eben fand, daß ich diszipliniert bin. Ja, so wurde ich Oberin im Hospital von Castellejo.

Ich weiß nicht mehr genau, wann ich in Castellejo ankam. Es muß wohl im Mai oder Juni 37 gewesen sein. Ich brachte meine Koffer in mein Zimmerchen, zog mich um und ging hinaus auf den Flur ... Zwei Männer lehnten sich über einen Korbstuhl, mit gezücktem Messer. Ich sagte mir: ›Oh, mein Gott! Es gibt eine Messerstecherei! Was mache ich denn jetzt?!‹ Ich war so entsetzt! Aber es war klar, daß sich die beiden um den Platz stritten. Also setzte ich mich darauf. Das war alles, was ich tun konnte: Ich setzte mich auf den Stuhl, auf dem sie beide gern sitzen wollten. Und ich fragte sehr unschuldig: »Was spielt ihr da für ein Spiel? Erklärt mir mal, wie man es spielt, denn ich kenne es nicht.« Die Männer standen da, alle Patienten standen da wie ... Und einer sagte: »Ohne die Lehne zu berühren ...« Ich sagte: »Wie interessant!« Das war's. Ich blieb eine Weile sitzen. Die Gemüter kühlten sich ab, und es gab keine Messerstecherei. Aber in Castellejo mußte ich immer mit dem Schlimmsten rechnen. Immer. Ich kam in einen Krankensaal rein, und ich fühlte: ›Hier gibt's dicke Luft.‹ Ich merkte, daß ein Krach in der Luft lag – und nicht nur manchmal, sondern immer! Gott, es war nervenzerreißend. Und ich sagte mir: ›Mich hat's in die Hölle verschlagen!‹ Ich hatte mir also neue Probleme aufgeladen! Und dabei ein besonders *großes*! Ich war die einzige Krankenschwester. Die einzige! Also, ich wurde nicht nur für alle Pannen zur Rechenschaft gezogen, sondern ich war auch noch die einzige Schwester. Ich! In der Klinik gab's natürlich einen Arzt! Er war ein Problem. Dann hatten wir noch einen Politkommissar. Er sollte dafür sorgen, daß die Patienten sich nicht in den Haaren liegen. Gut, ich würde sagen ... Ich hatte ein bißchen mehr Macht über die Kranken, weil ich mehr Zeit mit ihnen verbrachte. Ich verabreichte ihnen Medikamente, ich verband ihnen die Wunden. Und ich nahm bei irgendwelchen Mißerfolgen die Schuld auf mich. – Und schließlich und endlich hatte man uns noch Soldaten geschickt, die das Hospital bewachen sollten. Die meisten von ihnen waren ein großes Problem. Das Krankenhaus von Castellejo war ein einziges, großes

Problem. Und Doktor Busch erwartete von mir, daß ich dort für Frieden sorge ...

In unserem Hospital kurierten wir Interbrigadisten aus sehr vielen Ländern. Aber die verschiedenen Nationalitäten lagen sich oft in den Haaren. Ich fand, die Männer hatten ein Zuviel an Energie. Ich entschied, daß sie einen Wettkampf brauchten, einen *sinnvollen* Wettkampf. Und so organisierten wir Kulturveranstaltungen: Alle Patienten eines Landes mußten den Patienten der anderen Nationalitäten hin und wieder einen Festabend bieten. Mal gaben die Deutschen ein Programm, dann die Franzosen, dann die Engländer und so weiter. Und ich beteiligte mich an den Vorbereitungen für die Kulturfeiern. Ich half jeder Gruppe, ihre Pläne in die Tat umzusetzen. Und weißt du, was ich noch machte? – Ich konfiszierte immer den Kognak. Jede Nacht lief ich durch die Säle und sammelte den Kognak ein. Ich sparte ihn für unsere Partys auf, dann konnten ihn alle trinken. Und die Männer wußten, wenn ich irgendwo Alkohol fand, gehörte er mir. Sie versteckten ihre Schnapsflaschen in Abfalleimern, in einer Blumenvase oder in einem Rucksack – auf hunderterlei Arten! Aber ich wußte, wo ich suchen mußte, glaube mir! Ich hatte eine sehr gute Nase dafür! Außerdem verrieten sich die, die irgendwo Kognak versteckt hatten, weil sie schallend lachten, wenn ich in ihre Nähe kam. Das war immer ein Aufruhr! Nie wieder wird es so einen Aufruhr geben wie bei meinen Rundgängen! Eigentlich spielten wir ›Katz und Maus‹. Und meistens konnte ich den Schnaps finden, und ich schloß ihn in den Schrank mit den Narkotika ein. Dann fragten die Patienten: »Wann werden wir endlich mal wieder feiern?« Aber wir entschieden immer gemeinsam, wann das nächste Fest stattfinden würde. Und bei solchen Gelegenheiten rückte ich den Alkohol raus. Und weil jeder etwas davon abkriegte, konnte sich niemand richtig besaufen. Ja, wenn die Männer tranken, hatte ich meine Augen wirklich überall. Denn auch bei diesen Feten mußte man auf alles gefaßt sein. Man wußte nie, was eine Rauferei auslösen würde.

Eins finde ich sehr interessant: Ich hatte ein paar deutsche Patienten, die mir sagten, sie hielten mich für eine Rassistin, weil ich die Kranken dazu anspornte, miteinander zu konkurrieren auf der Basis von Rassen. Ich sagte: »Wir machen hier doch kein Kräftemessen der verschiedenen Rassen! Die Männer konkurrieren als Menschen, die aus unterschiedlichen Kulturen kommen. Meiner Ansicht nach veranstalten wir einen sozialistischen Wettbewerb. Für mich hat das nichts mit Rassismus zu tun. Die Patienten der einen Nationalität werden immer versuchen, mehr zu leisten als die Patienten der anderen Nationalitäten. Niemand kann das verhindern. Wir müssen dieses Rivalitätsdenken so gebrauchen, daß daraus etwas Nützliches für alle entsteht.« Diese Deutschen sagten zu mir: »Die Amerikanische Kommunistische Partei ist noch sehr jung, und du bist noch sehr jung. Du weißt noch zu wenig über die *Wurzeln* des Rassismus.« Ich sagte: »Ich habe die Unterschiede zwischen den Völkern nicht geschaffen, es gibt sie! Euch muß doch aufgefallen sein, daß die Interbrigadisten aus dem einen Land nichts mit den Interbrigadisten aus den anderen Ländern zu tun haben wollen! Mir stehen die Streitereien in diesem Krankenhaus bis zum Hals! Ich habe hier noch niemals Männer aus verschiedenen Nationen miteinander Karten spielen sehen, nicht mal dazu sind sie imstande! Und ich probiere nur, *alle* unsere Kranken zu kreativen Aktivitäten anzustacheln, damit sie sich nicht wie das fünfte Rad am Wagen fühlen. Damit sie sich nicht gegenseitig umbringen. Unsere Kulturprogramme tragen zur Versöhnung und Verständigung unserer Patienten bei. Menschen, die aus verschiedenen Ländern kommen, sind nun mal unterschiedlich. Sie brauchen sich auch nicht zu gleichen, sie brauchen nicht dasselbe zu denken. Alles, was sie tun müssen, ist: Sie sollen rücksichtsvoll miteinander umgehen. Sie sollen sich achten und lieben.« Eins fand ich an unseren Kulturveranstaltungen besonders großartig: Wir wählten nie irgendwelche Sieger. Die Leute aus dem einen Land zeigten den Leuten aus den anderen Ländern schlicht, was sie leisten konnten. Und die einzigen, die aus so einem Fest einen regelrechten Wettkampf machten, waren die Briten. – Sie mußten gewinnen, nicht wahr?! Die Engländer organisierten einen Tanzwettbewerb. Und das war wirklich ... Die Franzosen führten ein Theaterstück vor, das war prima. Die Amerikaner eröffneten ein Nachtcafé, weißt du, mit einer Bar und Life-Musik. Die Deutschen kochten ein Essen, das war prima ... Als die Briten ihren Wettbewerb machten, kämpften alle wie die Löwen um den Sieg. Ich tanzte mit einem Araber. Er machte so ein Faß auf, weil er nicht gewann! Er wollte uns alle umbringen! Mit Hängen und Würgen konnten wir ihn zur Besinnung bringen! Aber bei den anderen Festen wählten wir keine Gewinner. Unter dem Publikum gab es immer jemanden, der sagte, wie großartig das Programm gewesen sei. Die Gäste bedankten sich immer bei den Gastgebern. Also, was willst du?! Glaube mir, es war gar nicht so leicht, auf die Idee mit den Kulturveranstaltungen zu kommen! Aber wo auch immer in der Welt Menschen aus verschiedenen Ländern aufeinandertreffen, da wird es Spannungen geben. Ich denke schon.

In Villa Paz wurden vor allem die Schwerverletzten versorgt. Sie waren viel zu angeschlagen, um sich streiten zu können. Bei uns in Castellejo lagen ungefähr hundert zumeist chronisch Kranke. Obwohl sie oft sehr tiefe Wunden hatten, die noch ausgeheilt werden mußten, war ihr Gesundheitszustand doch stabil. Sie brauchten keine Bettwache mehr. Ich verband sie am Morgen und am Abend. Und ich machte jede Nacht meine Visite. Oh, meine Patienten liebten den Hustensaft, der Hustensaft enthielt ein bißchen Alkohol. Also, wenn ich bei meinem Rundgang in einen Saal reinkam, husteten alle Kranken. Ah, ich verbrauchte Gallonen von diesem Sirup! Ich machte meine Visite mit einem der Wachsoldaten, die man zu uns beordert hatte. Ich weiß nicht, wer auf die verrückte Idee gekommen ist, sie zu uns zu schicken. Wir hatten sie wirklich nicht nötig. Wir brauchten sie wie ein Loch im Kopf. Glaube mir, für mich wäre vieles leichter gewesen ohne sie. Man hatte sie aus dem Frontdienst entlassen, weil sie undiszipliniert waren. Gut, diese Wachsoldaten tranken zuviel und zu gerne, auf sie war kein Verlaß. Und es gab in unserem Krankenhaus schon genug Probleme, wir hätten nicht noch Probleme importieren müssen. Ich fühlte mich immer sicher unter den Patienten. Ich benahm mich niemals herausfordernd, ich war nicht zimperlich. Und die meisten Männer hatten Respekt vor mir, und ich hatte Respekt vor ihnen, also damit gab's überhaupt keine Probleme. Mein einziges Problem waren die Wachen. Die Patienten konnten sie nicht leiden, weil sie sich wie die Hausmeister in einer Schule betrugen. Weißt du, sie erließen dauernd irgendwelche Verbote: ›Du machst dies nicht, und du darfst das nicht.‹ Und niemand bat sie darum. Erwachsene kann man so nicht behandeln. In einem Hospital müssen alle gemeinsam entscheiden, was akzeptabel ist und was nicht. Jedenfalls, ich machte meine Visite mit einem Wachposten, mit meiner Flasche Hustensaft und vielen Löffeln. Und das Husten ... man konnte es meilenweit hören. Wenn ich meinen Rundgang begann, hallte es durch alle Säle. Und ich wußte, daß kein Patient erkältet war. Aber ich lachte nicht, ich lächelte nicht mal, wenn einer jammerte: »Oh, mir geht's dreckig!« Ich sagte: »Okay, ich gebe dir Medizin dafür.« – Die Männer wollten, daß ich ihre ›Erkältung‹ seriös nahm, und ich tat, als ob ich sie seriös nahm. Sie wußten, daß ich Bescheid wußte. Es war ein Spiel. Ich hätte ihnen den Spaß verdorben, wenn ich gelacht hätte. Sie wollten mich eben zum Narren halten. Ich war immer seriös, wenn ich seriös sein sollte. Ich spielte wirklich immer die Rolle, die ich nach Meinung der Patienten spielen sollte. Ich erinnere mich, wie ich mich mit ihnen zur Vorbereitung unserer Kulturabende traf. Ich sollte ihnen zum Beispiel dabei helfen, Kleidungsstücke, die für die Programme gebraucht wurden, zu beschaffen. Oder ich sollte Krankenfahrer in die Stadt schicken, um Lebensmittel einzukaufen. Manchmal hatte ich keinen Erfolg. Manchmal war kein Sanitätsauto frei ... Dann zeigten mir die Männer, was eine Harke ist! Alle fielen über mich her: ›Du hast dies und das nicht besorgt!‹ Sie schimpften und schimpften und schimpften. Ich kriegte Vorhaltungen in etlichen Sprachen. Aber ich wurde von den Patienten zusammengestaucht, weil ich mich selbst in so eine Lage brachte, daß sie bei mir Dampf ablassen konnten. Ich entschuldigte mich immer, ich sagte: »Es tut mir leid, es tut mir wirklich leid. Ich hätte mir von Anfang an mehr Mühe geben sollen.« Ich nahm dauernd alle Schuld auf mich. Ich bedauerte immer, daß ich so sehr im Unrecht war. Bei mir im Zimmer wohnte auch eine englische Krankenschwester. Sie sagte: »Warum erniedrigst du dich so? Ich finde das widerlich!« Und ich sagte: »Aber das macht die Patienten glücklich! – Gut, ich bin für diese Rolle geboren. Ich setze mich ins Unrecht, weil in so einer gespannten Lage jemand die Schuld auf sich nehmen *muß*. Und es ist viel besser für uns alle, wenn ich das tue.« – Also was soll's?! Nirgendwo geht es ständig ganz friedvoll zu. Und die Männer mochten mich im Grunde. Sie würden mich nicht erstechen oder erschießen oder erschlagen. Und ich konnte mich immer so schön entschuldigen. Wir hatten einen amerikanischen Verwalter in Castellejo. Er ist an der Front ganz schön schwer verwundet worden und lag in unserem Hospital. Als er einigermaßen gesund war, habe ich ihn gebeten, bei uns als Verwalter anzufangen. Er leistete gute Arbeit. Er war wirklich ein schlauer Fuchs. Weißt du, als wir aus Spanien zurückkamen in die Vereinigten Staaten, machte er ein Vermögen. Er hieß A. M. Ja, ich werde seinen Namen niemals vergessen! – Der Dieb! A. M. wurde zum Dieb abgestempelt von den deutschen Patienten, weil er Spendengelder für das Rote Kreuz an das Hospital in Villa Paz gegeben hatte. Die Belegschaft dort brauchte Geld, um Glühbirnen für den Operationsraum kaufen zu können. A. M. hat es ihnen geschickt. Und deshalb gab es Stunk bei uns. In einer Versammlung diskutierten alle Rekonvaleszenten und das Personal darüber. Und alle sagten: »A. M. hat richtig gehandelt.« – Nur die deutschen Patienten nicht! Sie nannten A. M. einen Dieb. Alle anderen sagten: »Wir finden nicht, daß er ein Dieb ist«, aber die Deutschen behaupteten auch am Ende unserer Aussprache stock und steif: »Er ist ein Dieb!« Und sie waren glücklich, und wir waren glücklich – und A. M. kam nicht in den Knast. Aber er ging fort aus Castellejo. Leider nahm er die Beschuldigung ernst. Sie war in meinen Augen ungeheuer lustig. Man mußte eben Sinn für Humor haben in Spanien. Ich muß sagen, solche Art Auseinandersetzungen gab es immer wieder. Sie haben mich im Grunde sehr amüsiert, in meinem Leben konnte ich nie wieder etwas derart Komisches mitmachen. – Und wenn du solche Streitereien nicht zum Schießen findest – dann läßt du's eben bleiben!

In unser Krankenhaus kamen auch regelmäßig Mitglieder der Spanischen Kommunistischen Partei. Ich brachte eine große Bewunderung für sie auf. Sie waren so überzeugt von der Richtigkeit ihrer Ideologie. Ich hatte keine Ahnung, was für eine Art Leute die Sozialisten oder die Anarchisten waren, ich sagte mir einfach: ›Diese Kommunisten sind toll. Ich will mich ihnen anschließen.‹ Weißt du, die Schuld für Mißerfolge auf mich zu nehmen – das lernte ich von der Spanischen Kommunistischen Partei. Wirklich! Als wir uns mit den deutschen Patienten stritten, sagte der Abgeordnete der KP: »Ja, das ist wahr, A. M. hätte das Geld nicht nach Villa Paz schicken dürfen. Aber wir nehmen seine Schuld auf uns. Denn wenn das Rote Kreuz die Spenden bekommen hätte, dann hätten wir uns darum gekümmert, daß das Hospital in Villa Paz sie kriegt«, und so weiter und so weiter. Also, ein spanischer Kommunist zeigte mir, wie man mit Menschen umgehen muß, die in die Enge getrieben worden sind und sich allein nicht mehr aus der Klemme raushelfen können. Von einem kleinen Kerl namens José lernte ich, die Schuld für Reinfälle auf mich zu nehmen. Er kam relativ oft zu uns ins Krankenhaus, die Leitung der Interbrigaden hatte ihn zum Politkommissar für das Gebiet um Castellejo ernannt. José und ich diskutierten endlos, wenn es bei uns mal wieder

Streitereien zwischen den Patienten gab. Er war wirklich einer der wunderbarsten Menschen, denen ich begegnet bin. Er wurde nie böse, er behielt immer einen klaren Kopf, er bat mich nie um etwas. Er war klein und dünn. Wenn ich ihm etwas zu essen anbot, dann lehnte er es ab, weil er meinte, unsere Kranken hätten es nötiger als er. Er dachte nie an sich. Ich liebte ihn sehr. Ich glaube, wir alle liebten ihn. Und er war so ein perfektes Vorbild für uns. Das gilt auch für meinen Chef an der Ebro-Front, Doktor Pueo. Nie wieder wird ein Mann wie er geboren! Er konnte so diszipliniert sein! Dabei war er ein sehr junger Arzt! Mit seinen vielleicht achtundzwanzig Jahren hatte man ihn zum Chef unseres Operationsteams bei den Lister-Truppen ernannt. Die Operationen, die wir da durchführten ... Es ist ein Wunder, daß uns solche schwierigen Eingriffe unter Frontbedingungen glückten! Aber wir hatten eben einen hingebungsvollen Vorgesetzten! Doktor Pueo überzeugte uns durch sein Vorbild von der politischen Bedeutsamkeit unserer Arbeit. Unsere ganze Mannschaft an der Ebro-Front fand ich toll! Wenn ich zum Beispiel an die Brückenbauer denke: Sie waren absolut unglaublich wundervolle Menschen! Keine Helden, sondern wundervolle Menschen! Sie legten unter Lebensgefahr Brücken über den Ebro, sie waren zwanzig, vierundzwanzig Stunden hintereinander im Einsatz und fielen danach todmüde in das Zelt, in dem auch die Verwundeten untergebracht waren, um ein bißchen zu schlafen. Wir waren verdreckt, wir sahen unmöglich aus – aber glaube mir: Wir arbeiteten! Und Menschen geben in solchen extremen Umständen nur ihr Bestes, wenn sie gute Leiter haben. Unsere Chefs waren uns ein Vorbild. Und ich hatte das Glück, das zu beobachten, Teil eines großartigen Teams zu sein.

Weißt du, die Spanische Kommunistische Partei war so ungewöhnlich, weil ihre Mitglieder jeden Tag so lebten, wie es ihnen ihre Überzeugung vorschrieb. Unter den Genossen gab es keine theoretischen Diskussionen. Es hieß nicht: ›Das ist richtig, und das ist nicht richtig.‹ Man bewies sich einfach an jedem Tag und an jedem Ort. Die spanischen Kommunisten lernten es so schnell, sich mit uns Ausländern zu einigen. Denn wir waren ein großes Problem für die Einheimischen. Wir waren eine große Stütze für sie – und wir waren ein großes Problem. Aber wenn es Krach gab innerhalb der Interbrigaden, dann traten die spanischen Kommunisten meistens als Friedensstifter auf. Sie liebten uns Freiwillige sehr. Und das hat alle traurigen Erfahrungen gut gemacht. – Und die Art, wie die spanischen Kommunisten zusammenarbeiteten, war so human! Ich weiß nicht, wenn die amerikanische Partei einen ähnlichen Stress durchmachen würde, vielleicht ginge es dann auch unter uns amerikanischen Kommunisten menschlicher zu? Aber jetzt ist es damit sehr traurig bestellt. Ich verurteile, wie die Leitung unserer Partei gewählt wird. Unter den Kommunisten dieses Landes gibt es mehr Zentralismus als Demokratie. Siehst du, und das hat mich erledigt. Also wollte ich die Partei nicht attackieren, ich trat aus. Wenn ich mich für eine politische Organisation einsetze, muß ich ihr vertrauen können. Und als die Sowjetpartei und unsere Partei plötzlich gegen China ausfielen ...* Ich war sehr entsetzt darüber! Ich fand, daß die

---

* Anfang der sechziger Jahre kam es zu politisch-ideologischen Auseinandersetzungen zwischen den Kommunistischen Parteien Chinas und Albaniens und denen der UdSSR sowie der großen Mehrheit der übrigen Kommunistischen Parteien. 1963 wurde dieser Konflikt in einer öffentlichen Polemik ausgetragen, in der sich die Gegensätze offenbarten. Unter-

chinesische Partei wegen ihrer speziellen politischen und sozialen Lage ihren eigenen Weg gehen *mußte*. Und wir trieben sie in die Enge, und wir machten sie uns zum Gegner – anstatt ihr zu helfen! Ich war nach Kuba zu einem Kongreß eingeladen, irgendwann in den sechziger Jahren. Und ich mußte mitansehen, wie die sowjetischen und die chinesischen Delegierten sich bekämpften. Und ich konnte und wollte mich an solchen Feindseligkeiten nicht beteiligen. Damals hatte ich Meinungsverschiedenheiten mit unserer Leitung, ich trat aus unserer KP aus. Ich fand, daß ich nicht mehr drinbleiben konnte. Also, ich glaube noch immer an den Kommunismus, und wann immer ich kann, unterstütze ich die Partei. Ich werde nur nicht Teil einer Institution. Denn ich kann es einfach nicht vertragen, denselben Fehler wieder und wieder zu machen. Ich muß neue Fehler machen können in meinem Leben.

Im Hospital von Castellejo gehörte es zu meinen Aufgaben, alle Interbrigadisten unparteiisch zu behandeln. Ich glaube, das war sehr schwierig. Kranke Menschen können überhaupt sehr schwierig sein. Sie sind oft mürrisch, launisch und ungeduldig – nicht weil sie einen schlechten Charakter haben, sondern weil sie Schmerzen ausstehen müssen. Und deshalb darf man als Krankenschwester keine Lieblingspatienten haben. Es gibt immer Patienten, die charmanter sind als die anderen und die dem Personal Komplimente machen. Aber wenn mir einer mehr gefällt als der andere, dann sage ich es ihm nicht und zeige es ihm nicht. Eigentlich bin ich netter zu demjenigen, den ich weniger leiden kann. Ja, ich bin nämlich im Grunde partei-

---

schiedliche Meinungen gab es bezüglich des Charakters eines sozialistischen Staates, der Politik der friedlichen Koexistenz, der Gefahr eines Atomkrieges, der Rolle der Gewalt innerhalb einer Revolution usw.

isch. Das ist wahr. Jeder ist parteiisch! Und jeder von uns will seine Mitmenschen überflügeln. Glaube mir: Im Hospital von Castellejo gab's ein paar richtige Flegel, mit denen ich arbeiten mußte. Sie dachten immer, daß ich sie liebe.

Ein wichtiges Problem war natürlich auch, was die Belegschaft des Krankenhauses in ihrer Freizeit machte. Ich verbrachte sie oft mit den Patienten. Aber sehr gerecht! Einen Tag blieb ich bei den Franzosen, den nächsten Tag verlebte ich mit den Engländern, den folgenden Tag mit den Deutschen ... So. Es wäre für mich natürlich angenehmer gewesen, mich den amerikanischen Verwundeten anzuschließen. Sie waren umgänglich, nicht so beleidigend. Ihr Sinn für Humor und mein Sinn für Humor hatte die gleichen kulturellen Wurzeln. Aber ich ging in meiner Freizeit nicht nur mit den Amerikanern um, weil ich das unfair gefunden hätte. Immerhin waren wir eine *Internationale* Brigade. Und besonders wir Pflegerinnen mußten sehr darauf achten, daß wir keine Patienten übersahen. Denn im Hospital von Castellejo gab es nur sehr wenige Frauen. Die Männer waren schwerkrank, sie kamen aus verschiedenen Ländern, verschiedenen Milieus. Der kleinste Patzer konnte sie auf die Palme bringen. Gut, bei uns arbeiteten auch Mädchen aus dem Dorf als Reinigungskräfte. Aber die Männer durften sich nicht mit ihnen verabreden. Und das war ein großes Problem. In Spanien verabredet man sich einfach nicht mit jungen Frauen, es war nicht üblich. Und wenn ein Patient trotzdem mit einer Spanierin ausgehen wollte, mußte sie ihren Vater, ihre Mutter, ihre kleinen Brüder und ihre Schwestern mitnehmen. Die ganze Familie war bei dem Stelldichein dabei. Und das brachte eine Menge Schwierigkeiten mit sich. Im Krankenhaus war eine Deutsche für die chicas, die spanischen Mädchen, verantwortlich. Sie hatte keinen Sinn für Humor. Sie sorgte ganz brav dafür, daß die Mädchen nicht mit den Kranken sprachen und gleich nach ihrer Arbeit nach Hause gingen. Weißt du, das war ein bißchen dumm: Die Spanierinnen *sprachen* nicht mal mit den Männern. Das fand ich sehr hart, das beleidigte unsre Interbrigadisten sehr ... Und so weiter. Also das war ein Teil unsrer Probleme.

Das Schloß Castellejo war sehr groß, sehr kalt und zugig. Es hatte riesige Säle. Wir gebrauchten sie als Krankensäle, als Mensa, als Versammlungsraum. Dann richteten wir eine Halle als Laden ein. Dort konnten die Kranken und das Personal mit Bons einkaufen. Und ich kriegte ein Kabuffchen, in dem vor mir wahrscheinlich ein Diener der Königin gewohnt hatte. Darin war ein klitzekleiner Kamin. Ja, in der Ecke. Manchmal brachten die Krankenfahrer mitten in der Nacht Verwundete von der Front. Hinterher kamen sie oft zu mir. Sie hatten eine anstrengende Fahrt hinter sich, sie waren todmüde und hungrig. Und ich machte dann ein Feuer für sie in meinem Kamin und bot ihnen eine Tasse heiße Schokolade an. Und sie tranken die Schokolade und erzählten mir, was so passiert war an der Front. Und mein Kabuffchen wurde für sie zu einer Art Zufluchtsort. Bei mir konnten sie sich mal in Ruhe unterhalten und verschnaufen. – Und dann zog noch eine englische Krankenschwester in mein Zimmerchen ein. Ich glaube, das war im Dezember 1937. Die Faschisten hatten gerade die Stadt Tarancón bombardiert. Drei Stunden lang! Das englische Hospital, das sich dort befand, war nach dem Angriff ein einziger Trümmerhaufen. Helen hatte das Bombardement miterlebt und einen schweren Schock davongetragen. Sie wurde uns kurz danach gebracht – mit einem dicken Bauch. Sie erwartete ein Kind.

Ich holte sie in mein Zimmerchen. Und das war wirklich sehr lustig, weil es in dem Kabuffchen kaum Platz gab für mich allein! Es war so groß wie das Innere eines Sanitätswagens! Aber wir legten eine Matratze unter das Bett. Ich schlief auf der Matratze und Helen im Bett. Sie blieb einige Zeit in Castellejo und half mir bei der Arbeit. Helen war verheiratet mit einem deutschen Interbrigadisten. Hör mal: Er hatte es fertiggebracht, aus Hitler-Deutschland nach England zu fliehen! Ein toller Kerl! Und im Exil lernte er Helen kennen, und er heiratete sie. So sind sie zusammen nach Spanien gekommen. Egon war an der Front. Einmal kriegte er eine schwere Grippe, sehr hohes Fieber. Er wurde zu uns ins Hospital geschickt. Und da hat er Helen wiedergesehen. Aber damals war die Lebensmittelbeschaffung sehr schwierig. Wir hatten so wenig zu essen für die Verwundeten, daß sie sich leicht infizierten. Sie bekamen eine Menge Abszesse, es war fast unmöglich, sie richtig auszuheilen. Und also ... Ich ging zur Administration und besorgte ein paar Lebensmittel für Egon, denn es hatte ihn schlimm erwischt, er sah aus wie eine Leiche. – Und er wollte das Essen nicht annehmen! Ich werde nie vergessen, was er zu mir sagte! Er war ein typischer Deutscher, er sagte zu mir: »Ihr Amerikaner seid stinkverwöhnt! Ihr habt Unmassen Lebensmittel in diesem Krankenhaus, meine Männer an der Front müssen hungern!« Und er tobte und raste. Helen weinte, weil er nichts essen wollte, und er tobte und raste. Schließlich hatte ich genug. Ich sagte: »Weißt du was, Egon? – Du bist ein Narr! Man hat dich als Patient hierher geschickt. Und wir wollen, daß du schnell gesund wirst, damit du wieder an die Front kannst. Willst du etwa den ganzen Krieg im Krankenhaus schmarotzen? Ich glaube, du willst nicht zurück an die Front!« – Oh, Egon war fassungslos! – »Ich habe dir diese Lebensmittel hier nicht beschafft, weil ich finde, daß du was Besonderes bist, sondern weil du sie brauchst. Wenn du sie dir nicht zu Gemüte führst, kommst du hier nie weg!« Egon war so schokkiert! Er hat sofort angefangen zu essen. Ja, er hat alles aufgegessen. Ich sagte: »Ich höre mir dein Gejammer nicht länger an! Es ist nicht die Zeit, um mir vorzuwerfen, wie schlimm die Amerikaner sind!« – Wir waren sehr gute Freunde danach. Aber die Deutschen redeten immer so über uns Amerikaner. Immer. Und wir Amerikaner kriegten bei politischen Diskussionen in unserem Spital nie recht. Wir hatten nicht genug politische Erfahrung, um recht haben zu dürfen. Wenn den übrigen Interbrigadisten nicht paßte, was wir meinten oder taten, dann sagten sie: »Ihr Amerikaner ...?! Habt ihr die Scottsboro-Jungs vergessen?!«* Oder sie nannten irgendeine andere miese Affäre, die sich hier abgespielt hatte. Und dann antwortete ich: »Gut, was kann ich da machen? Ich bin bestimmt eurer Ansicht, den Scottsboro-Fall hätte es nicht geben dürfen. Darf ich aber eine Meinung haben, obwohl es bei uns einen Scottsboro-Fall gegeben hat?« Trotz allem stritten sie sich mit mir über die Lebensmittel. Als ich zum Beispiel was zu essen haben wollte für Egon, ging ich zu unserem Verwalter. Der war ein Deutscher. Ich sagte: »Hör mal, ich brauche ein paar Pfirsiche, ich brauche was hiervon und was davon ...« Und der Verwalter sagte: »Du

---

* 1931 wurden in Alabama neun schwarze Jugendliche beschuldigt, zwei junge weiße Frauen vergewaltigt zu haben. Trotz fadenscheiniger Beweise wurden die jungen Männer vom Gericht, das ausschließlich aus Weißen bestand, zu lebenslänglicher Gefängnisstrafe verurteilt. Infolge des Drucks der Öffentlichkeit mußten die Verurteilten schließlich freigelassen werden.

kriegst nichts.« Ich sagte: »Erzähle mir nicht, daß ich nichts kriegen kann! Ich habe schwerkranke Patienten, die brauchen Essen. Mich interessiert nicht, ob du jemals wieder was zu beißen hast. Aber ich gehe hier nicht weg, bevor du mir nicht ein paar Lebensmittel gegeben hast.« Und unser Verwalter rückte sie dann raus. Ihm blieb nichts anderes übrig.

Weißt du – jetzt lüfte ich ein Geheimnis: Die amerikanischen Verwundeten erhielten viele Pakete aus den Vereinigten Staaten. Und bevor ich sie den Patienten brachte, klaute ich etwas daraus. Ich klaute Unmassen Lebensmittel! Und wenn ich die Pakete ausgeteilt hatte, gab es ein Geschrei: »Was ist denn hier los?! Mir fehlt eine Dose Fisch!« – »Und mir fehlt eine Rolle Kekse!« – Und ich spielte den Unschuldsengel, ich hielt meinen Mund. Ich redete mir gut zu: ›Das ist kein Diebstahl, das ist Distribution.‹ Ich stahl die Lebensmittel nicht für mich! Ich brauchte sie für die Schwerkranken. Und ich klaute auch nie *alles* aus einem Päckchen! Ich nahm ein paar Kekse, ein bißchen Schokolade oder eine Büchse mit Obst ... Was immer ich kriegen konnte! Und dann gab ich diese Lebensmittel den Patienten, die sie am nötigsten hatten. Bei uns lagen eine Menge Verletzte, deren Wunden nicht heilten, weil wir nicht genug zu essen für sie hatten. Und manchmal ›spendierte‹ ich auch einen Teil der Lebensmittel für unsere Kulturabende. Und oft wurden die Männer sauer auf mich: »Woher hast du denn diese Kekse?! Ich glaube, du hast sie aus meinem Päckchen rausgenommen!« – »Was – ich?! Niemals!« So ist aus mir ein sehr guter Dieb geworden. Ich dachte mir: ›Hier gibt es zuviel Lebensmittel und dort nicht genug. Also muß man sie distribuieren.‹ – Wenn ich's heute noch nötig hätte, würde ich wieder dasselbe tun! Helen sagte zu mir: »Ich weiß nicht, ob das, was du machst, ganz ehrlich ist.« Ich sagte: »Ehrlich, schmehrlich – was geht mich das an?! Mich interessiert nicht, ob ich ehrlich bin! Darüber zerbreche ich mir nicht den Kopf!« – Weißt du, ich beurteile Menschen nicht danach, ob sie auch wirklich immer die Wahrheit sagen. Manchmal ist es dumm, die Wahrheit zu sagen! Manchmal ist es besser zu lügen! Wenn ich einen Bekannten treffe, der aussieht wie eine Leiche, sage ich ihm nicht: »Du siehst furchtbar aus.« Meistens sage ich: »Du siehst besser aus«, weil er sich dadurch besser fühlt. Also ich finde es falsch, rücksichtslos ehrlich zu sein. Man darf sich, wenn man lügt, nur keine Vorteile verschaffen wollen. Jemand, der immer die Wahrheit sagt, ist in meinen Augen nicht ehrlich, sondern dumm.

Gut, zum x-ten Mal durchschnitten die Faschisten unsere Linien. Also wurden unsere Hospitäler in Villa Paz, Tarancón und Castellejo per Zug evakuiert. Und wir waren nicht die einzigen, die vor den Faschisten weichen mußten. Ich meine, die Front verschob sich – und damit alle rückwärtigen Dienste. Das ist so in jedem Krieg. Wir schickten unsere Sanitätswagen zum Krankenhaus von Villa Paz, dort wurden sie am dringendsten gebraucht. Unsere Patienten in Castellejo waren ja halbwegs gesund, sie konnten größtenteils laufen. Wir packten schnell unsere Sachen und hasteten zum Bahnhof. Wir sputeten uns, das kannst du mir glauben! Wir hatten's verdammt eilig! Als wir in den Zug stiegen, überfielen uns faschistische Bomber. Manche Leute verloren den Kopf. Helen hatte ja den Angriff in Tarancón mitgemacht, sie war, als die faschistischen Flugzeuge auftauchten, wirklich zu Tode erschrocken. Sie rannte raus auf ein Feld. Und ich rannte ihr hinterher, und ich dachte, wir würden eine Fehlgeburt kriegen da draußen. Ich hatte so eine Angst um Helen! Eine solche Angst! Sie war doch im siebenten Monat! Aber sie überstand den Schreck, sie konnte sich wieder fangen. Wir kamen mit heiler Haut davon, die Bomber drehten ziemlich schnell wieder ab. Und wir gingen zum Zug zurück. Wir wurden während der Reise noch oft überfallen. Der Zug fuhr dann rückwärts und blieb an irgendeiner geschützten Stelle stehen. Helen hatte sich immer in der Gewalt, ich kümmerte mich um sie. Aber als sie rausrannte auf das Feld wie eine Wahnsinnige, da dachte ich, sie würde eine Fehlgeburt kriegen!

Egon konnte inzwischen wieder an die Front gehen. Ganz kurz vor unserer Evakuierung besuchte er uns noch einmal in Castellejo, um Abschied von Helen zu nehmen. Sie sollte nach England fahren und dort entbinden. Ihr Vater war ein Frauenarzt, ihr Kind kam in seinem Krankenhaus zur Welt. Und weißt du ... Das war traurig. Bevor wir zum Zug marschierten ... Was ich jetzt erzähle, spielte sich noch in Castellejo ab. Das ist eine großartige Geschichte: Ich fuhr nach Villa Paz. Und ich ließ Helen in unserem Hospital zurück, Egon blieb ja bei ihr. Helen kriegte furchtbare Zahnschmerzen. Sie hörte wirklich die Engel singen. Und Egon steckte sich Nadeln in den Daumen, um ihr zu zeigen, wie man Schmerzen unterdrücken kann. Egon war ein Spinner! Als ich zurückkam aus Villa Paz, guckte ich ihn an und sagte: »Du hast doch nicht alle Tassen im Schrank! Warum hast du mich nicht angerufen?! Warum hast du Helen nicht nach Villa Paz gebracht?!« Egon sagte: »Ich wollte Helen zeigen, daß man Schmerzen bezwingen kann.« Und sie war ...! Sie lag in der Agonie! Wir beschafften uns einen Krankenwagen, wir fuhren Helen nach Villa Paz. Und dort kümmerte sich ein norwegischer Chirurg um sie. Er gab ihr eine Narkose und zog den entzündeten Zahn. Und Egon und ich, wir waren mit in diesem OP-Raum und guckten bei der Operation zu. Aber Egon mußte wieder zur Front, er mußte weg. Er konnte nicht warten, bis Helen aufwachte. Und so sagte er zu mir: »Paß gut auf sie auf.« Ich sagte: »Ja, natürlich.« Und er küßte Helen, sie schlief noch, und er fuhr weg. Und kurz danach wurden wir evakuiert. Aber er sah Helen noch einmal in Vich, als sie auf dem Weg nach England war. Und sie fuhr fort, sie brachte ihr Kind zur Welt, und Egon fiel in Spanien.

Er schrieb mir. Zwei Wochen, bevor er fiel, schrieb er mir. Ich kriegte den Brief, als ich schon an der Ebro-Front war. Und Egon sagte: »Helen hat einen Sohn, wir haben einen Sohn.« – Oh Gott! – »Und kannst du nicht einen Ort für uns finden, an dem wir gemeinsam leben können, damit sie zurückkommen kann, hierher?« – Und ich dachte: ›Ach du lieber Gott! Wie kann ich in so einer Hölle einen Platz für Helen zum Leben finden?‹ Ich war an der Ebro-Front, unsere Truppen wurden ununterbrochen angegriffen. Aber Egon wußte nicht, wo ich war. – Weißt du, er hatte nur einen Gedanken im Kopf: ›Helen muß so mutig und kräftig werden wie die spanischen Bäuerinnen.‹ Und ich meinte: »Sie ist keine spanische Bäuerin! Sie ist eine junge englische Frau, die nur sehr wenig Training hat für das Leben in einem spanischen Dorf. Und du kannst keine Bäuerin machen aus ihr innerhalb eines Tages oder eines Jahres.‹ Ich schrieb ihm zurück, und ich sagte ihm ... Ich weiß nicht, ob er jemals meinen Brief erhalten hat ... Und ich sagte: ›Gut, Egon, im Moment kann ich dir nicht helfen. Ich bin wahrscheinlich am selben Ort wie du oder ganz in der Nähe.‹ – Womit ich ihm indirekt mitteilte, daß ich an der Front war. – Und: ›Um mich rum gibt's absolut keinen Ort, in dem man einigermaßen menschlich leben könnte. Aber sobald ich hier wegkomme, werde ich mich ein bißchen umsehen.‹ Ich weiß nicht, ob Egon jemals meine Antwort erhalten hat. Zwei Wochen später hörte ich, daß er gefallen ist.

Helen schrieb mir nach der Geburt ihres Sohnes: ›Du mußt nach England kommen, bevor du nach Hause zurückkehrst.‹ Das tat ich. Ja, natürlich! Und bevor ich Spanien verließ, fuhr ich zu dem Krankenhaus, in dem Egon gestorben war. Ich wollte sicher wissen, daß ... In einem Krieg passieren die verrücktesten Sachen, manchmal werden springlebendige Leute für tot erklärt ... Ich erzählte Helen keine Einzelheiten. Ich sagte ihr nur, woran Egon gestorben war. Er hatte eine ganz schreckliche Kopfverletzung. Er war ein wunderbarer junger Mann. Mutig! Mutig! Ein konsequenter Antifaschist.

Und von Castellejo kamen wir endlich nach Vich. Unser dortiges Hospital war ein ehemaliges Kloster. Wir fanden im Keller Skelette von Föten, die die Nonnen abgetrieben hatten. Und das Trinkwasser war verseucht. In ganz kurzer Zeit kriegten wir eine ganz furchtbare Typhusepidemie. Wir mußten feststellen, daß wir nach Anti-Typhus-Impfungen nur etwa drei Monate lang immun blieben. Wir hatten mit einem Jahr gerechnet! Also, wir mußten sofort etwas tun für alle unsere Schwerverwundeten, die jetzt auch noch diese Krankheit erwischt hatten! Und wir machten folgendes: Unter meiner Leitung richteten wir einen Flügel des Klosters als Typhusabteilung ein, damit sich die übrigen Interbrigadisten nicht infizierten. Und weißt du, was wir noch machten? – Wir wickelten die Patienten in kalte Laken. Wir tauchten die Laken in Wasser und rollten die Kranken da hinein, um ihr Fieber zu dämpfen. Wir stellten eine Menge junger spanischer Frauen an, die uns halfen, die Patienten in Laken zu rollen. In einer Schicht waren fünf oder sechs Leute ununterbrochen damit beschäftigt: Die Kranken füttern und in Laken rollen. Keiner starb! Ich glaube, nachdem ich wegfuhr aus Vich, sind ein paar Typhuspatienten gestorben. Aber nicht, als die Epidemie auf ihrem Höhepunkt war! Da ist uns keiner gestorben! Aber wir dachten wirklich, uns würden alle Typhuskranken wegsterben, wenn uns nicht sofort etwas einfiele. Wir haben sie abgekühlt, wir haben sie phantastisch abgekühlt. Und wir fütterten sie. Eigentlich bestand die damals gebräuchliche Therapie darin, daß man Typhuspatienten nichts zu essen gab. Und wir ließen sie nicht hungern, weil sie sonst alle Körperflüssigkeit verloren. Wir fütterten sie. In unserem Hospital waren Männer angestellt, die durch's halbe Land zogen, um Seife und Kleidung gegen Lebensmittel einzutauschen: Eier und Milch und Fett. Oder Hühner für eine Suppe. Und in Spanien gab es eine Fünfte Kolonne. Hast du schon mal gehört von der Fünften Kolonne? In Barcelona und in Vich trieben sich eine Menge von diesen Leuten rum. Unser Koch war so einer. Hundertprozentig! Ich habe ihn beschworen, kein Öl in die Suppe zu tun und die Milch nicht zu verdünnen. Denn die Typhuskranken hatten ganz angegriffene Därme, die aufgescheuert worden wären von dem Öl und der verdünnten Milch. Unsere Patienten mußten wirklich eine ganz strikte Diät kriegen, sonst würden sie sterben! Und der Koch tat weiter Öl in die Suppe und verdünnte weiter die Milch, bis sie blau war. Schließlich ... Und dann konnten wir das Essen den Kranken nicht geben, weil sie es nicht vertrugen. Und das, nachdem wir Himmel und Hölle in Bewegung gesetzt hatten, um an Lebensmittel zu kommen! Ich ging runter in die Küche und packte ein großes Messer wie dieses, was da hängt. Ein Fleischermesser. Und ich sagte zu diesem Kerl: »Siehst du dieses Messer?! Ich werde dir damit den Hals aufschlitzen von Ohr zu Ohr, wenn du jemals wieder Öl in die Suppe oder Wasser in die Milch tust, weil du so unsere Leute massakrierst!« Und er schrie: »Sie ist verrückt! Hilfe! ...« Ich sagte: »Ich murkse dich nicht ab. Dieses Mal lasse ich dich laufen. Nächstes Mal aber werde ich dir die Kehle aufschlitzen von Ohr zu Ohr.« Er verdünnte die Milch nie wieder! Nie wieder! Er wagte es nicht mehr, Öl in die Suppe zu tun! Aber daß der Koch uns das Essen versaute, war wirklich ... eine Schweinerei! Wir mußten damals unglaublich viele Typhuskranke pflegen, sie wurden uns aus allen Windrichtungen gebracht. Deshalb erinnere ich mich, wenn ich an Vich denke, besonders an eins: Arbeit, Arbeit, Arbeit. Wir schufteten ununterbrochen. Und wenn wir doch ein paar Stunden schlafen konnten, dann schufteten wir im Traum weiter. Wir lebten in einer Art Wahnsinn. Ich kann mich noch an eine Krankenschwester erinnern, die alle ihre Habseligkeiten in Papier wickelte. Sie war superhygienisch. Ihr Waschlappen war in Papier verpackt, ihr Handtuch war in Papier verpackt ... Eins lag so neben dem anderen, daß es sich nicht berührte. Gut, bei uns arbeiteten sehr unterschiedliche Leute. Jeder probierte auf seine Art, fertigzuwerden mit dem Stress. Und für diese Krankenschwester mußte alles supersauber sein. Sie putzte alles kurz und klein. Ich kenne viele Leute, die so sind.

Ich blieb in Vich, bis die Epidemie abflaute. Ich glaube, das dauerte Monate. Und dann schickte unsere Hospitalleitung ›equi pos‹ zur Ebro-Front. Es wurde noch eine Anästhesistin gesucht. Ich sagte: »Ich bin Anästhesistin. Ich fahre mit.«

Ich arbeitete erst in einem amerikanischen Sanitätsposten auf der einen Seite vom Ebro. Ich blieb da ein paar Monate, vielleicht zwei oder drei Monate. Wir hatten eine vollständige Operationsausrüstung mitgenommen. Aber am Anfang gab es wenig zu tun, unsere Truppen bereiteten sich noch vor auf den Kampf. Ein Großteil unserer Armee wurde am Ebro konzentriert, fast alle Soldaten der Interbrigaden. Dann geschah es ... Man spürte, daß es zu einer großen Schlacht kommen würde ... Weißt du, zunächst behandelten wir ein paar Leute aus den umliegenden Städten, wir kümmerten uns natürlich auch um unsere Soldaten. Manche hatten Magenschmerzen, manche Malaria ... Wer krank war, dem halfen wir.

Und dann begann die Schlacht. Viele amerikanische Soldaten fielen. Ich wurde Doktor Pueos ›equipo‹ zugeteilt, weil die eine Anästhesistin brauchte. Unser Team bestand aus einem Arzt, drei Schwestern, Bahrenträgern und einem Krankenfahrer und mir. Von unseren insgesamt sieben Leuten waren alle Spanier – nur ich nicht. Ende Juli 38 wurden wir zur Lister-Brigade geschickt. Unsere Truppen hatten gerade den Ebro überquert. Es war ihnen gelungen, ein von den Faschisten besetztes Gebiet zurückzuerobern. Unsre Auto-Chir fuhr über eine der Ebro-Brücken landeinwärts. Auf diese Weise wurde ich von den anderen amerikanischen Medizinern getrennt, sie überquerten den Fluß nicht. Und weil die Lister-Brigade in den vordersten Linien kämpfte, war auch unsre equipo mittendrin in der Schlacht. Und die Bombardements, das Granatfeuer, das Sterben war ungeheuerlich.

Bis zum Juli 38 stand ich immer im Kontakt zur Zivilbevölkerung. Als unser Team den Ebro überquert hatte, kam ich an die Front. Und da waren die Gewehrsalven, das Granatfeuer und die Bomben – sonst nichts. Unsere Auto-Chir befand sich in einem Feld ganz dicht beim Ebro. Und die Faschisten bombardierten die Brücken am Fluß. Die Bomben kamen runter wie Ballons. Ich sage dir, ich konnte erst gar nicht fassen, daß diese Bomben, die vor meinen Augen auf unsere Stellungen fielen, tatsächlich echt waren. Irgendwie konnte ich das nicht glauben. Und dann hörtest du: ›Paff!!‹ und da wußtest du: ›Sie sind echt.‹ Aber ich weiß noch, beim ersten Mal dachte ich: ›Das können keine Bomben sein.‹

Wir haben in Höhlen, in ›hoyos‹, operiert. Und so eine Höhle hatte zwei Eingänge. Während der Gefechte steckten wir einen Stock zwischen unsre Kiefer, damit uns die Trommelfelle nicht zerschmettert wurden. Und wenn Bomben auf uns loszischten, hob uns der Luftdruck rauf und wieder runter. Die Faschisten bombardierten unsere Brücken ununterbrochen! Und diese Stadt ganz dicht am Ebro ... Alle Häuser waren zerstört. Manche sahen aus wie eine demolierte Puppenstube: Man konnte, weil ihre Außenwand zerbombt worden war, in sie hineingucken. Man konnte die Klos sehen, die Schlafzimmer ... Die Möbel lagen zwischen Trümmern ... Es war furchtbar! Niemand lebte mehr in dieser Ruinenstadt! Sie war das Holocaust. Sie war ein Zeugnis für den destruktiven Charakter des Faschismus. Und wir müssen ihn ausrotten in der Welt. Denn die Menschen, die dem Faschismus anhängen, sind Zerstörer. Und ich habe sie hassen gelernt in Spanien: Sie warfen Bomben auf Kinder, sie zerstörten ganze Städte. Zum ersten Mal in der Geschichte gab es systematische

Bombardements auf die Zivilbevölkerung.* Es war furchtbar.

In unserer Auto-Chir operierten wir nur die Verwundeten, die sonst den Transport ins Hinterland nicht überlebt hätten. Wahrscheinlich behandelten wir damals zum größten Teil Kopfverletzungen. Und innere Blutungen. Wir holten Granatsplitter aus blutenden, aufgerissenen Bäuchen. Sehr traurig war, daß wir nicht genug Betäubungsmittel hatten. Einigen Verletzten gaben wir Alkohol. Wenn wir jemandem ein Bein einrenken mußten oder jemandem einen gebrochenen Arm schienen mußten, dann gaben wir dem Mann einen Drink. Der unterdrückte den Schmerz nur halb. Manche Verwundete schrien wie wahnsinnig. Aber die meisten waren dazu zu krank. Sie hatten einen Schock. Sie konnten nichts mehr fühlen. Sie waren empfindungslos. Und denen, die einen Schock haben, darf man keine Betäubungsmittel geben. Ja, man muß in solchen Fällen den Pulsschlag des Patienten kontrollieren. Und im Unterschied zu einem Laien waren wir Krankenschwestern darauf trainiert, Symptome zu erkennen und Diagnosen zu stellen. Dadurch wußten wir, ob man Narkotika verwenden darf oder nicht, ob man das eine Mittel ersetzen kann durch ein anderes. Meistens wird diese Entscheidung von einer Schwester gefällt, weil in solchen Momenten oft kein Arzt parat ist. Er operiert. Aber sie macht das auf der Basis von vielen Jahren Erfahrung.

* Am 28. April 1937 bombardierte eine deutsche Fliegerlegion – die Legion ›Condor‹ – Guernica. Sie unterstand dem Befehl General Francos. Die Stadt war das kulturelle und religiöse Zentrum Spaniens. Zum ersten Mal in der Kriegsgeschichte wurde eine ganze Stadt mit Spreng- und Brandbomben systematisch dem Erdboden gleichgemacht. Dieselbe Taktik wurde später bei der Verwüstung von Rotterdam, Coventry und Dresden angewandt.

Ein Problem waren auch die Nadeln. Wir hatten viel zuwenig. Wir mußten schon abgenutzte, stumpf gewordene Nadeln immer wieder neu an Steinen schärfen. Es war die reinste Katastrophe, wenn uns eine kaputtging. Und wir mußten aufpassen, daß die Verwundeten kein Gangrän kriegten. Wir impften alle dagegen. Und natürlich verloren eine Menge Verletzte viel Blut. Wir konnten ihnen nicht allen Blut geben, wir hatten nicht genug Blut. Also nahmen wir eine Kochsalzlösung. Weißt du, wir banden einen Stock fest am Fußende der Bahre. Und an die Spitze des Stockes hängten wir eine Ampulle mit Kochsalzlösung. Die kam durch einen Schlauch in die Vene des Patienten, so daß sein Körper das verlorene Blut ersetzen konnte. Und gleich danach brachten die Sanitätswagen unsre Leute über die Ebro-Brücken ins Hinterland. Wir lernten ganz schnell, aus unsrer Ausrüstung rauszuholen, was eben rauszuholen war. Wir mußten sehr kreativ sein. Ich will dir eine Geschichte erzählen, die mir mal passiert ist. – Weißt du, daß wir in Spanien so gut wie immer Diarrhoe hatten? Weil wir durch den Stress und die Hitze sehr viel Durst kriegten. Und wir konnten uns nicht immer sterilisiertes Wasser beschaffen, meistens mußten wir Leitungswasser trinken. Oder wir aßen eine Frucht, die schon angegammelt war ... Ja, wir hatten immer Diarrhoe. Und ich ging einmal raus aus unserer Auto-Chir, zum Luftschnappen. Die faschistischen Bomber flogen fort. Ein Sanitätsauto holte gerade die Verwundeten ab, die Brücken über den Ebro waren wieder repariert. Und ich sagte mir: ›Ich muß ein Klo finden. Ich muß hier weg und ein Klo für mich finden, egal, was passiert.‹ Und mir fiel ein, daß ich in einem zerstörten Haus ein Klo gesehen hatte. Ich entschloß mich, dorthin zu laufen. Aber wir durften nicht weggehen von der Auto-Chir, wir durften nicht zu weit weggehen. Und das Haus befand sich vielleicht ein paar hundert Meter von unserem Posten entfernt. Also lief ich dorthin und setzte mich auf das Klo ... Oh, was für eine Erleichterung! Und die Faschisten fingen wieder an, unsere Stellungen zu bombardieren. Ich stand nicht mal auf. Ich saß, und ich sagte mir: ›Das wird eine Riesenschande, wenn dich hier eine Bombe erwischt.‹ Aber ich stand nicht auf, und ich werde niemals vergessen, wie herrlich ich es fand, auf diesem Klo zu sitzen. Glaube mir, es war ein *großes* Vergnügen – trotz des Bombardements.

Ich kann dir nicht sagen, wievielmal am Tag Bomben unsere Ebro-Brücken trafen. Aber in Höhlen, direkt am Ufer, versteckten sich die ›pontoneros‹, die Brückenbauer. Gleich nachdem die faschistischen Flugzeuge verschwunden waren, kamen die Pontoneros aus ihren Höhlen und reparierten die Brücken. Und nach zehn Minuten konnten unsere Sanitätsautos wieder drüberfahren. – Ob es jemals wieder so eine Armee gegeben hat wie unsere? – Ich glaube nicht! – Zehn Minuten später! Ich konnte kaum meinen Augen trauen, als ich beobachtete, wie die Pontoneros die Brücken reparierten. Weißt du, sie wurden gebaut aus Holz und Stahl und starken Tauen, sie waren flexibel. Und die Faschisten warfen Flugblätter ab, in denen sie sagten: ›Diese verdammten Kommunisten! Sie haben Gummibrücken, die man aus dem Wasser rausziehen kann!‹ Aber das stimmte nicht. Unsre Pontoneros hatten einfach eine Wissenschaft aus ihrer Arbeit gemacht: Sie sorgten dafür, daß alle Brückenteile ersetzt werden konnten.

In unserer Auto-Chir wußte man niemals, was passieren würde. Nie! Die Granaten explodierten vorn und hinten, links und rechts. Wir waren in Reichweite der Artillerie beider Seiten. Und die Faschisten ... wir konnten sie sehen! Sie beschossen uns wie verrückt! Und wir arbeiteten einfach weiter. Ich erinnere mich nicht mehr an einzelne Patienten. Ich weiß nur noch, daß wir eine ungeheure Menge junger Männer operierten. Wir waren eine große, gewaltige Fabrik. Weißt du, ein Krankenfahrer, ein Amerikaner, sagte zu mir: »Ihr seid verrückt! Ist euch klar, daß die Granaten euch jeden Moment treffen können?! Früher oder später *wird* euch eine erwischen!« – Was konnten wir machen?! Wir mußten in der Nähe unserer Truppen sein. Wir mußten unsere Verwundeten verarzten. Es gab so viele, und wir konnten sie oft dadurch retten, daß wir sie gleich operierten. So antwortete ich diesem Krankenfahrer: »Fällt dir eine bessere Lösung ein?! – Nenne sie mir!« Aber wir mußten schließlich doch weg von diesem Standort, wir konnten da nicht länger bleiben. Es wäre purer Wahnsinn gewesen, wenn wir länger dort geblieben wären. Und dieser Krankenfahrer erzählte mir, daß die Faschisten kurz danach unseren ehemaligen Standort bombardiert haben. Alles, was sich in der Nähe befand, wurde zerstört. Wir hatten Glück! Wir hatten großes Glück. Aber wir mußten in der Nähe unserer Soldaten sein. Wir mußten sie, wenn sie verletzt waren, für den Abtransport bereitmachen, so daß sie überleben konnten.

Wir hausten in Hoyos, und manchmal auch in einem Zelt. Gut, wir hatten ein großes Zelt, in dem die Verwundeten lagen. Und meistens schliefen wir auch da drin. – Wenn jemand uns ablöste! Meistens arbeiteten wir zwanzig, vierundzwanzig Stunden hintereinander. Und dann fielen wir mitsamt den Klamotten, die wir gerade anhatten, auf eine leere Bahre, um ein paar Stunden zu schlafen. Und dann mußten wir wieder arbeiten. Also das lief und lief und lief so – ich kann dir nicht sagen, wie lange. Tag und Nacht waren für uns dasselbe. Die Schlacht am Ebro war das letzte große Gefecht des Bürgerkrieges, an dem wir Interbrigadisten teilnahmen. Und ich hatte immer mehr das Gefühl, daß ich diese Schlacht nicht überleben würde. Ich glaubte, daß meine letzte Stunde geschlagen hatte. Zum ersten Mal dachte ich wirklich, daß ich nie wieder nach Hause zurückkehren würde. Und ich hatte Todesangst. Es war ganz schrecklich. Wir konnten kaum schlafen, wir konnten uns nicht waschen ... Die Soldaten konnten sich duschen, wir nicht. Einmal kam ein großer LKW mitsamt einer Duschanlage. Die Soldaten gingen vorn rein, duschten sich, kriegten saubere Uniformen am anderen Ende. Aber das medizinische Personal durfte sich nicht duschen. Wir beschafften uns immer mal eine kleine Tasse Wasser zum Waschen. Ich glaube, wir Frauen menstruierten nicht mal mehr in jener Zeit, wir waren ganz unterernährt. Alles war so verzwickt, so verworren. Weißt du, als ich von der Front abgezogen wurde und ich zum ersten Mal wieder ein Bad nahm und ich mir meinen Körper in einem Spiegel anguckte, da lachte ich mich tot. Ich hatte Dreckstreifen, richtige dicke Dreckstreifen überall. Du hättest Kartoffeln anbauen können auf meinem Körper! Aber wie ich an der Front Wasser vermißt habe! Ich dachte immer: ›Nichts auf der Welt ist schöner als ein Bad. Nichts!‹ Und obwohl wir immer mal die Wäsche wechseln konnten, stanken wir wie die Stinktiere, weil wir uns nicht waschen konnten. – Und die Uniformen paßten einem nie. Man mußte nehmen, was eben gerade da war. Oh Gott, wie ich damals aussah! Deshalb ... Als neulich diese Affen von Journalisten zu mir kamen, und sie fragten mich aus über mein Liebesleben in Spanien, da dachte ich: ›Die sind plemplem!‹ Ich sagte ihnen: »Habt ihr überhaupt 'ne Idee, wie wir damals aussahen?! Glaubt mir, so wie ich damals aussah, war es ziemlich unmöglich, sich in mich zu verlieben! Ich habe mein eigenes Spiegelbild nicht mal erkannt, als ich von der Front zurückkam!« Wenn amerikanische Journalisten mich über den Spanienkrieg ausfragen, dann interessieren sie sich meistens für die Liebschaften, die ich da angeblich gehabt habe. Das ist das einzige, was sie wirklich interessiert. Aber ich hatte damals nicht die Absicht, mir einen Freund zu suchen, weil ich sehr genau darauf achten mußte, daß niemand auf die Idee kam, ich sei parteiisch. Viele Männer waren darüber sehr sauer, doch ich verliebte mich in keinen von ihnen. Ich fand mein Leben auch so schon schwierig genug. Ich hatte ohnehin jede Menge Probleme, und ich brauchte nicht noch eins dazu. Haargenau das sagte ich einem Mann, als ich in Castellejo war. Und er antwortete mir: »Erzähl mir nicht so einen Mist. Du hast jetzt dienstfrei.« Ich hatte schon ein paar Rendezvous mit ihm gehabt, aber ich sagte ihm: »Eben wurde ich von einem Patienten beschimpft, weil ich dich angeblich bevorzuge. Ich gehe nicht mehr mit dir aus, denn damit brocke ich mir hier im Hospital Mord und Totschlag ein.« Dieser Mann war sauer, er war sehr sauer auf mich. Er hat mir diese Abfuhr nie verziehen. Er war dumm. – Hör mal, wenn du glaubst, daß wir Interbrigadisten alle die Weisheit mit Löffeln gefressen haben, dann bist du auf dem Holzweg! Ich fand es in Spanien fehl am Platz, einen Freund zu haben. Wirklich! Liebe war damals nicht der Angelpunkt meines Lebens. Ich bin nach Spanien gefahren, um der Republik in ihrem Kampf gegen die Faschisten beizustehen. Und wenn ich mir einmal ein Ziel setze, ordne ich dem Kampf für dieses Ziel alles unter. Dabei darf mir nichts in den Weg kommen. Gut, du müßtest das eigentlich verstehen, du bist genauso! Ich glaube, wenn du an meiner Stelle gewesen wärst, hättest du dir auch keinen Freund gesucht. Ich glaube, du hättest keine Zeit gehabt dafür. Ich dachte sehr ernsthaft darüber nach! Und ... ich mochte diesen Mann sehr gern! Ich fand ihn sehr attraktiv! Aber ich sagte mir: ›Die Krankenschwestern, die vor mir hier in Castellejo waren, brockten sich einen Aufruhr ein, weil die Patienten sie parteiisch fanden. Ist eine Liebesaffäre mir einen Aufruhr wert? – Nein!‹ Weißt du, und gerade weil dieser Mann ein Amerikaner war, gerade deshalb sagte ich mir: ›Du bist nicht nach Spanien gekommen, um dir einen Freund zu suchen.‹

Ich habe dir das Allerwichtigste noch nicht erzählt! Ich glaube, wenn ich dir diese Geschichte erzähle, wirst du verstehen, was mir damals im Kopf rumspukte: Der republikanischen Armee war es zwar geglückt, den Ebro zu überqueren, aber dann kam die Offensive ins Stocken. Und wir mußten in unserer Auto-Chir Tag für Tag mitansehen, wie unsere tapferen, jungen Soldaten zu Krüppeln geschossen wurden. Die Bombardements, das Granatfeuer wurden immer ungeheuerlicher. Und ich hatte das Gefühl, nicht länger ertragen zu können, daß so viele wunderbare junge Männer vor meinen Augen abgeschlachtet wurden. Es brach mir einfach das Herz. Ich dachte: ›Ich kann das nicht länger ertragen.‹ Und ich wußte, die Amerikaner wurden gerade von der Front abgezogen, ich wußte das. Ich ging zum Leiter meiner Equipo, Doktor Pueo. Ich sagte ihm: »Ich halte es hier nicht mehr aus. Schick mich zurück ins Hinterland oder irgendwoanders hin. Ich muß hier weg.« – Ich war die einzige Amerikanerin weit und breit! Während der Ebro-Schlacht war außer mir keine einzige Amerikanerin in der Lister-Brigade! Und ich hatte so eine Vorahnung, daß ich jetzt sterben würde. Ich dachte: ›Ich bin sehr weit weg von zu Hause, und ich werde nie wieder dorthin zurückkehren. Nie wieder werde ich meine Heimat sehen.‹ Ich hatte eine schreckliche Angst vor den Tiefffliegern, vor den Bomben und den Granaten! Mir wurde allmählich klar, daß es unserer Armee auch diesmal nicht gelingen würde, den Vormarsch der Faschisten aufzuhalten. Und ich war nicht bereit zu sterben. Ich war nicht bereit dazu. Und zum ersten Mal, seit ich auf der Welt war, hatte ich das Gefühl, ich müsse mich entscheiden, ob ich leben wolle oder sterben. Entweder – oder. Und ich entschied, daß ich leben wollte. So sagte Doktor Pueo: »Ruth, wir werden dich vermissen, aber wenn du fortwillst, dann werde ich dich fortschicken.« Er ließ einen Krankenwagen kommen, ich packte meine paar Habseligkeiten und stieg in das Auto. Bevor ich wegfuhr, nahmen die anderen Mitglieder unserer Equipo Abschied von mir. Sie sagten: »Wir verstehen dich. Du bist weit weg von den Vereinigten Staaten, du hast Heimweh. Und wir fanden wunderbar, daß du bei uns warst. Sei nicht traurig.« Und der Krankenfahrer brachte mich zum Zug ... Und wir kamen zum Bahnhof ... Den ganzen Weg lang habe ich geheult, den ganzen Weg zum Zug, weil es mir einerseits so zuwider war fortzufahren und weil ich es andererseits doch nicht ertragen konnte, an der Front zu bleiben. Es war ein furchtbarer Zwiespalt! Furchtbar! Nie wieder in meinem Leben habe ich so geheult wie damals! Und wir kamen zum Bahnhof, und ich sagte zu meinem Chauffeur: »Ich kann die Equipo nicht im Stich lassen. Fahr mich zurück.« Und er umarmte mich und brachte mich zurück. Und das war's. Ich fuhr zurück. Die Spanier weinten alle, als ich zurückkam, wir weinten alle. Ja! Sie weinten, als ich wegfuhr, und sie weinten ganz schrecklich, als ich zurückkam. Also findest du, daß in so einer Lage Liebesaffären noch wichtig sind?! Sag mir das! Bitte sag mir das: Sind Liebesaffären dann noch wichtig?! – Nein!

Ich blieb noch an der Ebro-Front, bis die Faschisten durch unsere Linien brachen. Ich weiß nicht mehr genau, wann unser Rückzug begann – vielleicht einige Monate, nachdem ich wieder zur Front zurückgekehrt bin? Oder waren es zwei, drei Wochen? Jedenfalls wurden wir alle von der Front abgezogen, Doktor Pueo, die spanischen Krankenschwestern, unser ganzes Team. Aber diese Episode zeigt dir, wie schnurz mir damals Liebesaffären waren. Und für mich ist die Entscheidung, wieder zu unserer Equipo zurückzukehren, enorm wichtig gewesen. Und Doktor Pueo verstand, warum ich zur Front zurückkam. Er sagte zu mir: »Ich habe geahnt, daß du zurückkehren würdest. Ich hatte das Gefühl, daß du weggehen mußtest, um wieder zurückkommen zu können.« Und er sagte: »Es ist richtig, daß du das getan hast. Jetzt begreifst du dich selbst besser.« Er war sehr schlau, er war sehr weise. »Jetzt weißt du über dich Bescheid.« Ja, siehst du, jedes Mal, wenn ich beichten soll, in wen ich mich während des Spanienkrieges verliebt habe, dann ... Alles hätte so romantisch sein können. Aber in Spanien haben mich Liebesaffären nicht interessiert. Mich nicht – andere wohl! Viele Interbrigadistinnen ließen's drauf ankommen: Sie verliebten sich, wurden schwanger ... Mir war klar, daß das nicht zu mir paßte. Ich hätte mich schuldig gefühlt. Und du mußt dich richtig einschätzen. Du mußt wissen, wer du bist. Du mußt so leben, wie es deiner Natur entspricht – nicht wie du dich gern in deinen Träumen siehst. Und ich begriff an der Ebro-Front endgültig, was Spanien mir bedeutete. Mir heute noch bedeutet. Mir immer bedeuten wird.

Weißt du, als ich mit unserer Delegation amerikanischer Interbrigadisten letztes Jahr in Spanien war, kamen wir auch in diese kleine Stadt am Ebro, in der während des Bürgerkrieges so viele unserer Soldaten gefallen waren. Und zu ihren Ehren wurde dort eine kleine Feier veranstaltet. Dazu waren auch Interbrigadisten aus verschiedenen anderen Ländern eingeladen. Und deren Sprecher redeten über die Faschisten und die Antifaschisten, als wären sie Jacke wie Hose. Und der einzige, der uns Antifaschisten wirklich würdigte, war ein Russe. Ach, der italienische Sprecher auch. Aber die anderen ...! – Inklusiv die Amerikaner! Unser Delegationsleiter, er sagte: »Die Entdeckung unseres Kontinents durch Columbus, das war der größte Beitrag, den jemals ein Spanier für die Geschichte Amerikas geleistet hat.« – So was sollte eine politische Rede eines ehemaligen Mitglieds des Lincoln-Bataillons sein! Und ich sagte mir: ›Oh mein Gott! Die politische Beschränktheit ist noch viel verbreiteter, als du ohnehin schon dachtest. Noch schlimmer! Noch schlimmer!‹ Es brach mir das Herz. Weißt du, als ich in unserem Sanitätsposten an der Ebro-Front war, wurde uns ein deutscher Patient gebracht, ein deutscher Jude. Und ein kleiner vierzehnjähriger Spanier. Ich untersuchte ihn ... Ich mußte weinen, als ich ihn mir ansah, ich war so traurig. Und dieser Deutsche sagte zu mir, er sagte zu mir: »Sei nicht,traurig.« Er sagte: »Denke dran, wie wundervoll das ist: Hier bist du, eine Amerikanerin. Und dieser Kleine, dem du hilfst, ist ein Spanier. Und ich bin ein Deutscher. Und neben mir liegt ein Franzose. Und wir alle sind hier, um die Republik zu verteidigen. Wie großartig das doch ist.« – Sieh mal, ich lernte sehr, sehr viel in dieser Zeit. Ich lernte, wie gewaltig mutig Menschen sein können. Wie wundervoll Menschen sind, ja! Mir geht es heute noch an die Nieren, wenn ich an unsere Verwundeten denke. Die meisten von ihnen waren ganz einfache, schlichte Menschen. Dieser kleine spanische Junge, den wir verarzteten: Seine Mutter hatte fünf Söhne auf die Welt gebracht. Er war ihr Jüngster, die anderen vier Söhne waren gefallen. Wir ließen den kleinen Spanier ins Hinterland transportieren. Ich glaube, er hat überlebt. Er war sehr schwer verletzt, aber er überlebte. Dieser Deutsche starb, aber der kleine Spanier nicht. Sonst hätte seine Mutter ihren letzten, den fünften Sohn verloren!

Ich glaube, während der Ebro-Schlacht begriffen wir endgültig, daß die Republik untergehen würde. Wir wußten, Franco würde uns besiegen. Obwohl wir immer noch einen Funken Hoffnung hatten, war uns doch klar, daß Franco uns unterkriegen würde. Wir waren enorm traurig, es brach uns das Herz. Und ich weiß bis heute nicht, ob die Mitglieder meiner Equipo diesen Krieg überlebt haben. Es ist mir nie gelungen, auch nur einen von ihnen wiederzufinden. Nachdem ich Spanien verlassen hatte, schrieb ich ihnen sofort, ich schickte ihnen Pakete aus Paris. Aber kurz vor der endgültigen Niederlage der Republik gab es so ein schreckliches Chaos! Ich konnte nur hoffen, daß die Pakete zu meinen Freunden gelangen würden. Es war, als würde ich einen Wunsch in den Wunschbrunnen werfen. Ich *mußte* den Leuten meiner Equipo etwas schicken, aber ich glaube nicht, daß es je bei ihnen angekommen ist. Weißt du, während der Ebro-Schlacht diskutierte unser Team sehr viel über die Ursachen des Bürgerkrieges. Wir besprachen alle Neuigkeiten über den Verlauf des Kampfes. Immer. Also auch, als wir wieder auf die andere Seite des Ebro geschickt wurden – was bedeutete, daß unsere Truppen das zurückeroberte Gebiet zum zweiten Mal den Faschisten preisgeben mußten. Aber Doktor Pueo sagte: »Wir werden trotzdem unbesiegbar sein.« Wir sprachen immer wie Kameraden miteinander. Nein, wir hatten nicht die geringsten Geheimnisse voreinander. In dieser Zeit hörten wir auch, daß die republikanische Regierung beschlossen hatte, alle Interbrigadisten aus Spanien abzuziehen. Sie wollte die Putschisten so überzeugen, nun auch ihre deutschen und italienischen Söldner nach Hause zu schicken. Und die spanischen Loyalisten kommandierten brav ihre ausländischen Truppen ab – und die Faschisten lachten sich ins Fäustchen! So was wurde Nichteinmischungspolitik genannt! Und ich werde diese Scheiß-Nichteinmischungspolitik nie wieder in meinem Leben akzeptieren! Überhaupt will sich die Mehrheit des amerikanischen Volkes aus allen politischen Entscheidungen raushalten. Und das macht mir solche Angst, weil das dieselbe Haltung ist, die unsere Regierung einnahm in bezug auf Spanien: Die USA guckte zu, als die spanischen Faschisten in jeder Hinsicht unterstützt wurden und die Republik wegen der sogenannten Nichtintervention mit leeren Händen dastand. Neutralität gibt's nicht! Ein anständiger Mensch muß Partei ergreifen, weil der Faschismus radikal vernichtet werden muß. – Und wieviel die Nichtinterventionspolitik wert ist, kann man nun beobachten in El Salvador und Nikaragua: Die USA-Regierung interveniert wie verrückt und behauptet, daß sie nicht interveniert! Wir Amerikaner können nicht die ganze Welt kontrollieren! In dem Moment, in dem wir solche Ansprüche haben, sind wir Faschisten! Unsere Regierung meint, daß Gott uns erwählt hat, die Welt zu regieren. Und Gott sagt: »Es ist okay«, wenn wir Vietnam in Schutt und Asche legen, weil die Bomben, die auf Vietnam fallen, amerikanische Bomben sind! Es ist Unsinn, es ist wirklich lächerlich, wenn unsere Regierung behauptet: »Wir machen eine Neutralitätspolitik!« Diese Leute, die bei uns am Ruder sind, haben einfach Angst davor, daß die Kommunisten zu mächtig werden! Unsere Regierung neutral ...! Sie liebt die Todeseskadronen in Lateinamerika. Die Wortführer unserer Regierung sagen: »Die Todeseskadronen sind das geringere Übel.« – Wie Krebs für einen Kranken das geringere Übel ist! Aber diesmal dürfen wir diesen Beschiß nicht akzeptieren! Wir dürfen unseren Staatsmännern nicht erlauben, diese Politik, mit der sie die Spanische Republik zugrunde gerichtet haben, fortzusetzen. Denn die Waffen, die die Mächtigen heute besitzen, sind so raffiniert, daß sie uns alle in kürzester Zeit vernichten können! Mich macht's verrückt, wenn unsere Leute so gleichgültig sind! Amerikanische Schiffe liegen im Mittelmeer, sie beschossen libanesische Städte vor ein paar Tagen. Weißt du, und früher oder später wird ein Schuß dazu führen, daß wir alle vernichtet werden. Von all diesen Kriegen in der Welt wird einer eskalieren und uns Menschen ausmerzen. Jedesmal, wenn ich wieder über einen militärischen Konflikt lese in der Zeitung, dann denke ich: ›Jesus, ist es dieser?!‹

Die Mitglieder meiner Equipo sagten mir immer: »Ruth, wenn du nach Hause geschickt wirst, dann mußt du dort eine große Hilfsaktion für die Republik in Gang bringen.« Und ich versprach: »Das werde ich tun.« Aber mir war klar, die USA würden das Embargo nicht aufheben. Ich meine, tief im Inneren hatte ich solche Angst davor, nach Amerika zurückzukehren! Und Doktor Pueo sagte: »Sieh mal, wir brauchen Hilfe aus dem Ausland. Ihr werdet abgezogen, damit ihr uns Hilfe beschaffen könnt.« Als ich erfuhr, daß ich Spanien verlassen mußte, war ich so traurig! Ich finde das jetzt noch traurig, es tut mir immer noch weh. Denn ich fühlte mich den Leuten meiner Equipo so verbunden! Immerhin befanden wir uns in einem Kampf auf Leben und Tod! Ich fühlte mich diesen Spaniern viel verbundener als je einem Amerikaner, weil ich mit ihnen gemeinsam eine sehr harte Zeit durchmachte. Das Überleben jedes einzelnen von uns hing von den andern Mitgliedern des Teams ab. Und als wir Interbrigadisten schließlich weggeschickt wurden, egal, ob wir fortwollten oder nicht, empfand ich das als einen riesengroßen Verlust. Ich habe mit dem Abschied von Spanien meine allerbesten Freunde verloren. Ich dachte: ›Warum sollst du nach Hause zurückfahren und Fettleben haben? – Was geschieht mit deiner Equipo?‹ Ich frage mich oft, ob die Mitglieder unseres Sanitätspostens den Krieg überlebt haben. Sie waren solche guten Menschen. Sie waren selbstlose Menschen. Und sie waren blutjung, wir waren alle blutjung. Sie hatten das ganze Leben noch vor sich.

Evelyn Hutchins und ich waren die letzten Amerikaner, die von der Front abgezogen wurden. Und die Leute meiner Equipo schrieben etwas in ein Buch für mich: Daß sie sicher seien, ich würde unseren Kampf in den Vereinigten Staaten fortsetzen. Und sie organisierten eine kleine Party für Evelyn und mich. Aber wir feierten nicht, wir sagten uns ›Auf Wiedersehen‹. Und ... ich war sehr, sehr traurig,. und ich weinte auch ganz furchtbar. Wir Interbrigadisten wurden dann alle in Krankenautos und Zügen

dem wir solche Ansprüche haben, sind wir Faschisten! Unsere Regierung meint, daß Gott uns erwählt hat, die Welt zu regieren. Und Gott sagt: »Es ist okay«, wenn wir Vietnam in Schutt und Asche legen, weil die Bomben, die auf Vietnam fallen, amerikanische Bomben sind! Es ist Unsinn, es ist wirklich lächerlich, wenn unsere Regierung behauptet: »Wir machen eine Neutralitätspolitik!« Diese Leute, die bei uns am Ruder sind, haben einfach Angst davor, daß die Kommunisten zu mächtig werden! Unsere Regierung neutral ...! Sie liebt die Todeseskadronen in Lateinamerika. Die Wortführer unserer Regierung sagen: »Die Todeseskadronen sind das geringere Übel.« – Wie Krebs für einen Kranken das geringere Übel ist! Aber diesmal dürfen wir diesen Beschiß nicht akzeptieren! Wir dürfen unseren Staatsmännern nicht erlauben, diese Politik, mit der sie die Spanische Republik zugrunde gerichtet haben, fortzusetzen. Denn die Waffen, die die Mächtigen heute besitzen, sind so raffiniert, daß sie uns alle in kürzester Zeit vernichten können! Mich macht's verrückt, wenn unsere Leute so gleichgültig sind! Amerikanische Schiffe liegen im Mittelmeer, sie beschossen libanesische Städte vor ein paar Tagen. Weißt du, und früher oder später wird ein Schuß dazu führen, daß wir alle vernichtet werden. Von all diesen Kriegen in der Welt wird einer eskalieren und uns Menschen ausmerzen. Jedesmal, wenn ich wieder über einen militärischen Konflikt lese in der Zeitung, dann denke ich: ›Jesus, ist es dieser?‹

Die Mitglieder meiner Equipo sagten mir immer: »Ruth, wenn du nach Hause geschickt wirst, dann mußt du dort eine große Hilfsaktion für die Republik in Gang bringen.« Und ich versprach: »Das werde ich tun.« Aber mir war klar, die USA würden das Embargo nicht aufheben. Ich meine, tief im Inneren hatte ich solche Angst davor, nach Amerika zurückzukehren! Und Doktor Pueo sagte: »Sieh mal, wir brauchen Hilfe aus dem Ausland. Ihr werdet abgezogen, damit ihr uns Hilfe beschaffen könnt.« Als ich erfuhr, daß ich Spanien verlassen mußte, war ich so traurig! Ich finde das jetzt noch traurig, es tut mir immer noch weh. Denn ich fühlte mich den Leuten meiner Equipo so verbunden! Immerhin befanden wir uns in einem Kampf auf Leben und Tod! Ich fühlte mich diesen Spaniern viel verbundener als je einem Amerikaner, weil ich mit ihnen gemeinsam eine sehr harte Zeit durchmachte. Das Überleben jedes einzelnen von uns hing von den andern Mitgliedern des Teams ab. Und als wir Interbrigadisten schließlich weggeschickt wurden, egal, ob wir fortwollten oder nicht, empfand ich das als einen riesengroßen Verlust. Ich habe mit dem Abschied von Spanien meine allerbesten Freunde verloren. Ich dachte: ›Warum sollst du nach Hause zurückfahren und Fettlebe haben? – Was geschieht mit deiner Equipo?‹ Ich frage mich oft, ob die Mitglieder unseres Sanitätspostens den Krieg überlebt haben. Sie waren solche guten Menschen. Sie waren selbstlose Menschen. Und sie waren blutjung, wir waren alle blutjung. Sie hatten das ganze Leben noch vor sich.

Evelyn Hutchins und ich waren die letzten Amerikaner, die von der Front abgezogen wurden. Und die Leute meiner Equipo schrieben etwas in ein Buch für mich: Daß sie sicher seien, ich würde unseren Kampf in den Vereinigten Staaten fortsetzen. Und sie organisierten eine kleine Party für Evelyn und mich. Aber wir feierten nicht, wir sagten uns ›Auf Wiedersehen‹. Und ... ich war sehr, sehr traurig, und ich weinte auch ganz furchtbar. Wir Interbrigadisten wurden dann alle in Krankenautos und Zügen nach Barcelona gebracht. Da gab es eine riesengroße Abschiedsparade, und die Pasionaria sagte uns Lebewohl. Und sie sagte, daß wir Interbrigadisten Ehrenbürger Spaniens geworden seien. Und eines Tages, nach dem Sieg der Republik, würden wir uns alle wiedersehen. Ich stand ... ich stand auf dem Dach eines Busses und weinte. Und dann wurden wir endgültig nach Hause geschickt. In der Hoffnung, daß die Faschisten nun ihre ausländischen Truppen abziehen würden. Viele unserer Freiwilligen waren auch gefallen oder verwundet, unsere Einheiten konnten an der Front doch nicht mehr so viel ausrichten. Die spanische Regierung fand es in politischer Hinsicht wichtiger, daß wir Interbrigadisten das Land verließen. Siehst du, ich verstand das. Und dann wurden wir zum Bahnhof von Barcelona gebracht. Evelyn Hutchins und ich fuhren zusammen nach Frankreich. Manchmal sah man Familien mit sieben, acht Kindern sich in die Züge zwängen. Die Abteile waren vollgestopft mit Flüchtlingen. Und alle waren hungrig, es gab nichts mehr zu essen. Und als wir anlangten in Cerbére, und ich sah in den Fleischerläden die Wurst und in den Bäckereien all das Brot ... Ich wurde krank, magenkrank! Nur davon, daß ich all diese Lebensmittel *sah*! Ich konnte auch nichts essen! Ich schämte mich beinahe dafür, noch am Leben zu sein. Ich fand das so furchtbar: In Frankreich herrschte Überfluß, und in Spanien verhungerten Menschen. So ein drastischer Gegensatz! Und in Paris erst ... Ich war krank drei Wochen lang, ich hatte Abszesse an meinen Hacken, und sie heilten sehr schwer, weil ich so ausgemergelt war. Ich fuhr von Paris nach England. So kriegte ich Helen wieder zu sehen. Ich blieb ungefähr eine Woche bei ihr, und dann fuhr ich mit der ›Queen Mary‹ zurück nach Amerika. Und hier habe ich mich gleich an einer Kampagne beteiligt zugunsten der Spanischen Republik. Ich machte eine Rundreise durch die halbe USA, um Geld für die Loyalisten zu sammeln. Ich nahm ernst – und das taten die meisten von uns Interbrigadisten –, was ich meinen spanischen Freunden versprochen hatte: Wir versuchten immer noch, die amerikanische Regierung zu zwingen, mit der sogenannten Nichtinterventionspolitik zu brechen. Wir führten in Washington eine große Antiembargokonferenz durch. Die Bolschewikin ›Mutter Bloor‹ war auch dabei. Und weißt du, weil man mich und Evelyn Hutchins in die Lister-Brigade eingegliedert hatte, kannten wir das Lied ›La quince brigada‹. – Hast du das mal gehört? Wir haben es an der Ebro-Front sehr oft gesungen:

> Viva la quince brigada
> Rúmbala, rúmbala, rúm-ba-la.
> Viva la quince brigada
> Rúmbala, rúmbala, rúm-ba-la …*

Und bei dieser Konferenz in Washington baten die übrigen Teilnehmer Evelyn und mich, dieses Lied zu singen. Vor tausend und abertausend Menschen! Ich konnte gar nicht so gut singen. Deshalb stand Mutter Bloor auf. Sie sagte: »Ich werde mit euch mitsingen.« Jedenfalls, am Ende sangen wir alle ›La quince brigada‹ … Und schließlich machten Evelyn und ich noch eine Tour durch Florida. Wir fuhren auch nach Tampa. Die spanischen Zigarrenarbeiter, die da wohnten, hatten uns eingeladen. Sie

---

* span., Es lebe die Fünfzehnte Brigade.
    Rúmbala, rúmbala, rúm-ba-la.
    Es lebe die Fünfzehnte Brigade.
    Rúmbala, rúmbala, rúm-ba-la …

spendeten jede Woche zehn Prozent ihres Lohns für die Republik. Jede Woche! Wir hatten ihnen mitteilen lassen, daß wir mit einem Krankenwagen zu ihnen kommen würden. Und als wir in Tampa anlangten, war es fast Mitternacht. Und wir wußten nicht mal, wo die Zigarrenarbeiter uns empfangen wollten, wir kannten nur den Namen eines Pfarrers. Wir fuhren zu diesem Pfarrer – mitten in der Nacht! –, und er öffnete die Pforten seiner Kirche, und Tausende Einwohner von Tampa versammelten sich in dieser Nacht zu Ehren der Spanischen Republik. Die Kirche war voller Leute, und Leute standen draußen auf der Straße ... Und alle weinten, weil Spanien unterging. Sie baten uns, ›La quince brigada‹ zu singen, und mitten im Lied fing ich an zu weinen, und alle weinten mit. Ach, diese letzten Tage vor der endgültigen Niederlage der Republik fand ich sehr, sehr traurig. Und als Spanien dann tatsächlich fiel ... Also das war eine sehr, sehr harte, harte, harte Zeit. Ich weinte mir die Augen aus. Ich spreche nicht gern darüber, weißt du, wirklich nicht! Ich will mich nicht daran erinnern. Denn wenn ich daran zurückdenke, bin ich immer noch ganz niedergeschmettert. Es war einfach nicht fair, daß die Republik untergehen mußte, obwohl so viele wunderbare Menschen ihr Leben für sie gegeben hatten. Ich sage dir: Die wunderbarsten Kameraden, die ich jemals hatte, waren die spanischen Kommunisten. Ich fand sie wirklich sehr wunderbar! Deshalb bin ich so stinkwütend auf diesen Carillo! Er hat all diese wunderbaren Menschen verraten und verkauft! Er hat sie verkauft! Das werde ich ihm niemals verzeihen! Ich habe ihn sprechen gehört! Niemand kann mir was weismachen über diesen Carillo, denn ich habe ihn sprechen gehört, ihn ... mit seinem Eurokommunismus!

Weißt du, unter uns Interbrigadisten gab es sehr viele große Meinungsunterschiede. Aber uns alle verband eine tiefe Liebe für die Spanische Republik. Das hat eine Menge gutgemacht. Ich lernte in Spanien, daß unser Sieg nicht in diesem Jahr kommt oder im nächsten Jahr oder im Jahr danach. Unser Sieg ist ein langer Kampf, der uns unserem Ziel Stück für Stück näherbringt. In der Geschichte gab es immer Menschen, die sich eingesetzt haben für eine humanere Welt. Und wenn ich nicht mehr sein werde, wird die nächste Generation meinen Platz einnehmen. In Spanien habe ich gelernt, daß ich ein Teil eines Lebensstroms bin. Und diese Erkenntnis hat meinem Leben ein Ziel gesetzt. Und ich glaube, jeder Mensch braucht ein Ziel. Durch die harte Lehrschule vor allem an der Ebro-Front habe ich bewußter gelebt. Die Erinnerung an meine spanischen Freunde gab mir Kraft für Phasen, in denen ich unpopuläre Entscheidungen treffen mußte. Heute weiß ich: Es ist schnurz, wenn man ab und zu mit seiner Meinung allein dasteht. Es ist schnurz, wenn man nicht bei allen gut angeschrieben ist. Vor allem in der McCarthy-Ära hatte ich mehrmals das FBI auf dem Hals. Meine Tochter ist immer mal schikaniert worden. Nachbarn haben mir erzählt, daß FBI-Leute bei ihnen waren. Und daß die ihnen gesagt haben, ich sei eine Verbrecherin. Also ich fand das nicht allzu schlimm. Ich sah darin keinen Grund, meine Meinung zu ändern. Später habe ich mich beteiligt an Kampagnen für Sozialwohnungsbau und an Aktionen für die Gleichberechtigung der Schwarzen. Und da haben unsere Gegner oft versucht, mein Auto zu demolieren. Ich wurde viele, viele Male bedroht und beschimpft. Und weißt du, um mich herum gab es immer eine Menge Leute, die mich beschützt haben. Sie sagten: »Untersteht euch, Ruth zu

drangsalieren! Sie ist ein guter Mensch! Laßt sie in Ruhe!«
Vielleicht war ich am stolzesten über meine Tochter. Man
hatte sie schikaniert und ihr Schimpfworte nachgerufen.
Und als sie mit ihrer kleinen Freundin spielte, die schwarz
war, da sagte dieses kleine schwarze Mädchen: »Ich kann
nicht im Pike-Bad schwimmen.« Und meine Joany sagte zu
ihr: »Du kannst nicht im Pike schwimmen? – Warum?«
Sie sagte: »Man würde mich nicht reinlassen.« Also sagte
meine Tochter: »Ich nehme dich mit.« – Sie war damals
erst sieben Jahre alt! Und als ich nach Hause kam von der
Arbeit, eröffnete mir meine kleine Joany: »Morgen gehe
ich mit meiner Freundin zum Freibad.« Ich fragte: »Soll
ich mitkommen?« Sie sagte: »Nein, ich habe die Verwalterin vom Pike-Bad angerufen. Ich habe sie gefragt, ob ich
meine Freundin zum Schwimmen mitbringen darf. Ich
fragte sie: ›Dürfen schwarze Kinder in Ihrem Schwimmbad
schwimmen?‹« Die Verwalterin sagte: »Warum willst du
das wissen? – Bist du schwarz?« Joany sagte: »Ich nicht,
aber ich will mit meiner schwarzen Freundin kommen.«
Die Verwalterin war so geschockt! Sie sagte: »Gut,
okay ...« Und meine Tochter und ihre Freundin gingen am
nächsten Tag zusammen zum Pike-Bad. Und so hat Joany
sich darum gekümmert, daß ihre kleine schwarze Freundin
zumindest in diesem Schwimmbad integriert wurde. Ohne
meine Hilfe! Und ich sagte mir: ›Wenn dein Kind es trotz
aller Schikanen gelernt hat, sich über die Rassendiskrimi-
nierung hinwegzusetzen, dann ist alles in bester Ordnung.
Dann ist alles in bester Ordnung.‹ Ich fand eben sehr wichtig, daß meine Tochter trotz aller Einschüchterungsversu-
che aufrecht bleibt. Wirklich, ich war so stolz auf sie! Aber
meistens gab es gute Menschen um mich rum. In jeder
Krise meines Lebens bin ich wunderbaren Leuten begeg-

net, die mir geholfen haben. Und sie waren oft in politischer Hinsicht nicht mit mir einverstanden, doch sie haben mich geachtet. Man muß sich gegen Ungerechtigkeiten auflehnen. Man wird nicht respektiert, wenn man sich Unrecht bieten läßt. Man muß ein Ziel vor den Augen haben. Man muß sich zu diesem Ziel bekennen.

Mir tut die Jugend von heute sehr leid. Die jungen Menschen hier haben ein ganz verworrenes Weltbild. Sie wissen nicht, wer ihre Freunde sind. Wenn sie sich an der Bewegung für Abrüstung beteiligen, dann tun sie das aus Angst. Aber sie begreifen nicht, daß nur die Sowjetunion die USA-Regierung davon abschreckt, Nuklearwaffen zu gebrauchen. Gäbe es nicht die UdSSR, dann wäre unsere Erde schon zerstört worden. Die jungen Leute hier kapieren das nicht! Sie verstehen nicht, wie sehr sich die Sowjetmenschen nach Frieden sehnen. Sieh mal, ich habe vielleicht viel Kritik an der UdSSR. Daß zum Beispiel bis auf den heutigen Tag keine Frau in das Politbüro der Sowjetpartei gewählt wurde, finde ich falsch. Aber ich weiß, wer uns den Frieden erhält! Das weiß ich sehr genau! Und die jungen Leute hier wissen es nicht. Wirklich nicht. Sie machen heute Wahlpropaganda für die Demokraten, morgen machen sie Propaganda für die Republikaner und übermorgen ... Und in Wirklichkeit gibt's gar nichts zu wählen! Es gibt nichts zu wählen! Und das ist so furchtbar traurig. Es tut mir sehr leid für unsere jungen Leute. Ich finde, sie haben nur eine ganz kleine Chance, hinter die Wahrheit zu kommen. Siehst du, in Europa glaubt niemand mehr, er könne vom Tellerwäscher zum Präsidenten oder zum König aufsteigen. Unsere Menschen hier haben diese Illusion! Die Europäer haben begriffen, daß man, um Macht auszuüben, Geld braucht. Die politische Linie wird gesteuert von denen, die das große Geld haben. Aber die meisten Amerikaner glauben wirklich, sie leben in einer Demokratie! Diese Vertrauensseligkeit ist mehr als naiv, sie ist tödlich! Sie bedeutet, daß unser Volk nicht weiß, wer sein Feind ist und was es gegen ihn tun kann. Ich bin überzeugt, die Friedensbewegung hier wäre viel stärker, wenn die jungen Leute die Zusammenhänge zwischen Politik und Geld besser verstehen würden. Ich wünsche mir Frieden für die ganze Welt. Und ich wünsche mir, daß die Völker miteinander leben wie wirkliche Brüder. Und ich wünschte mir, wir würden alle gemeinsam nach Wegen suchen, wie man das Leben für die ganze Menschheit verbessern kann – nicht nur für ein paar privilegierte Leute oder ein privilegiertes Land. Ich bin sicher, daß es auch nach der Abschaffung der Armut immer noch viele Probleme zu lösen gäbe. Aber alle hätten Chancen für ein kreatives, glückliches Leben. – Siehst du, sogar diesen Traum verdanke ich meinem Engagement für die Spanische Republik! Es verlieh unserem Leben eine neue Qualität. Dort setzte man sich mit Haut und Haaren für eine bessere Welt ein. Ich glaube, wir Interbrigadisten kriegten die Chance, unsere Standhaftigkeit zu testen. Und wir hatten sehr gute Vorbilder in den Spaniern. Unsere Vorbilder waren einfache, schlichte Menschen, die sich liebten, die sich umeinander sorgten. Ja, ich empfinde es als eine große Ehre, Mitglied der Interbrigaden gewesen zu sein. Und deshalb verletzt es mich so sehr, wenn Leute uns einfach abtun. Und wenn sie dumme Witze über uns machen. Wir haben in Spanien sehr viel gelacht, glaube mir! Aber unser Humor verhöhnte niemanden. Und er machte uns nicht lächerlich. Und er machte die Beweggründe, die uns nach Spanien geführt hatten, nicht lächerlich.

Und als ich nach Mississippi ging und nach Alcatraz ... Siehst du, alle meine späteren politischen Entscheidungen wurzeln in der Spanienzeit. Ich glaube, ich hätte diese Entscheidung so nicht treffen können und ich hätte für sie nicht gradestehen können, wenn ich nicht gehärtet worden wäre in Spanien: In den sechziger Jahren ging ich nach Mississippi. Das war 1966, glaube ich. Das war das Jahr, in dem auf Meredith* geschossen wurde. – Siehst du, auf diese Weise bleiben mir bestimmte Daten haften. – Ich fuhr nach Mississippi, um Reihenuntersuchungen bei Kindern aus armen Familien, also meist schwarzen Kindern, zu machen. Und weil sich kein Jüngerer fand und ich das Gefühl hatte, jemand mit meiner Lebenserfahrung müsse diese Aufgabe übernehmen, habe ich die tausendfünfhundert Jungen und Mädchen untersucht. Und ich hielt für deren Eltern eine Menge Vorträge über Hygiene und gesunde Ernährung. Und ich schrieb einen Bericht für das Sozialfürsorgeamt von Mississippi über den Gesundheitszustand der Kinder aus den ärmsten Schichten der Bevölkerung. Alle hatten mich davor gewarnt, daß die Beamten vom Sozialfürsorgeamt nicht mit mir kooperieren würden. Daß sie mir das Leben sauer machen würden, weil ich mich für die Schwarzen einsetzte. Also im Gegenteil: Diese Beamten arbeiteten eng mit mir zusammen. Ich machte nichts illegal: Ich organisierte die Reihenuntersuchungen,

* Der Bürgerrechtskämpfer James Meredith war der erste schwarze Student an der Universität von Mississippi. Er begann 1966 einen Marsch durch Mississippi, um die vierhundertfünfzigtausend unregistrierten Schwarzen des Staates Mississippi zu ermuntern, von ihrem Wahlrecht Gebrauch zu machen. Während dieses Marsches wurde aus dem Hinterhalt auf Meredith geschossen, er wurde verletzt. Der Marsch endete am 26. Juni 1966 in Jackson. Inzwischen hatten sich fünfzehntausend Menschen daran beteiligt.

ich sorgte dafür, daß diejenigen, die krank waren, behandelt wurden. Und so ... Ich schaltete nicht die Presse ein, ich griff niemanden an. Ich tat einfach meinen Job. Und ich war auch in Kuba. Dort gab es zuwenig Mediziner. Die jungen kubanischen Revolutionäre brauchten sehr dringend jemanden, der Spanisch sprach und Lebenserfahrung besaß. So fuhr ich für ungefähr achtzehn Monate zu ihnen. Ich arbeitete im Sozialfürsorgeamt von La Habana, und ich schrieb einen Plan für die medizinische Betreuung der Bevölkerung, den ich den jungen Kommunisten gab. Und den sie auch in die Praxis umgesetzt haben. Ich hätte jetzt gern den Nikaraguanern geholfen, aber das kann ich nicht mehr. Zu spät für mich! Mein Körper macht nicht mehr mit! Also ich rede nicht davon, was ich mir in emotioneller Hinsicht zutrauen würde! Wenn's danach ginge, würde ich mich auf der Stelle nach Nikaragua absetzen. Mein Problem liegt nicht auf der emotionellen Ebene. In meinem Alter machen mir die physischen Gebrechen zu schaffen. Und dann wird man zu einem Klotz am Bein. Und ich finde es furchtbar, ein Klotz am Bein zu sein. Wenn man schon nicht mehr helfen kann, soll man zumindest kein Klotz am Bein sein. Und ich war auch auf Alcatraz. Mir wäre nicht von selbst eingefallen, nach Alcatraz zu gehen, um den Indianern, die das Eiland besetzten, zu helfen. Aber Anfang der sechziger Jahre hatte ich schon mal mit Sioux-Indianern zusammengearbeitet. Einige von ihnen beteiligten sich dann an der Übernahme der Insel. Sie erfreuten mich mit der Mitteilung: ›Wir brauchen dich auf Alcatraz, du mußt kommen.‹ Und ich konnte nicht ›nein‹ sagen. Also, ich glaube, das Leben eines Menschen entwickelt sich nach einem bestimmten Plan. Und manchmal hast du nicht mal Zeit zum Nachdenken, und du triffst trotzdem die richtige Entscheidung. Das ist lustig. Ob du ein glückliches Leben hast oder ein schäbiges Leben hast, hängt von dem Wert dessen ab, woran du glaubst. Folgendes: Wenn du auf der berühmten Golden-Gate-Brücke stehst, und du guckst runter auf die San Francisco-Bucht, dann siehst du Alcatraz. Das Eiland gehörte seit Urzeiten den Sioux-Indianern. Sie hatten es der amerikanischen Regierung geliehen. Beide Parteien hatten einen Vertrag abgeschlossen. Darin stand, daß die Sioux ihren Besitz zurückkriegen würden, wenn er dem Staat nicht mehr als Gefängnis dienen würde. Lange, lange Zeit mußten sie darauf warten. Und dann war es soweit. Als das Gefängnis nicht mehr genutzt wurde, schwammen vierzehn junge Sioux nach Alcatraz. Sie hielten es besetzt, und Indianer anderer Stämme folgten ihnen. Das war 1969. Und ich fand diese Aktion unheimlich wichtig, weil die Indianer zum ersten Mal in der Geschichte der Vereinigten Staaten sagten: »Dieser Teil des Landes gehört uns, wir lassen uns nicht länger behandeln wie unmündige Kinder.« Sie forderten, daß auf der Insel ein Bildungs- und Kulturzentrum für sie eingerichtet würde. Inzwischen kriegten die Eiland-Bewohner Probleme mit der Gesundheitsfürsorge. Deshalb holten sie mich nach Alcatraz. Ich blieb dort ungefähr vierzehn Monate, glaube ich, und organisierte alle Arten medizinischer Behandlung. Und eine hochschwangere Indianerin, die auch auf dem Eiland lebte, wollte ihr Baby auf indianischem Boden zur Welt bringen. Und ich regelte, daß zur rechten Zeit ein Doktor kam und das Kind entband. Ich war dabei, als es geboren wurde. Wir nannten es Wovoka. Nach einem berühmten Häuptling der Paiuten, der einen Geistertanz erfand: Wovoka. Und als das Baby geboren war, kamen Leute aus der ganzen Welt, um es zu begrüßen.

Journalisten aus allen Weltteilen wollten es sehen. Indianer aller Stämme schickten Geschenke für Wovoka. Auf der Insel mit den Indianern gewesen zu sein, wurde für mich zu einer ganz großartigen Lebenserfahrung. – Das heißt, meine Gefühle waren ganz zwiespältig. Ich habe mich nie wieder in meinem Leben so gefürchtet wie damals. Es war sehr schwierig, als Weiße unter lauter Indianern zu arbeiten. Denn die waren sehr schlimm von den Weißen mißhandelt worden. Und sie wurden weiter von den Weißen schikaniert, als wir das Eiland besetzt hielten! Also zum Beispiel: Die Insel-Besetzer bekamen von befreundeten Stämmen auch ein Schiff geschenkt, mit dem wir zwischen dem Festland und der Insel hin und her fuhren. Denn es gab keinen Tropfen Trinkwasser auf Alcatraz, wir mußten alles Trinkwasser rüberholen vom Festland. Und die Vergnügungsdampfer kamen jeden Tag näher an die Insel heran. Und wir hatten alle Reeder von San Francisco davor gewarnt, mit ihren Schiffen nicht zu nah an das Eiland heranzukommen. Denn die Wellen beschädigten unsere Anlegestelle und unser Boot. Wir baten alle, mit ihren Dampfern zweihundert Fuß von Alcatraz entfernt zu bleiben – und niemand scherte sich drum. Also nahmen sich ein paar junge Indianer Pfeil und Bogen und schossen auf ein Schiff, das sich uns zum x-ten Male näherte. Ich stand am Ufer und beobachtete das Ganze. Die jungen Männer konnten das Schiff gar nicht erreichen mit ihren Pfeilen, sie wollten nur deutlich machen: ›Verschwindet hier, ihr ruiniert unsere Anlegestelle!‹ Und am nächsten Tag stand in allen Zeitungen: ›Die gefährlichen Indianer schießen mit Pfeil und Bogen auf Touristen.‹ Und ich sage dir, ich lachte! Ich lachte über solche dämlichen Zeitungsüberschriften! Ich lachte mich halbtot. Gut, 1970 gelang es den

Behörden, uns aus Alcatraz rauszuschmeißen. Die Insel ist bis heute kein Kulturzentrum. Aber danach wurden noch eine Menge anderer Ländereien von den Indianern besetzt. Es gelangt ihnen, die ganze Welt auf ihre Misere aufmerksam zu machen. – Oder etwa nicht?!

Danksagung

Ich danke meinem Mann Peter Lataster, Daniel Lataster, Dr. habil. Peter Wuss sowie Didi van Hall, die das Gespräch mit Petronille Sarolea aus dem Wallonischen übersetzt hat und mir beim Schreiben der Fußnoten half. Besonderer Dank gilt auch der Lektorin des Buches, Ingrid Czechowski. Jim Fyrth war so freundlich, mir das Manuskript seines Buchs ›The signal was Spain‹ (Lawrence and Wishart, London) für meine Arbeit zur Verfügung zu stellen.

Dankeschön sage ich Bill Alexander (London), Dr. Ursula Amann (Dresden), Bill Bailey (San Francisco), Mimi und Friedel Baruch (Bergen), Esther und Richard Blanc (San Francisco), Marion und Ed Bender (Oakland), Solange Abbiati und Stefaan van den Bremt (Brüssel), Ernst Buschmann (Düsseldorf), Dr. Fritzi und Dr. Alfred Brauner (Paris), Esther und Archie Brown (San Francisco), Jorge Collazo López (Havanna), Max Collin (London), Dr. Rosa und Dr. Carl Coutelle (Berlin), Helen und Len Crome (London), Emmy Dörfel (Berlin), Dr. Heinrich Dürmayer (Wien), Anne und Dr. Emanuel Edel (Wien), Henriette Engel (Berlin), Morris E. Evenson (San Francisco), Golda und Max Friedemann (Berlin), Martha Frutig (Bern), Vladimir Galindo (Havanna), Sana Goldblatt (San Francisco), Kurt Julius und Margot Goldstein (Berlin), August Groel (Rostock), Celia Hart (Havanna), Gundel Hernstadt-Steinmetz (Wien), Bert Hogenkamp (Amsterdam), Joseph Innauen (Bern), Lotte und Walter Janka (Kleinmachnow), Bob Kaindl (Wilp), Dr. Ursula und Prof. Alfred Katzenstein (Berlin), Armand Kerin (El Cerrito), Tonnie Klomp (Amsterdam), Martha Kummerer (Basel), Maria L. Lafita

(Havanna), Fritz Landshoff und Stefan Landshoff (Amsterdam), Virginia und Carl Padover (San Francisco), Goldy Parin-Matthey (Zürich), Reynaldo Pérez (Havanna), Alois Peter (Wien), Heinz Priess (Berlin), Orlando Pulgarón (Havanna), Hilda Roberts (St. Helena), Mary Rolfe (San Francisco), Mildred Simon (Lafayette), Rywa Singer (Berlin), Ali und Werner Stertzenbach (Düsseldorf), Paul Tross (Zürich), Leonore und Ted Veltfort (Oakland), Milt Wolff (El Cerrito) und allen anderen, die mir mit Rat und Tat zur Seite standen.

Rywa Singer stellte uns die Postkarte zur Verfügung, die als Frontispiz Verwendung fand und u. a. Liza Hollender zeigt.

Inhalt

Vorbemerkung 5
Verzeichnis der Abkürzungen 7

Patience Darton,
Engländerin, lebt in London, Großbritannien 9
Trudel van Reemst-de Vries,
Holländerin, lebt in Amsterdam, Niederlande 106
Lenchen Jans,
Deutsche, lebt in Krefeld, BRD 187
Jeanne Stern,
Französin, lebt in Berlin, DDR 228
Liza Hollender,
Polin, lebte in Berlin, DDR 272
Petronille Sarolea,
Belgierin, lebt in Trembleur (bei Luik), Belgien 344
Ruth Davidow,
Amerikanerin, lebt in San Francisco, USA 379

Danksagung 471

ISBN 3-378-00282-4

Erste Auflage
Lizenz Nr. 396/265/10/90   LSV 7323
Gesamtherstellung: Offizin Andersen Nexö,
Graphischer Großbetrieb Leipzig III/18/38
Schrift: Baskerville
Gesamtgestaltung: Hans-Joachim Petzak
Printed in the German Democratic Republic
Bestell-Nr. 812 259 2
01280